As Vidas Sucessivas

Albert de Rochas

As Vidas Sucessivas

Apresentação

Herminio C. Miranda

Traduzido do original francês *Les Vies Sucessives*

Instituto Lachâtre
Caixa Postal 164 – CEP 12914-970
Bragança Paulista – SP
Telefone: 11 4063-5354
Site: www.lachatre.org.br
E-mail: editora@lachatre.org.br

Tradução
Márcia Jhota

Produção Gráfica da Capa
Andrei Polessi

3ª edição – 1ª reimpressão – Agosto de 2015

Impresso no Brasil
Presita en Brazilo

CIP-Brasil. Catalogação na fonte

R 672v Rochas d'Aiglun, Eugène-Auguste Albert de, 1837-1914.

As vidas sucessivas / Albert de Rochas; tradução de Márcia Jhota – Bragança Paulista, SP : Instituto Lachâtre, 2015, 3ª edição, 1ª reimpressão

352 p.

1. Reencarnação. 2. Regressão de memória. 3. Progressão da memória. 4. Perispírito. 5. Espiritismo. I. Jhota, Márcia. II. Título. III. Apresentação de Hermino C. Miranda

ISBN: 978-85-65518-50-5

CDD 133.9 CDU 133.7

Sumário

Apresentação

Este livro é um clássico, uma referência, na longa busca de melhor entendimento do ser humano e das leis que regem sua interação com as pessoas, os fenômenos e eventos que se desdobram à sua volta, mas, principalmente, 'dentro' daquilo que nos acostumamos a chamar de mente. Em suma, sua interação com a vida, nisso incluído, obviamente, o universo em que vive.

Foi a partir dele, ainda na década de 60 do século passado, que encetei os estudos que me levariam à elaboração de *A memória e o tempo* na segunda metade da década de 70 e publicado no início dos anos 80.

Garimpei o original francês que deu origem a esta tradução, num sebo, como de tantas outras vezes, em momento feliz, por se tratar de edição raríssima de 1911.

Logo na primeira leitura, senti considerável impacto. Quanto mais o lia, relia e aprofundava a meditação sobre seu conteúdo, mais impressionado ficava. Agradava-me a abordagem sensata e inteligente do autor, emoldurada por inesperada humildade intelectual em cientista daquele porte.

De Rochas se punha como atento e curioso pesquisador, disposto a aprender com os fatos, em vez de tentar enquadrá-los em rígido contexto de modelos preconcebidos, atitude comum àquele tempo, como ainda hoje, de parte dos que não se sentem encorajados e nem preparados para mudar e, por conseguinte, a progredir galgando patamares mais elevados de conhecimento.

Sua postura era, pois, despreconceituosa e atenta, mas aberta.

Outra coisa: o ilustrado coronel, engenheiro e conde não pretendeu considerar suas reflexões como última palavra a ser religiosamente acatada pelos que o lessem. Ao contrário, atribuiu ao seu trabalho a modesta condição de um conjunto de documentos preliminares para estudo da questão, ao indicar a necessidade de pesquisas mais amplas e profundas que dessem continuidade à sua tarefa.

Seu livro, contudo, é muito mais que uma dissertação primária.

De Rochas relata suas experiênicas, oferece conclusões sobre o que testemunhou e levanta aspectos inusitados da mente para os quais ainda não dispunha de explicações que satisfizessem seus critérios pessoais, ainda que apontando em determinada direção. Em outras palavras – não dogmatiza.

Ademais, ao empreender seus estudos entre o final do século 19 e início do século 20, não partiu de premissas propostas pelo espiritismo, cuja doutrina se achava, àquela época, bastante difundida ali mesmo, na França.

De início, estranhei esse procedimento. Hoje, entendo-o como opção válida e medida de prudência destinadas a preservar a isenção necessária ao trabalho em que se empenhava. Se ele partisse de conceitos doutrinários espíritas, caracterizando-se como militante do movimento que se expandia, seus estudos ficariam certamente expostos à rejeição liminar por parte das correntes intelectuais da época, dominadas por pensadores de formação nitidamente materialista ou positivista. Como ocorreu e ocorreria a tantos outros mais tarde.

Em nota de rodapé, ele explica que não cuidava especificamente de espiritismo, por entender que disso ocupavam-se outros estudiosos. Sem ignorar ou negar os postulados espíritas – alude com respeito e admiração à obra de Léon Denis, por exemplo –, limitava-se a aspectos científicos que, direta ou indiretamente, acabaram resultando em valioso suporte à inteligente doutrina dos espíritos.

Realmente, ao estampar na reencarnação a marca autenticadora da ciência, seu estudo, mesmo preliminar, como ele o entendia, legitimava a realidade espiritual, tal como figura nos livros básicos de Allan Kardec.

Tenho insistido reiteradamente em meus escritos em que essa realidade, fundamental ao entendimento da vida, é insuscetível de esquartejamento. Estamos aqui diante de um bloco inteiriço de conceitos solidamente colados uns nos outros.

No meu entender, a reencarnação é o cimento que mantém inseparáveis tais componentes. É que, demonstrada – como está há muito – a legitimidade da reencarnação, os demais aspectos exigem automática integração no modelo em que não se admite ignorar, no mínimo, a preexistência e a sobrevivência do ser à morte corporal.

Por outro lado, de Rochas pôs em evidência relevantes aspectos colaterais como a lei de causa e efeito, e, portanto, o mecanismo da evolução do ser rumo à perfeição e, atachado a esse conceito, sublinhando-o de modo sutil, mas dramático, a verdade subjacente de um claro componente ético necessário ao funcionamento daquele mecanismo. Deixou, ainda, informações do mesmo nível de importância acerca das faculdades mediúnicas e, portanto, do intercâmbio entre 'vivos' e 'mortos'. Nota-se, no desenrolar de suas experiências, a presença de entidades desencarnadas, bem como a evidência de um 'espaço' cósmico invisível aos nossos sentidos habituais, 'onde' vivem, sofrem, amam, odeiam, aprendem e se reciclam os seres espirituais entre uma vida e outra na terra.

Do que se conclui que, a despeito de não se caracterizar como texto doutrinário espírita, seu valioso trabalho oferece firme suporte aos ensinamentos e conteúdos dos livros básicos da Codificação.

Além disso, de Rochas deixou significativa contribuição ao estudo da própria memória, em sua interação com o tempo. Conceitos como o de inconsciente – que começavam a emergir na época –, encontram nos seus trabalhos, tanto quanto na doutrina dos espíritos, encaixes precisos e espaço próprio, como procurei demonstrar em *Alquimia da mente*.

Que eu saiba, foi ele quem primeiro colocou de maneira transparente a possibilidade de explorações no futuro, tanto quanto no passado do ser humano. Aparentemente inconclusivas, suas 'progressões' (mergulho na memória futura) deixaram vestígios importantes de uma realidade que somente cerca de um século mais tarde seria retomada para mais profundas explorações, como se pode conferir nos escritos da doutora Helen Wambach e de outros estudiosos como Chet Snow.

Por tudo isso, os textos de de Rochas – e este livro não é o único a solicitar nossa atenção – merecem atenção, respeito e admiração.

Parabéns à Lachâtre por resgatar mais este importante depoimento científico de um injusto e demorado esquecimento.

Herminio C. Miranda
Outubro de 2002

Prefácio

A imortalidade da alma foi, em todos os tempos, assunto das meditações dos filósofos e a maioria das religiões afirmou-a, invocando a existência de um paraíso e de um inferno; porém, a questão das vidas sucessivas não surgiu senão no espírito daqueles que, não se contentando com uma fé cega e simplista, procuraram quais seriam as condições mais equitáveis para recompensar e para punir, na eternidade, as boas ou as más ações cometidas durante o tempo infinitamente curto que é a vida terrestre. Reproduzimos, na primeira parte deste livro, alguns dos conceitos que nos pareceram mais significativos, assim como um resumo de certas crenças antigas.

Aos conceitos precedentes vieram somar-se, na época atual, experiências e observações que, sem resolverem definitivamente o problema, trazem, no entanto, elementos de informação de grande importância. Expomo-las nas segunda e terceira partes deste livro. A segunda é consagrada à descrição detalhada de experiências, aparentemente bastante convincentes, mas que não são, na realidade, senão material no estado bruto; caberá ao futuro discernir a parcela de verdade que elas contêm. Esta operação será, sem dúvida, facilitada pelo estudo dos fenômenos análogos, porém menos característicos, que constituem o objeto da terceira parte.

Na quarta parte, enfim, procuramos esclarecer essas manifestações onde o verdadeiro e o falso parecem confundir-se. Se ainda não reconhecemos as leis que regem domínios que mal começam a ser explorados, isto não as impede de existirem, assim como a incoerência aparente do movimento dos planetas não os impedia de obedecerem às leis de Kepler antes de estas serem formuladas. Passaram-se muitos séculos até que o homem suspeitasse das forças implícitas que o vapor e a eletricidade poderiam fornecer-lhe. Como admirar-nos-íamos por ainda não sabermos nos servir de maneira segura das forças psíquicas, de manejo infinitamente mais delicado por serem forças vivas?

Primeira Parte

Crenças Antigas

e

Conceitos Modernos

Os egípcios

Num artigo publicado em 1° de fevereiro de 1895 pela *Revue des Deux Mondes*, o sr. Edouard Schuré estudou as crenças egípcias relativas à outra vida.

Após a morte, a alma seria atraída para o alto por Hermes, seu gênio-guia, e retida no mundo terrestre por sua sombra, ainda ligada ao corpo material.

Se ela se decide a seguir Hermes, chega ao limite do mundo sublunar ou *amenti*, limite chamado *muralha de ferro*. A saída desse mundo é vigiada por espíritos elementares, cuja fluidez pode fazê-los representarem-se sob todas as formas animais, que investem tanto contra *o homem vivo que deseje penetrar no invisível pela magia* quanto contra a alma defunta que deseje sair do *amenti* para entrar na região celeste. Estes guardiães são representados na mitologia egípcia pelos cinocéfalos, sendo Anúbis, com cabeça de chacal, seu chefe; na mitologia grega o equivalente é Cérbero.

Quando a alma transpõe o *amenti*, adquire a recordação completa de suas vidas precedentes, a qual havia retomado apenas parcialmente em sua saída do co.rpo. Vê, então, suas faltas passadas e, iluminada pela experiência, volta para a esfera de atração da Terra. Aqueles que se endureceram no mal e perderam todo o sentido da verdade mataram neles próprios até mesmo a última recordação da vida celeste: romperam o laço com o espírito divino, *pronunciaram seu próprio aniquilamento, isto é, a dispersão de sua consciência nos elementos*. Aqueles em quem o desejo do bem subsiste, porém dominado pelo mal, condenaram-se a uma nova e mais árdua encarnação. Aqueles, ao contrário, em quem o amor à verdade e a vontade do bem elevaram-no acima dos baixos instintos estão aptos para a viagem celeste, apesar de seus erros e suas faltas passageiras. Nestes, então, o espírito divino recolhe tudo o que há de puro e de imortal adquirido nas experiências terrestres da alma, enquanto que todo o falso, o impuro e o perecível dissolvem-se no *amenti* com a sombra vã.

Assim a alma, através de uma série de provas e de encarnações, *destrói-se* ou *imortaliza-se* facultativamente.

Os caldeus

A civilização caldeia é talvez mais antiga do que a egípcia. Os magos admitiam que a alma evoluía por uma ascensão contínua em direção à perfeição. Primeiro inconsciente, ela atravessava sucessivamente todos os reinos da natureza antes de chegar ao mundo da humanidade, onde aparece com faculdades intelectuais que adquiriu pouco a pouco no decorrer de suas existências passadas. Ela é destinada a ainda desenvolver-se e a experimentar milhares de degraus de inteligências mais elevadas.

Durante o período humano, as almas encarnadas são guiadas por *férouers*, almas dos defuntos notáveis por suas virtudes; quando encarnada, em cada alma se cria um envoltório mais ou menos sutil, mais ou menos luminoso, segundo suas ações, chamado *kerdar* (é o *karma* dos hindus). Em cada existência ela, esquece as anteriores, porém conserva seu *kerdar* com as faculdades adquiridas. Quando chega, após uma série de encarnações, a um grau suficiente de pureza, não mais reencarna e seu *kerdar*, tornado *férouer,* recorda-se de todas as suas existências precedentes.

Os hindus

No *Bhagavad-Gita*, ou *O canto do bem-aventurado*, que se supõe ter sido composto aproximadamente no século X aC, o príncipe Arjuna, já quase travando uma batalha, reconhece no exército inimigo parentes que ama e, como fica esmagado de dor ao pensar que, na luta, poderia matá-los, Krishna o consola, revelando-lhe a doutrina das transmigrações:

> Esses corpos perecíveis são animados por uma alma eterna indestrutível. Aquele que crê possa ela ser morta ou matar engana-se. Aquele que penetrou o segredo de meu nascimento e de minha obra divina não mais retorna a um novo nascimento; ao deixar seu corpo, retorna a mim. Tive muitos nascimentos, assim como tu também, Arjuna; eu os recordo a todos, porém tu os ignoras.

Os hindus creem que as vidas sucessivas criam na alma um envoltório chamado *karma* que se modifica para melhor ou pior, segundo todas as boas ou más ações praticadas.

Os gauleses

Na *Guerra das Gálias* (t. VI), Júlio César diz, referindo-se aos gauleses:

> *In primis hoc volunt persuadere non interire animas sed ab aliis post mortem ad alios transire putant.*[1]

Platão

Das Leis

> É preciso crer nos legisladores, nas tradições antigas e, particularmente no que diz respeito à *alma*, quando nos dizem que ela é totalmente distinta do corpo e que é ela o nosso *eu*; que nosso corpo é apenas uma espécie de fantasma que nos segue; que o *eu* do homem é verdadeiramente imortal; que é o que chamamos de alma, que prestará contas aos deuses, como ensina a lei do país, o que é tanto consolador para o justo quanto terrível para o mau.
>
> Não cremos, pois, que essa massa de carne que enterramos seja o *homem*, uma vez que sabemos que este filho, este irmão etc., realmente partiu para um outro local após haver terminado o que tinha a fazer aqui. Isto é verdadeiro, embora para prová-lo seja necessária longa argumentação; e é preciso crer nestas coisas sobre a fé dos legisladores e das tradições antigas, a menos que se tenha perdido a razão.

Cartas

> Certamente se deve sempre crer na antiga e sagrada tradição que nos ensina ser a alma imortal e que, após sua separação do corpo, um juiz inexorável inflige-lhe os suplícios merecidos.

Fédon (Diálogo entre Sócrates e Cebes)

> É opinião bastante antiga, diz Sócrates, que as almas ao deixarem este mundo vão para o *Hades* e que de lá voltam a este mundo e retornam à vida, após terem passado pela morte. Se assim é e se os homens, após a morte, voltam à vida, segue-se necessariamente que as almas vão para o *Hades* durante este intervalo, pois não voltariam ao mundo se não mais existissem; e isto será uma prova suficiente se enxergarmos claramente que os vivos não nascem senão dos mortos.

---

[1] Querem, sobretudo, persuadir de que as almas não morrem, mas passam, depois da morte, de uns para outros corpos.

Apolônio de Tiana

Ninguém morre, assim como ninguém nasce, senão aparentemente. Com efeito, a passagem da essência à substância é o que se chama nascer; e o que se chama morrer é, ao contrário, a passagem da substância à essência. Nada nasce e nada morre na realidade, porém tudo no princípio torna-se visível para, em seguida, tornar-se invisível; o primeiro efeito é produzido pela densidade da matéria; o segundo, pela sutileza da essência, que permanece sempre a mesma, porém encontra-se, ora em movimento, ora em repouso. Ela possui uma propriedade intrínseca em sua mudança de estado; esta não provém do exterior: o todo subdivide-se em partes ou as partes reúnem-se em um todo; o conjunto é sempre único. Alguém talvez pergunte: como é possível alguma coisa ser ora visível, ora invisível, e compor-se dos mesmos elementos ou de elementos diferentes?

Pode-se responder: tal é a natureza das coisas aqui em nosso mundo; quando concentradas, são visíveis devido à resistência de sua massa; quando, ao contrário, encontram-se dispersas, sua sutileza as torna invisíveis. A matéria encontra-se necessariamente concentrada ou dispersa fora do vaso eterno que a contém, entretanto, ela não nasce nem morre. Os pais são o meio e não a causa do nascimento dos filhos, assim como a terra permite que as plantas saiam de seu seio e, no entanto, não as produz. Não são os indivíduos visíveis que se modificam, é a substância universal que se modifica em cada um deles.

Jâmblico
(*Tratado dos Mistérios Egípcios*. Seção IV, capítulo 4)

A justiça de Deus não é absolutamente a justiça dos homens. O homem define a justiça a partir das relações existentes em sua vida atual e de seu estado presente; Deus a define relativamente a nossas existências sucessivas e à universalidade de nossas vidas. Assim, as penas que nos afligem são frequentemente os castigos de um pecado cometido por nossa alma em vida anterior. Algumas vezes Deus nos esconde a razão desses castigos, porém não devemos duvidar de sua justiça.

Cícero
(Palavras ditas pelo velho Catão no *Tratado da velhice*)

Quanto à origem eterna das almas, não vejo como é possível disto duvidar, uma vez que é verdadeiro que os homens vêm ao mundo munidos de grande quantidade de conhecimentos. Ora, uma grande prova de que assim o é está na faculdade e na prontidão com que as crianças aprendem as artes bastante difíceis em que há uma infinidade de coisas a compreender, o que nos permite crer que estas não lhe são novas, e que, ensinando-lhes, apenas reavivamos sua memória. É o que nos ensina nosso divino Platão.

Jamais nos persuadirão, meu caro Cipião, de que nem vosso pai Paulo Emílio, nem vossos dois ancestrais Paulo e Cipião, o Africano, nem o pai deste, nem seu tio, nem tantos outros grandes homens, que não é necessário enumerar, teriam empreendido tantas grandes coisas cuja memória a posteridade conservaria, se não tivessem entrevisto claramente que o futuro, até mesmo o mais distante, concernir-lhes-ia tanto quanto o presente. E para vangloriar-me também, segundo o costume dos anciãos, credes que eu teria trabalhado noite e dia, como fiz, na guerra e na República, se a glória de meus trabalhos fosse terminar junto com a minha vida? Teria eu, incomparavelmente, melhor feito se a tivesse passado repousando, sem prender-me a nenhum tipo de compromisso? Porém minha alma, elevando-se de algum modo acima do tempo que tenho para viver, sempre estendeu seus olhos até a posteridade, e sempre achei que seria após o fim desta vida mortal que eu estaria ainda mais vivo. É assim que todos os grandes homens pensam; e, se a alma não fosse imortal, eles não fariam tantos esforços para alcançar a imortalidade.

Virgílio
(Discurso de Anquises a seu filho Eneias que o encontra nos Campos Elíseos e lhe pergunta quem são as almas que vê errarem a seu redor. Eneida, livro VI)[2]

Meu filho, diz o velho, vês aqui aparecerem
Aqueles que em outros corpos devem um dia renascer,
Porém, antes da outra vida, antes de seus penosos labores,
Procuram as impassíveis águas do Letes,[3]
E no longo sono das paixões humanas,
Bebem o feliz esquecimento de seus primeiros amargores

[2] Nota da tradutora: Tendo sido esta tradução feita já a partir de outra, francesa, toda a melodia do poema foi prejudicada no intuito de podermos conservar o máximo de fidelidade ao texto. A seguir, transcrevemos a tradução francesa de Delille: "*Mon fils, dit le vieillard, tu vois ici paraître /Ceux qui dans d'autres corps doivent un jour renaître, / Mais avant l'autre vie, avant ses durs travaux, / Ils cherchent du Léthé les impassibles eaux, / Et dans le long sommeil des passions humaines, / Boivent l'heureux oubli de leurs premières peines... / – O mon père, est-il vrai que dans des corps nouveaux, / De sa prison grossière une fois dégagée, / L'âme, ce feu si pur, veuille être replongée? / Ne lui souvient-il plus de ses longues douleurs? / Tout le Léthé peut-il suffire à ses malheurs? / [...] / – Un Dieu vers le Léthé conduit toutes les âmes; / Elles boivent son onde, et l'oubli de leur maux / Les engage à rentrer dans des liens nouvaux.*"

[3] Nota da tradutora: O Letes, segundo a mitologia clássica, é "um dos rios dos infernos, cujo nome significa esquecimento; as sombras bebiam as suas águas, antes de voltarem à nova vida, para esquecerem completamente o passado".

– Ó meu pai, é verdade que, em novos corpos,
De sua prisão grosseira uma vez desprendida,
A alma, esse fogo tão puro, queira de novo mergulhar?
Ela não mais se recorda de suas longas dores?
Todo o Letes pode às suas infelicidades bastar?
....
– Um Deus para o Letes conduz todas as almas;
Elas bebem suas águas e o esquecimento de seus males
As empenha a retornarem sob novos laços.

Porfírio

A alma não se encontra jamais despojada de algum corpo; um corpo mais ou menos puro a ela está sempre ligado, adaptado a seu estado do momento. Porém, tão logo ela abandona o corpo terrestre e grosseiro, o corpo espiritual, que lhe serve de veículo, parte necessariamente contaminado e espesso pelos vapores e exalações do primeiro. Purificando-se a alma progressivamente, este corpo torna-se, com o tempo, um puro esplendor que nenhuma névoa obscurece ou mancha.

Os hebreus

O *Talmude* diz que a alma de Abel passou para o corpo de Set e depois para o de Moisés.

Acrescenta o *Zohar*:

> Todas as almas são submetidas às provas da transmigração. Os homens desconhecem a vontade do alto com relação a eles. Ignoram por quantos sofrimentos e transformações misteriosas devem passar e quão numerosos são os espíritos que, vindo a este mundo, não retornam ao palácio de seu divino rei. As almas devem, por fim, novamente imergir na substância de onde saíram; entretanto, antes desse momento, já devem ter desenvolvido até o mais alto grau todas as virtudes cujo germe nelas encontra-se latente; se esta condição não é realizada em uma única existência, devem as almas renascer até que tenham atingido o grau de desenvolvimento que torna possível sua absorção em Deus.

> As encarnações, de acordo com a *cabala*, ocorrem com longos intervalos entre si; as almas esquecem inteiramente o passado e, longe de constituírem uma punição por suas faltas, os renascimentos são uma bênção que permite aos homens purificarem-se.
> (Dr. Pascal. *A reencarnação*)

Os Evangelhos

É verdade que *Elias deve retornar* e restabelecer todas as coisas; porém vos declaro que *Elias já veio* e eles não o reconheceram e o trataram como lhes aprouve. Assim também farão sofrer o Filho do homem. Então seus discípulos compreenderam que foi de João Batista que Jesus lhes falara. (Mateus 17,9-13; Marcos 9,9-13)

E aconteceu que, um dia, orava ele em local retirado e seus discípulos com ele estavam; interrogou-os dizendo: – O povo, quem diz ele que sou? Eles lhe responderam: – Uns dizem João Batista, outros Elias, e outros algum velho profeta ressuscitado. E ele lhes perguntou: – E vós, quem dizeis que sou? Simão Pedro, respondendo, disse: – O Cristo de Deus. Então ele os proibiu expressamente de dizê-lo a alguém. (Mateus 16,13-20; Marcos 8,27-30; Lucas 9,18-21)

Havia um homem entre os fariseus, chamado Nicodemos, senador dos judeus, que veio à noite até Jesus e lhe disse: – Mestre, sabemos que vieste por parte de Deus para instruir-nos como um doutor; pois ninguém poderá realizar os milagres que realizas se Deus não estiver consigo. Jesus respondeu-lhe: – Em verdade te digo: Ninguém pode alcançar o reino de Deus se não nascer de novo. (João 3,1-3)

Léon Denis (Os Pais da Igreja)

Os primeiros pais da igreja e, dentre todos, Orígenes e Clemente de Alexandria, pronunciam-se a favor da transmigração das almas. São Jerônimo e Rufino (*Carta a Anastácio*) afirmam que esse conceito era ensinado como verdade tradicional a um certo número de iniciados.

Em sua obra capital, *Dos princípios*, livro I, Orígenes revisa os numerosos argumentos que mostram serem a preexistência e a sobrevivência das almas em outros corpos o corretivo necessário à desigualdade das condições humanas. Ele se interroga qual é a totalidade das etapas percorridas por sua alma em suas peregrinações através do infinito, quais os progressos alcançados em cada uma dessas etapas, as circunstâncias dessa imensa viagem e a natureza particular de cada estágio.

São Gregório de Nice diz que *há necessidade natural de a alma imortal ser curada e purificada* e que, *se ela não o for em sua vida terrestre, a cura operar-se-á nas vidas futuras e subsequentes.*

Todavia esta alta doutrina não podia conciliar-se com certos dogmas e artigos de fé, armas poderosas para a igreja, tais como a predestinação, as penas eternas e o juízo final. Com ela, o catolicismo teve de ceder mais amplo espaço à liberdade do espírito humano, chamado em suas vidas sucessivas a elevar-se por seus próprios esforços e não apenas por uma graça do alto.

Do mesmo modo constituiu um ato de inúmeras consequências funestas a condenação dos conceitos de Orígenes e das teorias gnósticas pelo Concílio de Constantinopla de 553. Ela acarretou o descrédito e a rejeição do princípio das reencarnações. Vimos edificar-se, então, no lugar de uma concepção simples e clara sobre o destino, compreensível para as mais humildes inteligências, conciliando a justiça divina com a desigualdade das condições e dos sofrimentos humanos, todo um conjunto de dogmas que lançaram a obscuridade sobre o problema da vida, revoltaram a razão e, finalmente, afastaram o homem de Deus.[4]

Pezzani
(*Deus, o homem, a humanidade e o progresso*)

Segundo as antigas cosmogonias que ensinavam terem sido os astros criados pela Terra e que, além disso, não havia mais do que um Deus e anjos, puros espíritos, podia-se concluir que, após a prova terrestre, tudo estava terminado para o mérito e a liberdade. Porém, a partir de Copérnico e de Galileu, desde que soubemos que existe um número infinito de mundos, não haveria uma singular estreiteza de visão ao querermos limitar nossas provas ao mundo miserável e ínfimo da Terra, que não é senão um de nossos estágios, uma das fases de nossa existência imortal, e ao nos recusarmos no futuro todo meio de reparação?

Lavater

Os órgãos simplificam-se, adquirem harmonia entre si e tornam-se mais apropriados à natureza, às características, às necessidades e às forças da alma, à medida que esta se concentra, enriquece-se e depura-se aqui neste mundo, perseguindo um só objetivo e agindo em um sentido determinado. A alma aperfeiçoa, vivendo sobre a Terra, as qualidades do *corpo espiritual, do veículo no qual continuará a existir após a morte de seu corpo material e que lhe servirá de órgão para conceber, sentir e agir em sua nova existência.*

(Carta à imperatriz Maria Feodorovna da Rússia. 1° de agosto de 1798.)

---

[4] *Le problème de l'être et de la destiné*, p. 366. (Nota da editora: A tradução em português, feita pela Federação Espírita Brasileira, sem indicar o autor da tradução, acrescentou ao título a palavra 'dor': *O problema do ser, do destino e da dor.*)

Voltaire

A partir do momento em que se começa a crer que há no homem um ser absolutamente distinto da máquina e que o entendimento subsiste após a morte, atribui-se a esse entendimento um corpo leve, sutil, vaporoso, que se assemelha ao corpo no qual está alojado. Se a alma de um homem não tivesse forma semelhante à que possuía durante a vida, não se poderia distinguir, após a morte, a alma de dois homens diferentes. Essa alma, essa sombra que subsiste desligada de seu corpo material pode muito bem mostrar-se em dados momentos, rever os locais que havia habitado, visitar seus parentes, seus amigos, falar-lhes, instruí-los: não há em nada disto nenhuma incompatibilidade. O que existe pode fazer-se perceber.[5]

Jean Reynaud
(*Terra e céu*)

Quando pensamos nas magníficas luzes que o conhecimento das existências anteriores espalharia, tanto sobre as coisas relativas à nossa vida atual na Terra, quanto sobre as esperanças relativas do céu, que impressionante sintonia a falta de memória nos mostra da imperfeição de nossa constituição psicológica de hoje! Não vemos de onde partimos, da mesma forma como não vemos para onde somos conduzidos; sabemos apenas que viemos cá de baixo e que vamos para o alto, e não nos é preciso mais para nos interessarmos por nós e para sabermos que substância somos.

Porém quem ousaria assegurar que nosso ser não encerra em suas profundezas algo com que iluminar um dia todos os espaços sucessivamente atravessados por nós desde nossa primeira hora? Não sabemos, pela própria experiência desta vida, que recordações que nos pareciam absolutamente esquecidas reavivam-se às vezes e devolvem-nos de repente um passado que acreditávamos apagado para sempre nos abismos do esquecimento?

A surpreendente faculdade que chamamos *memória* é pois de natureza a guardar no fundo de nós mesmos, sem nosso concurso, impressões que, por terem momentaneamente cessado de surgir a nossos chamados, continuam no entanto a fazer parte de nosso domínio onde permanecem adormecidas; e, por conseguinte então, por que não ocorreria o mesmo com sua ação no que se refere aos acontecimentos que precederam o período atual de nossa existência, como ocorre abertamente com sua ação concernente a tantos outros eventos registrados enquanto vivos e cujos vestígios vemos um dia, após longos isolamentos, voltarem de tempos em tempos? Não sereis vós quem negará que esta faculdade seja puramente espiritual,

[5] *Dictionnaire philosophique. "Magie, oracles".*

uma vez que não tendes nenhuma dificuldade em prolongá-la, sem distinção, para todas as almas, desta vida até a seguinte; e se ela constitui, com efeito, como não se pode contestar, uma das propriedades mais essenciais do espírito, como poderia ela experimentar da morte alguma impressão radical? Sua imortalidade a garante. O golpe do trespasse pode muito bem perturbá-la, porém da mesma forma como um golpe de ar perturba a limpidez da atmosfera que outro golpe de ar restabelece.

Aliás, se nosso progresso na beatitude não consiste simplesmente em uma admissão a mundos melhores, mas, acima de tudo, no desenvolvimento das altas faculdades inerentes às nossas pessoas, como o poder de nossa memória não estaria destinado a crescer ao mesmo tempo que todos os outros poderes de que também gozamos, atualmente, segundo o modo imperfeito que convém à Terra? E, se este poder aumenta, não devemos crer que chegará cedo ou tarde à energia necessária para retomar as impressões bastante delicadas e bastante longínquas, para não ficarem desproporcionadas a seu estado de hoje? É do que não duvido; e o que acaba por dar, a meu ver, toda firmeza a tal esperança é pensar que não poderíamos alcançar nossa coroação sem que as recordações colocadas em reserva no fundo de nossa memória fossem com efeito retomadas, pois seria possuirmo-nos imperfeitamente ou não possuirmos completamente nossa história. Para gozarmos nossa imortalidade em plena luz, é preciso que saibamos quem somos e é a contemplação de nosso passado que no-lo ensina; e esta contemplação faz até mais, pois é ela que, por comparação, faz-nos provar nossa beatitude em toda a sua extensão, mostrando-nos, ao lado do que somos, o que nosso ser foi.

Se fossem examinados todos os homens que passaram sobre a Terra desde que a era das religiões sábias se iniciou, ver-se-ia que a grande maioria viveu na consciência mais ou menos estacionária de uma existência prolongada por vias invisíveis, aquém como além dos limites desta vida. Há aí, com efeito, uma espécie de simetria tão lógica que deve ter seduzido as imaginações à primeira vista: o passado equilibra-se com o futuro, e o presente não é senão o eixo de ligação entre o que não é mais e o que não é ainda.

Rauch
(*A alma e o princípio vital*)

Em que momento a alma é criada? Apenas três hipóteses são possíveis: 1ª, a alma é criada ao mesmo tempo que o ser; 2ª, ela é criada na eternidade; 3ª, em uma época intermediária entre as duas precedentes.

É difícil admitir que a alma seja criada ao mesmo tempo que o ser humano ao qual é destinada, pois que então seria impossível explicar a diferença de condição moral existente entre os homens. De onde viriam, com efeito, as qualidades que diferenciam a alma de um homem da de outro e que criam toda a distância entre um homem virtuoso e um celerado capaz de todos os crimes? Diferença de conformação craniana, responde a antropologia criminalista. Porém minha razão insurge-se contra uma doutrina que tende a rebaixar o ser humano ao nível do animal, sujeitando-o a obedecer simplesmente aos impulsos do instinto; o que quer que digam, sinto firmemente em mim uma consciência que é livre para escolher e uma vontade que me permite determinar-me pelo bem ou pelo mal. O mal não é fatal, e a prova é que a criminalidade aumenta à medida que o temor salutar da repressão diminui. Uma vez que todas as almas saem da mão de Deus em um estado de igualdade inicial, se a alma fosse criada ao mesmo tempo que o ser, haveria de ser necessário que todos os homens fossem iguais em valor moral, ao menos no momento de seu nascimento. Ora, não é absolutamente assim; na idade em que a criatura não pôde ainda fazer nem o bem nem o mal, nem receber nenhuma influência do mundo exterior, ela acusa as qualidades e as taras que já estão em si: certas crianças são viciosas, outras possuem sentimentos de retidão e de honestidade, e o meio no qual nasceram e foram criadas nem sempre é suficiente para explicar estas variações. Desde o início da vida, percebe-se uma desigualdade de nível moral que aumenta ainda mais à medida que o ser cresce e que permanece inexplicada nesta primeira hipótese.

Enfim, dizer que a alma é criada no mesmo instante em que deve penetrar o corpo não significa admitir implicitamente que Deus possa fazer-se o cúmplice das traições, dos incestos, dos estupros, dos adultérios aos quais infelizes seres devem a vida? Ele permite que cometam o crime, isto é verdade, e a corrupção de nossos costumes torna-o bastante frequente; porém como não rejeitar com indignação a suposição de que, por uma criação que seria um ato direto da vontade soberana, ele intervenha, nesse mesmo momento, para sancionar a obra do vício e da devassidão?

A segunda hipótese não é mais admissível do que a primeira. Se a alma é criada na eternidade, de onde vem o estado de inferioridade, e mesmo de degradação, no qual vemos tantos de nossos semelhantes? Pois se a perfectibilidade é uma propriedade da alma, é impossível que, desde a eternidade, no decorrer das inumeráveis vicissitudes que elas tiveram de atravessar, essas almas não se tenham elevado acima de seu estado primitivo, e que outras tenham até descido abaixo da bestialidade. Dir-se-á que as almas podem ter sido criadas na eternidade, mas que permaneceram em uma vaga inatividade até o momento em que foram chamadas a unir-se a um corpo. Porém a alma é uma substância inteligente e, sendo próprio da inteligência uma indefectível atividade, não se pode explicar que as multidões de almas tenham permanecido inativas, errantes no espaço, desde que receberam com o sopro divino as faculdades que devem pôr em exercício.

Resta a terceira hipótese: é a única plausível, a única capaz de justificar, pela desigualdade da idade das almas, a desigualdade do desenvolvimento moral que existe entre os homens. "Deus cria as almas na época determinada por sua sapiência soberana e, por um ato especial de sua vontade, confere-lhe ao mesmo tempo a imortalidade."[6]

Das três hipóteses que acabo de examinar, a terceira parece a mais provável. A alma, com efeito, em razão dos altos destinos que lhe são fixados, é a criatura divina por excelência, a que possui o mais alto valor diante de Deus. Daí não podemos nos recusar a admitir que dela Ele faça o objeto de sua solicitude especial, que Ele tenha reservado sua criação como a obra particular de sua predileção.

[...] Não nos é dado conhecer que nossa passagem sobre a Terra é apenas um capítulo de uma história, cujos acontecimentos anteriores ignoramos e que se perpetuará em condições que nos são igualmente ocultas, porém que depende de nós torná-las sempre melhores. Assim encontra-se posto o princípio da preexistência. A preexistência e a sobrevivência são os dois termos dos quais se compõe nossa imortalidade; colocadas uma antes, outra após nossa bastante curta existência terrestre, elas são exatamente o prolongamento uma da outra, e todas as hipóteses que podem ser levantadas logicamente sobre os acontecimentos da sobrevivência encontram logicamente seu lugar na preexistência.

Victor Hugo

(Eis como Arsène Houssaye relata a resposta que Victor Hugo deu a ateus em 1866)

Quem nos diz, recomeçou o poeta, que não me reencontro através dos séculos? Shakespeare escreveu: *A vida é um conto de fadas que se lê pela segunda vez.*

Ele poderia ter dito: *pela milésima vez!* pois não há século em que eu não veja passar minha sombra.

Vós não credes nas personalidades que se movem (isto é, nas reencarnações) sob o pretexto de que não vos lembrais de nada de vossas existências anteriores. Porém, como a recordação dos séculos dissipados permaneceriam impressas em vós, quando mal vos recordais das mil e uma cenas de vossa vida presente? Desde 1802, houve em mim dez Victor Hugo! Credes, pois, que me recordo de todas as suas ações e de todos os seus pensamentos?

---

[6] Reynaud, Jean. *Terra e céu.*

Quando eu tiver atravessado a tumba para reencontrar uma outra luz, todos esses Victor Hugo ser-me-ão um pouco estranhos, porém será sempre a mesma alma!

Sinto em mim – diz-lhes ele ainda – toda uma vida nova, toda uma vida futura. Sou como a floresta que várias vezes foi abatida: os jovens rebentos são cada vez mais fortes e vivazes. Subo, subo em direção ao infinito! Tudo é radiante diante de mim. A terra me dá sua seiva generosa, porém o céu ilumina-me com os reflexos dos mundos entrevistos!

Dizeis que a alma é apenas a expressão das forças corporais. Então, por que minha alma está mais luminosa quando as forças corporais vão em breve abandonar-me? O inverno encontra-se sobre minha cabeça, porém a primavera eterna está em minha alma! Respiro a esta hora os lilases, as violetas e as rosas como aos vinte anos!

Quanto mais me aproximo do fim, mais ouço a meu redor as imortais sinfonias dos mundos que me chamam! É maravilhoso, e é simples.

Há todo um meio século que escrevo meu pensamento em prosa e em verso: história, filosofia, drama, romance, lenda, sátira, ode, canção, etc.; tudo tentei; porém sinto que não disse a milésima parte do que se encontra em mim. Quando eu me deitar na tumba, não direi como tantos outros: terminei minha jornada. Não, pois minha jornada recomeçará no dia seguinte de manhã. A tumba não é um beco sem saída, é uma avenida; ela se fecha no crepúsculo, reabre no alvorecer!

Destinos da alma

O homem tem sedes insaciadas;
Em seu passado vertiginoso
Sente reviver outras vidas,
Conta os nós de sua alma.

Procura no fundo das sombrias cúpulas
Sob que forma resplandeceu,
Ouve seus próprios fantasmas,
Que atrás de si lhe falam.

O homem é o único ponto da criação
Em que, para permanecer livre tornando-se melhor,
A alma deve esquecer sua vida anterior.
Ele diz: Morrer é conhecer;
Procuramos a saída tateando;
Eu era, eu sou, eu devo ser,
A sombra é uma escada, subamos.[7]

[7] Nota da tradutora: Para que pudéssemos ser fiel ao conteúdo do texto original e aos termos utilizados pelo poeta, obrigamo-nos a prejudicar toda a melodia e as rimas dos versos, pois,

François Coppée

A vida anterior

Se é verdade que este mundo é para o homem um exílio
Onde, curvando-se sob o peso de um labor duro e vil,
Ele expia chorando sua vida anterior;
Se é verdade que, numa existência melhor,
Entre os astros de ouro que giram no céu azul,
Ele viveu, formado de um elemento mais puro,
E que ele guarda um lamento de seu primeiro esplendor;
Deves vir, criança, deste lugar de luz
Ao qual minha alma deve ter recentemente pertencido;
Pois dele devolveste-me a vaga recordação,
Pois, apercebendo-te, loura virgem ingênua,
Gemi como se te houvesse reconhecido,
E, tão logo meu olhar no fundo do teu mergulhou,
Senti que já nos havíamos amado.
E, desde esse dia, tocado de nostalgia,
meu sonho no firmamento sempre se refugia,
Desejando lá descobrir nosso país natal.
E, logo que a noite cai no céu oriental,
Procuro com o olhar na via láctea
A estrela que por nós foi habitada um dia.[8]

Leon Tolstoi
(Trecho de uma entrevista em 1908)

Da mesma forma como os sonhos de nossa vida terrestre constituem um estado durante o qual vivemos de impressões, de sentimen-

---

para mantê-los, precisaríamos mudar as estruturas das frases e as palavras, o que fatalmente mudaria em parte o sentido do texto original. Preferimos, portanto, traduzi-lo quase que literalmente. Eis a seguir, no entanto, o texto original, com toda a sua beleza de forma e de conteúdo: *Des destinées de l'âme/L'homme a des soifs inassouvies;/Dans son passé vertigineux/Il sent revivre d'autres vies,/De son âme il compte le noeuds,/Il cherche au found des sombres dômes/Sous quelle forme il a lui,/Il entend ses propres fantômes/Qui lui parlent derrière lui./L'homme est l'unique point de la création/Où, pour demeurer libre en se faisant meilleure,/L'âme doive oublier sa vie anterieure./Il se dit: Mourir c'est connaître;/Nous cherchons l'issue à tâtons;/J'étais, je suis, je dois être,/L'ombre est une échelle, montons.*

[8] *La vie antérieure/S'il est vrai que ce monde est pour l'homme un exil,/Où, ployant sous le faix d'un labeur dur et vil,/Il expie en pleurant sa vie antérieure;/S'il est vrai que, dans une existance meilleure,/Parmi les astres d'or qui roulent dans l'azur,/Il a vécu, formé d'un élément plus pur,/Et qu'il guarde un regret de sa splendeur première;/Tu dois venir, entant, de ce lieu de lumière/Auquel mon âme a dû naguère appartenir;/Car tu m'en as rendu la vague souvenir,/Car en t'apercevant, blonde vierge ingénue,/J'ai gémi comme si jet'avais reconnue,/Et, lorsque mon regard au fond de tien plongea,/J'ai senti que nous nous étions aimés déjà./Et, depuis ce jour-là, saisi de nostalgie,/Mon rêve au firmament toujours se réfugie,/Voulant y découvrir notre pays natal./Et, dès que la nuit tombe au ciel oriental,/Je cherche du regard dans la voûte lactée/L'étoile qui par nous fut jadis habitée.*

tos, de pensamentos pertencentes à nossa vida anterior e fazemos provisão de forças para o despertar, para os dias de porvir, toda a nossa vida atual constitui um estado durante o qual vivemos por meio do *carma* da vida precedente, e fazemos provisão de forças para a vida futura.

Da mesma forma como vivemos dos milhares de sonhos durante nossa vida terrestre, esta é uma das milhares de vidas nas quais entramos, saindo da outra, mais real, mais autêntica e à qual retornamos após nossa morte.

Nossa vida terrestre é um dos sonhos de uma outra vida, mais real, e assim por diante até ao infinito, até a última vida, que é a vida de Deus.

Sir Oliver Lodge
(Trecho de uma entrevista em 1906)

A ideia de que existimos no passado e de que devemos existir no futuro é tão velha quanto Platão; não há nada de novo nela. Um poeta disse que "somos maiores do que pensamos", o que significa que a totalidade de nosso ser jamais está totalmente encarnada. Parece-me que, no nascimento, um pouco desse grande *eu*, que constitui o ser, encarna e, à medida que o corpo cresce, passa a poder contê-lo ainda mais;[9] esse *eu* infiltra-se cada vez mais em nosso corpo; algumas vezes mais, outras vezes menos. Quando se infiltra bastante e prospera, dizemos: "Eis um grande homem"; quando infiltra-se apenas um pouco, muito pouco, dizemos: "Ele não é completo". Nenhum de nós é 'completo'. E quando este corpo está gasto, reunimo-nos à grande parte de nós próprios; a seguir, uma outra parte de nós reencarnará, e assim por diante. As diversas partes do grande *eu* unir-se-ão sucessivamente à matéria por um dado tempo a fim de receber uma educação que, parece, não pode ser adquirida de outro modo. É uma espécie de educação particular que se recebe em cada planeta, utilizando-se as partículas materiais que extraímos deste pela alimentação e por outras formas. Não é ciência o que faço neste momento; são hipóteses, porém elas são baseadas em fatos: fenômenos de memória anormal, de personalidade múltipla, de estado de transe etc., que ainda não são cuidadosamente estudados e que, no entanto, devem sê-lo, se quisermos esclarecer esse grande problema da vida após a morte.

---

[9] Lodge compara em outro estudo o 'eu' a um *iceberg* cuja cabeça, que seria o eu consciente, emerge sozinha acima do nível do mar, enquanto que a parte mais considerável, a base, fica mergulhada na água e emerge mais ou menos, segundo as circunstâncias. – A. R. (Nota da editora: Albert de Rochas indica a autoria de suas notas sobrepondo suas iniciais.)

Henri Martin
(*O êxtase e o sonambulismo*)

Existe, na humanidade, uma espécie excepcional de fatos morais e físicos que parecem derrogar as leis comuns da natureza; são os estados de êxtase e de sonambulismo, seja espontâneo, seja artificial, com todos os seus surpreendentes fenômenos de deslocamento dos sentidos, de insensibilidade total ou parcial do corpo, de exaltação da alma, de percepção além de todas as condições da vida habitual. Esta categoria de fatos foi julgada por pontos de vista bastante opostos.

Os fisiologistas, vendo as relações habituais dos órgãos perturbadas ou deslocadas, qualificam de doença o estado extático ou sonambúlico, admitem a realidade desses fenômenos que podem levar para o campo da patologia e negam todo o resto, isto é, tudo o que parece além das leis constatadas da física. A própria doença torna-se loucura a seus olhos, quando, ao deslocamento da ação dos órgãos, somam-se alucinações dos sentidos, visões de objetos que não existem senão para o visionário. Um fisiologista eminente afirmou abertamente que Sócrates era louco, porque acreditava conversar com seu demônio.

Os místicos respondem não apenas afirmando como reais os fenômenos extraordinários das percepções magnéticas, questão sobre a qual encontram inúmeros auxiliares e inúmeras testemunhas fora do misticismo, mas sustentando que as visões dos extáticos apresentam objetos reais, vistos, é verdade, não pelos olhos do corpo, mas pelos olhos do espírito. O êxtase é para eles a ponte entre o mundo visível e o mundo invisível, o meio de comunicação do homem com os seres superiores, a recordação e a promessa de uma existência melhor de onde decaímos e que devemos reconquistar.

Que lugar devem tomar neste debate a história e a filosofia?

A história não poderia pretender determinar com precisão os limites nem o alcance dos fenômenos nem das faculdades extáticas e sonambúlicas, porém constata: que eles existiram em todos os tempos; que os homens neles sempre acreditaram; que exerceram uma ação considerável sobre os destinos da espécie humana; que se manifestaram não somente nos contemplativos, como também nos gênios mais poderosos e mais ativos, e na maioria dos grandes iniciantes; que, por menos razoáveis que sejam muitos extáticos, não há nada em comum entre as divagações da loucura e as visões de alguns; que essas visões podem conduzir a certas leis; que os extáticos de todos os países e de todos os séculos possuem o que podemos chamar de uma língua comum, a língua dos símbolos, em que a poesia é apenas um derivado, exprimindo mais ou menos constantemente as mesmas ideias e os mesmos sentimentos através das mesmas imagens.

Talvez seja mais temerário tentar concluir em nome da filosofia. No entanto, após haver reconhecido a importância moral desses fenômenos, por mais obscuros que nos sejam a lei e o fim; após haver distinguido dois graus, um inferior, que não é senão uma estranha extensão ou um inexplicável deslocamento da ação dos órgãos, e outro superior, que é uma exaltação prodigiosa das potências morais e intelectuais, o filósofo poderia sustentar, ao que me parece, que a ilusão do inspirado consiste em tomar por revelação trazida por seres exteriores, anjos, santos ou gênios, as revelações interiores dessa personalidade infinita que se encontra em nós, e que, às vezes, nos melhores e maiores, manifesta por lampejos forças latentes que ultrapassam quase que sem medida as faculdades de nossa condição atual. Em suma, na linguagem escolar, trata-se para nós de *fatos de subjetividade*; na língua das antigas filosofias místicas e das religiões mais elevadas, trata-se de revelações do *férouer* masdeísta, do bom demônio (aquele de Sócrates), do anjo guardião, desse outro *eu* que é apenas o *eu* eterno, em plena posse de si mesmo, planando sobre o *eu* envolvido nas sombras desta vida. (É a figura do magnífico símbolo zoroastriano em todos os lugares figurado em Persépolis e em Nínive; o *férouer* alado ou o *eu* celeste planando sobre a pessoa terrestre.)

Negar a ação de seres exteriores sobre o inspirado, não ver em suas pretensas manifestações senão as formas dadas às intuições do extático pelas crenças de seu tempo e de seu país, procurar a solução do problema nas profundezas da pessoa humana não significa, de maneira nenhuma, pôr em dúvida a intervenção divina nos grandes fenômenos e nas grandes existências. O autor é o sustento de toda vida – essencialmente independente que ele seja de cada criatura e da criação inteira, distinta que seja de nosso ser contingente sua personalidade absoluta – absolutamente não é um ser exterior, isto é, estranho a nós, e não é de fora que ele nos fala; quando a alma mergulha em si própria, encontra-o e, com toda a inspiração salutar, nossa liberdade associa-se à Providência. É preciso aqui evitar, como em tudo, o duplo obstáculo da incredulidade e da devoção mal iluminada: uma não vê senão ilusões e embustes puramente humanos; a outra recusa-se a admitir alguma ilusão, ignorância ou imperfeição onde vê o dedo de Deus, como se os enviados de Deus cessassem de ser homens, os homens de um certo tempo e de um certo local, e como se os lampejos sublimes que lhes atravessavam a alma lá depositassem a ciência universal e a perfeição absoluta. Nas inspirações mais evidentemente providenciais, os erros que vêm do homem confundem-se com a verdade que vem de Deus. O ser infalível não comunica sua infalibilidade a ninguém[10].

[10] H*istoire de France*, tomo VI, p. 143.

Armand Sabatier
(*Os corpos sucessivos da alma*)

Nos insetos em que ocorrem metamorfoses, na passagem de uma forma a outra, o corpo primitivo desaparece e um novo corpo é formado, mais perfeito, mais completo, com uma organização mais aperfeiçoada e mais adaptado à existência nova e superior. Disse eu que um novo corpo sucede ao corpo primitivo... Esse novo corpo é um edifício que não é simples modificação do primeiro; não é um novo arranjo; não é o primeiro consertado e restaurado. O novo corpo não é sequer reconstruído com as pedras do primeiro, pois essas pedras, que são as células, desorganizam-se e decompõem-se. A comparação será justa se dissermos que as pedras do primeiro edifício são não apenas trituradas e reduzidas a pó, mas decompostas quimicamente e que, com os elementos dessa decomposição, são reconstruídas novas pedras que servem à construção do novo edifício.

Não há motivos para pensarmos que, abandonando o meio terrestre e o envoltório corporal que foram a condição e a sede de seu primeiro desenvolvimento, no momento da morte, o homem dá entrada num meio e num envoltório mais favoráveis a uma fase superior de sua evolução? Não vejo razão séria para crer no contrário; e a morte do homem então não é mais esse mal físico infligido ao pecado como o mais terrível dos castigos, mas o ato mais benéfico e mais desejável àqueles que têm razões suficientes para crer em uma vida de além-túmulo... Esse envoltório de outro tipo e esse novo meio destinados a dar à personalidade humana um novo desabrochar podem, por sua vez, dar lugar a outros melhores.

Segunda Parte

Experiências Magnéticas

Capítulo I
O sono magnético e o corpo fluídico

1. Os estados do magnetismo

Antes de expor minhas experiências sobre a regressão da memória e a precognição, farei um rápido resumo de como o magnetismo age habitualmente sobre os sensitivos que estudei.

Sob a influência de passes longitudinais exercidos de cima para baixo e combinados com a imposição da mão direita sobre a cabeça do *sujet*[11] sentado diante de mim, produz-se uma série de estados semelhantes à vigília, mas apresentando cada uma das características específicas que servem para denominá-los,[12] e que se sucedem sempre na mesma ordem.

Esses estados são separados por fases de letargia com a aparência do sono habitual que permitem distingui-los nitidamente uns dos outros quando o *sujet* bastante envolvido não queima as etapas.

Eis, sumariamente, a enumeração dessas características específicas e sua sucessão:

1° estado: vigília.

I: fase de letargia.

2° estado: sonambulismo. O *sujet* parece uma pessoa desperta gozando de todas as suas faculdades, no entanto é bastante sugestionável e apresenta o

[11] Nota da tradutora: Não apresentando o termo *sujet* tradução exata, decidimos mantê-lo, até mesmo porque seu uso tornou-se relativamente habitual. Significa, resumidamente, indivíduo em estudo ou estudado experimentalmente.

[12] Essas características foram selecionadas por serem as que primeiro se apresentam à observação, mas é provável que haja outras ainda não reconhecidas. – A. R.

fenômeno da insensibilidade cutânea, que persiste em todos os estados seguintes. A memória é normal.

II: letargia.

3º estado: *rapport*.[13] O *sujet* não percebe ninguém além do magnetizador e das pessoas que este coloca em relação com aquele, seja por um contato ou mesmo por um simples olhar. Apresenta sensação de bem-estar bastante pronunciada, diminuição da memória normal e da sugestibilidade. A sensibilidade começa a exteriorizar-se em uma camada paralela ao corpo e situada a cerca de trinta e cinco milímetros da pele.[14] O *sujet* vê os eflúvios exteriores dos corpos organizados e dos cristais.

III: letargia.

4º estado: simpatia ao contato. A sensibilidade continua a exteriorizar-se e pode-se constatar uma segunda camada sensível a seis ou sete centímetros da primeira e de menor sensibilidade. O *sujet* experimenta as sensações do magnetizador quando este se coloca em contato com ele. A sensibilidade cutânea desaparece, assim como a memória dos fatos; elas não reaparecem nos estados seguintes, mas a memória da linguagem subsiste nesses estados, já que o *sujet* pode conversar com o magnetizador.

IV: letargia.

5º estado: simpatia à distância. O *sujet* percebe todas as sensações do magnetizador, mesmo sem contato, desde que a distância não seja muito grande. Ele não mais vê os eflúvios exteriores dos corpos, mas vê os órgãos internos dos seres vivos. Não é mais sugestionável e perde totalmente a memória de sua vida; não conhece mais do que duas pessoas, o magnetizador e ele próprio, no entanto não sabe seus nomes.

Em geral, a partir desse estado, um pouco mais cedo ou um pouco mais tarde, de acordo com o *sujet*, a sensibilidade, que até esse momento exteriorizava-se em camadas concêntricas à periferia do corpo, condensa-se para formar, primeiramente a cerca de um metro à sua direita, uma coluna nebulosa azul mais ou menos

---

[13] Nota da tradutora: Estamos mantendo, nesta tradução, o termo *rapport* para designar a relação ou ligação que se opera entre o magnetizador e o *sujet*, durante o transe magnético. A tradução literal ou outro qualquer vocábulo não se mostraram apropriados e, na verdade, os investigadores sérios e os bons autores têm utilizado sempre o termo francês, que se consagrou.

[14] Em julho de 1904, o sr. Charpentier comunicou à Academia das Ciências a seguinte experiência: "Colocando-se diante de uma parede refletora e afastando progressivamente da superfície anterior do corpo em uma direção normal uma pequena tela fosforecente (nódoa de sulfureto sobre cartão preto), vê-se que esta tela passa por máximos e mínimos de intensidade regularmente espaçados, indicando a existência, nas proximidades do corpo, de espécies de ondas estacionárias cujo comprimento é de cerca de trinta e cinco milímetros, ou seja, precisamente o comprimento de onda dos nervos." – A. R.

de seu tamanho e, em seguida, à sua esquerda, uma outra coluna análoga vermelha[15]; enfim, as duas colunas reúnem-se para formar uma única coluna cuja forma precisa-se cada vez mais para constituir o *fantasma* do *sujet*. Esse fantasma, ligado ao corpo físico por um liame luminoso e sensível, que é como seu cordão umbilical, torna-se cada vez mais móvel e obediente à vontade. Tem uma tendência bem pronunciada a elevar-se até uma altura que ele não pode ultrapassar; isso parece depender do grau de evolução intelectual e moral dos *sujets*, que veem flutuar a seu redor seres apresentando uma cabeça com um corpo terminado em ponta como uma vírgula. Ficam felizes por terem saído de seu envoltório físico, de seus *andrajos*, segundo uma expressão que utilizam com frequência, e repugna-lhes para aí voltarem. Todos estes fenômenos desenvolvem-se e precisam-se através de uma série de *estados* separados por fases de letargia que se sucedem como os dias e as noites.

Passes transversais reconduzem o *sujet* ao estado de vigília, fazendo-o passar, em ordem inversa, por todos os estados e todas as letargias pelos quais passou ao adormecer.

Em 1895, publiquei, nos *Annales de Sciences Psychiques*, um artigo intitulado "Fantasmas dos Vivos", no qual expus com detalhes minhas primeiras experiências sobre essa espécie de fenômenos, onde pude levar os *sujets* até um décimo-terceiro estado, graças à eletricidade.

Durville as retomou e as completou, expondo suas próprias experiências num livro publicado em 1909 sob esse mesmo título: *Fantômes de vivants.*[16]

2. O corpo fluídico pode modelar-se sob a influência da vontade, assim como a argila modifica-se sob as mãos do escultor

Eis aí um fato habitual entre os ocultistas, e ouvi dizer que, numa sessão, há quarenta anos, com um médium de Paris, célebre por suas materializações,

[15] Em alguns *sujets* a formação do fantasma ocorre na ordem inversa. – A. R.

[16] Se há algumas pequenas divergências em nossas constatações, não se surpreendam. Os primeiros viajantes que penetram num país desconhecido não concentram necessariamente sua atenção sobre os mesmos pontos e estão sujeitos a não os verem exatamente no mesmo dia.

Foi assim que, durante anos, magnetizei sensitivos sem observar o fenômeno da regressão da memória, que passava sem dúvida despercebido por mim, porque eu não interrogava o *sujet* sobre as coisas que me poderiam indicá-lo.

Atualmente, ainda, não estou muito seguro sobre as causas que a determinam, apesar de supor que ela aconteça devido ao fato de que, sob a influência de passes que fixam os laços que unem o corpo material ao corpo fluídico, este se concentra ao invés de exteriorizar-se; pois constatei diversas vezes que eu não mais encontrava camada sensível ao redor do *sujet* quando ele recuava no tempo, e os espectadores *videntes* diziam, quando o fenômeno se produzia depois da formação do corpo fluídico, que viam este corpo mudar de forma e diminuir quando o *sujet* voltava a ser criança. – A. R.

havia-se evocado Molière, e que se viu aparecer, entre as cortinas da cabine, primeiro um fantasma parecido com o médium e, a seguir esse fantasma tomou pouco a pouco a aparência e as vestes da personagem evocada.

Tendo lido que em muitas manifestações psíquicas viam-se aparecer globos luminosos, perguntei-me se não seriam corpos fluídicos, e então realizei com a sra. Lambert a seguinte experiência:

Exteriorizei seu corpo fluídico; em seguida ordenei-lhe que se curvasse como uma bola; apesar de sua resistência, determinei o fenômeno; ela se viu sob essa forma, o que constatei eu próprio por beliscadas no espaço. Recoloquei-a em seguida, por sugestão, na sua forma primitiva e pedi-lhe que voltasse dali a dois dias para nova sessão. No dia marcado, não a vendo, dirigi-me à sua casa e encontrei-a deitada, o corpo em arco; disse-me ela que não podia estirar-se e que isso muito a incomodava. Exteriorizei então novamente seu corpo fluídico, endireitando-o por sugestão, e o fiz voltar; ela estava curada.

Alguns meses mais tarde, fiz voltar a meu gabinete a sra. Lambert para mostrar suas faculdades à sra. d'Espérance, de passagem em Paris. Quando seu corpo fluídico foi exteriorizado, ordenei à sra. Lambert que lhe desse minha forma, o que fez, não sem resistência. Ela viu a transformação operar-se sobre seu corpo fluídico e sobre sua imagem refletida num espelho. A sra. d'Espérance, que é vidente, confirmou as palavras da sra. Lambert, apesar de, ignorando o francês, não compreender nossa conversação. Aksakov assistiu à sessão.

Repeti essa experiência, em 23 de novembro de 1903, em Voiron, com o sr. Col..., patrão de Joséphine Louise. Eis a passagem de meu diário que se refere ao fato.

"Louise diz que pode, mesmo acordada, exteriorizar à vontade seu corpo astral e dar-lhe a forma que deseja. Pede-se a ela que, sem que Joséphine o saiba, dê minha forma a seu corpo astral; em seguida ela é levada de volta ao quarto de Joséphine, a qual é colocada no estado em que consegue perceber os fluidos. Joséphine vê primeiro o corpo astral de Louise normal, depois nele vê, com espanto, crescerem bigode e barbicha; enfim diz rindo: – Mas é o coronel!

"Alguns instantes mais tarde, diz-se a Louise, sempre sem que Joséphine o saiba, para dar a seu corpo astral a forma do filho do dono da casa, que ela conhece e que é alfaiate em Java, há dois anos. Joséphine, que jamais o viu, vê, no lugar onde Louise diz haver projetado seu duplo, a imagem de um homem com bigode; diz já ter visto esse rosto em alguma parte, mas não sabe onde. Desperto-a depois de ter-lhe dado a sugestão de lembrar-se do rosto que viu, e são apresentadas diante de seus olhos vinte fotografias que ela não reconhece. Quando avista a do filho de Col..., diz: – Este parece com quem vi, no entanto, a imagem que vi era bastante vaga. – É necessário ressaltar que Louise havia modelado seu corpo astral de acordo com lembranças bastante longínquas.

Numa sessão realizada na Escola de Medicina de Grenoble, em 28 de março de 1904, em presença do dr. Bordier, diretor da Escola, com Louise e Eugénie como médiuns, procurei reproduzir essa experiência.

O dr. Bordier indica *apenas* a Louise a personagem a representar. Era o dr. Lépine, ausente à sessão e que Louise conhecia. Esta exteriorizou-se e, quando disse que havia dado a seu corpo a forma desejada, interroguei Eugénie adormecida; respondeu-me que via um homem; procurou reconhecê-lo, depois disse: – É o homem que me fotografou. – Ora, isto havia-se se passado dois dias antes.

Poder-se-ia encontrar nesses fenômenos a explicação de certas aparições que se produzem diante das jovens no momento da puberdade. Constatou-se, com efeito, que nesse momento seu corpo astral exterioriza-se espontaneamente! Elas o percebem então sob uma forma vagamente humana e luminosa. Imbuídas de ideias religiosas, imaginam ver a Virgem Santa ou alguma outra santa cuja imagem as impressionou em sua igreja e dão, pelo pensamento, essa forma a seu corpo astral, que chega mesmo a poder ser percebido por outros sensitivos.

3. O corpo astral é normalmente a reprodução exata do corpo físico

Numa sessão realizada no dia 1º de abril de 1904, na Escola de Medicina de Grenoble, com Eugénie, em presença do dr. Bordier, exteriorizei o corpo fluídico da sensitiva. Quando o fantasma azul formou-se à sua esquerda, ela o via, mas nós não experimentávamos nenhuma sensação ao tocá-lo. Eugénie, ao contrário, sentia os contatos, não apenas sobre sua pele, como também no interior de seu corpo, quando nossas mãos penetravam seu duplo. O dr. Bordier, tendo colocado sucessivamente e com precaução seu dedo indicador em diferentes pontos do interior do duplo, perguntou a Eugénie em que ponto ela se sentia tocada. Eugénie, que tinha os olhos fechados, designou exatamente, e sem hesitação, os órgãos que o dr. Bordier tinha a intenção de tocar, baseando-se em suas posições respectivas.

Encontrar-se-á no primeiro capítulo da terceira parte uma certa quantidade de documentos que mostram que a existência do corpo astral foi admitida em todos os tempos pelos filósofos e iniciados.

Capítulo II

Regressão da memória e previsão

Minhas experiências concentraram-se em dezenove *sujets*, a saber:

Caso nº 1 – Laurent, 1893.
Caso nº 2 – Joséphine, 1904.
Caso nº 3 – Eugénie, 1904.
Caso nº 4 – Sra. Lambert, 1904.
Caso nº 5 – Louise, 1904-1908-1910.
Caso nº 6 – Mayo, 1904-1905-1906.
Caso nº 7 – Srta. Roger, 1905.
Caso nº 8 – Sra. J., 1905.
Caso nº 9 – Sr. Surel, 1905.
Caso nº 10 – Victoria, 1905.
Caso nº 11 – Juliette, 1905.
Caso nº 12 – Sra. Marguerite N., 1906.
Caso nº 13 – Henriette, 1906.
Caso nº 14 – Srta. Giudato, 1907-1910.
Caso nº 15 – Sra. Caro, 1907.
Caso nº 16 – Sra. Trinchant, 1907.
Caso nº 17 – Srta. Pauline, 1910.
Casos nº 18 e 19 – Mireille e Nathalie, 1892.

Quando iniciei, ignorava o fato de que outros magnetizadores haviam feito constatações análogas, as quais exponho no capítulo 4 da terceira parte.

Procurei sempre, em minhas sessões experimentais, ter presente, para tomar notas à medida que esses fenômenos se produziam, uma terceira pessoa que não corria o risco de ser influenciada, como eu teria podido ser, pela espera do que eu supunha dever produzir-se.

Os resumos reproduziam variações e erros já esperados, os quais têm sua importância porque mostram bem a influência, no momento da experiência, do estado de espírito do *sujet* sobre os fenômenos ainda inexplicados de regressão da memória e de previsões.[17]

Os numerosos e precisos detalhes relativos aos graus de sono e aos fenômenos físicos que os caracterizam não me parecem inúteis, porque vêm em apoio a classificações que os médicos hipnotizadores não admitem, sem dúvida porque não tiveram oportunidade de observá-los.

Caso nº 1
Laurent, 1893.

Minhas primeiras experiências relativas à regressão da memória datam de 1893. Foi totalmente ao acaso que fui levado a constatar esse fenômeno em um jovem de vinte anos que fazia sua licenciatura em letras, *sujet* dos mais preciosos, porque não somente era sensível ao agente magnético, como também e sobretudo porque, dotado de uma viva curiosidade científica e de um grande espírito de análise, empenhava-se bastante em aperceber-se por si próprio dos fenômenos físicos e psíquicos produzidos por este agente.

Empreendi, então, com ele experiências seguidas, mas graduadas, com precaução, de maneira a não fatigar seu sistema nervoso nem prejudicar seus outros estudos, tendo o cuidado, em cada sessão, primeiramente de chamar sua atenção para o que ele *sentia* antes e durante o sono magnético e, depois, dar-lhe a sugestão de, ao despertar, recordar-se de suas impressões.

Aconselhei além do mais a meu jovem amigo Laurent redigir ele próprio, *depois de cada sessão*, as impressões que poderiam ser mais tarde, tanto para ele quanto para mim, uma fonte de informações muito preciosa, visto ser a primeira vez que foram estudados desta maneira os fenômenos da hipnose.

Eis o diário[18] no qual eu não quis mudar uma palavra sequer, limitando-me a dar em notas algumas explicações ou modificações. Ele começa alguns dias

[17] Nota da editora: O autor chama de previsões o que, atualmente, tem-se preferido denominar de progressão da memória, em contraposição à regressão de memória. Entre as obras que tratam mais profundamente do assunto, indicamos *A memória e o tempo*, Publicações Lachâtre, de Herminio C. Miranda.

[18] Esse diário foi publicado em junho de 1895 nos *Analles des Sciences Psychiques*. – A. R.

depois da primeira tentativa que fiz com Laurent, no salão de sua mãe, e termina, quando, pelo aprofundamento progressivo da hipnose, deparei-me com espécies de fenômenos particulares relativos à formação dos fantasmas dos vivos.

As impressões de um magnetizado relatadas por ele próprio

21 de julho de 1893

O sr. de R. renovou em mim esta manhã, porém mais minuciosamente, as experiências que havia feito outro dia no salão.

– Que aroma você deseja sentir? O aroma da violeta? Tente lembrar-se dele.

Fiz esforço, mas sem resultado preciso. Então o sr. de R. apresentou bruscamente dois dedos de uma mesma mão, separados, sob cada uma de minhas narinas, e o aroma da violeta fez-se sentir a tal ponto que eu acreditaria, se não tivesse os olhos abertos, que um buquê me era passado sob o nariz.

– Como você se chama?

– Laurent.

O sr. de R., pressionando fortemente com seu polegar o meio de minha fronte, onde inicia-se o nariz, faz-me de novo a mesma pergunta. Hesito, penso. *Tenho a representação visual de meu nome escrito*, mas é-me absolutamente impossível pronunciá-lo; balbucio.

– Vou adormecê-lo – diz-me o sr. de R.

Um vago temor me invade. A ideia de um sono onde minha vontade será aniquilada me faria quase recusar a prestar-me a esta experiência se o medo de ser considerado medroso não se opusesse. Sentimento bastante complexo: o pavor do desconhecido, um respeito humano no fundo bastante banal e – o que de repente predomina – uma confiança encorajadora no experimentador. No entanto, é com emoção bastante viva que me entrego às mãos do sr. de R., e também com a esperança de que eu não seja suscetível de ser adormecido.

O sr. de R. senta-se diante de mim, segura meus polegares e fixa seus olhos nos meus. Seu olhar incomoda-me; primeiro, eu me enrijeço; depois, experimentando uma sensação dolorosa, como uma crispação dos músculos da pálpebra, tento desviar os olhos; mas não consigo! Então deixo-me levar; sinto que o sr. de R. fecha meus olhos com os dedos; e não percebo mais nada.

De repente, ouço o sr. de R. ordenar-me que abra os olhos. Faço-o facilmente e parece-me que me encontro em estado normal. Fico bastante assombrado quando o sr. de R. me diz: "Você está adormecido."

E, efetivamente, não consigo, se ele me proíbe, levantar nem o braço, nem a perna, nem fazer qualquer movimento. No entanto, ao redor de mim distinguo todas as coisas como neste momento. Lembro-me até mesmo de ter ouvido baterem à porta e o sr. de R. responder: "Daqui a pouco!"

Nada me escapa e tudo é preciso.

– Vou despertá-lo para que não se fatigue demais esta primeira vez – diz-me o sr. de R. – Você se apercebeu de tudo o que experimentou? VOCÊ SE LEMBRARÁ QUANDO ESTIVER ACORDADO... Ah! dê-me seu lenço. (Eu lhe dou.) Bem! Observe que você me deu seu lenço. VOCÊ NÃO SE LEMBRARÁ MAIS DESTE ATO QUANDO ESTIVER ACORDADO, mas se lembrará de todos os outros.

O sr. de R. sopra sobre meus olhos. Sinto que me enrijeço. Perco a consciência do que se passa. Em seguida reabro os olhos, um pouco aturdido, como ao despertar de manhã. Já posso levantar-me e andar à vontade.

– Você tem lembrança do que fizemos e dissemos enquanto estava adormecido? – pergunta-me o sr. de R.

Alguns segundos de esforço, seguidos de uma resposta afirmativa.

– Eu lhe disse para me dar seu lenço?

– Sim.

– Você me deu?

– Não.

– Então, dê-me.

Revisto meus bolsos; não o encontro. Como vou objetar que provavelmente não o encontro porque não o coloquei no bolso, o sr. de R. me diz:

– Você me deu seu lenço; mas eu lhe tinha ordenado que esquecesse o fato. Ei-lo, e vá passear ao ar puro.

Sinto realmente necessidade de respirar; meus nervos têm sobressaltos violentos. Revejo, caminhando, como que alucinado, todos os detalhes dos móveis do gabinete do sr. de R. Eu já havia lá entrado outrora, mas é certo que jamais tinha guardado lembranças tão nítidas do gabinete. Será que a ordem, recebida durante a hipnose, de lembrar-se do que se faz, do que se diz, do que se vê, tem influência sobre a intensidade da lembrança? Em outras palavras, a imagem dos objetos que impressionaram minha retina durante o sono magnético não reaparece mais vivamente sob a influência de uma sugestão do que depois da contemplação desses objetos durante a vigília? Na verdade, a ordem dada pelo sr. de R. não indicava que eu devia rever tudo alucinadamente, mas que, simplesmente, eu devia lembrar-me de uma maneira geral do que havia visto. Ora, sob este aspecto, nenhuma dúvida: o escritório, a portinhola, os quadros objetivavam-se e me apareciam como reais.

Mas por que a alucinação não se estendia a todas as outras lembranças? Eu *revia* o cômodo; por que não *ouvia* a voz do sr. de R.? Por que as sensações auditivas que tive, adormecido, não se objetivavam como as sensações visuais?

A sugestão apurou o poder da lembrança, exagerou minhas faculdades habituais, mas provavelmente sem nada alterar sua relação entre si.

Sou bom vidente, medíocre audiente. A sugestão desenvolveu igualmente minhas faculdades auditivas e visuais, se assim posso me exprimir, de forma que, sob sua influência, permaneci bom vidente, medíocre audiente. O mesmo desenvolvimento era suficiente para levar-me à alucinação da faculdade visual, já grande, o que não acontecia com a faculdade auditiva, mais fraca. Entre as duas a relação continua constante. É uma hipótese que será preciso verificar nas experiências seguintes.

Depois de duas horas a lembrança enfraqueceu.

23 de julho de 1893

Estou acordado.

O sr. de R. aplica passes ao longo do meu braço e de minha mão esquerda; sinto pouco a pouco meu braço enrijecer-se. Vejo o sr. de R. beliscar-me a pele da mão tão fortemente que a marca de suas unhas aí fica; no entanto, não sinto nenhuma dor. Então o sr. de R. afasta sua mão da minha, progressivamente, pressionando várias vezes a unha de seu polegar contra a de seu indicador como que para beliscar. A uma certa distância, sinto de repente do outro lado da mão um beliscão bastante forte. A mão do sr. de R. continua a afastar-se. É-lhe necessário percorrer uma nova distância, maior do que a primeira, para que eu sinta um segundo beliscão, aliás consideravelmente mais fraco do que o primeiro. O sr. de R. afasta-se ainda mais. A uma distância maior do que a primeira, maior do que esta o foi de minha mão, o beliscão no vazio repercute novamente sobre minha mão, mas com sensação atenuada. Em seguida, muito mais longe, eu não sinto mais do que um vago toque; e, a partir daí, absolutamente nada.

Várias vezes repetida, esta experiência permite-me concluir que camadas sensíveis se formam ao redor das partes magnetizadas de meu corpo e que a distância da primeira camada para a pele é de cerca da metade da distância que separa as outras camadas.

Que experimento a sensação acima mencionada quando a mão do sr. de R. age sobre as camadas *a*, *b*, *c* etc., isto é inegável; mas que papel assume aqui a sugestão? Um papel muito grande, creio.

Com efeito, se fecho os olhos, enquanto o sr. de R. percorre, beliscando o vazio, a distância entre minha pele e a camada sensível *c*, que é a mais distante, confesso francamente que antes imagino a sensação do que realmente a experimento; ela é suposta, e não experimentada. Apenas, desde que reabro os olhos, ela torna-se perfeitamente consciente, mais fraca em *c* do que em *b*, e em *b* do que em *a*, como já mencionei anteriormente.

Um espectador poderia supor que trapaceio. "O *sujet*", diria ele, "deve sentir da mesma forma, quer veja ou não a mão do magnetizador beliscar o vazio, quando esta passa em *a, b*, e *c*. Ora isto não ocorre. É preciso que ele se aperceba do ponto do espaço onde se encontra a mão do magnetizador para reagir a uma dada excitação a um pretendido fluido que eu gostaria de ver para crer. Na realidade ele não sente nada, de olhos fechados ou abertos; ele simula a sensação."

O espectador, a meu ver, tem razão quando afirma que eu deveria *sentir da mesma forma*, de olhos fechados como abertos; é à sugestão seguramente que é preciso perguntar a causa dessa irregularidade.

Mas no que se refere a *sentir realmente*, o espectador comete um erro quando o nega. Sou plenamente sincero, e mesmo que seja necessário procurar a causa desses fenômenos na pura sugestão, ou ainda efetivamente no fluido exteriorizado, ou provavelmente nos dois ao mesmo tempo, a sensação é realmente experimentada; eu reajo sem simulação.[19]

O sr. de R. me adormece. Abandono-me ao sono com confiança, sem o medo do primeiro dia. As mesmas experiências renovadas dão o mesmo resultado. Minhas observações de hoje confirmam o que eu supunha, outro dia, relativamente à relação constante entre minhas faculdades auditivas e visuais sob a influência da sugestão, como também no estado normal.

Faz-se nova experiência.

– Pense em alguém – diz o sr. de R. – Você vai ver a pessoa em quem pensa sentada numa poltrona à sua direita.

Penso em minha irmã, sem nada dizer. Volto-me e emito um oh! de surpresa, vendo, com efeito, minha irmã no local indicado. Continuo com os olhos fixos algum tempo sobre ela, que não se mexe. Mas desvio-os, em seguida, por um segundo, e torno a dirigi-los, agora em vão, para a poltrona onde ela me apareceu; a visão desvaneceu-se e é preciso uma nova ordem do sr. de R. para que ela me reapareça.

Durante a passagem do sono para o estado de vigília, não experimento nenhuma sensação particular; ou então ela é tão vaga que não posso defini-la.

[19] Para mim a verdadeira explicação é que, da mesma forma que sobre a pele normal, o grau de sensibilidade varia com o grau de atenção. Olhando o local onde se é beliscado, o *sujet* acumula sobre esse ponto uma quantidade maior de fluido, que, assim, aumenta consideravelmente a sensação. Todo mundo sabe que, quando um médico quer aplicar uma injeção num doente e diminuir a dor, ele aconselha a não olhar para o local a ser aplicado. – A.R.

25 de julho de 1893

O sr. de R. me adormece e me diz: "Há um buquê de rosas num vaso com água sobre a mesa atrás de você. Vá tocá-lo."

Sem hesitação caminho em direção à mesa. Há, efetivamente, um buquê que retiro do vaso com água. Tento sentir o aroma das rosas, mas elas não exalam nenhum odor.

– Friccione sua fronte vigorosamente – diz-me o sr. de R.

Faço-o e, imediatamente após, o buquê desaparece.

Desta forma a alucinação limitou-se à exata sugestão dada: VEJA E TOQUE, mas não me foi dito para sentir o aroma.

Continuo adormecido.

O sr. de R. começa por renovar as experiências de anteontem sobre a exteriorização do fluido sensível. Toco um objeto; não o sinto. A sensação do contato existe somente se o objeto é colocado à distância e de acordo com as leis de distanciamento observadas anteontem sobre minha mão, enquanto que apenas meu braço estava magnetizado. Mas não é somente a sensação do contato que posso agora experimentar, de acordo com as mesmas leis.

O sr. de R. pega um frasco tapado e o passa sob meu nariz, bem contra as narinas. Não sinto absolutamente nada. Ele então distancia o frasco. Tão logo este se encontra a uma certa distância, na primeira camada sensível, *a*, reconheço o aroma da erva-ursa. Quando o frasco se distancia entre a primeira camada sensível *a* e uma segunda camada sensível *b*, não sinto mais nada. Volto a sentir em *b*; depois mais nada entre *b* e *c*; depois de novo, porém mais fracamente, em *c*; mais distante não posso distinguir mais nada; as distâncias entre *a* e *b* e entre *b* e *c* são mais ou menos iguais entre si e o dobro da distância entre minha pele e a primeira camada sensível *a*.

Vejo o sr. de R. pegar uma bonequinha de cera vermelha; ele a mantém imóvel por um momento na camada *a*; sinto muito bem o objeto. Retira-a em seguida para além da camada *c* e a espeta com um alfinete. Não sinto nada.

– Ah! Ah! Não se pode enfeitiçá-lo[20] – diz o sr. de R. – Provavelmente porque seu fluido não se dissolve na cera; mas talvez consigamos com água.

Demoradamente o sr. de R. mantém um copo d'água na camada *a*. Tenho ainda a sensação do contato de um objeto; porém, se eu não olhasse, ser-me-ia impossível especificar a natureza e a forma desse objeto. Em seguida o sr. de R. afasta o copo, mergulha o dedo na água e a agita. Ainda nada.

[20] Nota da tradutora: O verbo enfeitiçar neste texto (no original em francês, *envoûter*) assume o sentido de fazer o feitiço, um boneco de cera à semelhança da pessoa a quem se queira mal, infligindo a este boneco certos martírios que, segundo se acredita, vem a padecer a pessoa que ele representa.

Vejamos com o ferro.

Na camada *a* o sr. de R. mantém um molho de chaves sobre sua mão aberta. Nova sensação de contato, e desta vez um inexplicável sentimento de incômodo: absorção de fluido por um corpinho estranho? Feitiço? O certo é que me lamento de contatos dolorosos quando o sr. de R., afastando-se, esfrega as chaves dentro de sua mão fechada; precipito-me com uma raiva ciumenta e obstino-me em tê-las vários minutos em minha posse como se eu tivesse medo de ver arrancado um membro, retirada uma parcela de minha vida.

Para fazer cessar esse estado de exaltação, o sr. de R. me desperta.

– Você poderá tornar-se, depois de muitas sessões, um *sujet* precioso – diz-me ele rindo – mas devolva-me minhas chaves.

É preciso que alguém as tire de mim!

16 de outubro de 1893

'Progrido' lentamente. Várias outras sessões ocorreram desde a última que relatei. São sempre os mesmos invariáveis fenômenos, que apenas se produzem mais rapidamente em sua invariável sucessão.

Há dois dias, no entanto, o sr. de R. conseguiu levar-me ao que ele chama de terceiro estado da hipnose.[21] A segunda letargia, pela qual se tem de passar para chegar a esse estado, é de mais longa duração do que a primeira. Então a insensibilidade é tal que posso tocar um tição sem retirar minha mão. Desta constatação feita ontem, tenho uma prova visível na ponta de meu indicador um pouco ferido.

O que sobretudo distingue o terceiro estado do segundo é que não se veem nitidamente os objetos como no sonambulismo. Tudo é confuso. O sr. de R. pergunta-me se ouço o tique-taque do relógio de parede. Respondo: "Fracamente." Em suma, apenas o sr. de R. vejo nitidamente.

A sugestibilidade subsiste: "Olhe à sua direita sobre a chaminé" – diz-me o sr. de R. – "Há um buquê." Efetivamente vejo um buquê que é substituído por um castiçal, se retiro de mim a sugestão, friccionando-me a fronte.[22] É preciso observar que o buquê *sugerido* aparece-me nitidamente, enquanto o castiçal, como todos os outros objetos reais, são como que encobertos por uma bruma.

Eis uma outra sugestão.

"Imagine que sou o sr. X." (O sr. de R. diz-me o nome de um funcionário que nós dois conhecemos.) Com esta frase, dita com o tom natural da voz, a sugestão é ineficaz. – "Vamos! Vamos! – insiste o sr. de R. – eu sou o sr. X; eu

[21] Ver a descrição desses detalhes à página 37.

[22] Eu havia utilizado com Laurent este procedimento para que ele se desembaraçasse, no estado de vigília, das sugestões. Adormecido ele lembrou-se disso e empregou-o com sucesso, talvez simplesmente por auto-sugestão. – A. R.

sou ele." A imagem do sr. X passa diante de meus olhos, mas sem fixar-se. No momento em que o sr. de R. toca-me bruscamente o ombro, vejo imediatamente o sr. X em seu lugar, sentado diante de mim.

A conversação começa. Nada impede a ilusão, já que o sr. de R., conhecendo a situação da pessoa que acredito que ele seja, dá respostas verossímeis às perguntas que indiferentemente faço.

Na realidade, todavia, eu me apercebo vagamente de que se trata de uma ilusão e que não é ao sr. X que falo. Apenas é-me impossível não falar como eu falaria se realmente fosse o sr. X quem estivesse ali presente.

Ao despertar estou mais atordoado do que em geral e mal consigo afugentar uma inquietude bastante particular (inquietude de quê? Não sei dizer) de meu espírito.[23]

19 de outubro de 1893

Novamente, e com mais facilidade, o sr. de R. conduz-me ao terceiro estado, que ele chama de *estado de relação*, porque todos os objetos que ficam enevoados pelos meus sentidos tornam-se de novo nítidos a partir do momento em que o magnetizador (que continua sempre perfeitamente visível e que até toma, aos olhos do *sujet* levado a este terceiro estado, uma espécie de realidade luminosa) coloca-me em *rapport* com eles, tocando-os.

Para fazer-me ouvir distintamente o tique-taque do relógio de parede, o sr. de R. precisa apenas interpor sua mão entre o relógio e minha orelha.

O sr. de R., por exemplo, oferece-me um livro. Tenho dificuldades para lê-lo; os caracteres parecem-me mal-impressos. No entanto, se o sr. de R. põe sua mão no meio da página, dela irradia-se como que uma luz que, por toda a sua volta, dá aos caracteres pretos toda a sua nitidez.

Sessão bastante curta. Pareço fatigado. O sr. de R. desperta-me.

21 de outubro de 1893

Hoje, repetição de todos os fenômenos já observados no segundo e no terceiro estados. Continuo muito lento para passar do sonambulismo ao estado de relação. Talvez porque eu seja desconfiado, ou porque uma autossugestão, que consiste no firme desejo de não tomar o falso pelo verdadeiro, persista até no sono e faça antagonismo às influências magnéticas.

O sr. de R., a propósito de uma pergunta que me faz e à qual não respondo, fazendo no entanto esforço para recordar-me do fato que me permitiria

---

[23] Toda sugestão deixa no espírito um vestígio mais ou menos profundo. O *sujet* estava aqui perturbado no sentimento da personalidade. – A. R.

responder, observa que, nesse terceiro estado, perdi a memória do presente. Por exemplo, não sei onde estou. Sei que é o sr. de R. quem se encontra diante de mim; porém eu não poderia dizer o que ele é: administrador da Escola Politécnica ou exercendo qualquer outra profissão. Todavia, guardo intacta a lembrança das experiências precedentes.

Para estabelecer com exatidão o período de minha vida que foge à minha memória, o sr. de R. emprega este engenhoso meio:

– Você teve aulas de filosofia? – pergunta-me ele.

Sorrio e respondo: "Oh, não!", como poderia dizer um jovem escolar que consideraria a aula de filosofia alguma coisa de muito bonita e bastante distante.

– De retórica? – Cursou o 1° ano do Ensino Médio? O 9° ano do Ensino Fundamental? O 8º ano?[24]

A resposta é sempre negativa e pronta:

– O 7º ano? A 6º?

Aqui eu me perturbo, reflito, hesito. É lamentável que, no momento em que escrevo, apesar da ordem recebida de lembrar-me das sensações experimentadas durante o sono, eu não consiga refazer exatamente o trabalho que se operou em mim nesse minuto. Apenas creio que vi passar a imagem de meu professor da 5ª série, sem poder estabelecer se era realmente o da 5ª série ou o da 4ª. Foi por isso, sem dúvida, que hesitei. De qualquer forma, ainda respondi "não".

Foi apenas no momento em que o sr. de R. me perguntou: "Você se recorda de seu professor da 3ª série?", que espontaneamente afirmei *vê*-lo.

– Mas você o vê como se ele estivesse aqui? – insiste o sr. de R.

– Sim, sim, é meu professor.

– Enfim, você distingue bem se, sim ou não, você é um aluno da 3ª série? Este homem é seu professor desta série ou simplesmente você se recorda de tê-lo tido como professor?

Após um esforço bastante grande, arrisco uma resposta confusa:

– Creio que ele *foi* meu professor; mas depois dele não tive outros, me parece.

Aqui, por felicidade, reencontro as fases pelas quais passou meu espírito. Enquanto eu fazia um esforço sincero para responder com exatidão à pergunta feita, a verdadeira solução não se apresentando e eu me fatigando ao procurá-la, disse-me a mim mesmo: "Ah! Vou responder qualquer coisa." Mas imediatamente após: "Não! Não posso enganar."

---

[24] Nota da editora: O original francês difere, pois os níveis escolares na França tinham e têm outra nomenclatura. A tradutora optou por fazer uma correlação com os níveis vigentes no Brasil.

Fenômeno singular! Em um segundo tive consciência de que eu servia de *sujet* a um magnetizador, que eu era o que na realidade sou e não um aluno da 3ª série *e que era necessário permitir a conclusão da experiência, apesar de tudo*. Ignoro o que eu teria inventado se este brusco chamamento à realidade não tivesse intervindo para fazer empenhar-me com a sinceridade. "Não, não posso enganar." Na realidade, esta frase veio-me ao espírito durante o lampejo de consciência que me representou aos olhos como que um jovem de vinte anos, prestando-se a experiências de hipnotismo para sua instrução, preocupado em não errar e, além do mais, interessado em não enganar o experimentador, o que seria enganar-se a si próprio.[25]

Que teria ocorrido se o despertar de minha personalidade não tivesse acontecido? Eu teria, sem dúvida, cedido ao desejo de fazer cessar o esforço fatigante; eu teria respondido ao acaso com qualquer coisa aproximativa; depois, para não me contradizer (pois observei em outros *sujets*, que certamente se creem de boa fé, que é impossível fazê-los confessar que se enganaram, por mais manifesto que seja seu erro), eu teria chegado, por uma série de respostas aproximativas, à pura mentira, à invenção, à simulação. E como o sr. de R. se teria apercebido?

Aliás, eu não consigo explicar essa súbita consciência da realidade que durou apenas o tempo de eu me dizer: "Não posso enganar." Tenho o hábito de me repetir esta frase como uma sugestão durante a vigília. Seria uma espécie de autossugestão quando me vem durante o sono? Mas é admissível que alguém possa, no estado de *rapport*, obedecer a uma ordem a si próprio dada quando acordado?[26] Isto parece ainda mais inverossímil quando, tendo perdido a lembrança dos fatos mais recentes de minha vida, não havia razão

[25] Fenômeno a relacionar com esta observação do dr. Gibier: "Conheci um médium, jovem bastante honesto que não praticava sua mediunidade e com a qual se observavam diversos fenômenos de levitação e de movimentos de objetos absolutamente reais. Confessou-me ele que diversas vezes tinha-se sentido como que impelido a acrescentar alguma coisa ao que produziria; sentia um desejo violento de simular um fenômeno qualquer, enquanto que podia com suas faculdades naturais obtê-lo melhor. Analisando esta espécie de impulsão, ele me dizia que ela nascia, por um lado, do desejo de causar admiração nos assistentes; por outro lado, do desejo de enganar seu semelhante; em terceiro lugar, do receio da fadiga, já que, após sessões nas quais fenômenos intensos são obtidos, os médiuns ficam às vezes extenuados. Porém ele acrescentava que qualquer outra causa de que não se dava conta (sem dúvida de natureza impulsiva) juntava-se a todas as precedentes e fazia-se sentir mais insistente. Assegurava-me, aliás, que tinha sempre resistido à tentação" (*Analyse de choses*). Esta propensão a enganar parece ser inerente ao organismo dos sensitivos e dos médiuns. É preciso levar isto em consideração na observação dos fatos, mas não cometer a imprudência de tudo atribuir à fraude, quando já se observou um caso desses. – A. R.

[26] Isto é não apenas admissível, mas verdadeiro. Tive numerosos exemplos com outros *sujets*. – A. R.

para que eu me recordasse preferencialmente de uma frase pensada antes de ser ordenada do que de qualquer outra.

Fica então estabelecido, sem mais comentários, que um *sujet* adormecido pode dar-se conta de que ele sirva de *sujet*; isso deve ser bastante raro. Entretanto, essa consciência, de alguma forma virtual, do estado em que se está, não deve deixar de influir surdamente sobre as respostas do *sujet* às perguntas que lhe são feitas e de representar um papel importante nessa simulação inconsciente que o sr. Bergson assinalou outrora. (*Revue Philosophique*, 1888.)

Porém, quando ela se determina, que perturbação profunda deve causar no decorrer da experiência! Ela conduz o *sujet* a si mesmo. O perigo é em parte afastado quando o *sujet*, voltando a si, deseja ser sincero. Mas se, ao invés de se dizer "Não enganemos", ele é indiferente e pouco preocupado com a verdade, como habitualmente acontece? Se, além do mais, ele sente esse desejo que observei de fazer a experiência alcançar êxito? Se, naturalmente comediante, vem-lhe a ideia de representar um papel tão logo volta a si?

Para retornar à experiência, o sr. de R. volta às suas perguntas.

– Como se diz rosa em latim?

Não há resposta. Com efeito, na 3ª série, ninguém me ensinou ainda o latim.

– Quem matou o gigante Golias?

– Davi.

– Quem foi o sucessor de Henrique IV?

– Não sei.

Na 3ª série eu era sem dúvida mais instruído em história sacra do que em história da França.

Depois seguem perguntas sobre as quatros operações. Apreende-se nitidamente deste exame que tudo o que aprendi a partir da idade de cerca de nove anos escapa-me completamente.

Aqui uma nova resposta a uma pergunta de outro gênero tenderia ainda a fazer-me achar que, apesar de tudo, dou-me conta de que estou adormecido.

– Você tem irmã? – pergunta o sr. de R.

– Sim, mas só me lembro dela bem pequena.

– O que faz seu pai?

– Não o tenho mais.

Eis o que respondo. Ora, quando eu tinha nove anos meu pai ainda vivia. É necessário então que eu tenha noção do presente para que seja meu eu atual quem fale neste caso.

A sessão termina. Muita fadiga.

Ao despertar-me, o sr. de R. pergunta-me se vi um estranho durante o sono. Afirmo ter apenas ouvido o sr. de R. falar a outra pessoa além de mim, mas sem ver ninguém. É entretanto real que um empregado veio pedir uma informação ao sr. de R. enquanto eu estava adormecido; porém, no terceiro estado, o *sujet* vê apenas, como eu já disse, o magnetizador e os objetos ele que toca. Minha resposta confirma esta lei.

27 de outubro de 1893

Sessão bastante longa; mas, tendo o sr. de R. esquecido de sugerir-me a lembrança do que se passaria, não me recordo de nada. Parece que se pode, pressionando-se fortemente a fronte, evocar as sensações experimentadas, todavia, ao menos no que me concerne, a imaginação parece-me então alterar a memória. Não apresentando a lembrança certeza absoluta, como a que se tem sob a influência da sugestão, é mais sensato não lhe dar crédito.[27]

8 de novembro de 1893

É preciso que eu fale sobre um fenômeno que tenho frequentemente observado estes dias.

Tão logo em presença do sr. de R., sinto-me sob sua influência, mesmo que na conversação não se trate de hipnotismo, e sem que ele me aplique passes ou me fixe para levar-me ao sonambulismo.

No jardim de Luxemburgo, anteontem, enquanto eu passeava com ele, o sr. de R. dá-me esta ordem: "Você não pode mais andar." Imediatamente permaneço no mesmo lugar, as pernas rígidas, um pouco apavorado, mas sem razão, pois, *tão logo me apercebo de que estou sob a influência de uma sugestão*, por si só meus músculos se relaxam e continuo o passeio sem a mínima dificuldade.

Advertido assim de que o sr. de R. procura nesse momento tentar seu poder sobre um *sujet* desperto, permaneço atento, crendo que minha vontade será capaz de lutar contra as ordens recebidas. E, efetivamente, reagindo de alguma forma com antecedência logo que o sr. de R. abre a boca, chego a impedir que a sugestão se realize, sem todavia poder reter um gesto levemente esboçado, que é o começo da realização.

– Deixemos disso – diz-me o sr. de R. – e falemos de outra coisa.

Não penso mais em uma possível sugestão quando o sr. de R. bruscamente exclama:

[27] Constatei nesta sessão, com o auxílio de perguntas versando sucessivamente sobre acontecimentos desde os mais recentes até o nome de seu professor da 3ª série, que suas recordações concentravam-se sobre aqueles cada vez mais distantes à medida que a hipnose se aprofundava. – A. R.

– Abra sua mão direita.

Apanhado de surpresa obedeço imediatamente e minha bengala cai no chão.

Esta manhã, a simples presença do magnetizador foi suficiente para fazer-me cair na primeira letargia. Sem dúvida eu tinha vindo a seu gabinete para ser adormecido, eu já estava até sentado diante dele, eu não tinha a ideia de resistir à sua influência magnética (e estas são condições essenciais do fenômeno que se produziu) e, ainda mais, foi a primeira vez em que observei isto e adormeci sem o concurso direto do magnetizador.

O sr. de R. leva-me ao terceiro estado, o estado de *rapport*. Mesma obliteração da memória de tudo o que se refere ao período de minha vida transcorrido desde a idade de nove anos. Na verdade, admiro-me por voltar de repente a essa idade sem passar por etapas progressivas[28]. O fato não é menos real; raciocino claramente, entretanto exprimo-me com um vocabulário restrito. Estou nas quatro operações em matemática e cometo erros de ortografia, escrevendo. Minha letra é infantil; lamento não poder compará-la com a que eu rabiscava meus cadernos escolares perdidos. Não me recordo de ter tido, hoje, esse súbito lampejo de consciência que me fez perceber, em um segundo, durante a sessão precedente, que eu estava adormecido.

É necessário observar que a sugestão possui menos força nesse terceiro estado do que nos estados precedentes. De acordo com o sr. de R. sou um dos mais sensíveis a isso; não obstante, cedo menos facilmente do que no segundo estado (sonambulismo).

Se, por exemplo, nesse segundo estado o sr. de R. me ordena, quando está atrás de mim, que o veja em carne e osso na poltrona que está diante de mim, a alucinação é completa: vejo e toco efetivamente uma pessoa viva, e *a sensação não se torna mais nítida* quando o sr. de R. senta-se ele próprio na poltrona.

Ao contrário, no terceiro estado, sob a ordem do sr. de R., vejo-o bem e sinto-o lá onde ele não está; mas se ele se dirige realmente ao local onde creio vê-lo, *apercebo-me de meu erro*, enquanto, no segundo estado, entre sua imagem e ele, eu não encontrava diferença.

12 de novembro de 1893

Experiências feitas novamente no terceiro estado.

A exteriorização da sensibilidade segue as mesmas leis seguidas no segundo estado. Há zonas sensíveis distribuídas em torno de meu corpo e separadas por intervalos constantes onde a excitação é vã. Essas zonas sensíveis são, ali-

[28] As etapas progressivas existem realmente, mas eu não interrogava o *sujet* durante sua duração porque, na sessão de 27 de outubro, eu já havia estudado o que podia interessar-me. – A. R.

ás, invisíveis para mim; não vejo vestígios de eflúvios. Além do mais, observo sempre que a reação à excitação é mais viva e a sensação mais nítida quando sou advertido e vejo o ponto da zona sobre a qual é dirigida a excitação.

Apagam-se as luzes e deixa-se o cômodo numa obscuridade completa. O sr. de R. apresenta-me então um diamante, sem que eu o saiba. Ao final de um instante distingo duas frouxas luminosidades em alguma parte no espaço. É precisamente aí que encontro o diamante. Aliás, essas luminosidades são tão vagas para meus olhos que não posso definir exatamente sua cor.

O sr. de R. estende-me em seguida seus dedos, que não me parecem mais luminosos do que como os vejo habitualmente. De qualquer forma, não vejo nenhum eflúvio saindo deles.

Enfim, o sr. de R., colocando sua mão sobre o peito, pergunta-me se não enxergo dentro dele. Absolutamente não. E não vejo também nada em mim mesmo.[29]

Acho prudente encerrar aqui estas anotações. À medida que o *sujet* chega a um estado mais profundo, a sugestão adquire cada vez menos poder sobre ele. Por conseguinte, apesar de o sr. de R. sugerir-me a recordação do que se passa comigo durante meu sono, desperto eu não me recordo de nenhuma de minhas ações, de nenhuma de minhas palavras. Eu disse que, pressionando-se fortemente a fronte, e por um esforço persistente, podiam-se evocar palavras e ações que se crê terem sido ditas e realizadas; porém também acrescentei que isto parecia como que uma ilusão.

A partir do momento em que entrei nos estados mais profundos do que o terceiro, tive de resignar-me a não mais observar-me e, por saber o que se passou comigo, fixar-me nas observações do sr. de Rochas, o que faço sem esforço.

Laurent.

Caso nº 2
Joséphine, 1904.

Joséphine é uma jovem de dezoito anos, doméstica na casa de um alfaiate de Voiron, sr. C., interessado, assim como sua esposa, pelo espiritismo, do qual são os únicos adeptos nessa cidade. Possui inteligência bastante comum e é tratada familiarmente por seus patrões, que a acusam apenas de ser um pouco astuciosa.[30] Adormeci-a por meio de passes longitudinais para conhe-

[29] Essas tentativas tinham por finalidade constatar se Laurent gozava da propriedade descrita nos estados profundos da hipnose. – A. R.

[30] Ela é bastante sensível ao magnetismo. Um dia caiu de uma altura de 2,50 m., deu uma forte pancada com a coxa sobre o ângulo de uma máquina de costura e feriu-se bastante, o que a fazia mancar. Adormeci-a e exteriorizei seu duplo: como ela via nele bem o local da ferida, colocou ali

cer os fenômenos que ela apresentaria e fiquei admirado ao constatar que, sem nenhuma sugestão, eu a fazia remontar o curso de sua vida, assim como a Laurent, que não mais observei desde 1893.

Ei-la com a idade de sete anos. Pergunto-lhe o que faz.

– Frequento a escola.

– Você sabe escrever?

– Sim, estou começando a aprender.

Ponho-lhe uma pluma na mão, ela escreve muito bem *papai* e *mamãe*. Continuo os passes magnéticos e a levo aos cinco anos.

Ela escreve por sílabas, *pa*, *pai*. Ponho-lhe na mão um lenço dizendo-lhe que é uma boneca; ela parece bastante contente e põe-se a acariciá-la. Apresenta todas as características de uma menina dessa idade. Novos passes. Está agora provavelmente no berço e não pode mais falar. Coloco-lhe a extremidade do dedo dentro da boca; ela o chupa.

Após algumas sessões destinadas a torná-las mais flexíveis e a diminuir o tempo necessário para levá-la ao estado da primeira infância, tive a ideia de continuar os passes longitudinais. Interrogada, Joséphine respondeu por *sinais* a minhas perguntas, e foi assim que me mostrou pouco a pouco, em diferentes sessões, que não havia ainda nascido, que o corpo no qual devia encarnar estava no ventre de sua mãe ao redor de quem ela se enroscava, mas cujas sensações tinham pouca influência sobre si.

Um novo aprofundamento do sono determinou a manifestação de uma personagem cuja natureza tive a princípio dificuldades em determinar.

Ela não queria dizer nem quem era, nem onde estava. Respondia-me, em tom brusco e com voz de homem, que estava lá, uma vez que me falava; porém, ela não via nada, encontrava-se na completa escuridão.[31]

---

minha mão, que deixei durante dois minutos; ao despertar estava completamente curada. – A. R.

[31] Encontrava-me assim lançado numa espécie de pesquisa da qual eu estava longe de suspeitar, e para que eu pudesse aí encontrar-me, foram-me necessárias várias sessões durante as quais, trazendo de volta ao presente, envelhecendo ou rejuvenescendo alternativamente o *sujet* em suas existências anteriores, através de passes apropriados, coordenei e completei informações que eram freqüentemente obscuras para mim, porque eu absolutamente não previa, no começo, aonde ela queria conduzir-me e por que eu compreendia dificilmente os nomes próprios que se referiam a regiões ou a personagens desconhecidas. Apenas, após pesquisas nos mapas e nos dicionários, consegui determinar exatamente os nomes e pude tomar nos próprios locais informações das quais falarei mais adiante. É bom lembrar aqui que, na maioria dos *sujets*, o sono magnético faz surgir uma série alternativa de fases de letargia durante as quais não conseguem dar a conhecer suas impressões em conseqüência de uma paralisia momentânea de seus nervos motores e de fases de sonambulismo durante as quais podem falar, mas apresentam a insensibilidade cutânea. Gozam então de novas faculdades tanto mais desenvolvidas quanto mais profundo seja o sono. Durante as fases de letargia, o *sujet* continua em relação com uma

Tendo-se o sono tornado ainda mais profundo, foi um velho deitado em sua cama e doente há muito tempo quem respondeu às minhas perguntas, após inúmeros rodeios, como um camponês astuto que teme comprometer-se e quer saber por que é interrogado.

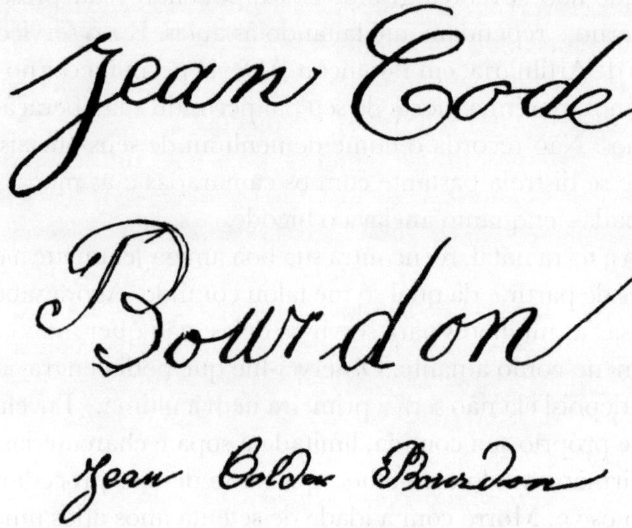

---

parte do mundo exterior; se, após o despertar, pressiona-se sobre sua fronte o ponto da memória sonambúlica, desperta-se a memória do que se passou enquanto ele estava adormecido, tanto durante estas fases como durante as outras. – A. R. (Nota da Editora: Albert de Rochas empregou, nesta obra, os verbos *vieillir* (envelhecer) e *rajeunir* (rejuvenescer) e os substantivos *vieillissement* (envelhecimento) e *rajeunissement* (rejuvenescimento) para designar a ação e o estado da regressão de memória. A editora resolveu mantê-los, ainda que os considere impróprios. Esses termos não tiveram curso entre nós e não os vemos em nenhuma obra similar importante, como, por exemplo, as do competente pesquisador Herminio C. Miranda. Consideramos mais adequados os verbos regredir, recuar, retroceder, avançar, etc., bem como os substantivos correlativos. Essa opção acrescenta maior clareza aos textos, já que o rejuvenescimento, por exemplo, só seria compreensível nos limites da encarnação presente. Ultrapassada a barreira uterina, na regressão, surgirão personalidades adultas, ficando sem sentido a ordem anterior para rejuvenescer. Por outro lado, o próprio Albert de Rochas se valeu, noutros momentos, das expressões que defendemos: "recuar", "ir adiante", "retroceder no tempo", "para a frente", "regredir", "voltando sempre no tempo", "recuar no tempo", "retroceder ainda mais", "em direção ao futuro", "apressar a caminhada no tempo", "retroceda ao passado", "reconduzo-a ao instante atual", "tanto na regressão como na progressão" etc.)

Enfim vim a saber que ele se chamava Jean-Claude Bourdon e que o lugarejo onde se encontrava era Champvent, na comuna de Polliat, porém ele não sabia em que departamento.[32] Pouco a pouco consegui captar sua confiança e eis aqui o que soube de sua vida, cujos diversos períodos fi-lo reviver várias vezes.[33]

Ele nasceu em Champvent em 1812.[34] Frequentou a escola somente até os 18 anos, porque não aprendia grande coisa, podendo estar presente apenas durante o inverno e repetidamente faltando às aulas. Fez o serviço militar no 7º Regimento de Artilharia, em Besançon.[35] Devia permanecer no Regimento durante sete anos, porém a morte de seu pai permitiu sua liberação com apenas quatro anos. Não recorda o nome de nenhum de seus oficiais; por outro lado, sabe que se distraía bastante com os camaradas e as moças, narrando-me suas escapadas, enquanto anelava o bigode.

De retorno à terra natal, reencontra sua boa amiga Jeannette a quem devia desposar antes de partir e da qual só me falou corando. Agora sabe que não é preciso desposar as mulheres para servir-se delas; não quer mais casamento e mantém Jeannette como amante. Observei-lhe que podia engravidar a pobre moça: "Bem, depois! ela não será a primeira nem a última." Envelheceu isolado fazendo ele próprio sua comida, limitada a sopa e charcuterias. Possui em sua terra um irmão casado com filhos, queixa-se de seus procedimentos para com ele e não os vê. Morre com a idade de setenta anos após uma longa doença. Durante o período correspondente à doença, pergunto-lhe se não pensa em chamar o padre: "Ah! você está zombando de mim. Você acredita em todas as besteiras que ele me diz? Ora, vá! quando se morre, é para sempre."

Morre. Sente-se sair de seu corpo, mas a ele continua preso durante um tempo bastante longo. Pôde seguir seu enterro flutuando acima do caixão. Compreendeu vagamente o que as pessoas diziam: "Que grande alívio!" Na igreja, o padre andou em torno do féretro e produziu assim uma espécie de

[32] Ele observou que havia dois lugarejos vizinhos que se chamavam Champvent, mas que o seu era o mais próximo de Mézériat e que ele ia com freqüência a Saint-Julien, em Reyssouse, a negócios. Esses detalhes permitiram-me encontrar Champvent no departamento de Ain e no mapa do Estado-Maior (Folha de Macon, a sudeste). Quanto a Joséphine, nasceu e passou sua juventude em Manziat, cantão de Bugey-le-Châtel. No estado de vigília ela não se recorda de já ter ouvido falar de Champvent perto de Polliat. – A. R.

[33] Para vencer suas resistências eu o envelhecia por punição e rejuvenescia-o, ao contrário, como recompensa; e ele me tomava nos últimos tempos por um grande feiticeiro a quem era preciso obedecer. – A. R.

[34] As datas variam de dez anos quando comparadas entre si em diferentes momentos de sua personificação e em diferentes sessões. – A. R.

[35] O 7º Regimento de Artilharia manteve realmente guarnição em Besançon de 1832 a 1837 e é difícil compreender como Joséphine teria sido informada disto. – A. R.

muro um pouco luminoso que o protegia dos maus espíritos que queriam precipitar-se sobre ele. As preces do padre também o acalmaram, porém tudo isso pouco durou. A água benta afastava igualmente os maus espíritos, porque os dissolve em toda parte onde os alcança. No cemitério, ficou perto de seu corpo e sentiu-o decompor-se, o que o fazia muito sofrer.[36]

Seu corpo fluídico, que se tornou difuso depois da morte, retomou forma mais compacta. Ele vive na obscuridade, que lhe é penosa, mas não sofre, porque não matou nem roubou. Apenas sente sede algumas vezes, porque era bastante beberrão. Reconhece que a morte não é o que pensava. Não compreende bem o que lhe aconteceu, mas, se soubesse antes o que agora sabe, não teria zombado tanto do padre. Proponho-lhe fazê-lo reviver: "Ah! se assim o fizer, vou até gostar de você!"

As trevas nas quais estava megulhado terminaram por ser abertas por algumas luzes frouxas. Ele teve a inspiração de reencarnar num corpo de mulher, porque as mulheres sofrem mais do que os homens e ele tinha de expiar as faltas que havia cometido abusando das moças. Então aproximou-se daquela que seria sua mãe, ficou perto dela até que a criança viesse ao mundo e, a seguir, entrou pouco a pouco no corpo dessa criança. Até cerca de sete anos, havia em torno desse corpo uma espécie de névoa flutuante com a qual ele via muitas coisas que nunca mais voltou a ver.[37]

Quando terminei de extrair de Bourdon as informações que julgava úteis,[38] tentei recuar ainda mais longe no passado. Uma magnetização prolongada durante cerca de quarenta e cinco minutos, sem demorar-me em nenhuma etapa, levou-me a Jean-Claude bem pequeno.

Em seguida, nova personalidade. É agora uma senhora idosa que foi muito malvada, uma má-língua que se comprazia em prejudicar as pessoas. Ela também sofre muito, seu rosto é contraído por convulsões e, às vezes, ela se torce sobre a cadeira com uma expressão assustadora de dor. Encontra-se em trevas espessas, cercada de maus espíritos que tomam formas horrendas para atormentá-la e atormentar os vivos quando o podem; é este o maior prazer deles.

[36] Perguntei-lhe se via os vermes: "Claro, não me jogaram sal". – A. R.

[37] O povo diz que as crianças riem, com alegria, sem motivo. – A. R.

[38] O padre de Polliat, a quem escrevi para saber se restava em sua paróquia algum vestígio de Jean-Claude Bourdon, respondeu-me que nenhum Bourdon foi jamais conhecido em Polliat, mas que esse nome é bastante difundido em um lugar vizinho, em Griège par Pont-de-Veyle (Ain). – A. R.

Algumas vezes ela foi levada também a mudar de forma e a segui-los para fazer mal aos homens. Fala com voz fraca, mas sempre responde de modo preciso às perguntas que lhe faço, ao invés de argumentar a todo instante, como o fazia Jean-Claude. Ela se chama Philomène Carteron.

Aprofundando ainda mais o sono, provoco as manifestações de Philomène viva. Ela não mais sofre, parece bastante calma, responde sempre muito nitidamente em tom seco. Sabe que não é amada na região e que ninguém perderá nada com sua ausência e ela saberá muito bem vingar-se na ocasião propícia. Nasceu em 1702, chamava-se Philomène Charpigny quando solteira. Seu avô materno chamava-se Pierre Machon e morava em Ozan. Casou-se em 1732, em Chevroux, com um homem chamado Carteron, com o qual teve dois filhos que perdeu[39].

Antes de sua encarnação, Philomène havia sido uma menina, morta em tenra idade. Anteriormente havia sido um homem que tinha *matado e roubado*; um verdadeiro bandido. É por isso que muito sofreu na completa *escuridão* a fim de expiar seus crimes, mesmo depois de sua vida de menina, quando não teve tempo para fazer o mal.

Não pude levar mais longe a experiência das vidas sucessivas porque, no fim da bem longa magnetização (cerca de duas horas) que era necessária para levá-la ao estado de bandido[40], o *sujet* (Joséphine) parecia esgotado. Causava pena vê-la em suas crises; porém, um dia em que a havia conduzido até esse estado, pressionei-lhe um ponto situado no meio da fronte e que possui a propriedade de despertar a memória sonambúlica, ordenando-lhe que se transportasse a um tempo mais anterior. Ela me diz então, com hesitação e virando a cabeça, parecendo confusa, que tinha sido um macaco, um grande macaco quase semelhante ao homem. Confesso que não esperava esta declaração e meu pensamento se reportou imediatamente a uma anedota atribuída a Alexandre Dumas pai (Tendo alguém perguntado se era verdade que seu pai era negro, Dumas, que não gostava quando lhe lembravam sua origem, respondeu: "Certamente, e meu avô era um macaco; minha família começou por onde a sua termina"). Entretanto, mantendo a seriedade, limitei-me a manifestar minha admiração por ouvir que uma alma de animal tornou-se uma alma de homem. Ela me respondeu que nos animais havia, como nos homens, naturezas boas ou más e que, quando o animal tornava-se homem, este

---

[39] Ela não tem nenhum sentimento religioso nem nunca freqüentou a igreja e acredita que tudo termina com esta vida. Não sabe escrever. As famílias Charpigny e Carteron realmente existiram em Ozam e em Chevroux, porém não encontrei nenhum vestígio positivo de Philomène. – A. R.

[40] Nota da editora: O autor quer dizer "levá-la à existência em que fora um malfeitor".

permanecia com os instintos do que havia sido como animal. Uma outra vez, nas mesmas circunstâncias, ela me diz que entre seu estado de bandido e o de macaco havia passado por várias encarnações sucessivas; recordava-se de ter vivido nas florestas matando lobos, e nesse momento seu rosto tornou-se feroz.

Tendo interrompido durante alguns meses minhas experiências com Joséphine, fiz uma viagem a Paris e tentei ver que resultado daria meu *modus operandi* com a senhora Lambert, um de meus antigos *sujets*. Ver-se-á mais adiante uma exposição de seu caso, de como fui conduzido a orientá-la para o futuro ao invés do passado.

Tão logo retornei a Voiron, tentei com Joséphine esse método de premonição sem nada dizer-lhe sobre minhas experiências em Paris.

Eis o resumo dos resultados obtidos.

Primeira sessão

Adormeço Joséphine através de passes longitudinais de maneira a levá-la aos primeiros anos de sua juventude e, em seguida, desperto-a através de passes transversais. Quando ela retorna a seu estado normal, retoma a sensibilidade; continuo os passes transversais com o pretexto de libertá-la mais completamente.

Depois de um minuto ou dois, ela me diz que a adormeço ao invés de despertá-la. Fase de letargia bastante longa. Desperta em uma fase de sonambulismo. Pergunto-lhe se continua na casa do sr. C. Ela responde que não: deixou-o há três anos para voltar à sua terra natal em Maziat. Está na casa de seus pais e tem vinte e cinco anos.

Novos passes transversais, nova fase de letargia durante a qual ela primeiramente permanece bastante calma, porém, após alguns instantes, mostra todos os sinais de um grande sofrimento. Torce-se sobre a cadeira, em seguida vira a cabeça e esconde o rosto com as mãos, chora e seu pesar parece tal que a sra. C., emocionada, retira-se para outro aposento.

Quando chega à fase seguinte de sonambulismo, parece ainda muito triste. Pergunto-lhe o que tem. Ela não quer responder e vira novamente a cabeça como se tivesse vergonha de alguma coisa. Suspeito a causa de seu tormento e pergunto-lhe se está casada agora. Ela me responde: "Não, ele não quer. No entanto, havia-me prometido."

– Diga-me seu nome; encarregar-me-ei de agir sobre ele, de fazê-lo raciocinar.

– Você não conseguirá nada, já fiz tudo o que podia.

Terminei descobrindo que ela continua em sua terra natal, que tem trinta e dois anos e que sua infelicidade aconteceu há dois anos. Impossível conseguir o nome do sedutor.

Empenho-a a se deixar levar sem inquietar-se com nada.

Em presença de sua dor, que nos emociona a todos, de tão vivamente expressa que é, reconduzo-a a seu estado normal através de passes longitudinais, passando pelas mesmas fases de letargia e de sonambulismo, com as mesmas expressões de dor.

Segunda sessão

Mesmo processo experimental: primeiramente regressão da memória através de passes longitudinais, depois caminhada em direção ao futuro através de passes transversais. Após o estado normal, letargia calma. Desperta com a idade de vinte e cinco anos em sua terra natal. Segunda letargia com sinais de dor e de vergonha; segundo despertar com trinta e dois anos. Recordo-lhe nossas antigas relações em Voiron e termino por persuadi-la a confiar-se a mim. Ela murmura confusa o nome de seu sedutor. É um jovem lavrador do local, Eugène F., com quem teve um filho[41].

Continuação dos passes transversais: terceira letargia; terceiro despertar. Ela tem então quarenta anos, continua em Maziat e está muito triste. Seu filho morreu há pouco tempo e Eugène casou-se com outra.

Continuação dos passes transversais: quarta letargia; quarto despertar. Ela tem quarenta e cinco anos e ganha a vida costurando calças para um alfaiate. Está muito triste, não tem mais notícias de seus antigos patrões. Louise, sua melhor amiga de Voiron, escreveu-lhe três cartas, depois a correspondência cessou.

Continuo os passes transversais e, já cansado, interrogo-a após alguns minutos de letargia aparente, sem me aperceber de que ela já havia avançado diversas fases. Está agora bastante velha, vive com esforço graças à sua costura, porém terminou por esquecer um pouco as tristezas. Falo-lhe então da morte. Pergunto-lhe se não deseja saber o que lhe acontecerá quando deixar esta vida. Ela diz que sim. "Para isso é necessário que eu a faça envelhecer ainda mais." Ela hesita um pouco, mas termina por aceitar quando assegurei-lhe que a traria de volta a seu estado atual.

Novos passes transversais. Depois de dois ou três minutos ela volta-se para o encosto de sua cadeira com uma expressão de vivo sofrimento, escorregando

[41] Tomei informações no local. Eugène F. lá vive atualmente, pertence a uma família de lavradores abastados e nasceu em 1885. Eugène e Joséphine moravam em casas vizinhas, têm a mesma idade e fizeram juntos a primeira comunhão. – A. R.

em seguida até o chão. É a agonia e a morte. Continuo vivamente os passes para transpor esse mau momento e interrogo-a. Ela está morta; não sofre, porém não vê espíritos. Pôde seguir seu enterro e ouvir o que diziam dela: "Foi bom para a pobre mulher; ela não tinha mais do que viver." As preces do padre não lhe adiantaram grande coisa, porém sua caminhada em torno do caixão afastou os maus espíritos. As ideias espíritas que ela havia adquirido na casa de seu antigo patrão foram-lhe muito úteis porque permitiram-lhe aperceber-se de seu estado.

Não achei prudente desta vez levar mais longe a experiência. Trouxe o *sujet* a seu estado normal através de passes longitudinais que provocaram, em ordem inversa, os mesmos gestos característicos da agonia e da sedução, durante as fases de letargia correspondentes.

Terceira sessão

Um de meus amigos, cujo genro havia recentemente desaparecido em circunstâncias misteriosas, havia-me enviado uma roupa que tinha pertencido ao desaparecido, suplicando-me que me encarregasse de obter alguns detalhes sobre o trágico acontecimento por meio de um de meus *sujets*.

Adormeci Joséphine, após haver colocado a tal roupa entre suas mãos. Alguns minutos depois, determinei-lhe que procurasse alguma pista da pessoa a quem o objeto havia pertencido. Ela respondeu-me que não sentia nada. Pensando não estar suficientemente desligada de seu corpo físico, aprofundei o sono através de passes longitudinais. Constatei então, não sem admiração, que, durante a fase de letargia que se seguiu à minha ordem, ela entregou-se à mesma mímica à qual se abandonava logo que eu a impelia ao futuro, durante as sessões precedentes, através de passes transversais.[42] Quando ela chegou à fase sonambúlica onde podia responder-me, tinha trinta e cinco anos. Continuei os passes longitudinais e cheguei assim progressivamente até a morte, passando pelo espetáculo de sua agonia e, em seguida, seu despertar na vida do espaço. Ela me confirmou o que já havia dito a respeito de seu estado: não sofria, mas encontrava-se numa obscuridade quase completa, iluminada de tempos em tempos por luzes frouxas. Percebia espíritos mais ou menos luminosos que flutuavam a seu redor, porém não podia comunicar-se com nenhum deles. As ideias espíritas que havia adquirido na casa de seus antigos

[42] Disso parece resultar que o método de magnetização, ou seja, a direção dos passes, não tem importância maior. O essencial parece ser o relaxamento dos laços que unem ao corpo físico o corpo astral para permitir a este último retomar a direção já por ele seguida ou a que se lhe sugere, é, sem dúvida, para também lhe permitir retomar mais facilmente as formas diversas das épocas evocadas. – A. R.

patrões permitiram-lhe suportar mais pacientemente seu estado atual, apesar de serem bastante vagas, porque já fazia muito tempo que não ouvia mais falar desse assunto.

Enfim, continuando a magnetização, *sentiu* a necessidade de reencarnar, e foi durante uma fase de letargia que foi feita sua entrada no ventre de sua mãe, caracterizada pela posição de feto que ela tomou.

Agora ei-la menina; morre bem jovem ainda e não vê para que servem todas as reencarnações sucessivas.

Retorna bastante rapidamente ao estado normal sob a influência de passes transversais, auxiliados pela sugestão.

Quarta sessão

Joséphine acaba de deixar a família C., onde achava o serviço penoso demais. Implorou-me que a tomasse provisoriamente a meu serviço enquanto procurava outro emprego. Foi o que fiz.

Essa quarta sessão teve sobretudo por finalidade provocar em Joséphine a revelação de fatos bastante próximos para que eu pudesse controlá-los.

Adormeço-a através de passes longitudinais à maneira habitual e levo-a ao estado que precede seu nascimento na vida atual, e onde ela ainda é *Jean-Claude*. Confirma-me então tudo o que disse nas outras sessões. Pela pressão de meu dedo no meio de sua fronte, procuro saber exatamente em que época foi soldado em Besançon. Ele não me pode dar data, mas, a meu pedido, diz-me que a grande festa dos soldados não era em 14 de julho, porém em 1° de maio. Era efetivamente em 1° de maio que era festejado o Dia de São Filipe, de 1830 a 1848, e parece-me muito difícil explicar naturalmente esta recordação.

Em seguida, trago Joséphine rapidamente à sua idade atual através de passes transversais e continuo esses passes envelhecedores que, como nas sessões precedentes, determinam primeiramente uma longa fase de letargia ao longo da qual se produz a mímica das dores do parto. (A fase de sonambulismo, onde nas sessões precedentes ela tinha vinte e cinco anos, passa-me despercebida, provavelmente porque eu havia dado um passo muito rápido à sua caminhada no tempo.)

Ela tem agora trinta e cinco anos, seu pai morreu, sua mãe e seu filho vivem ainda. Pergunto-lhe o que fez desde que deixou o casal C., em casa de quem ela havia trabalhado durante longo tempo em Voiron. Responde-me que primeiro trabalhou como doméstica na casa do coronel de Rochas, enquanto esperava uma vaga nas Galerias Modernas de Grenoble, a qual obteve depois de um mês e meio; mas que permaneceu apenas três meses como vendedora nessa grande loja, retornando então à casa de seus pais aproximadamente no Dia de Todos os Santos (1904). Depois recebeu uma carta do coronel que a convidava a ir a Voiron para experiências. Dispunha-se a partir, quando sua mãe faleceu. Desde então não mais obteve notícias dele.[43]

Quinta sessão

Começo por pressionar a fronte de Joséphine desperta. Ela se recorda pouco a pouco de sua vida passada, que eu apenas faço aflorar rapidamente. Diz-me que, quando era pequena, antes de ser Philomène, chamava-se Alice e que, antes de ser o homem que matou, tinha tido diversas encarnações, entre as quais a do macaco, mas que não se recorda delas. Tudo de que se lembra é que sofria nos intervalos. Confirma-nos que há animais bons e maus.

Digo-lhe em seguida que a adormecerei através de passes longitudinais e que desejo que caminhe para o futuro. Conta-me então que está empregada como vendedora nas Galerias Modernas recebendo um franco e meio por dia, alimentada e alojada num quartinho que dá para uma rua de fundos (fato que, como eu já disse, não ocorreu). Faço-a passar rapidamente pela fase dolorosa que corresponde à sedução e na qual ela ainda se torce de dor. Quando pode responder-me, tem trinta e cinco anos.[44] Falo-lhe de sua vida em Voiron; ela não obteve mais notícias de seus antigos patrões, exceto através de sua amiga Louise,[45] que lhe escreveu apenas três vezes. Recebeu, há sete ou oito anos,[46] uma carta do coronel de Rochas convidando-a a ir à sua casa em Agnèles para experiências. Estava pronta para partir quando sua mãe adoeceu, precisando então ficar perto dela. A mãe curou-se e morreu somente há dois anos (isto é, em 1919).

Continuo os passes. Joséphine tem agora cerca de setenta anos. Em seguida, pouco a pouco, mostra-me o espetáculo de sua morte, revirando-se sobre a cadeira.

Continuação dos passes; ela toma a posição de feto no ventre de sua mãe e, depois de algum tempo, pode responder às minhas perguntas: tem dois anos e chama-se Lili. Um pouco mais tarde tem três anos, chama-se Alice, seu pai, Claude e sua mãe, Françoise, porém não sabe nem seu sobrenome, nem o

---

[43] Ela realmente veio à minha casa como camareira, onde permaneceu um mês; porém não pôde obter a vaga que desejava nas Galerias Modernas, partindo diretamente de minha casa para sua cidade. Ainda não escrevi, pedindo-lhe que regressasse a Voiron para novas experiências. – A. R.

[44] Ela tinha dezoito anos em 1904; estará com trinta e cinco anos em 1921. – A. R.

[45] Encontrar-se-á explicado mais adiante o caso de Louise. – A. R.

[46] Conseqüentemente, 1921 menos oito, isto é, em 1913, ela teria então cerca de vinte e sete/vinte e oito anos. – A. R.

nome do lugar onde mora. É muito feliz e mora numa linda casinha. Ela não está inteiramente em seu corpo e vê espíritos a seu redor: alguns bons, outros maus; quando estes últimos agem sobre ela, chora e faz manhas.

Continuação dos passes. Ela entra numa fase de letargia durante a qual se revira sobre a cadeira e aperta o pescoço com a mão. Sua respiração está rouca e difícil. Quando sai dessa fase e pode falar, conta que morreu de uma angina; tinha quatro anos. Desprendeu-se rapidamente de seu corpo, continuou a ver seus pais e sua casa, mas não compreende ainda bem onde se encontra.

Aprofundando o sono, ela se desprende mais completamente sem fase de letargia, vaga no espaço, está feliz, não vê mais a Terra, mas vê espíritos luminosos; estes não lhe falam e ela não reconhece dentre eles nem parentes nem amigos. Retoma pouco a pouco a lembrança de suas existências passadas, mas não se dá conta da razão de sua sucessão e de sua diversidade.

Desperta através de passes transversais, passando rapidamente por todas as fases já assinaladas. Enfim, ei-la novamente Joséphine, com a idade de vinte e cinco anos. Pergunto-lhe gracejando se deseja que eu a rejuvenesça mais. Responde-me que sim e a levo a quinze anos. Sua sensibilidade está ainda exteriorizada, como ocorre durante todo o tempo em que dorme magneticamente. Sente tudo o que sinto, mesmo quando mordo minha língua, o que ela não pode ver.

Eu estava bastante embaraçado, querendo reconduzi-la a seu estado normal e desejava terminar a sessão, que já durava mais de duas horas. Mostrei-lhe minha ansiedade. Ela tomou-me então as mãos e disse-me que ia fazer o necessário. Com efeito, após alguns minutos, sem passes de nenhuma espécie, ela abria os olhos, tinha retomado a sensibilidade normal e perdeu, seguindo a regra, toda a lembrança do que se tinha passado.

Sexta sessão

Adormeço Joséphine segurando-lhe as mãos e pergunto-lhe o que é preciso fazer para que ela vá ao passado ou ao futuro. Responde-me que *é suficiente desprender seu corpo fluídico e que, em seguida, ela irá para onde eu quiser*. Entretanto os passes transversais tendem a conduzi-la ao futuro.

Continuo a aprofundar seu sono simplesmente segurando-lhe as mãos, projetando fluido por minha vontade e dizendo-lhe para ver o que ela se tornará.

Passa pela fase do nascimento. Quando a interrogo, tem quarenta anos; conta-me que sua mãe faleceu há quinze anos.

Continuo a magnetização. Ela morre. Sua sensibilidade não é mais então exteriorizada a seu redor como anteriormente. Encontro-a aturdida. Não sofre e encontra-se numa semiobscuridade. Recorda-se vagamente de suas vidas precedentes; a recordação é avivada pela pressão exercida sobre o meio da fronte. Ela tem o sentimento de que a sedução da qual foi vítima é a punição do que fez na existência de Jean-Claude. Crê que se o sr. de Rochas a tivesse advertido do que devia acontecer, nada teria mudado em sua existência.

Reencarna como menina, chama-se Élise, e morre aos três anos, de uma angina. Nesse momento leva a mão ao pescoço e parece sofrer muito. Morre; a sensibilidade que tinha voltado em torno de seu corpo desaparece novamente.

Morta, ela pensa em sua mãe e quer muito revê-la. Não sofre e encontra-se numa atmosfera bastante luminosa.

Reencarna como menina, Marie, cujo pai, Edmond Baudin, é comerciante de sapatos em Saint-Germain-du-Mont-d'Or. Sua mãe chama-se Rosalie. Interrogo-a com dois, seis e doze anos; com esta idade pergunto-lhe em que ano nos encontramos, mas ela não sabe responder-me e encontra pretextos: não tem calendário, seu pai não, etc. Com dezesseis anos responde-me que estamos em 1970 e escreve seu nome[47]. É uma sexta-feira, mas ela não sabe de que mês. Estamos na República.[48]

Trago-a de volta por sugestão, ainda segurando-lhe as mãos, mas esforçando-me para retirar o fluido. Ela passa pelas mesmas fases, na mesma ordem, mas em sentido inverso: erraticidade com insensibilidade periférica, morte com os sintomas da angina, erraticidade, nascimento com contorções apropriadas.

[47] Esse nome é escrito com a mesma letra que a sua normal. – A. R.

[48] Nota de Herminio C. Miranda: Resolvi testar a informação. Em 15 de maio de 1972, enderecei uma carta a M. Edmond Baudin, *marchand de chaussures*, Saint-Germain-du-Mont-d'Or; Puy-de-Dôme, França. Explicava ao hipotético destinatário – em francês que o amigo e confrade Newton Boechat revisou para mim – das razões que me levavam a escrever-lhe. Segundo pesquisas feitas em 1904, pelo seu compatriota coronel e engenheiro Albert de Rochas, ele, Baudin, e sua esposa, Rosalie, deveriam ter uma filha, por nome Marie, já com cerca de dezoito anos de idade em 1972. Como estávamos interessados em confirmar ou negar a previsão, contávamos com a sua amável cooperação.

O correio francês foi maravilhoso. Tentou todos os endereços possíveis. Vejo, pelos carimbos – a carta me foi devolvida em 22 de junho de 1972 – que ela esteve a 20 de maio, em St. Germain-au-Mont-d'Or; no Rhône (nosso St. Germain era *du*-Mont-d'Or, e não *au*); no dia 23, em St. Germain-Lembron, no Puy de Dôme, e a 24, em St. Germain-l'Herm, também no Puy-de-Dôme. Em seguida, há uma nota *Revoir 1er. Adresse* (tornar a ver o primeiro endereço). Depois disso, *Retour a l'envoyeur* (Devolução ao remetente).

Não há, pois, um lugar por nome Saint-Germain-du-Mont-d'Or na França moderna. Depreende-se que não há, portanto, Edmond, Rosalie e Marie Baudin, e, obviamente, Joséphine falhou na sua profecia a longo termo. Ou então o coronel enganou-se nas suas anotações, pois em 1904 não havia gravadores. Ou a família Baudin estaria vivendo alhures...

Sétima sessão

Nesta sessão propus-me descobrir o que adviria se, após haver estimulado através de passes a caminhada para trás ou para adiante com Joséphine, eu deixasse a natureza dela agir sozinha.

Adormeço-a através de passes longitudinais e, quando a interrogo, ela tem quinze anos. Pergunto-lhe se me vê; responde-me que não. No entanto, ouve minha voz e pensa que é o diabo quem fala; porém não sente medo. Ela não conhece o sr. de Rochas.

Abandono-a então a si mesma. São 1h30.

A 1h40 – interrogo-a novamente. Ela permanece bastante tempo sem me responder. Quando me responde tem dez anos, não me vê, mas me ouve. Encontra-se com jovens companheiros que não me ouvem e que lhe dizem que ela é louca. Sua sensibilidade é exteriorizada.

2h10 – ela tem cinco anos.

2h25 – ela não sabe sua idade. Mama em sua mãe e mexe os lábios como que sugando. Chupa meu dedo quando o apresento à sua boca.

2h35 – agita-se e parece sofrer. Ela é Jean-Claude morto. Desperto-a então através de passes transversais e abandono-a a si mesma quando atinge a idade de dois anos, em sua vida atual.

2h50 – ela continuou sozinha o movimento dado ao tempo. Tem agora quatro anos.

Levou quinze minutos para envelhecer dois anos. Se continuasse da mesma forma ser-lhe-iam necessários para envelhecer quatorze anos (de quatro a dezoito anos) uma hora e quarenta e cinco minutos. Ela despertaria portanto naturalmente às 4h30.

3h10 – tem nove anos. Ouve-me e não me vê. Supõe que minha voz é a do anjo da guarda.

De 2h50 às 3h10 – ela envelheceu cinco anos, isto é, em vinte minutos; a rapidez do despertar acelera-se.

3h25 – ela tem doze anos.

3h40 – tem quatorze anos.

Construindo a curva correspondente a esses dados, vê-se que ela chegará à sua idade atual (entre dezoito e dezenove anos) em torno de 4h00.

4h08 – despertar espontâneo.

Oitava e última sessão

Joséphine, não tendo podido obter a vaga que desejava nas Galerias Modernas, decidiu unir-se de novo à sua mãe em Manziat. Adormeço-a uma última vez antes de sua partida a fim de tentar pô-la em guarda contra a sedução que previu.

Impulsiono-a em direção ao futuro. Ela não me fala mais de sua vaga em uma loja de Grenoble, porém o restante de suas previsões é exatamente conforme o que me havia dito anteriormente. Passa pelas mesmas dores no momento do parto, a mesma vergonha, os mesmos desgostos quando dá à luz seu filho, sem que o pai tenha querido reconhecê-lo.

No momento em que foi despertada, relembrei-lhe todos esses acontecimentos, todas essas emoções, através da pressão no meio da fronte. Fiz-lhe observar que ela não havia sido recebida como vendedora nas Galerias Modernas, como havia predito, e que, consequentemente, tudo o que ela anunciava, adormecida, podia ser apenas um sonho; entretanto, o que poderiam se tornar realidade seriam as consequências de sua falta se ela a cometesse.

Sugeri-lhe recordar-se de todos os tormentos que tinha experimentado durante seu sono quando fosse tentada a abandonar-se.

No dia seguinte, tendo havido ocasião de retornar a este assunto, ela me diz sorrindo que um bem advertido vale por dois.

Desde sua partida para a província de Ain não mais obtive notícias suas.

Caso nº 3
Eugénie, 1904.

Na época em que eu fazia experiências em Voiron com Joséphine, encontrei em Grenoble um outro *sujet* que estudei com a mesma ordem de reflexões com o dr. Bordier, diretor da Escola de Medicina e de Farmácia, bastante materialista por educação, porém de espírito bastante aberto para modificar suas opiniões diante da evidência dos fatos.

Esse *sujet* era uma mulher de trinta e cinco anos chamada Eugénie, viúva com dois filhos, que ganhava a vida fazendo faxinas. Enquanto seu marido era vivo, ela trabalhava numa fábrica de luvas e os dois ganhavam bons salários, sem necessidade de economias. Sua natureza é apática, muito franca e pouco curiosa. Saúde excelente.

Eis o resumo de algumas sessões que tivemos na Escola de Medicina:

Quando se desprende sob a influência dos passes, Eugénie vê formarem-se sucessivamente: um fantasma azul à direita e, em seguida, um outro vermelho à esquerda; esses dois fantasmas reúnem-se a seguir em um só, que apresenta a mesma forma de seu corpo físico e que se liga a este através de um laço luminoso. No meio desse laço há uma espécie de bola mais luminosa do que o restante e com a ajuda da qual ela vê simultaneamente seus dois corpos separados. Ela acredita que se trata de seu espírito.[49]

Ela está adormecida há alguns minutos com o auxílio de passes longitudinais aplicados de cima para baixo. Já a fiz recuar alguns anos. Ela só responde quando é interrogada e não responde se a pergunta é feita durante uma fase de letargia. É preciso, então, aprofundar o sono ou proceder a um despertar parcial para conduzi-la a uma das fases de sonambulismo vizinhas.

Continuo os passes longitudinais. Vejo uma lágrima cair de seus olhos. Diz-me que tem vinte anos e que acaba de perder um filho.

Continuação dos passes. – Surge-me a ideia de ver em que dará o instinto do pudor. Levanto levemente seu vestido; ela o abaixa com vivacidade: "Não, agora não; não é conveniente durante o dia." Ela me toma por seu marido, tem dezessete anos e casou-se há alguns meses.

Continuação dos passes. – Sobressalto brusco com grito de pavor. Ela viu aparecerem a seu lado os fantasmas da avó e de uma tia, falecidas havia pouco tempo e com alguns dias de intervalo.[50] Tem agora quatorze anos. Novamente levanto sua saia; ela defende-se e comprime os joelhos. Pergunto-lhe de que tem medo e ela me responde que sabe que não se deve brincar assim com os rapazes.

Ei-la agora com onze anos. Vai fazer a primeira comunhão. Seus maiores pecados foram ter algumas vezes desobedecido à avó e sobretudo ter tomado um soldo[51] do bolso de seu pai. Sentiu muita vergonha disso e pediu-lhe desculpas. Interrogada se preferia morrer a renunciar à sua religião, ela não responde, porém a expressão de seu rosto mostra que não aspira ao martírio.

Com nove anos. – Sua mãe faleceu há oito dias; ela está bastante triste. Seu pai acaba de fazê-la deixar Vinay, onde é tintureiro, para mandá-la a Grenoble para a casa de seu avô, a fim de que lá aprenda costura. Ela não tem mais necessidade de ir à escola: sabe ler, escrever e contar. Faço-a escrever.

Nova tentativa com seu vestido. Ela me dá um tapa dizendo: "Garoto vilão! Pare com isso!"

Com seis anos. – Frequenta a escola em Vinay e já sabe escrever bem.

---

[49] Obtive a mesma constatação em Paris com Laurent e relatei a observação nos *Annales de Sciences Psychiques* em setembro de 1895. Isso não se reproduz sempre; a bola brilhante (o corpo mental?) permanece algumas vezes em um dos outros dois corpos e então Laurent apenas vê aquele corpo no qual ele não se encontra. – A. R.

[50] Esta aparição, que ocorreu na idade à qual a levei, causou-lhe impressão bastante profunda. – A. R.

[51] Nota da tradutora: Soldo – moeda de cobre francesa equivalente à vigésima parte do franco.

Com quatro anos. – Toma conta de sua irmãzinha quando não está na escola. Começa a fazer exercícios gráfico-motores e a escrever algumas letras: *a*, *e*, *i*, *o*, *u*. Não mais reage ao toque em seu vestido; seu pudor não foi ainda desperto.

Agora ela é muito menor. Não sabe a idade que tem, não fala ainda, diz apenas ‘papai’, ‘mamãe’. Mais adiante falarei sobre suas impressões durante seus primeiros anos.

Passes transversais, despertando-a, fazem-na passar exatamente pelas mesmas fases e os mesmos estados de consciência.

Eis quatro espécimes que mostram o progresso de sua instrução a partir da idade de quatro anos até sua idade atual:

escrita normal

escrita com nove anos

escrita com seis anos

escrita com quatro anos

Na sessão precedente, deixamos Eugénie na fase de bebê sendo amamentada por sua mãe. Aprofundando bastante seu sono, determinei uma mudança de personalidade. Ela não estava mais viva, flutuava numa semiobscuridade, não tendo nem pensamento, nem necessidades, nem comunicação com ninguém.

Novos passes determinam um novo estado. Ela se vê dentro de um berço muito ruim. Chamam-na Ninie ou Apollonie.[52]

Ainda mais distante no passado, ela novamente está flutuando no espaço, num estado de calma comparável à experiência do *limbo* da igreja católica.

Não ousei levar mais longe o sono, pois a magnetização já durava mais de quarenta e cinco minutos e os dois nos sentíamos esgotados; porém, pressionando o ponto frontal da memória sonambúlica, fiz aflorarem-lhe recordações ainda mais remotas. Ela tinha sido anteriormente uma menina, falecida bem jovem, em consequência de uma febre ocasionada pela dentição; vê os pais chorando ao redor de seu corpo, do qual se desligou bastante rapidamente.

Procedi em seguida ao despertar, através de passes transversais.

Despertando, ela percorre em sentido contrário todas as fases assinaladas anteriormente e me dá novos detalhes provocados por minhas perguntas. Algum tempo antes de sua última encarnação, ela sentiu que era preciso reviver em outra família, aproximou-se daquela que deveria ser sua mãe e que acabava de concebê-la; não entrou no feto, porém ficou em torno de sua mãe até o momento em que a criança veio ao mundo. Então entrou pouco a pouco, 'por ímpetos', no pequenino corpo e só ficou completamente ligada a ele por volta dos sete anos. Até esse momento viveu parcialmente fora de seu corpo carnal, que ela via nos primeiros meses de sua vida como se estivesse colocada fora dele.[53] Não distinguia bem nessa época os objetos

---

[52] Em poucas sessões, sobretudo no início de nossas experiências, apresentou-se, entre a personalidade atual e a de Apollonie, a de uma criança chamada como ela Eugénie Delpit, falecida muito jovem. Sua mãe teve doze filhos dos quais a maioria morreu muito cedo; seria ela a reencarnação de um desses filhos que deixou poucos vestígios em sua memória ou seria um simples erro devido à sua imaginação atual? Ver-se-á um caso de intercalação análogo no caso nº 15. – A. R.

[53] Minhas mais antigas recordações remontam a uma cena da qual participei aos dezoito meses; vejo ainda a cena que muito me impressionou e vejo-me a mim mesmo em parte. De uma investigação feita com pessoas de minhas relações, concluo que este fenômeno é bastante freqüente.Como apoio a esta afirmação citarei um trecho de uma carta que o dr. Maxwel, então advogado geral em Bordeaux, escreveu-me com a data de 18 de janeiro de 1905: "Conheço uma sensitiva que educa o filho. Ela é um *sujet* bastante notável e vê naturalmente. A criança não é sua, mas foi-lhe confiada desde o nascimento. "Ela, sobretudo na obscuridade, vê ao lado da criança uma sombra luminosa, de traços mais formados do que os da criança e um pouco maior do que esta. Esta sombra, quando a criança nasceu, estava mais afastada dela do que o está agora. Parece penetrar pouco a pouco dentro do corpo. A criança tem quatorze meses e a penetração é de cerca de dois terços. Esta sensitiva freqüentemente via o corpo astral dos moribundos desprender-se. Parece-lhe acinzentado, estendido acima do corpo e parece flutuar." – A. R.

materiais que a cercavam, mas, por outro lado, percebia espíritos flutuando a seu redor. Alguns, muito luminosos, protegiam-na contra outros, sombrios e maléficos, que procuravam influenciar seu corpo fluídico; quando estes últimos o conseguiam, provocavam esses acessos de raiva que as mães chamam de pirraça.

Após uma impressão bastante violenta,[54] produzida na Escola de Medicina quando de sua passagem casual enquanto estava exteriorizada a um metro de uma estante em que havia um pires com uma quantidade bem pequena de sulfureto de cálcio fosforescente, Eugénie não quis mais ir a esse estabelecimento e não pude continuar minhas experiências com ela a não ser acidentalmente, quando a encontrava em casa de uma parenta sua, sra. Besson. Foi então que, instruído pelas minhas sessões com Joséphine, conduzi-a um dia em direção ao futuro, através de passes transversais suficientemente prolongados, depois de alguns passes longitudinais destinados a adormecê-la.

Eu a fiz envelhecer pouco a pouco. Com a idade de trinta e sete anos (ela na realidade tinha trinta e cinco), manifestou todos os sintomas do parto e a vergonha desse acontecimento, pois não se havia casado novamente. Isto devia passar-se em 1906. Alguns meses mais tarde ela parece afogar-se. Fi-la envelhecer dois anos; novos sintomas de parto. Pergunto-lhe onde está nesse momento. "Sobre as águas", diz-me. Esta estranha resposta fez-me supor que ela divagava e reconduzi-a ao estado normal.

Ora, tudo o que ela havia predito realizou-se. Tornou-se amante de um operário de fábrica de luvas, com quem teve uma criança em 1906. Pouco depois, desesperada, joga-se no rio Isère, e salvam-na, agarrando-a por uma perna. Enfim, em janeiro de 1909, deu à luz uma segunda vez, sobre uma das pontes do rio Isère, onde foi tomada subitamente pelas dores do parto retornando de suas faxinas.

Este caso seria verdadeiramente admirável se eu pudesse afirmá-lo de forma absoluta. Infelizmente, na casa da sra. Besson, eu me contentava em produzir rapidamente alguns fenômenos, sem tomar nenhuma nota, e nem sequer impressionei-me com suas predições, que eu considerava ou incoerências ou previsões justificadas pela sua nova vida. Foi apenas quando os acontecimentos se produziram que as recordações da sra. Besson e as minhas nos voltaram; porém, o quanto é preciso desconfiar das lembranças que despertam depois dos acontecimentos!

---

[54] Ela teve uma perna completamente paralisada e não podia mais andar. – A. R.

Caso nº 4
Sra. Lambert, 1904[55]

Primeira sessão

Adormeço a sra. Lambert através de passes longitudinais, dizendo-lhe para concentrar-se, ao invés de exteriorizar-se como o faz habitualmente. Ela recua assim no curso de sua vida até a época que precede seu nascimento.

Começa por ver-se na época de sua primeira comunhão; depois transporta-se ao momento em que a mãe fica gravemente doente antes de entrar para o castelo de R..., onde ficou empregada durante mais de trinta anos. Ela tem então quatro ou cinco anos. Não se vê, mas vê a paisagem e descreve a casa que lhe servia de habitação e da qual não conserva nenhuma lembrança no estado de vigília.

Continuação dos passes longitudinais. Ela experimenta uma sensação do nada, que muito a apavora. Em seguida uma sensação vaga como a de uma alma que se forma. Sente-se bastante fatigada. Desperto-a por meio de passes transversais.

Segunda sessão

Faço-a rapidamente recuar no tempo até a época que precedeu o nascimento.

Ela se vê então como uma bola levemente luminosa errando no espaço, sem pensamento. Não tem nenhuma recordação de vidas anteriores.

Não tento levá-la para época mais remota e a reconduzo primeiro lentamente ao tempo presente com o auxílio de passes transversais. Sente-se no ventre de sua mãe, de cujas impressões participa vagamente. No momento de seu nascimento, experimenta uma sensação nova e bem nítida: respirar.

Quando mme. Lambert retornou a seu estado normal (o que constatei pela sensibilidade cutânea), continuei os passes transversais sob o pretexto de desligá-la mais completamente, porém na verdade queria saber o que ocorreria.

Após alguns instantes, sem fazer-lhe perguntas por medo de ocasionar uma sugestão, peço-lhe que vá olhar-se no espelho e que me diga de que cor são seus cabelos. Ela os vê metade grisalhos, apesar de, na realidade, serem ainda completamente pretos. Continuo os passes transversais, em seguida digo-lhe para levantar-se. Ela se encontra muito fraca, queixa-se a cada dia de perder

[55] A sra. Lambert tinha, nessa época, cerca de quarenta anos de idade. Durante muitos anos serviu a minhas experiências. É um *sujet* excepcionalmente sensível e infelizmente sujeito a graves perturbações nervosas. Mora em Paris e apenas durante a estada que lá fiz, em 1904, pude começar com ela o estudo relativo aos fenômenos das vidas sucessivas; entretanto, foi com ela que obtive, pela primeira vez, a visão do futuro. Nela as fases de letargia são rapidamente transportadas e apenas levemente reconhecíveis. – A. R.

suas forças. Interrogo-a sobre suas ocupações, seus recursos. Responde-me que decidiu viver com o irmão caçula, de cuja casa ela cuida. (Atualmente vive só; está persuadida, no estado de vigília, de que seu irmão vai casar-se e é por isso que não mora com ele.)

Com quarenta e cinco anos, isto é, em 1909, ela se vê no campo, perto de um velho do qual trata. Aborrece-se muito.[56]

Receando um acidente nessa via ainda inexplorada, não ouso continuar mais o envelhecimento sem preveni-la. Pergunto-lhe se não acha inconveniente que eu empregue minha ciência magnética para fazê-la ver o que se passará consigo no momento da morte, momento que ninguém pode evitar. Ela se recusa obstinadamente e a trago a seu estado normal através de passes longitudinais.

Nesse estado ela não tem nenhuma recordação do que se passou durante o sono precedente. Narro-lhe o que aconteceu, o que não apresentava inconveniente, uma vez que minhas experiências com ela não deveriam renovar-se devido à minha partida de Paris. Ela se admira por ter sentido medo da morte, ela que se prende tão pouco à vida e que tem uma tão grande confiança em mim. Crê que após uma ou duas sessões habituar-se-ia a essa ideia e deixar-me--ia conduzir seu sono até onde eu julgasse útil. Isso comprometeu-me a tentar no dia seguinte uma nova sessão, que deu os mesmos resultados e durante a qual me defrontei com a mesma resistência que julguei não dever forçar.

Caso nº 5
Louise, 1904-1908-1910.

Louise é uma jovem senhora que tem atualmente (1911) trinta e seis anos. É filha de uma de minhas antigas empregadas. Teve a juventude enfermiça, mas hoje é saudável. De inteligência bastante viva, começou por trabalhar numa fábrica de seda onde se tornou operária hábil. Teve ocasião de conhecer estudos psíquicos assistindo a minhas experiências com sua amiga Joséphine em 1904 e 1905. Hoje ela se ocupa do tratamento dos doentes pelo método do sr. Bouvier, de Lyon, com quem colocou-se em contato. Ela os trata o mais frequentemente a distância e fez, parece, curas extraordinárias em maníacos e degenerados, prosseguindo o tratamento durante vários meses e com grande espírito de caridade.

Ela é adormecida com grande dificuldade pelos passes magnéticos, mas goza das propriedades de ver, estando desperta, o corpo astral exteriorizado dos *sujets* e de exteriorizar-se por sua própria vontade. Durante minhas experi-

[56] Isto não aconteceu. Em 1911 ela ainda mora em Paris e serve às experiências dos srs. Durville e Lanclin. – A. R.

ências com Joséphine, ela percebia o corpo astral desta, quando ele se desprendia, sob forma vaporosa que se condensava pouco a pouco para tomar forma humana, forma que mudava de acordo com a idade e a personalidade às quais era levado momentaneamente o *sujet*. Esse corpo astral era luminoso durante os períodos de vida e sombrio nos intervalos entre as diversas existências. No momento que correspondia à morte, ele parecia dilatar-se, obscurecendo-se e perdendo sua forma. Quando Louise se encontrava em contato com essa espécie de nuvem densa, experimentava uma sensação de frio muito penosa, a mesma que sente quando se aproxima de uma pessoa que acaba de morrer.

Durante muito tempo eu me limitava a utilizar essa faculdade crendo Louise pouco capaz de outra coisa. Mas acabei por querer tentar também nela a regressão da memória.

Em 1º de maio de 1908, consegui adormecê-la através de passes prolongados e exteriorizar seu corpo astral, que se colocou entre ela e mim. Coloquei então em funcionamento o fenômeno de regressão por sugestão. "Você tem trinta anos, vinte e cinco, vinte, quinze etc." Em cada uma dessas idades ela representou a doença que tinha na época.

Chego assim a seu nascimento e ao período que o precede.

Ela primeiro me responde com dificuldade e, depois, melhor, quando ajudo com a pressão no meio da fronte.

Recorda-se ao invés de representar.[57] Ela foi um padre, falecido muito velho, um bom padre simplesmente agarrado a seus deveres sacerdotais. Morre e permanece na penumbra, durante longo tempo, até aperceber-se bem de seu estado, que no princípio não compreendia, pois acreditava encontrar o paraíso ou o purgatório e não via nada. Louise toma então a cabeça entre as mãos e põe-se a soluçar; as lágrimas rolam de seus olhos. (No estado de vigília ela é bastante calma e, antes de tudo, prática.) Interrogo-a e ela termina por

---

[57] Nota da editora: Interessantíssima a observação de de Rochas, permitindo-nos concluir que o *sujet* pode apenas lembrar-se do ocorrido ou revivê-lo. Durante as experiências com Luciano dos Anjos, narradas no livro *Eu sou Camille Desmoulins* (Publicações Lachâtre), Herminio C. Miranda constatou o mesmo fenômeno. Em certo ponto do diálogo com Luciano já adormecido, é-lhe pedida uma informação: que teria ele falado, na personalidade do revolucionário francês Camille Desmoulins, certa noite, enquanto jantava em companhia da esposa e amigos? O sensitivo, que, no momento, apenas está se recordando, mas não está lá, não se lembra da frase expressa cento e oitenta anos antes. Como lhe é dito ser importante aquela resposta, ele contrapõe: – Então espera que *eu vou lá*. – Decorridos alguns momentos de silêncio, ele retoma o diálogo: – Já estou aqui. O que mesmo você quer? O operador repete a pergunta e ele começa logo a respondê-la. Era exatamente a frase que ficara registrada nos anais da história. Para maiores detalhes, ver o item 6 do capítulo 4 da obra *A memória e o tempo* (Publicações Lachâtre), de Herminio C. Miranda.

responder-me que é muito infeliz por ter ensinado coisas inexatas. Faço-a observar que não foi por sua culpa e que mais vale ter falado a seus paroquianos sobre o céu e o inferno do que tê-los deixado crer que nada mais havia após a morte. "Sim, é verdade; porém infelizmente eles não creem mais no inferno e, se fossem persuadidos de que há uma série de existências nas quais se expiam as faltas das existências precedentes, eles se conduziriam bem melhor."

– Então você deseja reencarnar?

– Sim, para poder instruir-me mais e difundir a verdade para o povo, cuidando dele.

– Então é preciso reencarnar numa família rica que lhe dará instrução?

– Não; é preciso, ao contrário, que eu nasça na miséria para conhecê-la.

Em 15 de julho de 1910, tive ocasião de rever Louise e aproveitei para saber se ela me diria a mesma coisa que disse havia dois anos sobre sua reencarnação. Adormeci-a e a fiz voltar no tempo por sugestão. Quando chegou ao período precedente à sua atual encarnação, pedi-lhe que se lembrasse de sua vida anterior.

Ela refletiu durante bastante tempo e respondeu-me por partes:

– Vejo-me... fui um velho, habitante do campo... estou de vestido... sou um padre...

– Você quer reencarnar?

– Sim.

– Numa família rica?

– Não; com gente pobre para melhor conhecer a miséria e aliviá-la.

Levei mais longe por sugestão o recuo no passado. Como as recordações chegavam confusas, ela me pediu que lhe aprofundasse o sono através de passes, o que fiz. Lembrou então que, em sua existência precedente, nasceu em Méaudres (cantão de Villard-de-Lans), localidade com a qual na vida atual ela não tem nenhum vínculo; que fez seus estudos eclesiásticos no grande seminário de Grenoble e que, antes dessa existência, tinha sido uma moça, falecida jovem e bastante orgulhosa, o que lhe valeu uma passagem muito penosa na penumbra, onde encontrava espíritos maus que a atormentavam. Trouxe-a então de volta à sua idade atual através de passes transversais e de sugestões. Em seguida, levei-a em direção ao futuro; ela então fez-me previsões das quais reconheço a probabilidade quando a interroguei completamente despertada e tendo perdido a lembrança do que me havia dito durante o sonambulismo.

Louise é um *sujet* que apresenta fenômenos curiosos que não tive tempo de experimentar de forma a poder apresentá-los com certeza.

Eis o que me pareceu produzir-se diversas vezes. Ela exterioriza, no estado de vigília, por um simples esforço da vontade, seu corpo astral ou alguma coisa análoga. Outra pessoa não pode vê-lo. Ela pode dar a essa substância exteriorizada a forma que deseja. Pode, inclusive, materializar seu pensamento e torná-lo visível a sensitivos. É assim que, pensando fortemente em mim ou numa pessoa cujo retrato encontra-se dentro do cômodo, sua amiga Joséphine, que é bastante sensível, vê desenhar-se no espaço seja seus traços, seja os do retrato, sem saber em que pensava Louise.

Concebe-se então que, se ela participasse de uma sessão espírita em que se desejasse o aparecimento de uma pessoa que ela mais ou menos conheceu, ela poderia formar sua aparência e torná-la visível aos sensitivos. Talvez mesmo, se ela ficasse suficientemente reforçada por uma corrente, pudesse impressionar placas fotográficas, produzir impressões ou tornar as pessoas visíveis para todo mundo.

Eis um outro tipo de sensibilidade, segundo o resumo de uma sessão que fiz com Louise e Joséphine em 6 de novembro de 1905:

Adormeci, hoje, Joséphine e disse-lhe para subir em corpo fluídico tão alto quanto pudesse a fim de verificar se ela veria as mesmas coisas que a maioria de meus outros *sujets*.

Ela não sentiu nada de particular, exceto a sensação de estar a uma grande altura acima do solo. Louise viu um cordão luminoso que saía da cabeça de Joséphine, elevava-se verticalmente e expandia-se levemente abaixo do teto. Concentrou então fortemente seu pensamento para elevar-se pela mente até uma certa altura, em seguida dirigiu-se horizontalmente em espírito para acima de Joséphine. Esta sentiu imediatamente um contato que demonstrou por um ressalto brusco, mas ela diz que foi um cordão fluídico e não o corpo astral que tinha sido tocado. Louise elevou-se mais alto e procurou esse corpo astral, mas não tocou mais nada, sem dúvida porque o havia ultrapassado. Desmagnetizei Joséphine através de passes transversais. Louise viu como que grandes flocos luminosos que desciam ao longo do cordão, depois tudo desapareceu no corpo de Joséphine, que despertou.

Permanecendo desperta, Louise tentou então exteriorizar-se ainda mais de maneira a tocar-me à distância. Afastou-se dez passos e anunciou que ia tocar meu braço. Joséphine, novamente adormecida, viu efetivamente, após algum tempo, a aura luminosa de meu braço, que se condensava. Em seguida distinguiu primeiro uma mão, depois um braço que sustentava a mão. Falei-lhe para procurar a origem desse braço; ela o fez e disse que ele partia de Louise.

Eu não havia sentido nada e supus que isso era devido a que as vibrações provocadas por Louise não estivessem no limite de minhas percepções;

porém, como elas deviam existir, uma vez que Joséphine as percebia como se aplicassem diretamente sobre si, pensei que meu corpo poderia servir de intermediário. Preveni então, diretamente e em segredo, Louise para que me tocasse sucessivamente pelo pensamento o nariz, a fronte, a perna e a nuca. Em seguida retornei a Joséphine a quem tomei as mãos para estabelecer o relacionamento. Os contatos convencionados efetuaram-se na ordem indicada.

Caso nº 6
Srta. Mayo,[58] 1904

O *sujet* é uma moça de dezoito anos, perfeitamente sã e que jamais ouviu falar sobre magnetismo ou espiritismo.

Tendo durante cerca de dois meses vivido na mesma casa que essa jovem, pude proceder às experiências bem lentamente e sem tomar nenhum partido, deixando suas faculdades desenvolverem-se na direção para onde estavam naturalmente orientadas.

Quase todas essas sessões tinham por testemunha o dr. Bertrand, presidente das câmaras municipais de Aix e médico de sua família, e o sr. Lacoste, engenheiro, amigo de seu padrasto, que tiveram a amabilidade de tomar notas. Essas notas são preciosíssimas, uma vez que o dr. Bertrand e o sr. Lacoste, não tendo jamais assistido a esses fenômenos, indicavam as diferentes fases muito melhor do que eu o teria feito, porque, habituado àqueles, estas me impressionam menos. Também reproduzi-as *in-extenso*, crendo que o leitor perceberia assim muito melhor o desenrolar das sessões.

Diário das sessões
1ª sessão: 2 de dezembro de 1904

Tento, por meio de passes longitudinais, adormecer Mayo; após alguns minutos ela tem a impressão de que está aumentando. Eu a trago de volta a seu estado natural através de passes transversais.

Retomo a experiência após quinze minutos e chego a determinar o primeiro estado de letargia. Não sigo adiante e a desperto.

---

[58] A srta. Mayo é filha de um engenheiro francês que passou parte de sua vida construindo estradas de ferro no Oriente e que lá faleceu. Sua mãe casou-se novamente com um outro engenheiro francês que igualmente constrói estradas de ferro no Oriente. Quanto a ela, foi criada até a idade de nove anos em Beirute, onde estava confiada aos cuidados de criados indígenas e aprendia a ler e a escrever em árabe. Em seguida foi levada para a França e vive com uma tia que mora na Provence. Nasceu em Barjol (Var) em 22 de fevereiro de 1887. – A. R.

2ª sessão: 4 de dezembro de 1904

Tento adormecer e despertar Mayo através da pressão nos pontos hipnógenos dos punhos. Chego a determinar um sono leve e uma muito fraca sugestibilidade.

3ª sessão: 5 de dezembro de 1904

Levo Mayo até o estado de sonambulismo por meio de passes longitudinais. Nesse estado ela mantém os olhos abertos e está em comunicação com os assistentes. Tento o efeito da música. Yann Nibor canta diante dela algumas de suas obras mais emocionantes. Mayo ergue-se, cativada, e representa as emoções que experimenta, com menos intensidade todavia do que Line.[59] O piano não somente produz efeitos mínimos, como parece por vezes ser-lhe desagradável.

Após esses testes retomo a magnetização de Mayo e levo-a ao estado de *rapport*, onde ela não ouve e nem vê senão a mim.

4ª sessão: 6 de dezembro de 1904

Levo seu sono até o momento em que ela vê formar-se a seu lado um fantasma levemente luminoso; a visão é confusa. Não encontro nenhum indício de regressão da memória.

5ª sessão: 7 de dezembro de 1904

Lentamente, por meio de passes, faço Mayo passar novamente pelos diversos estados da hipnose que ela já percorreu.

Constato que aceita as sugestões apenas durante um instante bastante curto, ao final da primeira letargia.

Nesse estado de sonambulismo que se segue ela não é absolutamente sugestionável. Conserva a memória do que se passou no estado de vigília e nos precedentes estados de sonambulismo. Pressionando o meio da fronte, determino as recordações relativas aos fatos que se passaram anteriormente nos estados mais profundos.

Após a segunda letargia, o estado de *rapport* manifesta-se bastante nitidamente: Mayo não houve e nem vê nada ou ninguém, apesar de recordar-se ainda de meu nome e do seu. Percebe os fluidos e apresenta o fenômeno da exteriorização da sensibilidade.

Após uma nova letargia (a terceira), ela entra no estado caracterizado pela simpatia ao contato, isto é, sente todas as ações exercidas sobre mim quando

---

[59] Nota da editora: à página 89, veremos que Line é seu nome em sua encarnação imediatamente anterior à atual.

a toco. Além do mais, ela perdeu a lembrança de tudo o que se passou nos estados precedentes.

6ª sessão: 9 de dezembro de 1904

Mayo consegue exteriorizar mais completamente seu corpo astral. Ela o vê nitidamente a seu lado. Digo-lhe para dar-lhe a forma de sua mãe;[60] ela o consegue.

Nenhum vestígio de regressão da memória.

7ª sessão: 10 de dezembro de 1904

Exteriorização completa do corpo astral, que se forma ao lado do *sujet*. Determino a Mayo que faça subir seu corpo astral tão alto quanto possa. Constato que ela o desloca, porém não pode fazê-lo atravessar o teto. Experimenta uma sensação dolorosa cada vez que toco o cordão fluídico que se eleva acima de sua cabeça.

8ª sessão: 11 d dezembro de 1904

Esta sessão é consagrada ao estudo das expressões do rosto e dos gestos provocados em Mayo pelos sentimentos expressos musicalmente. É Yann Nibor quem canta. Mayo exprime admiravelmente os sentimentos em si despertados pela Marselhesa (exprime os mesmos gestos que Line) e pela honra e pátria de Yann Nibor.

9ª sessão: 12 de dezembro de 1904

Nesta sessão estudamos especialmente o desenrolar do fenômeno do ponto de vista do tempo. É o sr. Lacoste quem toma notas contando as horas à moda italiana, de um a vinte e quatro, partindo de meia-noite.

13h30 – Estado de vigília; nenhuma sugestibilidade. Os passes não produzem efeito algum sobre o *sujet*.

13h33 – O sr. de R. toma então as mãos de Mayo e coloca seus polegares contra as palmas das mãos do *sujet*. Por sua vontade projeta seus fluidos em Mayo, que sente imediatamente uma corrente subir por cada um de seus braços.

Após um minuto (13h34) o sono é completo.

---

60 Como resultado de numerosas experiências que fiz com dois *sujets*, dos quais um podia exteriorizar seu corpo astral e o outro vê-lo, temos que aquele que exterioriza seu corpo astral pode modelá-lo pela sua vontade assim como o escultor modela a cera com seus dedos. Uma dessas experiências foi realizada em Paris, em meu gabinete, na presença de Aksakov, com a senhora d'Espérance, como *sujet* vidente, e com a senhora Lambert, como *sujet* que se exterioriza. – A. R. (Ver página 40).

13h36 – Mayo sai da letargia para entrar no sonambulismo que o sr. de Rochas chama de segundo estado da hipnose:[61] os olhos se abrem, ela apresenta inteiramente a aparência da vigília, porém apresenta a insensibilidade cutânea. O sr. de R. continua sua ação pelas mãos e determina assim a segunda letargia. Apercebendo-se de que a respiração diminui, ele a restabelece colocando sua mão direita espalmada sobre o peito do *sujet*. Continua em seguida a magnetização por meio de passes.

13h39m30 – Mayo desperta no estado de *rapport* (terceiro estado). Ela não é mais sugestionável. Recusa-se a mostrar as pernas,[62] entretanto consente em abraçar o sr. de R. Não percebe os fluidos das mãos nem o interior de seu corpo. Começa a exteriorizar-se e a sentir as sensações provocadas no magnetizador (por ação direta) nos pontos onde ele a toca.

13h44 – Continuação dos passes; terceira letargia.

13h46 – Despertar em um novo estado, o quarto.[63] Ela não se recorda de já ter estado nele. Experimenta à distância as sensações do magnetizador. Esqueceu seu nome. O instinto do pudor persiste; recusa-se a mostrar suas pernas.

13h47 – Continuação dos passes; entrada na quarta letargia.

13h50 – Despertar no quinto estado. O sr. de R. constata, beliscando o ar ao redor de Mayo, que ela começa a desprender-se pela cabeça. Ela apoia, durante cerca de um minuto, a cabeça no ombro do magnetizador, como que para adquirir forças; em seguida volta à sua atitude habitual. Esqueceu seu nome; lembra-o quando o sr. de R. fricciona-lhe a raiz do nariz.

13h54 – Continuação dos passes. Entrada na quinta letargia com uma leve sacudidela.

13h56 – Despertar no sexto estado. Ela vê formar-se à sua esquerda um fantasma luminoso. O sr. de R. constata que é nesse fantasma que se localizou toda a sua sensibilidade. Ela recusa-se a mostrar as pernas, mesmo a uma mulher.

---

[61] O primeiro estado é o estado de credulidade, que precede a primeira letargia e que é caracterizado pela sugestibilidade. Esse estado não se apresenta em todos os *sujets* e particularmente em Mayo. – A. R.

[62] Em todos os *sujets* em que estudei o ponto-de-vista da regressão da memória, constatei que o instinto do pudor não se manifesta senão aproximadamente na idade de cinco ou seis anos. Ver-se-á pela continuação desta descrição que se deu da mesma forma com Mayo. – A. R.

[63] Esses nomes foram dados, quando de minhas primeiras experiências, segundo os sintomas que haviam parecido característicos, mas que nem sempre são tão nitidamente marcantes em todos os *sujets*. Os fenômenos desenvolvem-se geralmente na mesma ordem, porém as fases de letargia são como os degraus de uma escada que podem ser deslocados levemente em um sentido ou em outro. E limitar-me-ei doravante a especificar os estados por seu número de ordem. – A. R.

14 horas – O sr. de R. continua a magnetização entremeando os passes com as pressões do polegar na palma da mão do *sujet*. Entrada deste na sexta letargia.

14h01 – Despertar no sexto estado. Mayo vê seu fantasma à direita; o da esquerda desapareceu quase que completamente. Ela se recorda de já ter visto aparecer sua mãe (sexta sessão), porém não deseja revê-la.

14h03 – Continuação da magnetização. Entrada na sétima letargia.

14h04 – Despertar no oitavo estado. O corpo astral está completo. O sr. de R. tenta fazê-lo subir, enviá-lo ao outro aposento; o corpo foi retido pelo teto e paredes. O sr. de R. diz a Mayo que lhe estenda a mão direita astral e ele a belisca; Mayo sente a beliscada.

Ela vê como um cilindro luminoso o círculo traçado pelo sr. de R. ao redor dela.

14h11 – O sr. de Rochas procede ao despertar, por meio de passes transversais, e ela acorda rapidamente.

14h15 – O despertar é completo. Mayo não se sente absolutamente fatigada. O indicador de sua mão direita apresenta a marca bem nítida de uma unha.[64]

10ª sessão: 13 de dezembro de 1904

Pesquisa dos pontos hipnógenos por meio da insensibilidade cutânea e da sensibilidade à distância. Procuro um pouco ao acaso e somente nos locais onde posso permitir-me a exploração. Constato que há pontos hipnógenos nos dois punhos, abaixo dos olhos, abaixo e atrás das orelhas, na depressão interclavicular.

11ª sessão: 14 de dezembro de 1904

Sessão consagrada aos efeitos musicais durante o sonambulismo. O piano continua a ser pouco agradável.

12ª sessão: 16 de dezembro de 1904

Reprodução dos fenômenos de exteriorização do corpo astral pela formação sucessiva de um semifantasma à esquerda, seguida de um semifantasma à direita. Uma singularidade inexplicada apresentou-se aqui: Mayo, olhando seu fantasma situado à sua esquerda, viu-o de perfil, mas de perfil virado para trás, ao invés de estar no mesmo sentido de seu corpo físico.

13ª sessão: 17 de dezembro de 1904

Após ter constatado mais uma vez que Mayo não é sugestionável nem no estado de vigília, nem no estado de sonambulismo, adormeço-a muito lenta-

[64] Este estigma persistiu durante várias horas após o despertar. – A. R.

mente com o auxílio da pressão no ponto hipnógeno de um ou de outro de seus punhos, repetindo, cada vez, a um momento diferente da primeira letargia: "Você não poderá levantar-se sem minha permissão." Constato então que a sugestão não produz seu efeito senão quando é formulada no instante bem curto que precede a passagem ao sonambulismo.[65]

Levo em seguida seu sono até o estado de *rapport*. Nesse estado pode-se aproximar uma vela acesa de seus olhos sem que Mayo perceba; porém, quando olho para a vela, ela recua vivamente. Aproxima-se um frasco de amoníaco de seu nariz e ela não sente nada; entretanto, sente-o vivamente logo que respiro com precaução as emanações do amoníaco.[66] Digo-lhe que me beije; ela o faz com prazer sobre a face. Toco de leve seus lábios; ela recua, zangada. Não se recorda de ninguém.

Continuo a magnetização. Ela vê formar-se, à sua esquerda, um fantasma luminoso que apresenta sua forma atual. Digo-lhe que dê a esse fantasma a forma que ela tinha aos dezesseis anos; ela se vê com essa idade, depois com quatorze, com doze. Com dez anos, ela se crê em Marselha, o que é correto. Com oito anos, está em Beirute, fala de seu pai, de sua mãe e dos amigos que frequentavam a casa, o que também é correto.

Faço então, através de passes transversais, o corpo astral entrar no corpo físico, o que se realiza com um pouco de dificuldade, e procedo ao despertar completo.

Quando Mayo está bem desperta, não constato mudança apreciável em sua mente; porém, não querendo arriscar um acidente, readormeço-a e exteriorizo novamente seu corpo astral. Ela ainda o vê sob a forma de uma criança de oito anos. Devolvo-lhe a forma de dezoito anos e a desperto.

Quando ela recai na primeira letargia, digo-lhe que se esforce por lembrar-se do que se passou durante o sono e de escrevê-lo para mim. Repito-lhe este pedido quando ela está acordada.

14ª sessão: 18 de dezembro de 1904

No início da sessão, Mayo me dá a anotação seguinte, que redigiu para obedecer à minha sugestão de ontem:

[65] Eu já havia observado diversas vezes (ver *Les estats profonds de l'hypnose* – Os estados profundos da hipnose – cap. 7) que a sugestibilidade, que em outros *sujets* manifesta-se desde o estado de vigília (estado de credulidade), aumentava durante a primeira letargia, persistia durante o sonambulismo e desaparecia durante a segunda letargia. Em Mayo, a curva representando a intensidade da sugestibilidade desceu abaixo do nível habitual. – A. R.

[66] Há evidentemente aqui outra coisa além do *rapport* habitual; há transmissão de sensações e é assim que se pode explicar que a sra. Lambert, que no estado de *rapport* não via ninguém além de mim num fundo cinza, percebia de repente uma montanha situada a quarenta quilômetros, quando eu fixava meus olhos sobre essa montanha. – A. R.

"No momento em que o sr. de Rochas pressiona meu punho, sinto alguma coisa forte, quente, que penetra em meu braço e que me pesa como se eu tivesse muito sono. Ouço primeiro distintamente e compreendo muito bem as palavras que são ditas a meu redor. Em seguida, pouco a pouco, minhas ideias se embaralham e não percebo mais do que um murmúrio, mas compreendo que é o sr. de Rochas quem fala. Sinto-me muito bem nesse estado e ficaria sempre nele se assim quisessem deixar-me. Porém, chega um momento em que sinto que desperto: revejo tudo o que está a meu redor; penso como de hábito e não conseguiriam que eu fizesse o que não quero nem que eu acreditasse no que não é verdade. Não estou, no entanto, como de hábito, uma vez que não sinto quando me puxam os cabelos, me tocam a mão ou o rosto, ou quando ponho o dedo sobre a chama de uma vela. Não experimento nenhuma sensação de frio ou de calor."

"Gosto do sr. de Rochas um pouco mais do que de hábito."

Ela me conta que durante toda a noite sonhou que estava ainda em Beirute.

Procuro verificar de novo a sucessão dos estados.

Após a primeira letargia, vem o sonambulismo que chamo de segundo estado de hipnose (sendo o primeiro estado o de credulidade, que falta em Mayo); e, em seguida, a segunda letargia e o estado de *rapport* (terceiro estado), onde sua memória começa a ficar confusa sem ser completamente apagada.

Após a letargia, ela se exterioriza e experimenta minhas sensações, mesmo quando não a toco, contanto que eu não me afaste demais (quarto estado). Ela começa a ver desenhar-se um fantasma azul à sua esquerda e percebe neste um orifício sombrio acima da orelha e um outro no punho. Esses orifícios correspondem aos pontos hipnógenos constatados anteriormente na décima sessão.[67]

4ª letargia.

5º estado – Mayo vê seu fantasma à direita vermelho; ela o vê de perfil e percebe um orifício sombrio na fronte e no punho.

5ª letargia.

6º estado – Ela vê, como num espelho, seu corpo fluídico completamente formado e de frente, diante de si. Percebe orifícios sombrios nos dois lados da fronte, acima das orelhas e na depressão interclavicular. Este é o maior de todos.

Provoco o despertar através de passes transversais.

O corpo astral volta a seu corpo físico sem desdobrar-se em fantasma vermelho e fantasma azul.

---

[67] Com a sra. Lambert eu já havia constatado que os pontos hipnógenos correspondiam a orifícios mais ou menos profundos no corpo astral. Nela havia não somente pontos hipnógenos como também superfícies bastante extensas, gozando da mesma propriedade. A essas superfícies correspondiam espécies de incisões no corpo astral, por onde o fluido corria para fora. Fiz as mesmas constatações com outros *sujets*. – A. R.

15ª sessão: 19 de dezembro de 1904

Adormeço Mayo pela pressão do ponto hipnógeno de seu punho esquerdo.

A primeira letargia e o segundo estado (sonambulismo) não apresentam nada de particular.

Durante o terceiro estado (*rapport*), o dr. Bertrand aproxima dos olhos de Mayo uma vela acesa: nenhum movimento, mas há recuo brusco e pálpebras abaixadas logo que olho para a chama. O doutor aproxima um frasco de amoníaco do nariz de Mayo, a quem digo para aspirar fortemente; ela o faz e não sente nada, porém desvia precipitadamente a cabeça quando toco a mão do doutor.

Suas pernas são apalpadas, ela não reage. Suas coxas são apalpadas; imediatamente ela toma ares de ofendida e vira a cabeça recuando.

4º estado – Ela esqueceu tudo, até mesmo seu nome; começa a exteriorizar-se.

5º estado – Vê à esquerda seu fantasma, que está de perfil, o rosto virado para trás. Vê nesse fantasma luminoso pontos obscuros que correspondem a seus pontos hipnógenos.

Quando lhe digo para indicar em seu corpo físico o ponto correspondente a um dos pontos hipnógenos que ela vê sobre seu fantasma, por exemplo o da fronte, ela toca com o seu dedo o ponto hipnógeno da parte direita da fronte e não o da parte esquerda. Coloco um espelho ao lado do fantasma; ela o vê nesse espelho e então indica os pontos hipnógenos no lado esquerdo de sua fronte.[68]

6º estado – Formação do fantasma que ela vê de perfil à sua direita.

7º estado – Formação do fantasma completo (do duplo), que ela vê de frente, diante de si e um pouco à direita.

O instinto do pudor cedeu e ela não se recorda de ninguém.

Pergunto-lhe sua idade; ela responde dezoito anos.

Digo-lhe para voltar aos dezesseis anos; ela vê seu corpo atual transformar-se.

Ocorre o mesmo para quatorze, doze e dez anos.

Quando ela atinge dez anos, pergunto-lhe onde mora. Responde: – Marselha; o que era verdade e eu ignorava.

Com oito anos, ela está em Beirute, o que também era verdade. Recorda-se das pessoas que frequentavam sua casa. Pergunto-lhe como se diz 'bom-dia' em turco; ela responde '*salamalec*', o que esqueceu no estado de vigília.

Com seis anos, está de novo em Marselha.

---

[68] Nota da editora: esta observação demonstra que, ao contrário do que diz a crença comum, a imagem espiritual pode refletir num espelho e assim ser vista por um médium.

Com dois anos, está em Cuges, na Provence (correto).

Com um ano não pode falar; limita-se a me responder sim ou não, através de sinais com a cabeça.

Mais distante, no passado, "ela não é mais nada". Sente que existe, eis tudo.

Mais distante ainda, encontra-se na penumbra e lembra-se de ter tido outra vida.

Não a levo mais adiante; reconduzo-a, simplesmente, por meio de sugestões sucessivas, à idade de dezesseis anos; em seguida continuo através de passes transversais.

Ei-la com dezoito anos, perfeitamente desperta. Continuo os passes transversais sob o pretexto de libertá-la completamente. Por duas vezes pergunto-lhe sua idade e ela me responde rindo: "Mas você sabe muito bem: dezoito anos." Em seguida seu olhar torna-se vago e, para uma nova pergunta, ela responde: vinte anos.

– Você ainda mora em Aix?

– Não, (e com tristeza) estou longe.

– Você se lembra do sr. e da sra. Lacoste?

– Sim.

– Você também se lembra do sr. de Rochas?

Ela sorri, respondendo-me, e mostra, assim, que me reconhece.

Reconduzo-a a seu estado normal através de passes longitudinais.

16ª sessão: 20 de dezembro de 1904

Pressionando, no estado de vigília, o ponto da memória sonambúlica no meio da fronte, obtive a regressão da memória até o limite onde havíamos chegado na véspera, porém não mais adiante.

Reprodução rápida dos fenômenos da sessão precedente. Confirmação das notas que havíamos tomado.

Adormeço a mão de Mayo com o auxílio de passes longitudinais. Essa mão passa, isoladamente, por estados análogos aos que se produzem quando ajo sobre a cabeça e a fronte. Ela começa por tornar-se insensível; em seguida é sugestionável, isto é, sob minhas ordens os dedos não podem dobrar-se senão no momento em que dou a permissão. Esse estado dura pouco; em seguida, a insensibilidade continua sem sugestibilidade (o que corresponde, em Mayo, ao sonambulismo e à segunda letargia). Enfim, aparece o estado de *rapport*, caracterizado pelo seguinte: a mão não percebe senão os objetos tocados pelo magnetizador.

Desperto a mão através de passes transversais.

Operando sobre o nariz ou as orelhas, ou sobre a boca com a ponta dos dedos, determina-se igualmente a sugestibilidade, porém sempre durante um tempo muito curto.

17ª sessão: 22 de dezembro de 1904

Adormeço Mayo, primeiramente pela pressão do ponto hipnógeno de seu punho esquerdo. Continuo a magnetização, através de passes, e levo-a à formação do corpo astral, primeiro à esquerda, depois à direita. A memória, que ela tinha perdido progressivamente à medida em que o sono se aprofundava, reaparece completa quando o corpo astral é exteriorizado. Mayo porém não vê ainda senão a mim e aos objetos com os quais a coloco em contato.

Determino então, por sugestão, a regressão da memória até a idade de doze anos e peço-lhe que escreva seu nome para dar-me uma amostra de sua letra. Ela escreve lentamente "Marie" (figura 1). Levo-a aos oito anos e faço o mesmo pedido. Para minha grande admiração, ela escreve duas letras em árabe. Peço explicações à sra. Lacoste, que me esclarece que, nessa idade, Mayo estava em Beirute frequentando a escola de irmãs.

figura 1

figura 2

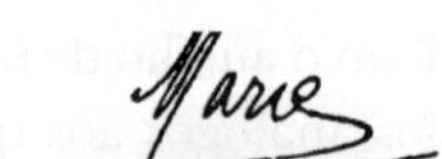

figura 3[69]

Faço-a recuar progressivamente no passado até seis anos, quatro, três, o momento de seu nascimento, o ventre de sua mãe, e ainda mais longe.

– O que você é agora?

[69] A figura 3 é a reprodução de sua assinatura quando desperta. – A. R.

– Sou uma mulher. Ela chamava-se Line.[70]

– Onde você mora?

– Não sei.

– Você está viva ou morta?

– Estou morta.

– Como você morreu?

– Ela não morreu de doença. Foi na água... afogada... a água entrava... ela não podia mais respirar... Ela não enxergava mais... estava inchada.

– Você assistiu ao seu enterro?

– Não, não; não encontraram meu corpo.

– Você sofreu com sua decomposição na água?

– Não. Depois de minha morte eu não estava feliz nem infeliz.

Julgando que a experiência havia sido levada muito longe, digo a Mayo para caminhar em direção ao futuro. Aplico alguns passes transversais e pergunto-lhe se retornou ao mundo. Após sua resposta afirmativa a uma nova pergunta minha, ela me diz que alguma coisa a levou a reencarnar e que desceu em direção à sua mãe quando esta estava grávida.

Reconduzo-a sucessivamente em seguida a dois, a quatro, a dezoito, a dezenove anos.

– Onde está agora?

– Não estou aqui.

– Sabe em que país?

– Não.

Com vinte anos.

– Onde você está?

Mayo dá a entender que não sabe.

– Como você será aos vinte anos?

– Não sei; vejo pessoas que não são como as daqui.

– Vou fazê-la envelhecer mais. Pare-me quando houver em sua vida alguma coisa de notável: uma doença, um casamento... Você tem vinte e um anos..., vinte e dois anos... Alguma coisa?

– Não.

E subitamente ela retorna aos dezenove anos. Seu meio-fantasma está ainda à sua direita.

---

[70] Nota da tradutora: Pelo emprego que o *sujet* faz dos verbos, ora no passado, com o pronome na terceira pessoa (ela), ora no presente, com o pronome na primeira pessoa (eu), parece-me que ele, levado ao passado, fala deste, ora transportando-se realmente à idade evocada, ora permanecendo no presente como um simples espectador do passado. Seu 'eu' atual parece confundir-se com seu 'eu' passado.

Desperto-a então completamente através de passes longitudinais e, em seguida, pela pressão do ponto hipnógeno do punho direito. Mayo perdeu então completamente a lembrança do que se passou durante o sono.

Pressionando com o dedo o ponto da memória sonambúlica situada ao meio da fronte, determino o despertar dessa memória.

Faço-a voltar progressivamente ao passado; ela vai assim até a época de seu nascimento. Levo-a mais longe, ela recorda-se de que já viveu: que se chamava Line, que morreu na água, afogada, que se elevou no ar, que lá viu seres luminosos, mas que não lhe foi permitido falar-lhes, que nesse estado não sofreu nem aborreceu-se, que aprendeu que se pode voltar à Terra...

Retorno então a direção de sua memória em sentido inverso e levo-a aos quinze, dezoito, dezenove, vinte e um anos. Com vinte e um anos ela está num país onde os habitantes são negros e vivem inteiramente nus. Ela não pode ir mais longe e recai bruscamente nos dezoito anos.

Cesso a pressão de meu dedo e Mayo não se recorda de mais nada.

18ª sessão: 23 de dezembro de 1904

Nesta sessão procuro obter alguns detalhes a mais sobre a vida anterior de Mayo e sobre seu futuro.

Line era filha de um pescador bretão, casou-se aos vinte anos com um também pescador, chamado Yvon, cujo sobrenome ela não mais recorda. Teve um filho, falecido com a idade de dois anos. Seu marido faleceu num naufrágio. Desesperada, ela se joga na água do alto de um penhasco. Seu corpo foi comido pelos peixes. Ela não sentiu nada nesse momento. Além do mais, depois de sua morte, jamais sofreu.

Quanto ao futuro, ela se vê aos dezenove anos, viajando no mar com a mãe e estabelecendo-se num país onde todas as pessoas vivem nuas. Não vê nada além.[71]

Constato que Mayo, por mais sensível que se tenha tornado, não pode ser adormecida sem seu próprio consentimento.

19ª sessão: 24 de dezembro de 1904

Reprodução da história de Line com detalhes ainda mais precisos sobre sua vida, sua estada na erraticidade após a morte, sobre o impulso que ela experimentou para reencarnar em seu corpo atual e sobre esta reencarnação, que se produzem pouco a pouco.

[71] Aos dezenove anos Mayo deixou Aix subitamente em circunstâncias obscuras e não mais deu notícias a seus amigos. É provável que sua visão do futuro, por mais imperfeita que possa ter sido, a tenha apavorado e que ela se tenha recusado a deixá-la realizar-se. – A. R.

Tendo-a levado ainda mais longe no passado, mais longe do que a vida de Line, ela encontra-se na erraticidade, porém num estado bastante penoso porque anteriormente fora um homem 'mau'.

Enquanto seu corpo astral estava exteriorizado, involuntariamente apliquei um golpe em sua mão astral e sua mão carnal tornou-se bastante vermelha após alguns instantes.

20ª sessão: 26 de dezembro de 1904

A vermelhidão produzida ontem sobre a mão de Mayo em consequência do golpe aplicado em sua mão astral subsiste ainda hoje. Não há lesão na pele.

Verifico de novo, magnetizando Mayo, que o meio-fantasma que se forma à direita é vermelho e que o que se forma à esquerda é azul. Constato ainda igualmente que ela vê o perfil desses fantasmas em sentido inverso ao seu e que os vê no mesmo sentido quando os olha no espelho.

Este foi um fenômeno novo que eu não havia ainda encontrado e que não explico, porém pode-se compará-lo à escrita em espelho, tão frequente nas manifestações espíritas.

Procedo então à regressão da memória.

À medida que Mayo rejuvenesce na vida atual, vê seu corpo astral tomar uma forma cada vez mais jovem. Percebe bastante distintamente o rosto e as mãos, estando o resto muito mais vago.

No momento em que entra no corpo de sua mãe, o pequenino corpo desaparece, dispersando-se.

Quando Line esteve na penumbra após a morte, procurou reencontrar o marido e o filho, porém não o conseguiu.

Vivia no tempo de Luís XVIII.

Na encarnação precedente, ela era um homem chamado Charles Mauville, cuja existência desenrola-se em sentido inverso à ordem na qual a exponho.

Charles Mauville inicia-se na vida pública como funcionário num escritório em Paris. (Procuro em vão fazê-lo precisar o local desse escritório e o ministério do qual ele depende.) Havia então constantes combates nas ruas; ele próprio matou muita gente e nisso sentia prazer; ele era malvado. Cabeças eram cortadas na praça.

Aos cinquenta anos adoece, abandona o escritório. Não tarda a morrer. Pode seguir seu enterro e ouvir as pessoas dizendo que ele "se divertiu demais". Continua ainda durante algum tempo preso a seu corpo. Sofre e é infeliz. Enfim passa para o corpo de Line.

21ª sessão: 27 de dezembro de 1904

Chegando ao sétimo estado, Mayo perde completamente a memória, não reconhece mais ninguém, não há no mundo ninguém mais além dela e de mim, porém sequer recorda-se de nossos nomes. Todavia conserva sua inteligência e a memória de sua língua, visto que responde às minhas perguntas.

Ela vê seu meio-fantasma azul à esquerda e seu outro meio-fantasma vermelho à direita. Só distingue bem as partes do corpo que não estão cobertas. Quando eleva o braço direito, vê elevar-se o braço do fantasma da esquerda e vice-versa.

Levo-a ao oitavo estado. O fantasma torna-se então único e completo. Sua memória habitual volta-lhe. Procedo, em seguida, por sugestões sucessivas, à regressão da memória.

Quando ela alcança a idade de um ano, pergunto-lhe se já sabe falar. Responde-me que não.

– Como então você pode me responder?

– Mas sou eu quem lhe responde; o que vejo bem pequeno é apenas uma parte de mim.

– Então você não está toda em seu pequenino corpo?

– Não, há uma névoa luminosa ao redor desse corpo.

– Mas não há outra coisa?

– Sim. Há, do lado de fora meu espírito, que vê meus dois corpos: um, tal qual era com um ano de idade; o outro, tal qual é hoje.

Levo-a então ainda mais longe na regressão da memória.

Mayo me confirma que ela (seu corpo astral) entra em seu corpo (físico) apenas pouco antes do nascimento, e parcialmente. Anteriormente ela não se encontra no pequeno corpo, porém perto da mãe, e no entanto começa a experimentar algumas sensações de um e de outro. Quando vem ao mundo, experimenta uma sensação bem nítida: a de respirar.

Antes de ser chamada para perto de sua mãe atual, encontrava-se na penumbra; não sofria.

Faço-a rapidamente retornar ao passado por meio de passes longitudinais e, quando a interrogo, ela é Line; tem quinze anos, não está ainda casada, vive com a mãe, nunca viu seu pai e não sabe seu sobrenome.

Mais longe ainda no passado.

Encontra-se na completa escuridão. Sofre e não pode explicar o tipo de sofrimento; não é um sofrimento físico, é como um remorso. Recorda-se muito bem de ter sido Charles Mauville e não hesita em lembrar-se do nome de batismo e do sobrenome.

Mauville morreu aos cinquenta anos, de um resfriado.

Levo Mayo mais longe, até este momento: ela tosse.

Reconduzo-a em seguida rapidamente ao tempo atual através de passes transversais rápidos: ela entra no corpo de Line e percorre rapidamente as diversas fases da vida. Modero um pouco os passes quando chego à época de sua morte; a respiração torna-se então entrecortada, o corpo balança-se como que levado pelas ondas e ela apresenta sufocações que apresso-me em fazer desaparecerem, despertando-a completamente.

22ª sessão: 29 de dezembro de 1904

O resumo desta sessão foi redigido pelo dr. Bertrand.

O sr. de R. tenta adormecer Mayo através de passes longitudinais; não consegue. Adormece-a pela pressão no ponto hipnógeno do punho direito.

A insensibilidade cutânea produz-se quase que imediatamente, porém não há a mínima sugestibilidade no estado de sonambulismo (segundo estado).

No estado de *rapport* ela vê apenas o sr. de R., que lhe pergunta se ela pode rejuvenescer e voltar à idade de dezesseis anos sem que seu corpo astral saia do corpo físico. Ela responde que sim, que sente que tem agora dezesseis anos, mas que não se recorda do que era aos dezoito anos.[72]

O sr. de R. continua os passes. Mayo chega ao quarto estado, onde sente todas as sensações do magnetizador quando este a toca.

Ela está insensível a todas as excitações dirigidas à superfície cutânea, porém as partes úmidas de seu corpo, tais como a língua, as mucosas, o interior de suas mãos, que é úmido, são sensíveis. O sr. de R. observa que isto é devido à solubilidade do fluido nos líquidos.

Mayo apoia a cabeça sobre o ombro do sr. de R. para, diz ela, aí readquirir forças; em seguida, quando as obtém, retoma espontaneamente sua posição normal.

Os passes continuam. Após uma nova letargia, Mayo chega ao quinto estado. Seu corpo astral aparece sob a forma de duas nuvens luminosas, representando-a muito vagamente de perfil, e essas nuvens produzem-se sucessivamente: a primeira, azul, à sua esquerda; a segunda, vermelha, à sua direita.

No sexto estado, os dois meio-fantasmas reúnem-se para formar um fantasma completo, vermelho e azul, que ela vê a alguns passos diante de si. Nesse momento sua memória, que se havia pouco a pouco obscurecido, retorna-lhe inteiramente.

O sr. de R. ordena a Mayo que faça subir, tão alto quanto possa, seu corpo astral. Ela o vê, com efeito, subir acima de sua cabeça sob a influência de sua

---

[72] A memória é, pois, dupla, enquanto o corpo astral não sai – Dr. B.
Este fenômeno não é geral, como se pode constatar precedentemente – A. R.

vontade, porém sem poder ultrapassar o teto. O sr. de R. constata que Mayo sente bastante vivamente os mínimos movimentos que ele efetua no ar acima da cabeça dela. É o cordão entre o corpo físico de Mayo e seu corpo astral, que é então tocado; porém a ação não é sentida senão quando o contato verifica-se com alguém que esteja em *rapport* com ela ou seu magnetizador.

O sr. de R., tendo provocado a descida do corpo astral, aborda o fenômeno da progressão no tempo da personalidade do *sujet*.

Após tê-la levado por sugestão à idade de dezesseis anos, ele a conduz igualmente por sugestão aos dezoito anos e, em seguida, aos vinte, e então inicia-se o diálogo seguinte:

– Em que país você se encontra?

– Não sei.

– Com quem você está?

– Com meu padrasto.

– E então?

– Há negros.

– Vamos! Vá mais longe. Você tem agora vinte e um anos, vinte e dois anos.

Mayo não pode ultrapassar os vinte anos; após esforços penosos, recai sempre nessa idade. Encontra-se em local de negros, em uma casa muito distante de uma estação de trem cujo nome não consegue ler. O sr. de R. insiste e ela responde sempre: "Não posso" ou "Não sei".

O sr. de R. a reconduz então por passes longitudinais aos dezoito anos, depois aos dezesseis, aos quatorze, aos doze, aos oito. Nesse momento ele constata, levantando levemente seu vestido, que o instinto do pudor ainda subsiste. Porém, aos cinco anos, não o há mais. Aos dois anos ela responde que não sabe ainda falar, que diz somente "pa".

O sr. de R. tenta então fazê-la precisar o ponto onde se encontra seu espírito. Ela responde, hesitando, que ele é como uma chama branca, como um dedo luminoso entre seu corpo físico e o pequeno corpo astral.

– Recue mais na existência. Entre no ventre de sua mãe. Como se torna o pequenino corpo?

– Ele se confunde.

– Onde você está agora?

– Não sei; não vejo nada. Sei que há algo que se move.

– Volte à vida atual. Que sensações você experimentou quando nasceu?

– Meu corpo astral tomou uma forma quando foi cortado o cordão umbilical.

– Entre no ventre de sua mãe, depois saia. Você ainda está retida pelo cordão umbilical. Você respira?

– Não.

– O cordão é cortado. Você respira?

– Sim.[73]

– Volte agora para a penumbra.

Mayo declara que não sofre, que não vê nada e não pensa em nada. Sente espíritos a seu redor, porém não os vê. A um dado momento foi forçada a reencarnar e aproximou-se de sua mãe, de quem se acercou.

O sr. de R. ordena então: – Torne-se Line novamente... no momento em que ela se afogou.

Imediatamente Mayo faz um movimento brusco sobre a poltrona, volta-se para o lado direito, o rosto entre as mãos, e permanece assim durante alguns segundos. Dir-se-ia uma primeira fase do ato realizado voluntariamente, pois, se Line morre afogada, é um afogamento voluntário, um suicídio, o que dá à cena um aspecto bem particular, bem diferente de um afogamento involuntário.

Em seguida, Mayo volta-se bruscamente para o lado esquerdo. Os movimentos respiratórios precipitam-se e tornam-se difíceis: o peito eleva-se com esforço e irregularidades, o rosto exprime ansiedade, angústia, os olhos estão apavorados. Ela faz verdadeiros movimentos de deglutição, como se engolisse água contra sua vontade, pois nota-se que resiste. Solta nesse momento alguns sons inarticulados. Dir-se-ia que ela se torce, ao invés de se debater, e seu rosto exprime um sofrimento tão real que o sr. de R. ordena-lhe que envelheça algumas horas. Em seguida, pergunta-lhe: – Você se debateu durante muito tempo?

– Sim.

– Foi uma morte ruim?

– Sim.

– Onde você está?

– Na penumbra.

Após alguns passes Line não se recorda de mais nada, nem mesmo de seu suicídio. Ela não sofre.[74]

---

[73] As respostas de Mayo não estão de acordo com os dados atuais da fisiologia. A criança respira desde o momento em que nasce – ou ao menos deve respirar. Porém o cordão não é imediatamente cortado – ele não deve ser imediatamente cortado, e o médico parteiro deve sempre esperar alguns instantes a fim de cortá-lo apenas quando a respiração já esteja bem-estabelecida. E não posso tomar como verdadeira a resposta de Mayo senão se ela tiver nascido (o que às vezes ocorre) com o cordão enrolado ao redor do pescoço, apertado pelo cordão, e talvez em estado aparente de asfixia. (Dr. B.)

[74] Nota da editora: Segundo a doutrina espírita, o processo de desencarnação é sempre único e individual, não havendo duas desencarnações idênticas. Esta descrição do suicídio de Line, no entanto, não corresponde à regra geral dos depoimentos de suicidas, sempre muito dolorosos, gerando grandes perturbações por prolongado tempo, com conseqüências para a encarnação ulterior.

Continuando os passes transversais, o sr. de R. reconduz Mayo à sua vida atual: aos dois, aos seis, aos dez, aos dezoito anos e ele acaba de despertá-la, pressionando o ponto hipnógeno do punho esquerdo.

23ª sessão: 30 de dezembro de 1904

O resumo desta sessão foi redigido pelo comandante Rémise, presidente da Sociedade Teosófica de Marselha.

A senhorita Mayo tem dezoito anos, é inteligente, instruída, perfeitamente sã física e moralmente. Apresenta a particularidade de não ser sugestionável. As sessões não a fatigam.

Desde os primeiros passes magnéticos longitudinais ela adormece, passando rapidamente pelo estado de credulidade para chegar quase que imediatamente ao segundo estado da hipnose: o sonambulismo.

Durante o sono magnético, perde progressivamente a sensibilidade cutânea e a memória das coisas exteriores, retomando esta última apenas no momento em que seu corpo astral está completamente exteriorizado.

À medida que essa exteriorização se efetua, ela vê formar-se, a partir de dois ou três centímetros de seu corpo carnal, e seguindo exatamente seus contornos, camadas de substância fluídica cada vez maiores que se interpenetram e cuja sensibilidade vai decrescendo do centro à periferia. É fácil percebê-lo, beliscando-se o ar a diferentes distâncias do corpo carnal.

Em pouco tempo, a senhorita Mayo não vê nada mais além do seu magnetizador e ela própria. Sentado um pouco à frente e a um metro dela, ela não me vê.

Desde o momento em que o coronel estabelece a comunicação, tocando-me levemente, ela me percebe e o diz.

Se, durante as experiências, seu corpo carnal permanece insensível aos contatos diretos, o que se compreende uma vez que seu corpo sensível, o corpo astral, é exteriorizado, em contrapartida ela experimenta todas as sensações sentidas pelo seu magnetizador. Assim, faz-se com que respire amoníaco e ela não o sente, enquanto que se joga vivamente para trás logo que o frasco é aproximado das narinas do coronel; e tão logo é-lhe explicado o que acaba de passar-se, ela não quer acreditar. Ao despertar é necessário suscitar-lhe, pela pressão do ponto da memória sonambúlica que se encontra ao meio da fronte, a recordação do que acaba de experimentar. Tão logo seu corpo astral se encontra completamente exteriorizado, ele se desliga do corpo visível e ela vê a cerca de um metro para a esquerda um fantasma bicolor azul e vermelho ligado ao corpo carnal por um cordão fluídico da grossura de um dedo.

Não possuindo a clarividência, não posso verificar nem a cor nem o grau de sutileza do fantasma, porém posso constatar sua presença e sua sensibilidade, avançando lentamente a mão na direção que ela indica. O contato com o corpo astral produz sobre meus dedos uma sensação de frescor bem nítida. Esta sensação é sem dúvida produzida pela parte do duplo etéreo que se encontra exteriorizado com o corpo astral.

Sob as ordens de seu magnetizador, a senhorita Mayo opera o desdobramento do corpo astral. O meio-fantasma vermelho vai colocar-se a cerca de um metro à sua direita, enquanto o azul permanece à sua esquerda. Ela procede em seguida à reconstituição dos dois fantasmas em um único à sua direita.

O coronel belisca o ar entre o corpo astral e o corpo carnal, à altura da linha onde a senhorita Mayo vê o cordão fluídico. Esta, por um leve movimento de recuo, revela a sensação que experimenta.

A pedido meu, ela opera a levitação de seu corpo astral, entretanto este, diz ela, é retido pelo teto, que não pode atravessar.

Uma pressão dos dedos a alguns centímetros acima do corpo carnal denuncia, pelo movimento que provoca no *sujet*, a posição exata do cordão fluídico, que, partindo do alto da cabeça, segue uma direção vertical.

A convite do coronel, a médium conduz seu corpo astral a um metro à sua direita.

A consciência não abandonou o corpo carnal. Sabendo que alguns sensitivos gozam da propriedade de exteriorizá-la, pergunto ao coronel se a senhorita Mayo pode fazê-lo. Sob suas ordens ela tenta, porém em vão, fazê-la passar para seu corpo astral.

As experiências de regressão da memória iniciam-se então.

Sob as ordens de seu magnetizador, a senhorita Mayo volta ao passado progressivamente em sua encarnação atual até seu nascimento e, em seguida, bastante além. Ela se revê primeiramente com a idade de dezesseis anos. Ainda não conhece o coronel e, no entanto, logo que este lhe pergunta nitidamente: "Você tem dezesseis anos; conhece o coronel de Rochas?"; pela sua resposta negativa, dada sorrindo, ela parece dizer: "Não conheço, é verdade, porém, não é um estranho para mim." É como se a consciência de dezoito anos, sua consciência atual, exercesse uma ação retroativa sobre sua consciência dos dezesseis anos. Esta particularidade manifestar-se-á ainda na narração de suas encarnações anteriores.

Sucessivamente ela se vê aos quatorze, doze, oito, seis e cinco anos. Nela o pudor aparece entre cinco e seis anos. A prova é feita por um leve toque no joelho. Aos cinco anos esta carícia a deixa insensível, enquanto que aos seis provoca uma leve inquietação, acompanhada de um rápido movimento da mão em direção à parte tocada.

Operando simplesmente pela palavra, o coronel faz com que dê a seu corpo astral as formas que tinha nas diferentes idades, recuando progressivamente ao passado. Ela retoma simultaneamente aos estados de espírito que apresentava com essas idades. Assim, aos dez anos estava em Beirute. Não sabia ainda o francês e aprendia a escrever em árabe.

Quando chega ao momento de seu nascimento, seu corpo astral desaparece, porém ela vê, então, envolvendo o corpo carnal de sua mão, uma espécie de nuvem de substância fluídica que não existia anteriormente. (É sem nenhuma dúvida o germe do que formará mais tarde o corpo astral.)

Antes da época da concepção, ela se vê flutuando na 'penumbra'. Não sofre e não percebe nada a seu redor, apesar de sentir que há ali outros seres cuja natureza não compreende. Atravessa rapidamente esse estágio para, após um momento crítico (morta por submersão), reencontrar-se na Bretanha no corpo de uma mulher de pescador chamada Line.

Sempre recuando, ela se encontra na completa escuridão, onde sofre.

Mais longe ainda vê-se no corpo de um homem malvado, Charles Mauville, que morre aos cinquenta anos. Não pode recuar além do nascimento dele, e o coronel, julgando não ser prudente levar mais longe a experiência, a reconduz progressivamente à existência atual, convidando-a a descrever com alguns detalhes as principais fases de suas experiências sucessivas. Ela procede, para este efeito, por perguntas e respostas. Trata-se primeiramente de Charles Mauville.

– Onde você nasceu?

– Em Paris.

– Sob que regime?

– A realeza.

– Você tem trinta anos. Onde está e o que você faz?

– Estou em Paris e trabalho num escritório.

– Qual é o gênero de trabalho?

(Após hesitação) – Não sei.

– Escreva seu nome.

(Ele assina, sem hesitação, Charles Mauville.)

– Quem governa agora a França? Um cônsul?

– Não, vários.

– Você é sem dúvida um revolucionário?

(Não há resposta, porém um sorriso significativo.)

– Você muito provavelmente aprovou a morte do rei e da rainha?

– Do rei, sim; da rainha, não.

– Você tem má conduta?

(Após hesitação e um pouco confusa) – Sim.

Charles Mauville tem cinquenta anos. A senhorita Mayo descreve-nos uma das fases da doença que a consome. Ela parece sentir todas as características da doença de peito: opressão, acessos penosos de tosse.[75]

O coronel a faz assistir a seu enterro.

– Havia muita gente seguindo seu féretro?

– Não.

– O que diziam de você? Nada de bom, não é? Lembravam que você havia sido um homem malvado?

(Após hesitação e bem baixo) – Sim.

Ela se encontra em seguida na completa escuridão; o coronel a faz atravessá-la rapidamente e ela reencarna na Bretanha. Vê-se criança e, em seguida, moça, tem dezesseis anos e não conhece ainda seu futuro marido. Aos dezoito anos ela o encontra, desposa-o pouco tempo depois e torna-se mãe. Nesse momento assistimos a uma cena de parto de um realismo surpreendente. O *sujet* revira-se na poltrona, seus membros se retesam, o rosto contrai-se e seus sofrimentos parecem tão intensos que o coronel ordena-lhe que passe rapidamente por essa fase.

Ela tem vinte e dois anos, perdeu o marido num naufrágio e seu filhinho faleceu. Desesperada, afoga-se. Este episódio, que ela já reproduziu em outra sessão, é tão doloroso que o coronel lhe diz para passar por ele rapidamente, o que ela faz, experimentando, no entanto, um violento abalo. Na 'penumbra', onde se vê em seguida, não sofre, como já dissemos, enquanto que tinha sofrido na completa escuridão após a morte de Charles Mauville. Reencarna, em seguida, em sua família atual e é reconduzida à idade presente. A progressão ocorre por meio de passes magnéticos transversais.

24ª sessão: 31 de dezembro de 1904

Proponho-me nesta sessão a obter alguns novos detalhes sobre a personalidade de Charles Mauville e a esforçar-me por conseguir levar Mayo até uma vida precedente. Aprofundo então rapidamente o sono por meio de passes longitudinais até a infância de Mauville.

No momento em que o interrogo ele tem cinco anos. Seu pai era contramestre em uma manufatura, sua mãe veste-se de preto e usa um gorro.

[75] Nota da editora: Trata-se da tuberculose, da tísica, que ainda hoje é conhecida por essa expressão (doença do peito) como brasileirismo e linguagem popular, em particular nas regiões interioranas. Veja-se, a propósito, o penúltimo parágrafo da 24ª sessão, na p. 111.

Continuo aprofundando o sono.

Anteriormente fora uma dama cujo marido era um fidalgo ligado à corte; chamava-se Madeleine de Saint-Marc. No momento em que a interrogo pela primeira vez, ela tem vinte e cinco anos, é bonita, porém não tem namorado. Ofereço-me para preencher esta lacuna: ela me responde com um leve tapa dado com graciosidade, não insisto e falo-lhe dos tecidos preciosos que eu trouxe de minha viagem à Índia. Mando meu criado "Champagne" procurar um xale de rendas pretas (reais), que lhe mostro. Ela o desdobra e admira sua delicadeza. Falo-lhe para aceitá-lo; ela me agradece sorrindo. "Você sabe que isto significaria um comprometimento." Rejeita-o com vivacidade e se levanta amuada.

Endereço-lhe de novo a palavra e ela me responde como se não tivesse nenhuma lembrança do que acabava de acontecer. Como está de pé, pergunto-lhe se vai sair. – "Sim, vou a Vèpres. – Permite-me acompanhá-la? – Certamente." Ela começa a caminhar lentamente, com a cabeça para cima e com desdém. Mantenho-me a seu lado sem oferecer-lhe o braço, que ela própria toma. Após alguns passos, para. Coloco atrás dela uma cadeira pensando que vai sentar-se, porém ajoelha-se, faz suas devoções e, em seguida, senta-se conservando o ar de desdém... Depois de alguns instantes levanta-se, empurra com o pé a cauda de seu vestido e pede-me para reconduzi-la.

Quando a suponho já em casa, faço uma pequena pesquisa sobre sua vida.

Ela conheceu a senhorita de Lavallière, que lhe era muito simpática. Não conhece a senhora Montespan. A senhora de Maintenor desagrada-lhe.

– Diz-se que o rei a desposou secretamente.

– Oh! É simplesmente sua amante.

– E o rei, o que você acha dele?

– É um orgulhoso.

– Você conhece o sr. Scarron?

– Meu Deus! Como era feio!

– Viu representar Molière?

– Sim, mas não gosto muito dele.

– Você conhece Corneille?

– É um selvagem.

– E Racine?

– Conheço sobretudo suas obras. Gosto muito delas.[76]

---

[76] Atualmente Racine é seu autor preferido. Ela não se recorda, no estado de vigília, de já ter ouvido falar da senhorita de Lavallière. – A. R.

Proponho-lhe envelhecer para que veja o que lhe acontecerá mais tarde. Recusa-se terminantemente. É em vão que ordeno com autoridade, mas não consigo vencer sua resistência senão por meio de enérgicos passes transversais dos quais ela procura furtar-se por todos os meios.

No momento em que paro, ela tem quarenta anos, abandonou a corte, tosse e sente-se doente do peito. Faço-a falar sobre seu caráter. Confessa que é egoísta e ciumenta, sobretudo com relação às mulheres bonitas.

Continuando os passes transversais conduzo-a aos quarenta e cinco anos; ela morre tísica. Assisto a uma curta agonia e ela entra na completa escuridão.

O despertar foi sem interrupção pela continuação rápida dos passes transversais.

25ª sessão: 1º de janeiro de 1905

A sessão é consagrada unicamente às expressões provocadas pela música em Mayo, levemente adormecida.

26ª sessão: 2 de janeiro de 1905

O resumo desta sessão é redigido pelo dr. Bertrand.

O sr. de R. adormece Mayo como de hábito. Mayo passa por todos os estados sucessivos. Chega ao momento da formação do corpo astral: ela o vê.

– Se você colocasse seu dedo astral na água, o que aconteceria?

– Ele se fundiria.

– E já desperta, o que aconteceria?

– Não sei.

– O que fizemos ontem?

– Recordo-me pouco, não muito.

O sr. de R. ordena a Mayo que volte aos dezesseis anos, aos quatorze, aos dois anos.

– Como é seu corpo astral? Que forma ele tem?

– Ele não tem roupas. Vê-se a cabeça. O resto, só um pouco. É vaporoso, tem a forma de uma criança com uma névoa ao redor.

(O sr. de R. faz-me observar que, segundo os *sujets*, o corpo astral não entra inteiramente no corpo físico senão aos sete anos.)

– Aos quatro dias, como é ele?

– É a mesma coisa.

– Com um dia?

– Ele quase não é mais visto e a névoa aumenta.

– E à véspera do nascimento?

– Não mais está lá – não o vejo mais – ah, sim – ele vira-se – mexe-se – ele acerca-se de sua mãe.

– E aos três meses antes do nascimento, você o vê?

– Não.

– E antes, onde você está?

– Na penumbra.

– Vá mais longe, vá mais longe, você é Line, tem vinte e cinco anos. Está casada?

– Sim.

– Você tem um menininho?

– Ele morreu.

– Você tem vinte anos. É casada?

– Sim.

– O que você sente?

– Enjoo.

– Você sente algo mexer em seu ventre?

– Sim.

(Porém, apesar da insistência do sr. de R., Mayo recusa-se a seguir o curso dos acontecimentos e salta de repente a vinte e quatro anos.)

– Que idade você tem?

– Vinte e quatro anos.

– Vá mais longe, mais longe, torne-se mais jovem.

– Não.

– Por quê?

– Porque...

– Vá aos quinze anos.

– Não, não (acompanha estas palavras com gestos bruscos).

– Você não deseja ninguém aqui?

– Não.

O sr. de R. pede a todo mundo para sair. Finge sair e, voltando, pergunta:
– Que idade você tem?

– Vinte e quatro anos.

Mayo apoia-se no ombro do sr. de R. para adquirir forças, fluidos. O sr. de R. sai um instante e retorna:

– Que idade você tem?

– Quinze anos.

O sr. de R., crendo que Mayo não deseja explicar-se sobre o que se passou durante o seu casamento, não insiste e lhe diz: – Recue, recue, antes do seu nascimento, na completa escuridão, recue. Você é Charles Mauville. Tem trinta anos. Você mora em Paris?

– Sim.

– Vocês brigavam?

– Sim. Isto me divertia.

O sr. de R. observa que o *sujet* não apresenta no momento nenhum sentimento de pudor, como um menino. Ele toca-lhe o peito e Mayo não faz nenhum movimento.

– Recue, recue. Você é pequeno, menor, menor ainda, está na completa escuridão. Você sofre?

– Sim.

– Você é Madeleine. Que idade tem?

– Trinta anos.

– Qual é o nome de seu pai?

– Dorneuil.

– O nome de sua mãe?

(Não há resposta.)

– Rejuvenesça. Você tem quinze anos.

– Não tão depressa.

– Já está lá? O que faz seu pai?

– Nada.

– Onde você mora?

(Não há resposta.)

– Num castelo?

– Sim. Num castelo.

– Quem você recebe? Alguém a corteja? (Ela ri.) Você deseja casar-se?

– Sim.

– Vou fazê-la envelhecer. Você me dirá o que se passa na corte. Conhece alguém lá?

– Conheço um jovem: Gaston de Saint-Marc.

– Ele lhe agrada?

– Sim.

– Qual é a sua situação?

– Ele se encontra na corte.

– Envelheça um pouco. E esse casamento?

– Já aconteceu.

– Você está contente?

– Sim.

– Onde se casou?
– No castelo.
– Havia muita gente?
– Claro.
– Quem te casou? Foi um bispo?
– Sim. Um bispo de Paris.
– Onde você mora?
– Num hotel na cidade.
– Você ama seu marido?
– Não.
– Você vê outros jovens?
– Não.
– Foi apresentada ao rei?
– Sim.
– Onde?
– Em Versalhes.
– O que faz seu marido?
– É um fidalgo.
– O rei tem uma favorita?
– Não sei ainda; não faz muito tempo que estou aqui.
– Envelheça. Você tem vinte e dois anos.
– Quem é a favorita?
– La Vallière.
– Você a conhece?
– Sim, ela é boba... chora o tempo todo... é triste.
– Como ela caminha?
– Um pouco para frente.
– Ela manca?
– Talvez.
– Você conhece os ministros? Quem é o ministro da guerra?
– O sr. de Louvois.
– Ele é amável?
– Oh, não.
– E Vauban? É boa pessoa?
– Não; ele parece um camponês.
– Se alguém a cortejasse, quem você preferiria?
– O rei!
– Você conhece a sra. de Montespan?

– Não a conheço.

– E a sra. de Maintenon?[77]

– Não a conheço.

– E a sra. de Montmorency? Você a conhece? É bonita?

– Heh!!! (Levemente dando de ombros.)

– Envelheça. Você tem vinte e três anos. Seu marido a abandona?

– Oh, sim, muito.

– Ele tem amantes?

– Claro.

O sr. de R. levanta-se, afasta-se e retorna com um bonito bibelô que oferece a Madeleine com palavras amáveis e fazendo-lhe uma declaração; entretanto, isto não parece comover muito Mayo, que, sentada em seu sofá com ares de grande dama, recebe os cumprimentos e a declaração sem mexer-se e sem embaraço, como uma mulher que está habituada a estas situações.

– Você viu o rei?

– Sim, um dia em que ele descia a grande escada.

– Você conhece o abade Bossuet? (Sinal negativo.) Bem! Então vamos ouvi-lo, se você quiser, em Saint-Étienne-du-Mont, onde ele prega hoje.

Mayo levanta-se. O sr. de R. oferece-lhe o braço. Eles vão, os dois, ao fundo da sala. Lá, o sr. de R. diz: "Chegamos." Mayo levanta levemente o seu vestido e põe-se de joelhos. Ergue-se após um instante, escuta e, como o sr. de R. lhe pergunta se vê Bossuet, ela responde: "Sim, não fale tão alto." E continua a escutar.

O sr. de R. a reacompanha até perto do sofá. Mayo apresenta verdadeiramente, neste momento, ares de 'grande dama'.

– Você ouviu o que disse o abade Bossuet?

– Não escutei bem.

– Em que você pensava durante o sermão?

– Não lhe interessa.

Tendo a sessão durado bastante, o sr. de R. desperta Mayo e ela repassa todas as fases de suas múltiplas existências.

Após alguns instantes, tosse: um verdadeiro acesso de tosse violenta; em seguida morre e compreende-se, por seus movimentos e suas atitudes, que ela sofre.

[77] No estado de vigília ela sabe quem é a sra. de Maintenon; ela não tem nenhuma lembrança relacionada à srta. de La Vallière e à sra. de Montespan. É preciso não esquecer que foi criada até doze anos no Oriente por religiosas e que na França aprendeu apenas o que era preciso para adquirir o diploma do curso elementar. – A. R.

Depois volta a ser Charles Mauville. Um instante após, tosse ainda. (O sr. de R. lembra que Charles Mauville morreu de doença do peito perto dos cinquenta anos, como morreu Madeleine.). Charles Mauville morre.

Alguns instantes após, sob a influência dos passes transversais, ela é de novo Line. Em seguida chora, torce-se, agarra-se à sobrecasaca do sr. de R., os seios estão verdadeiramente mais volumosos do que o normal (nós todos o constatamos). Line sente verdadeiras dores. De repente acalma-se. Acabou: a criança nasceu. Line deu à luz. Em seguida chora: é seu marido que morre. Ela chora ainda e de repente, mas muito rapidamente, debate-se, suspira, afoga-se e entra na penumbra.

Ela passa enfim ao corpo de Mayo e chega progressivamente até os dezoito anos.

O sr. de Rochas desperta-a completamente. Ela não sente nenhum cansaço e põe-se imediatamente a rir e a conversar como se nada tivesse acontecido.

27ª sessão: 4 de janeiro de 1905

O relato desta sessão foi redigido pelo sr. Lacoste.

Mayo passa sucessivamente pelos diferentes estados e chega ao estado de *rapport*: não vê nada.

O sr. de Rochas lhe diz: – Você vê esta lâmpada?

– Não.

(O sr. de R. fixa a lâmpada) – E agora?

– Sim.

O dr. Bertrand, a pedido do sr. de R., põe-lhe na mão um objeto que o sr. de R., virando a cabeça, não vê. Mayo não vê o objeto. O coronel o fixa então.

– E agora?

– É uma múmia.

(Era efetivamente uma pequenina estatueta egípcia com a forma de uma múmia.)

O doutor põe na mão do sr. de R. um outro objeto.

– É branco. É um cartão branco. (É com efeito uma fotografia apresentada de costas.)

O doutor vira.

– É Yann Nibor. (Mãe de Yann, mas a fotografia é do sr. Lacoste, tirada ao lado e na mesma mesa que uma foto do poeta bretão.)

Mayo chega ao período da simpatia ao contato (quinto estado) e, em seguida, ao de formação dos meio-fantasmas. O sr. de R. toca o meio-fantasma formado.

– Que sensação você experimenta?

– Algo me comprime.

O sr. de R. insiste com a mão...

– Me machuca.

– O meio-fantasma está ligado ao corpo físico?

– Não.

– Como está ele?

– Ele está no espaço.

Continuando o sr. de R. os passes, o corpo astral torna-se completo, diante do *sujet* e um pouco à sua esquerda. A memória, perdida anteriormente, retorna-lhe a partir desse momento. O sr. de R. leva Mayo aos dezesseis, aos doze e aos seis anos. Tenta dar-lhe sugestões de sensação; elas não funcionam. O sr. de R. a faz chegar aos cinco, aos três, a um ano.

– Você mama. Sou eu a sua ama-de-leite.

– Não (rindo).

– Você está na penumbra; recue ainda mais; você é Line; afogou-se, com que idade?

– Com vinte e seis anos.

– Volte aos vinte e quatro anos. Você sabe escrever?

– Sim.

O sr. de R. lhe dá um lápis. Mayo escreve com certa hesitação (fig. 4): LINE BE...

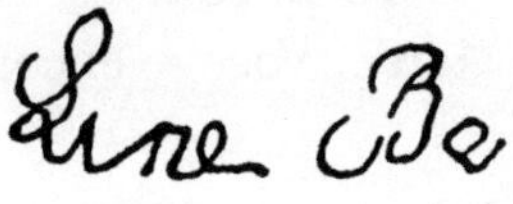

figura 4

Ela reflete. "Não sei..." Ela para.

– Recue mais; chegue aos dez anos. Você sabe escrever?

– Não.

– Recue. Chegue ao mês antes de seu nascimento... Recue mais... Você é Charles Mauville com trinta anos. Você se encontra nesse período?

– Sim.

– Escreva seu o nome.

(Mayo escreve: CHARLES MAUVILLE. Escreve-o muito bem, bastante rapidamente, sem hesitar (fig. 5).

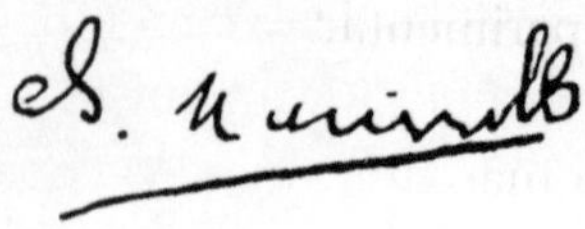

figura 5

– Recue; você tem quinze anos; frequenta a escola?

– Sim.

– Onde?

– Com os padres.

– Em que colégio?

– Saint-Charles... mas não sei bem... (ela pensa). Não sei bem se é Charles...

– Escreva COLÉGIO SAINT-CHARLES.

Mayo escreve Colégio Saint-Charles muito bem e sem hesitar (fig. 6).

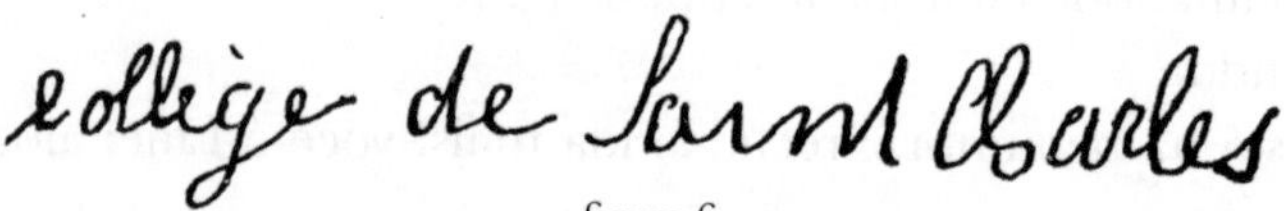

figura 6

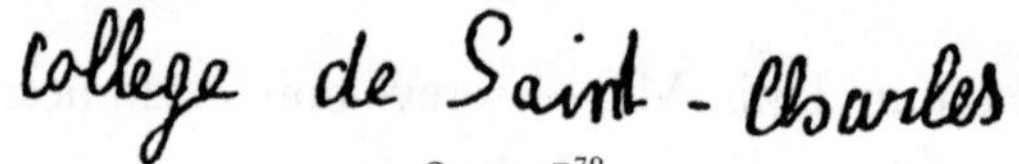

figura 7[78]

– Recue... Você tem dez anos, cinco anos, está na completa escuridão... Você é Madeleine de Saint-Marc... Você se encontra nessa fase?

– Sim.

– Você tem trinta anos; faça sua assinatura.

(Mayo não quer escrever e larga o lápis)

– Eu não sei.

– Mas e quando você quer escrever?

– Faço alguém escrever para mim.

– Mas você sabe ler?

– Oh! Certamente.

O sr. de R. pega um livro e o apresenta aberto a Mayo, que o olha mas não lê.

– Por que você não lê?

– Mas eu não leio essas letras, leio apenas as letras manuscritas.

---

[78] A figura 7 mostra as mesmas palavras escritas por Mayo desperta. – A. R.

– Você não assinou sua certidão de casamento?

– Não (e balançou a cabeça negativamente).

– Vejamos. Você se casou aos vinte anos. Você se encontra no momento de seu casamento na igreja, na sacristia para assinar. Você não assinou?

– Não.

– À noite, o que se passou?

(Mayo vira-se bruscamente e não quer responder.)

– Envelheça. (Sinais negativos de Mayo, que se vira, levanta-se e deixa o sofá.)

O sr. de R. age vigorosamente sobre ela através de passes transversais.

– Você tem vinte e dois anos. É casada?

– Sim.

O sr. de R. continua os passes. Mayo tosse.

– Reencarne... torne a ser Charles Mauville... Charles aos cinco anos, dez anos... Ele frequenta a escola?

– Sim, com os padres... No Colégio Saint-Charles... em Paris...

– Você tem vinte anos; o rei continua sendo rei?

– Sim.

– Interessa a você a política?

– Não.

– O que reprovam no rei?

– Não o querem mais como rei.

– Você ouviu falar de Cagliostro?

– Não.

– Do colar da rainha?

– Sim.

– O que você pensa disso? A rainha o comprou?

– Não.

– O sr. de Rohan o deu a ela?

– Não.

– Em que ano estamos? Que mês?

(Não há resposta.)

– Há jornais aqui?

– Sim.

– Pegue um e leia a data.

– Não a vejo.

– Você tem vinte e um anos; o que faz o governo?

– Está bem próximo de cair.

– Você tem vinte e dois anos; onde está o rei?

– Está na prisão... com a rainha.

– E você, onde está?

– Estou num escritório.

– Onde?

– Em uma praça... há um chafariz.

– No Palais-Royal?

– Não.

– Para os lados de Boulogne?

– Não... há um jardim num canto...

– Você tem vinte e três anos. O rei morreu. Onde ele foi executado? Na praça onde você tem seu escritório?

– Não... eu não me recordo do nome da praça.

– Já houve luta?

– Não.

– Você pensa que haverá?

– Claro.

– Por quê?

– Haverá luta, visto que não há mais rei.

– Você tem vinte e quatro anos... há luta... Você matou alguém?

– Sim.

O sr. de R. constata que Mayo comporta-se então como um homem. Deixa-se abraçar, deixa que se ponha a mão em seu peito sem nenhuma oposição.

O sr. de R. continua os passes... Mayo começa a tossir... morre de doença no peito... vai para a completa escuridão.

– Onde está seu corpo astral?

– Na completa escuridão.

– Por quê? Por que você pandegou ou por que matou?

– Um pouco por causa de tudo.

– Volte a ser Line... Você tem quatro anos. Vê alguma coisa brilhante a seu redor?

– Não.

O sr. de R. faz com a mão um círculo imaginário em torno de Line. Ela o intercepta por um movimento de recuo quando ele chega no alto e à esquerda da cabeça, o que parece indicar que há ali uma emanação do corpo astral.

– Envelheça... Você tem sete anos. O que faz seu pai?

– Ele era pescador.

– A casa é de vocês?

– Sim.

– Vocês moram em uma aldeia?

– Não sei.

– Envelheça mais... você tem dez anos, quinze anos, vinte e cinco anos, sem parar.

– É muito rápido. Não posso.

– Você tem dezessete anos. Quer casar-se?

– Sim.

– Envelheça... Você tem vinte anos, vinte e um anos... Você tem filhos? Com que idade?

– Três meses.

– Passe rapidamente... Você tem vinte e cinco anos. Você perdeu seu marido... seu filho?

– Sim.

– Envelheça rapidamente... Você está na penumbra?

– Sim. (Um sobressalto rápido marcou o momento do afogamento.)

– Envelheça... você vai reencarnar no corpo de Mayo... Você tem dez anos... quatorze anos.

– Não posso ir tão rápido.

– Voltemos atrás. Você tem oito anos. Vê seu corpo astral?

– Não se vê bem.

O sr. de R. afasta a luz e Mayo vê seu corpo astral à esquerda.

O sr. de R. continua a fazer Mayo envelhecer, atribuindo-lhe sucessivamente dez, doze, quatorze, dezesseis, dezoito anos. Aos dezoito anos ele lhe diz: – Volte para dentro de você; faça voltar seu corpo astral. Ele voltou?

– Não muito bem.

(O sr. de R. continua os passes transversais) – E agora?

– Sim.

O sr. de R. continua os passes. O despertar demora bastante a acontecer. Mayo apoia-se em seu ombro para adquirir forças... Enfim desperta. O sr. de R., apertando o ponto frontal, pergunta-lhe:

– Por que o despertar foi tão lento?

– Não sei.

28ª sessão: 5 de janeiro de 1905

Redação do dr. Bertrand:

O sr. de Rochas mostra-me em Mayo vários pontos hipnógenos caracterizados pela insensibilidade cutânea e pela insensibilidade que se manifesta ao longo de uma espécie de jato fluindo desses pontos. É o que eu já havia observado com respeito aos pontos hipnógenos dos punhos. Os novos pontos são igualmente conjugados, isto é, pressionando-se um, adormece-se; e pressionando-se o outro, desperta-se. O primeiro sistema encontra-se atrás de cada orelha, acima da apófise mastoide; o outro sistema apresenta seu primeiro ponto na parte mediana superior do peito (sobreesternal) e seu segundo ponto aproximadamente no meio das costas, sobre a linha mediana.

Mayo, em seguida, adormece através dos procedimentos habituais. A insensibilidade torna-se completa: Mayo passa a mão sobre uma vela sem senti-la. No entanto, a sensibilidade do tato subsiste, pois ela toca uma tesoura, uma moeda etc., e reconhece todos esses objetos de olhos fechados. Mayo absolutamente não sente o amoníaco. Também não reage à luz; sua pupila não se contrai por uma lâmpada ou uma vela que bruscamente é aproximada ou afastada rapidamente de seus olhos.

Uma vez no estado de *rapport*, Mayo vê apenas o sr. de R. e nada mais. O sr. de R. ordena-lhe que ande: ela levanta-se, caminha e choca-se bruscamente com a porta do quarto.

A pele de Mayo não é sensível, mas Mayo é sensível à distância. Faz-se com que ela coloque a mão aberta sobre uma folha de papel. Em seguida, picando-a à distância com a ponta de um lápis e reunindo por traços os pontos sensíveis, seguem-se exatamente as bordas da mão, a cerca de dois centímetros de distância; pode-se da mesma maneira traçar uma segunda linha sensível, porém a um grau mínimo, distante da primeira aproximadamente quatro centímetros. Mayo é sensível a ouro, que a queima. O sr. de R. deixa cair sua aliança e pede a Mayo para pegá-la. Mayo a procura e faz um brusco movimento de recuo. Sua mão encontrou a aliança e experimentou como que uma queimadura.

Ela é ainda mais sensível ao diamante, que a queima também, e jamais se enganou quando foram aproximados de sua mão diamantes verdadeiros ou falsos. O sr. de R. indica que o estanho, por outro lado, a faz experimentar uma sensação de frio, enquanto que o ferro, o metal, o aço não têm nenhuma reação.

O sr. de R. continua os passes.

Mayo chega ao período de simpatia à distância (quarto estado). O sr. de R. belisca a própria mão; Mayo retira a sua. O sr. de R. belisca a própria orelha; Mayo leva a mão à sua.

Sob a influência dos passes longitudinais o corpo astral começa a formar-se à esquerda. Mayo diz que o vê mal porque há muita luz. O sr. de R. ordena-lhe que o faça passar para trás da porta aberta do armário com espelho, situado à sua direita. Ela o faz sem dificuldade.

Quando seu corpo astral está bem-formado, ela pode dar-lhe a forma que deseja ou que seu magnetizador deseja quando ela lhe obedece.

– Olho para o sr. Lacoste. Seu corpo astral se modifica?[79]

– Não.

– Pense no sr. Lacoste e tome sua forma. Olhe bem para ele. Tomou sua forma?

– Sim.

– Seu corpo astral tem barba?

– Sim.

– Retome sua forma habitual.

Quando essa forma é retomada o sr. de R. faz observar que a emanação astral dissolve-se em substâncias diferentes, segundo o estado psíquico dos *sujets*. O dissolvente geral é a água, porém a seda absorve essa emanação nas pessoas de espírito já evoluído e não a deixa brilhar; ela serve de isolante. É por isso que certos sensitivos ficam incomodados com roupas ou cobertas de seda, enquanto que 'respiram' mais facilmente sob vestes de lã, que absorvem, ao contrário, as emanações mais materiais. Ele coloca um lenço de seda entre as mãos de Mayo, que, após alguns segundos, diz que sofre. O sr. de R. retira o lenço e o sacode, para satisfação evidente do *sujet*.

O sr. de R. recomeça, como em outras sessões, a rejuvenescer Mayo com passes longitudinais. Ela tem dezesseis anos. Em seguida ele a faz envelhecer através de passes transversais reforçados pela sugestão: dezoito anos, vinte anos.

– Você está com negros. Você os vê?

– Não. Sei que eles estão aqui, uma vez que estou em seu país; porém não os vejo.

– Você vê seu sogro?

– Não, mas ele está aqui. Não o vejo, mas sei.

O sr. de Rochas continua os passes transversais.

– Onde você está?

– Não sei.

– Você está no país dos negros?

– Sim. Eu represento.

– No teatro?

– Sim.

– Você toca piano?

– Não.

– Representa comédia?

---

[79] Nota da tradutora: Por "Seu corpo astral" entenda-se o corpo astral de Mayo.

– Não.

– Que idade você tem?

– Vinte anos... E é impossível ir mais adiante.

O sr. de R. desperta então Mayo; porém o despertar demora bastante a produzir-se. Quando se completa, Mayo não mais se recorda de nada. A pressão exercida pelo sr. de R. no ponto situado ao meio de sua fronte a faz reviver suas recordações. Ela se lembra então dos objetos que tocou (tesoura, moedas etc.). O incidente da aliança e a queimadura, a saída de seu corpo astral e a diminuição progressiva da memória.

– Quando é que a senhorita readquiriu a memória[80]?

– Quando o corpo astral ficou completamente formado.

– O que mais se passou?

– O corpo astral foi em parte dissolvido; a ponta dos dedos sumiu quando me foi dado um lenço para segurar.

– E tudo retornou?

– Sim, quando o lenço foi sacudido.

29ª sessão: 6 de janeiro de 1905

Esta sessão teve por finalidade a tentativa de fazer Mayo voltar ao passado antes de Madeleine. Chego, com efeito, a levar Mayo até o estado de uma criança morta em tenra idade; porém, parecendo-me forte demais a tensão, não insisto e a reconduzo devagar ao estado de vigília com as seguintes particularidades:

Quando ela é Madeleine de Saint-Marc não quer absolutamente envelhecer, e ocasiono uma crise bastante violenta querendo forçá-la a isto por sugestões e passes.

Quando volta a ser Charles Mauville com a idade de trinta anos, faço-a dar-me sua assinatura novamente (fig. 8), que tem a mesma letra daquela que me havia dado na 27ª sessão (fig. 5).

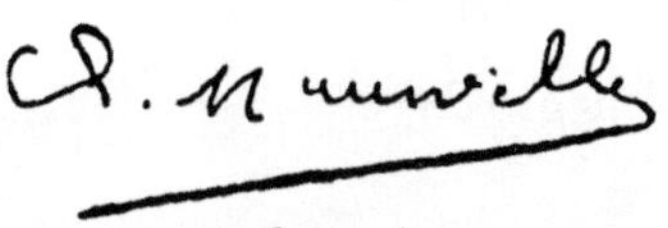

figura 8

Faço-a ainda escrever quando é levada à personalidade de Line com a idade de doze anos. Ela frequenta então a escola e faz exercícios gráfico-motores (fig. 9). Aos dezesseis anos ainda frequenta a escola e escreve muito bem (fig.

[80] O sr. de Rochas trata a senhorita Mayo por você apenas quando ela está adormecida.

10); sua escrita é então muito mais correta do que quando tinha vinte e quatro anos (fig. 4, 27ª sessão) e não tinha mais ocasião de escrever.

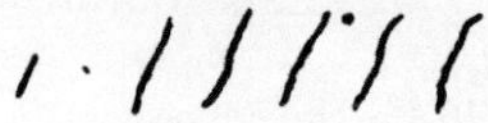

figura 9

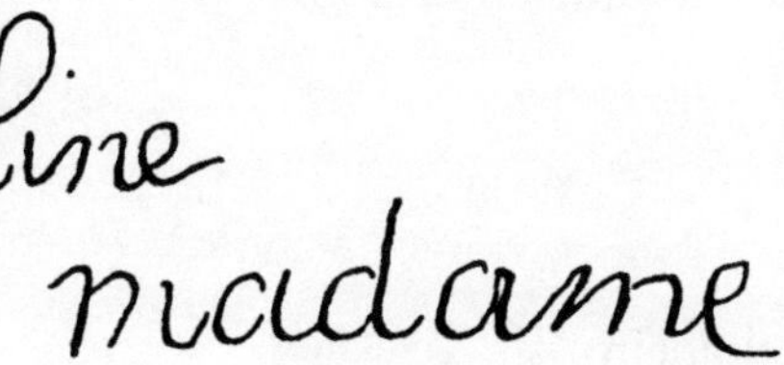

figura 10

30ª sessão: 9 de janeiro de 1905

Nesta sessão estudei as localizações cerebrais e cheguei aproximadamente aos mesmos resultados que divulguei num artigo nos *Anais de ciências psíquicas* (*Annales des sciences psychiques*, nº 3, ano de 1899, p. 129). Determinei notoriamente, de maneira bastante nítida, o êxtase religioso.

Em seguida ensinei Mayo a reconhecer, pela insensibilidade cutânea, quando ela estava sob a influência de uma sugestão, e a fazer desaparecer essa sugestão. Enfim mostrei-lhe como ela podia adormecer-se e despertar-se ela própria com o auxílio dos pontos hipnógenos.

Em 1906, retornei a Aix e tive novas sessões com a senhorita Mayo. Foram necessárias várias sessões para restabelecer sua sensibilidade e pudemos constatar que ela passava exatamente pelas mesmas existências que no ano precedente.

Caso nº 7
Senhorita Roger, 1905.

A senhorita Roger, de trinta e nove anos, foi adormecida pelo sr. Bouvier em presença do coronel de Rochas. O sr. Bouvier filho registra as perguntas e as respostas.

Começa-se por determinar a regressão da memória na vida atual[81] através de passes longitudinais acompanhados de sugestões.

---

[81] Esta sessão foi particularmente interessante pela mímica do *sujet*, quando ele era Philibert e manifestava seu terror. – A. R.

– A senhora tem trinta e cinco anos. O que você faz?

– Trabalho com seda. Aborreço-me

– Trinta anos. O que você faz?

– Trabalho com seda.

– Vinte anos. O que você faz?

– Moro com meus pais; namoro um rapaz e creio que vou casar-me, porém não tenho muita vontade; é minha mãe quem o quer, não eu.

– Como se chama seu futuro marido?

– André.

– Ele a agrada.

– Mais ou menos.

– O que faz ele?

– É aprendiz de relojoeiro.

(Pergunta do sr. de Rochas) – A senhora conhece o sr. Bouvier, de Lyon?

– Não.

(Pergunta do sr. de R.) – Ele é no entanto bastante conhecido em Lyon, muito bom magnetizador.

– Não o conheço.

(Pergunta do sr. Bouvier) – Doze anos. O que você faz?

– Cozinho.

– Já? Tão jovem você cozinha?

– Sim. Trabalho, faço encomendas.

– Onde você mora?

– Em Montée du Relvédère, Clos Bissardon nº 4, com meu pai e minha mãe.

– Você é feliz?

– Ralham comigo frequentemente.

– Você frequenta a escola? Em que local?

– A escola de moças. Senhoritas Rosa e Ágata.

– Não são religiosas, porém lhe ensinam suas preces.

– Sim.

– Seis anos. O que você faz?

– Dou aula.

– Você dá aula? Para quem? Para os outros? Você é então bastante instruída?

– Sim, porque estou com minha tia que dá aulas.

(Pergunta do coronel de Rochas) – Você vê seu corpo?

– Sim, num pátio.

– Dois anos. O que você faz?

O *sujet* procura algo no chão e chora pedindo sua boneca. O coronel lhe dá seu lenço dizendo que é sua boneca e falando-lhe para não chorar; ela rola o lenço nas mãos dizendo 'boneca'.

– Seis meses. O que você faz?

Ela chora. Aos três meses o *sujet* parece mamar; com um mês está calma; no nascimento geme; no ventre de sua mãe recurva-se e põe as mãos sobre os olhos.

O sr. Bouvier a faz retroceder no tempo e a leva aos oito meses, sete, seis, cinco, quatro, três; ela se ajeita, todo movimento cessa; dois meses, um mês, alguns dias, o momento da concepção, movimentos de incômodo. Encontra-se no estado de espírito.

– O que faz no espaço?

– Viajo.

– Que forma tem você?

– Forma de moça.

– Você vê alguma coisa a seu redor?

– Tenho companheiras; vejo-as sorrindo.

– Têm elas suas formas corporais?

– Há algumas, às vezes, que parecem elevadas... acima de mim; parecem cem vezes mais felizes do que eu.

– Há muito tempo você se encontra nessa situação?

– Oh, sim, bastante tempo.

– O que você é?

– Moça.

– Você viveu na Terra?

– Sim, contaram-me que abandonei meu corpo.

– Que idade você tem como moça?

– Dezenove anos e alguns meses.

– Retome seu corpo, você tem apenas dezenove anos.

O *sujet* parece sofrer e queixa-se; apresenta a respiração difícil.

– Você sabe que está doente; faz muito tempo?

– Três anos.

– Você tem apenas dezoito anos, veja; o futuro lhe sorri?

– Não, estou doente.

– Como você se chama?

– Madeleine.

– Dezesseis anos. O que você faz?

– Não estou contente, parece que não devo viver muito tempo.

– Você se chama Madeleine, mas seu sobrenome?
– Madeleine Beaulieu.
– Em que ano estamos?
– 1724.
– Que faz sua família?
– Viaja.
– Por prazer ou comercialmente?
– Por prazer.
– E você, O que você faz?
– Às vezes viajo com minha família, porém fico algumas vezes com meus avós.
– Onde ficam eles, seus avós?
– Em Montpellier.
– Que rua?
– Rua Saint-Hylaire.
– Há um número na casa ou árvores em frente... enfim, alguma coisa que nos possa fazer reconhecê-la?
– Há árvores em frente.
– O que você faz?
– Aprendo a bordar e a cantar.
– Você se recorda de sua juventude?
– Não, não muito bem. (Nesse momento o *sujet* parece procurar alguma coisa e diz que quer trabalhar.)
– Dez anos. O que você faz?
– Brinco com minhas companheiras.
– De que vocês brincam?
– De bola, de bambolê, mas não podemos estragar o jardim.
– Você está num jardim; ele é seu?
– Não, é de meus avós.
– Como eles se chamam?
– Beaulieu. Eles são bastante idosos; vovó tem cabelos brancos; eles estão doentes.
– Que fazem seu pai e sua mãe?
– Viajam às grandes cidades.
– Eles estão no ramo do comércio?
– Fazem um pouco de comércio, porém viajam mais por diversão.
– Você tem princípios religiosos?
– Oh, sim.
– A que religião você pertence? Muçulmana? Protestante?

– Não, sou católica.

– Você conhece sua prece?

– Sim.

– Que prece você conhece?

– O Credo.

– Seis anos. O que você faz?

– Brinco.

O *sujet* aparenta lançar alguma coisa e pede que lhe joguem sua bola, impacienta-se e fica encolerizado. Aos três anos pede balas e repete raivosamente: "Balas! Balas!" Com um ano destrói tudo e demonstra um péssimo caráter. Chora aos seis meses; aos dois meses, um mês, aparenta mamar. No ventre de sua mãe toma de novo a posição de feto; abandona a posição com dois meses; com um mês ele se desenrijece; quinze dias – ei-lo no espaço.

– O que faz no espaço?

– Vejo tudo muito escuro; sou infeliz.

O *sujet* crispa-se.

– O que há?

– Por que me pergunta isto? É ele quem me faz sofrer.

– Quem?

– Este infeliz que está aqui... eu o... não... não... (O *sujet* parece pronto a confessar-se, porém para com receio de dizer mais do que pode, para sua segurança.)

– Qual é seu nome?

– Não estou disposto a ser-lhe agradável.

– Se este infeliz o faz sofrer, é talvez porque você tenha procurado fazer-lhe mal.

– Sei que eu não era bom; isso eu sei.

– Você tomou sua mulher?

(O *sujet* faz um movimento de contrariedade) – Se eu amava essa mulher? Mas, afinal, o que isso lhe interessa?

– Retome seu antigo corpo. Que idade você tem?

– Quarenta e oito anos.

– Quem reina na França atualmente?

– Luís XIV.

– Você tem apenas trinta e cinco anos. O que você faz?

– Não estou bem aqui; quero que me deixem tranquilo.

Pergunta do coronel: – O que quer dizer gesticulando assim?

– Junto meu ferro.

– Você é operário?

– Sim.

– Você corteja a esposa de um de seus amigos?

– Isto é assunto meu.

– Você continua trabalhando?

– Sim.

– Como você se chama?

Ele não quer responder; mas em seguida diz: "Philibert."

Nesse momento deseja-se envelhecê-lo, porém ele declara não querer envelhecer.

– Quarenta anos. O que você faz?

– Procuro vingar-me de alguém que me fez mal; ele procurou atormentar-me. Quero me livrar dele.

Aos quarenta e um anos ele não quer falar.

– Sou seu amigo; diga-me o que você tem e o que quer fazer; eu o ajudarei.

– Vou pegá-lo numa cilada.

– Quarenta e um anos e meio. O que você faz?

– Chegarei a ser o patrão e depois serei feliz.

– Quarenta e um anos e sete meses. O que você faz?

O *sujet* representa a cena de um crime; ele sofre.

– Quarenta e dois anos. O que você faz?

– Fui visto... fui pego...

– Quarenta e dois anos e um mês.

– Sofro... a prisão...

– Você matou um de seus amigos?

– Sim, ele está morto; peguei-o numa emboscada. (Ele parece matar alguém.)

– Você o matou para possuir sua mulher.

– Porque ela me agradava.

– E que diz ela?

– Ela sofre e chora, mas isso não me incomoda.

– Quarenta e cinco anos. O que você faz?

– É verdadeiramente triste. Vejo-me cercado.

– Por quê?

– Pelos meus erros, pela acusação que vai pesar. Procuro esquivar-me, mas certamente serei pego. Sou infeliz. Acabou...

– Onde você está?

– Sofro... eu o vejo... ele está aqui... vejo-o aqui... e no entanto... ele está morto... deixe-me, não quero vê-lo.

– Não, não, ele não está aqui; além do mais, se ele está morto não pode estar aqui.

– Devo estar imaginando que ele está aqui... mas ele está morto.

– O que ele quer de você?

– Ele lutou... percebeu-me... à minha aproximação...

– Ele o temia então?

– Ah! Isso eu não sei, porém eu não lhe havia dito nada; ele procurou livrar-me... porém... consegui... ele não mais existe, mas o vejo.

– Quarenta e seis anos. O que você faz?

– Sofro... eu pensava ser feliz, porém sou mais infeliz do que antes; eu queimo, eu sofro, parece-me que é uma ferida...

– Como você matou aquele a quem queria mal? Foi pelas costas?

– Foi de um lado a outro... eu não podia falhar...

– Quarenta e sete anos.

– Ah! Vou morrer em breve.

– Você está doente?

– Estou perdido... estão-me levando...

– Para onde?

– Basta... basta... basta... basta... é inútil... basta...

– Quarenta e sete anos e meio.

– Sofro. É preciso morrer... (Ele chora.)

– Você deseja se confessar?

– Não, não quero porque eu sentiria grande remorsos, eu não poderia obter o perdão... não... sei que não posso obtê-lo... vão matar-me.

– De que maneira?

– Ah! Não...

– Quarenta e oito anos... quarenta e oito anos e dois meses... quarenta e oito anos e meio...

Ele leva as mãos ao pescoço e aos olhos.

– O que você tem?

– Estou mal, sofro... a forca...

Ele respira dificilmente.

Espírito. Ele não crê em Deus, não quis confessar-se porque não valia a pena.[82]

– Como está você?

– Oh! Eu sofro... Essa mulher, se eu pudesse recuperá-la!

– Foi por causa dela que você foi enforcado.

---

[82] Nota da editora: De Rochas está indicando que houve a desencarnação e a partir desse momento passa informações do *sujet* como espírito desencarnado.

– Mas não a vejo...

– E ele, aquele que você matou, você o vê?

– Ah, não, não quero vê-lo... não quero... não quero...

– Continuemos nossa caminhada para a frente; eis que você se aproxima de dois jovens que vão unir-se e você vai entrar para essa nova família.

– Disseram-me que serei mais feliz.

– Quem?

– Um ser que se encontra aqui me disse: – Faça como vou lhe dizer; consiga, por seu desejo de fazer o bem, resgatar sua vida passada.

Concepção – Dois meses no ventre de sua mãe, três meses, quatro, cinco, seis, sete, oito, nove meses; o nascimento, um dia, três meses; seis meses, dois anos, seis anos, dez anos, quinze anos. Ele novamente passa pelo que já vimos. Nesse momento, para ver o que restou da antiga vida atual, é-lhe perguntado se viu assassinatos ou enforcamentos.

– Não gosto de ver sangue.

Aos dezoito anos, doente... Progressivamente Roger é reconduzida ao estado atual, passando novamente por onde a tínhamos visto passar para regredir.

Caso nº 8
Senhora J., 1905.

Observação e redação do sr. Bouvier

Tendo o coronel de Rochas permitido conhecer suas experiências sobre a regressão da memória, eu quis, por minha vez, aperceber-me se, com diferentes *sujets* ser-me-ia possível controlar o fenômeno, e fui em breve inteiramente satisfeito tanto por uns quanto por outros; todavia, fiz experiências mais particularmente com um jovem *sujet*[83] que sente um verdadeiro prazer em servir-me a este tipo de estudo, onde pude constatar que, apesar da intervenção de minhas perguntas, a cada um de meus pedidos permanecia sempre

[83] A sra. J., nascida em uma cidade pequena do Isère em 1878, filha de pais saudáveis, foi criada pela família e estudou para obter o certificado de ensino secundário; casou-se com um militar e é mãe de uma menininha de quatro anos. Saúde delicada. Seu pai, nascido em Briançon, deixou definitivamente essa cidade por volta da idade de quatorze anos para continuar fora seus estudos como bolsista. Mais tarde, professor de matemática, casou-se com uma moça de Barcelonnette; dessa união nasceu o *sujet*, objeto deste estudo, e uma outra moça mais jovem alguns anos. Sua mãe jamais residiu em Briançon; por outro lado, seu marido nunca esteve aquartelado nessa cidade nem nas imediações. Não há nenhum nome de antepassados seus que se aproxime dos que foram dados pelo *sujet* no decorrer das vidas descritas e vividas nesses meios. A sra. J., apesar de estimulada pelo seu pai para a matemática, tem preferencialmente um fraco pelas letras e as artes, porém tem horror a história.

a personalidade do momento sem jamais haver erro em suas respostas. Pude interrogá-lo diferentes vezes, com vários dias e mesmo várias semanas de intervalo, sobre os detalhes de uma vida; suas respostas não estiveram nunca em contradição. Bem melhor ainda, em certos casos ele revelava detalhes que me escapavam e revivia assim o momento preciso da existência que eu o fazia percorrer no passado, isto é, retornando aos séculos passados.[84]

Tão logo eu o fazia retornar à infância, aos dois anos por exemplo, a fala tornava-se mais difícil; com um ano, quase nada ou pouco falava. Em seguida, mais jovem, parecia mamar ou gemia. Então eu o fazia ir para a frente e, ao invés de fazê-lo reviver, eu o fazia rever seu passado: assim ele me dava detalhes com mais facilidade.

Chegando o momento do nascimento eu o fazia entrar no ventre de sua mãe. Logo ele se curvava sobre si mesmo, os braços em torno do corpo, os punhos sobre os olhos até a idade de cinco meses. Em seguida uma leve descontração produzia-se até o quarto mês; dos três meses até o momento da concepção o corpo inclinava-se muito para trás, os membros descansados numa completa inércia.

Antes da concepção, no momento em que o espírito está ainda no espaço, ele faz esforços para subtrair-se à força invencível que parece atraí-lo; em seguida, voltando sempre no tempo, ele responde sobre o que faz, qual é seu modo de existência até o momento em que novamente retoma o corpo que anteriormente abandonou para entrar numa outra vida. Porém, coisa curiosa, cada vez que o faço penetrar no ventre de sua mãe ele passa pela mesma fase, caracterizada pela mesma atitude.

Devo dizer que, para facilitar o fenômeno, magnetizo constantemente o *sujet* durante a duração da experiência, parando apenas para compilar as informações recebidas e recomeçando a cada pergunta.

Quando quero reconduzi-lo ao ponto de partida faço-o percorrer o mesmo caminho em sentido inverso, ou então contento-me em dizer-lhe para retornar a seu estado normal, isto é, à vida presente ao momento em que nos encontramos. Neste caso, porém, ele pensa sonhar e sair de um pesadelo, de maneira que me é necessário em seguida libertar sua mente para fazer cessar a perturbação ocasionada em seu cérebro por esse retorno muito brusco.

---

[84] Para que não haja nenhuma surpresa por parte dos meus leitores constatando numerosos anacronismos através deste estudo, devo ressaltar que, colocando-me como observador imparcial, desejoso de servir à ciência e à filosofia, tomarei cuidado para não cortar ou modificar uma frase sequer das respostas do *sujet*, objeto de minhas observações. Agir de outra forma seria gravemente anticientífico, assim como também suspeito aos olhos da verdade. – B.

Cada vez que o *sujet* passa por uma vida diferente a fisionomia modifica-se de acordo com a personalidade. Como homem, a fala, o tom, os procedimentos diferem sensivelmente do tom e dos gestos de mulher; o mesmo ocorre quando ele passa pela fase da infância..

Estas explicações são previamente dadas para evitar as repetições no decorrer das diferentes vidas estudadas.

Passarei por cima da existência atual, que não poderia ter outro valor além da lembrança que cada um pode conservar desde seu nascimento, seguindo as relações que temos com as pessoas que nos circundam e que nos contam os fatos com mais ou menos detalhes ou precisão.

Adormecido o *sujet*, faço-o transpor as etapas dessa vida com rapidez; em seguida, faço-o passar pelo ventre de sua mãe, como expliquei anteriormente e, enfim, conduzo-o ao estado de espírito.

Tomando a vida atual como ponto de partida, interrogo-o como segue sobre sua segunda vida.

Segunda vida – Marguerite Duchesne

No estado de espírito precedendo sua vida atual, ela apercebe-se de sua situação.

– O que você faz como espírito?

– Passeio o tempo todo, vejo meus pais e amigos, que não me veem. Eu gostaria muito de ver também Louis, meu noivo, que partiu antes de mim, porém não o encontro.

– Reveja seu próprio corpo.

– Vejo meu corpo de moça num cemitério, em Briançon.

– Reveja-se no momento da morte.

– Vejo-me com o mesmo rosto.

– Você abandona seu corpo. (O *sujet* tosse muito e passa pela fase da morte, o corpo revirado para trás tornando-se frio.)

– Você vive materialmente; que idade tem?

– Vinte e cinco anos.

– Em que ano você está?

– Em 1860.

– Como você se chama?

– Marguerite Duchesne.

– Em que ano você nasceu?

– Em 1835.

– Como se chama seu pai?

– Louis Duchesne.

– O que ele faz?

– Ele tem uma mercearia na rua da Caserna.[85] (O *sujet* tosse e queixa-se do peito e do coração.)

– O que a fatiga?

– Estou bastante doente. Dizem que vou morrer do peito. Para mim é o desgosto.

– Então, você tem desgosto; qual é a causa?

– É que eu amava um jovem soldado que morreu.

– Como ele se chamava?

– Louis-Jules Martin. Ah! Meu pobre Louis.

– Onde ele era soldado?

– Em Briançon.

– Ele era de Briançon?

– Não, ele era de Marselha.

– Você não tem mais do que vinte anos. O que você faz?

– Penso em Louis Martin.

– Dezoito anos. O que você faz?

– Ajudo meus pais na mercearia.

– Quinze anos. O que você faz?

– Acabo de abandonar as aulas na Ordem da Trindade, de que gosto muito.

– Em que rua é situada essa escola?

– Na rua de la Gargouille.[86]

– Quatorze anos. O que você faz?

– Frequento a escola.

– O que você aprende nas aulas?

– A ler, a escrever, as frações, o estilo, a geografia.

– E a geometria, sem dúvida?

– A geometria... essas linhas que os grandes têm em seus cadernos... Não gosto disso.

– Doze anos. O que você faz?

– Acabo de fazer minha primeira comunhão, estou bastante contente, gostaria de morrer nesse dia para ir direto para o céu.

– Oito anos. O que você faz?

– Frequento o pensionato das religiosas, na rua de la Gargouille.

---

[85] Soube, das informações que tomei na prefeitura de Briançon e de dois velhos (um de setenta e cinco anos e outro de oitenta e cinco) moradores da rua da Caserna, que jamais houve merceeiro chamado Duchesne na citada rua. À exceção disso, as descrições dos lugares são bastante exatas. – A.R.

[86] Realmente existiu em Briançon um pensionato de meninas mantido pela Ordem de Trindade na rua de la Gargouille. – A.R.

– Cinco anos. O que você faz?

– Frequento o pensionato; dão-me imagens e a cruz: todos os domingos põem-me fitas, mamãe me dá dinheiro que ponho no meu cofrinho... pequena rã.

– Dois anos.

– Não quero ir nas Irmãs.

– E por quê?

– Puseram meu avental sobre a cabeça porque eu disse a uma menina que ela era uma resmungona e fiz gestos injuriosos com os dedos, e aí disseram que o diabo ia me pegar.

– Um ano. O que você faz?

– Estou sobre os joelhos de mamãe que me diz: "Dorme, minha bonequinha."

(A partir dessa época, não podendo o *sujet* responder, o sr. Bouvier o faz rever ao invés de reviver seu passado, e ele responde, como alguém perfeitamente consciente, o que se passa em sua infância.)

– Seis meses. O que você faz?

– Estou ainda bastante doente; acabo de ter convulsões.

– O que são as convulsões?

– Dizem que fico toda torta.

O sr. de Bouvier a faz envelhecer alguns meses e lhe diz:

– Você acaba de ter convulsões.

– O que é isso?

O sr. de Bouvier explica-lhe e a leva aos sete meses.

– O que você faz?

– Colocam-me dentro d'água para curar-me; dizem que sou bastante nervosa.

– Quatro meses. O que você faz?

– Não faço nada, fico deitada. (O *sujet* fala com dificuldade.)

– Dois meses. O que você faz?

– Esmagam-me; não sei o que põem em cima de mim.

– Um mês. O que você faz?

(Não responde; parece mamar.)

– Você acaba de nascer.

– Não é muito engraçado; colocam-me dentro d'água, estou toda suja.

– Você ainda está no ventre de sua mãe.

– É bastante escuro. (O *sujet* toma a posição de feto no ventre de sua mãe, os punhos sobre os olhos, inteiramente curvado sobre si mesmo. A mesma posição é conservada apenas durante os cinco últimos meses de gestação. A partir desse momento um relaxamento se produz, o *sujet* torna-se inerte, os braços caem, o corpo, revirando para trás sobre a poltrona que ocupa, parece sem vida.)

Terceira vida – Jules Robert

– Você está no estado de espírito. O que você faz?

– Aborreço-me, sofro, não estou muito bem.

– Você se dá conta do estado em que se encontra?

– Não sei muito bem; sinto-me mais ágil.

– No entanto você compreende que não possui mais seu corpo material.

– Sim, mas sofro de qualquer forma.

– Volte atrás; veja seu corpo.

– Vejo meu corpo.

– O que você é?

– Sou um homem.

– Retome seu corpo.

(O *sujet* tosse bastante.)

– O que você tem?

– Estou bastante doente. Quando poderei morrer? Desprezível existência; não será infelicidade se eu morrer.

– Em que ano você está?

– Em 1780.

– Quantos anos você tem?

– Quarenta e dois anos.

– Você não tem mais do que trinta e oito anos. Onde você está?

– Em Milão.

– Em casa de quem?

– Em casa de Paoli.

– Quem é Paoli?

– É meu patrão.

– E o que você faz?

– Que trabalho duro! Eu talho mármore, porém não sou hábil, apenas desbasto, corto, arredondo os ângulos.

– E seu patrão, o que ele faz?

– Oh! Ele trabalha bem, faz belas coisas; no entanto é um bruto, mau, dá-me murros, só faz beber e diz que eu é que estou bêbado.

– Você ganha bastante?

– Oh! vinte soldos por dia, uma miséria! Não dá para viver. Para poder pagar o taberneiro, só como polenta. O patrão ganha muito dinheiro. Ele possui moedas de ouro.

– Você tem trinta e cinco anos. O que você faz?

– Limo pedra para o patrão Paoli.

– O que ele faz de bonito, seu patrão?

– Faz escultura.

– De que tipo?

– Reproduções.

– Você poderia citar-nos alguma de suas obras?

– Oh! Eu não entendo muito bem disso, não sei o nome: ele faz um homem que vence um touro, um outro que esmaga uma serpente. Ele fez também uma reprodução da Virgem na cadeira.

– Onde está essa reprodução neste momento?

– Creio que está no Vaticano.

– Não há monumentos dele em outros locais?

– Sim, em Roma e em outras cidades.

– Trinta anos. Onde você está?

– Numa rua imunda.

– O que você faz?

– Trabalho.

– Vinte e oito anos.

– Oh! É preciso que eu saia daqui.

– Onde está você?

– Em Briançon.

– Para onde quer ir?

– Para Milão; tenho um amigo, Piétri, que me dá este conselho, porém não sei o que devo fazer.

– Vinte e cinco anos. Onde está você?

– Em Briançon, numa mercearia; transporto pacotes de mercadorias.

– Você não tem mais do que vinte e um anos. Você deve ser soldado.

– Fiz o exame, acharam-me muito fraco.

– Vinte anos.

– Fiz a besteira de sair da casa de meu pai.

– O que você faz?

– Estou numa mercearia; abro as caixas... mil ocupações, misérias.

– Dezenove anos. O que você faz?

– Distribuo jornais.

– Que jornais?

– *La Durance.*[87]

– Que dizem esses jornais?

[87] Não é preciso lembrar que no século XVIII não havia nem conselho de revolução nem portadores de jornais, porém é bom saber que *La Durance* é o título de um jornal atual dos Altos-Alpes. – A.R.

– Não sei, não sei ler, mas dizem que os austríacos virão.

– Em que ano você está?

– Em 1757.

– Dezoito anos. O que você faz?

– Sou sapateiro, mas acho que é muito duro.

– Dezessete anos. O que você faz?

– Aprendo a profissão de sapateiro, porém sou desajeitado e martelo sobre meus dedos.

– Dezesseis anos. Onde você está?

– Estou em casa de meu pai, mas quero sair de lá porque trabalho muito.

– Onde mora o seu pai?

– Em Saint-Pierre, perto de Briançon.

– O que faz ele?

– É agricultor numa fazenda.

– Como se chama o proprietário?

– Chama-se Barnéoud; é um grosseirão.

– Que culturas você faz?

– Batatas, vime. (O *sujet* tosse um pouco, é-lhe feita esta observação, ao que ele responde: "No entanto, sou ainda bastante forte".)

– Doze anos. O que você faz?

– Ajudo meu pai, porém extenuo-me.

– Você então não frequenta a escola?

– Vou algumas vezes durante o inverno, porém zombo bastante.

– Onze anos. O que você faz?

– Vou fazer minha primeira comunhão.

– Então você frequenta o catecismo?

– Sim.

– Como se chama o padre que o ensina a você?

– Padre Antoine.

– Você conhece bem o seu catecismo?

– Sim.

– Então o que é Deus?

– Deus é um ser infinitamente bom, amável, a quem é preciso amar e adorar acima de todas as coisas.

– Dez anos. O que você faz?

– Faz frio.

– Então você não está bem agasalhado?

– Estou com raiva; não tenho calças, minha mãe me veste com suas velhas saias; e além do mais os menores zombam de mim. Quando eu fizer a primeira comunhão irão dar-me roupas bonitas, eu terei calças.

– Como você se esquenta?

– Vou na estrebaria para perto das vacas e das ovelhas.

– Você só tem vacas e ovelhas?

– Temos também porcos da Índia e galinhas.

– Em que ano você está?

– Oh! Por isso eu não me interesso. Dizem que estamos em 1748.

– Seis anos. Você se diverte nessa idade?

– Não me deixam divertir-me muito.

– O que você faz então?

– Desfaço coisas. (Dizendo isto, ele faz o movimento de desenrolar alguma coisa girando suas mãos uma ao redor da outra.)

– O que são essas coisas?

– Coisas redondas onde há bichos dentro; tem cheiro ruim.

– Nesse caso são queijos!...

(O *sujet* caiu na gargalhada, batendo em meus joelhos e batendo com os pés, achando uma graça enorme.)

– Parece que você não entende nada! São coisas para se fazerem belos vestidos para as mulheres.

– São casulos do bicho-da-seda então?

– Sim. Queijos, ora, você não é nada esperto. (Ele continua a rir ainda mais.)

– Neste caso você tem amoreiras?

– Sim, há folhas em Saint-Pierre.

– Cinco anos. O que você faz?

(O *sujet* faz o movimento de desenrolar)

– Eu não sei fazer isso, isso me irrita, é preciso fazer muito rápido.

– Dois anos.

– Divirto-me com papai.

– Um ano. O que você faz?

– Estou doente.

– Seis meses. O que você faz?

– Sinto dor na barriga. (Ele geme.)

– Você acaba de nascer.

(O *sujet* revira-se para trás.)

– Você está no ventre de sua mãe.

(Mesmas observações da vida precedente.)

– Você está no momento da concepção.

(O *sujet* parece sofrer.)

Quarta vida – Jenny Ludovic

No estado de espírito:

– Você está no estado de espírito?

– O que é um estado de espírito?

– É você no estado em que está, isto é, sem seu corpo material.

(O *sujet* parece não compreender.)

– O que você é: homem ou mulher?

– Sou uma mulher... Mas por que não vejo meus filhos nem meus amigos?... O que aconteceu comigo?

– Bem, você simplesmente deixou seu corpo material, passando pelo que se chama morte. Ninguém jamais lhe falou de sua alma quando você era pequena?

(O *sujet* não responde estas perguntas, parece embaraçado.)

– Que idade você tem?

– Trinta anos.

– Em que ano está?

– 1702.

– Como você se chama?

– Jenny Ludovic.

– Tem filhos?

– Tenho dois: o pequeno Auguste, de sete anos, e Jean, que acaba de nascer.

– Você os vê?

– Não.

– Vinte e oito anos. O que você faz?

– Estou doente.

– De que você sofre?

– Sinto muita dor de cabeça.

– Vinte e cinco anos. Como se chama seu marido?

– Ludovic, Auguste.

– Onde você mora?

– Em Plouermel.

– O que faz seu marido?

– Ele é açougueiro.

– E você?

– Eu cuido das crianças.

– Vinte e três anos. O que você faz?

– Vejo meu pequeno Auguste; Oh! bonita criança! Mas conversaremos em outro momento, estou doente.

– Dezesseis anos. Onde você está?

– Estou com o tio Marietti.

– Você não tem pais.

– Não, sou órfã.

– Você frequentou a escola?

– Não, não sei ler, porém meu tio ensinou-me a assinar, pois ele é instruído.

– O que faz seu tio?

– Trabalha com um boticário.

– Então você tem apenas seu tio como família?

(Confidencialmente) – Creio que ele é meu pai, mas não devo dizer isso. Não devo interrogá-lo a respeito de meu pai. Quando se fala sobre isso ele fica com lágrimas nos olhos; ele tem muito carinho por mim. Não conheci minha mãe, creio que meu tio não foi ajuizado, porém não posso julgá-lo, pois ele é muito bom para mim.

– Seu tio é sua única afeição?

– Conheço Ludovic, que é viúvo, e esperamos algum tempo para nos casarmos; ele é tão gentil e tão meigo.

– Então ele é livre e só, agora?

– Não, ele tem dois filhos da primeira mulher: o pequeno Alain e a pequena Yvonne.

– Você cuidará deles?

– Digo que sim, porém não tenho vontade de cuidar deles; deixá-los-ei com a avó.

– No casamento seu tio será obrigado a revelar-lhe seu verdadeiro sobrenome.

– Meu tio não quer que lhe falem disso; ele não discute, disse que me daria seu sobrenome como sendo meu.

– Quinze anos. O que você faz?

– Estou em casa de meu tio; remendo, faço blusas para ele.

– Doze anos. Onde você está?

– Com meu tio, em Plouermel, perto do mar.

– Em que departamento[88] fica?

– O que é isso? Província, você quer dizer. É a Bretanha, onde há as melhores pessoas do mundo.

– O que você faz?

– Procuro flores para fazer tisanas.

---

[88] Nota da editora: A França é dividida em jurisdições denominadas departamentos.

– Então você conhece as plantas?

– Meu tio ensinou-me a reconhecê-las, pois as cata para o boticário, o Urso, como dizem.

– Mas qual é o nome dele?

– Joannès Yves, acho.

– Quais as plantas que você conhece?

– O olho de gato; a planta celeste, esta tem um outro nome, urze, creio; a estrela do firmamento, soca-se e extrai-se o sumo, é bom para as dores; a pata de aranha, planta amarela em guirlanda; o espelho da alma e muitas outras.

– Oito anos. O que você faz?

– Estou com meu tio.

– Cinco anos. O que você faz?

– Meu tio me acaricia, faz-me coroas de urzes, ele é muito gentil.

– Dois anos. Você tem apenas dois anos.

– É meu tio, depois é meu pai. Quando chega alguém, digo tio. Quando está sozinho, ele me belisca as faces para que eu o chame de pai.

– E a sua mãe, onde ela está?

– Não tenho mãe.

– Você acaba de nascer.

– Vejo uma mulher jovem, dizem que é mamãe; papai chora, mamãe vai morrer.

Quinta vida – Michel Berry

No estado de espírito:

– O que você faz?

– Ah! esse maldito golpe de lança faz-me sofrer.

– Faz muito tempo que você sofre disso?

– Parece-me que faz anos.

– Onde você foi golpeado?

– Entre as costelas. (O *sujet* leva a mão ao lado direito e parece sofrer.)

– Você se dá conta do estado em que está?

– Eu sofro.

– Como você sofre se não possui mais o corpo material?

– Sim, eu o tenho, uma vez que sofro.

– Onde você recebeu esse golpe de lança e em que ano está?

– Em Marignan; estamos em 1515. Pobre Berry, você está perdido.

– Com quem você estava?

– Com Francisco.

– Que Francisco?

– O pai, nosso senhor e mestre; na verdade, o rei de França.

– Uma vez que você tem seu corpo, que idade tem?

– Vinte e dois anos.

– Como você se chama?

– Michel Berry.

(O sr. Bouvier o faz assinar seu nome. Com bastante dificuldade ele procura servir-se de um lápis que pega pela outra extremidade, mantém-no muito desajeitadamente e termina por escrever Mistchel Berry, cortesão do rei de França.)

– Contra quem você combatia?

– Contra esses suíços porcos, há três dias e três noites que combatemos; quero furar a pele de todos. Soltem esse cavalo!

– Onde está o cavalo?

– Em cima de mim, ele me esmaga.

– Vinte e um anos. O que você faz?

– Preparamo-nos para partir, vamos em direção a Marignan; como estou feliz!... Francisco, você pode contar comigo, eu os vararei a todos. Ah! Patifes.

– Qual é, aliás, sua profissão?

– Rude profissão... Quando poderei eu dormir em minha cama?

– Por que você não dorme em sua cama?

– Como quer você que eu durma lá se estamos no Milanês?

– O que você faz lá?

– Caminhamos em direção aos suíços.

– O que você pensa do rei?

– Ah! O bravo Francisco é um bom coração.

– Como é um bom coração fazendo matar tanta gente?

– Porque é necessário.

– E se você for morto, acredita que fique alguma coisa de você depois de morto?

– Tudo acaba, não há nada após a morte.

– E enquanto espera, o que você faz?

– Divertimo-nos, gracejamos, rimos com as mulheres.

– Vinte anos. Onde você está?

– A caminho de Amiens; os ingleses querem ainda que lhes demos uma lição.

– Em que ano você está?

– Em 1513.

– Em que ano você nasceu?

– Em 1493. Mas tenho a impressão de que vou morrer jovem. De acordo com o meu sonho ainda tenho mais dois anos de vida.

– Que sonho?

– Eu acabava de completar vinte anos. Sonhei na primavera passada que eu apresentava um lado de sangue, furado por um golpe de lança que um suíço me havia dado.

– Você então acredita nos sonhos?

– Oh! sim, tudo o que já sonhei não me enganou jamais; para mim, isso se realizará.

– Bem, vejamos, você está em 1515 no Milanês?

– Ah! sim, atravessamos o monte Genèvre, o Briançonnais.

– A batalha começa. Você se recorda de seu sonho?

– Sim, mas o golpe que me furou não o receberei.

– Veja, um suíço se aproxima de você. Fique atento.

(O *sujet* parece concentrar sua atenção sobre um ponto, e levando a mão de repente a um de seus lados exclama: – Oh! Esse golpe de lança... o sonho... mas não quero morrer.)

– Não, você não vai morrer. Você tem apenas dezenove anos. Onde você está?

– Acho que você é extremamente curioso.

– Queremos documentos para escrever a história; você quer dá-los a nós?

– Bem, divirto-me com minha pequena Diane de Coucy.

– Para você constituir uma família, por amor ou por simples divertimento?

– Há uma e outra coisa, mas não falemos de família.

– O que você é?

– Estou a serviço do rei.

– Há muito tempo que há mosqueteiros?

– Sempre os vi; foi Carlos VI quem os instituiu porque temia por sua pele.

– Dezoito anos.

– Vou entrar para a guarda do monsenhor e mestre, mas será preciso deixar Diane.

– Que Diane?

– Diane de Coucy.

– Ela é bonita, a Diane?

– Oh! é um amor, faces rosadas, dentes pequenos... Como eu poderia fazer para entrar em seu quarto?

– O que você quer fazer em seu quarto?

– É para vê-la!...

– Dezessete anos. O que você faz?

– Estou extenuado, divirto-me bastante, estou a serviço de Coucy. Cuido de suas correspondências, escrevo o que ele me dita.

– Onde está Coucy?

– Ele mora em Paris, mas está em Blois... Vou retornar a Versalhes.

– Dezesseis anos. Não se ama ainda nesta idade?

– O que você entende disso? Saio muito com Charlotte de Montmorency. Penso muito nela...

– Você tem a intenção de se casar com ela?

– Não, casar não, mas fazê-la minha mulher.

– Você é o único a receber suas atenções?

– Oh! Sei que ela come regaladamente com Francisco, mas não me importo.

– Dezesseis anos. O que você faz?

– Extenuo-me nesse torneio da pequena corte.

– Então você se diverte?

– Uma distração engraçada, estirar-se sobre a tábua. (O *sujet* demonstra exercitar-se na esgrima). Oh! minhas costelas...

– Quinze anos. O que você faz?

– É agradável, mas eu gostaria de retornar à casa de mamãe, em Civry.

– Quatorze anos. Você frequenta a escola?

– Não quero retornar ao colégio da Sorbonne, seus estribilhos não entrarão jamais em minha cabeça.

– O que lhe ensinam: ler, escrever, calcular?

– Oh! mais do que isso: a linguagem poética, musical, o estudo da linguagem.

– Treze anos. O que você faz?

– Vou em Versalhes, à corte, e também à Sorbonne.[89]

– O que você vai fazer quando crescer?

– Disseram-me que estarei no exército do rei... À frente...

– Doze anos. O que você faz?

– Estou na corte como pajem desde a idade de dez anos.

– O que você faz lá?

– Conserto os vestidos das damas, dou-lhes a mão para conduzi-las a Sua Majestade (o *sujet* faz o gesto, o punho fechado, o dedinho estendido, sorriso nos lábios).

– Isso é tudo?

– Beijamos seus sapatos; não é a todo mundo que elas o permitem. Mas dizem que sou tão bonito... os olhos azuis... os cabelos louros; as damas me fazem pequenas carícias. Quando eu for grande serei eu quem as fará nelas.

[89] Foi apenas com Luís XIII que um local de encontros para caças foi construído em Versalhes, e apenas com Luís XIV a corte instalou-se no palácio que o grande rei tinha mandado construir. – A. R.

– Dez anos. O que você faz?
– Sou pajem da corte.
– O que lhe ensinam?
– A manejar a espada.
– Você lida com a espada aos dez anos?
– A partir do momento em que já se sabe andar... Enfim, você me incomoda, estou doente; de você e Phillipe estou farto.
– Quem é esse Phillipe?
– Um servidor.
– Nove anos.
– Quando irei a Versalhes?
– Você deve então ir a Versalhes?
– Papai me diz isso.
– O que faz o seu pai?
– Toma conta da casa de Montmorency em Civry. Prometeram-lhe que seria servidor quando eu estiver na corte, mas ele diz que sou jovem demais e que serei muito rapidamente corrompido.
– Sete anos.
– Estou com a mamãe.
– O que você faz?
– Ajudo-a a fazer pequenas coisas para colocar sobre os casacões daqueles que estão em Versalhes e possuem belas roupas.
– Quatro anos. O que você faz?
– Não faço absolutamente nada; estou com papai e mamãe.
– Você é filho único?
– Sim; eu gostaria muito de um irmão para me divertir.
– Dois anos.
– Eu me divirto.
– Um ano.
– Estou doente.
– Onde você sente dor?
– Na cabeça.
– Seis meses.
(O *sujet* parece mamar.)
– No ventre de sua mãe.
(Mesmas observações precedentes.)

Continuando a série de experiências sobre regressão da memória, encontrei-me a 6 de março último com o doutor G., que exprimiu o desejo de verificar certos pontos da vida de Michel Berry. Ele próprio tomou as seguintes notas, que apresento na mesma ordem em que foram tomadas à medida que eu fazia as perguntas.

Após ter passado muito rapidamente pelas vidas que já conhecemos e chegado ao ponto que interessava ao doutor, pergunto:

– Você tem vinte anos; onde você está?

– Estou na batalha de Guinegatte, na Normandia-Picardia, sob as ordens do rei Luís-Carlos, o décimo segundo que reside em Versalhes.

– Você tem vinte e um anos; quem é o rei?

– Meu rei é Francisco, o então delfim.

– Onde você está?

– Em grandes estradas na Itália, no Milanês, para combater os suíços.

(Ele reconhece o país onde sonhou estar, há dois anos, sonho este que lhe dizia que devia morrer atravessado por uma lança. Reconhece o país tal qual o viu em sonho, mas não quer morrer.)

– Você acredita em sonhos?

(Ele acredita e vários deles se realizaram. Bem jovem sonhou que estava na corte. Ele para lá foi. Cada vez que sua amante o enganava ele o sabia em sonho. Ela o traía com François, seu companheiro de armas, que o colocou a serviço do rei. Sua amante é Diane de Coucy.)

– Você tem apenas doze anos; O que você faz?

– Estou a serviço de Luís, o décimo segundo.

(Ele vai partir para Versalhes. Mora no pequeno castelo dos duques de Angoulême, em Blois. Segue a corte a Blois, com quatorze anos, em 1508. Está em companhia de belas senhoras como pajem. Faz reverências e leituras.)

Falamos com o doutor de Duguesclin. Berry responde: – Mais um que morreu de maneira esquisita.

– Você tem quinze anos.

– Deixe-me dormir.

– Quinze anos e dois meses.

– Passamos noites extenuantes fazendo bagunças.

– Dezesseis anos.

(Ele pensa em sua pequena Charlotte. Deseja muitas coisas para ela, para sua pequena Charlotte; não quer casar-se com ela, mas fazê-la sua mulher.)

– Você tem dezessete anos.

(Ele está exausto, mas é preciso divertir-se. Está a serviço de Coucy, cuida de sua correspondência, escreve o que lhe for ditado. O duque mora em Paris mas está em Blois; vai retornar para Blois. Agnès e Diane são seus amores.) – Agnès, sobretudo, é um amor porque tem as pequeninas faces rosadas. É loura de olhos azuis. Seus olhos parecem-se com os meus. Ela... (Aqui omito a expressão.)

– Você tem dezoito anos.

– Eis-me brevemente mosqueteiro. (Ele entrará no exército do rei aos dezenove anos.)

– Há muito tempo existem mosqueteiros?

(Ele sempre viu mosqueteiros. Foi Carlos VI quem os instituiu porque temia pela sua pele. Ele quer entrar na guarda de honra de seu senhor e mestre.)

– Onde fica a corte?

– Algumas vezes em Blois, outras vezes em Versalhes.

– Você conhece Rambouillet? A corte vai lá?

(Ele não conhece Rambouillet; a corte foi lá, porém há muito tempo.)

– Você tem dezenove anos.

– É preciso deixar Diane, e só existe ela para fazer as noites passarem! Não é uma mulher, é um diabo.

– Você tem vinte anos.

– Ingleses canalhas!

(Fazendo-o retornar à sua infância, aos cinco anos, a pergunta é-lhe feita) – O que você faz?

– Estou com mamãe; divirto-me.

– Você tem dois anos.

– Eu me divirto.

– Um ano.

(Movimento de sucção dos lábios, ele parece mamar. Em seguida, reconduzido sucessivamente aos seis meses, dois meses, um mês, ao ventre de sua mãe, ele passa de novo, como precedentemente, pelas fases já descritas para chegar ao estado de espírito.)

Sexta vida – Mariette Martin

Espírito – O *sujet* parece sofrer.

– Você sofre?

– Sim.

– Tome de volta seu antigo corpo. Que idade você tem?

– Vinte anos.

– Há muito tempo você sofre?

– Sim.

– Você é homem ou mulher?

– Uma jovem.

– Em que ano está?

– Em 1302.

– Como você se chama?

– Mariette Martin.

– Onde está você?

– Em Vannes, como professora, na casa de Gaston. Ah! Se ele não tivesse morrido, eu teria sido sua mulher, apesar da oposição de sua mãe.

– Dezenove anos. O que você faz?

– Eu o seguirei, o meu Gaston!

– Onde ele vai?

– Você bem vê que o trazem a mim morto, esmagado por seu cavalo.

– Dezoito anos. O que você faz?

– Estou em casa da condessa de Guise; fico para fazer-lhe companhia. ela vai pegar seus sobrinhos para que eu os instrua.

– Dezesseis anos. O que você faz?

– Não me recordo de absolutamente nada; dizem que estou morta, mas não estou doente.

(De dezesseis a quatorze anos o *sujet* parece estar em um período letárgico e quase não mais responde às perguntas que lhe são feitas.)

– Dez anos. O que você faz?

– Estou no colégio; querem manter-me num convento.

– Quatro anos. O que você faz?

– Mamãe tem desgosto; papai está bastante doente.

– O que faz seu pai?

– Papai faz desenhos, colocam-nos nos quartos; é para o rei que ele trabalha.

– Quem é o rei?

– Não sei, dizem que o belo Filipe.

Os primeiros anos, o nascimento, a concepção e o retorno ao estado de espírito passam-se como já descrevi.

Sétima vida – Irmã Marthe

Espírito – Não tem exatamente consciência de que abandonou o corpo material.

– O que você faz?

– O remorso me oprime, cometi muitas faltas.

– Que faltas?

– Eu tiranizava moças.

– Por que isto?

– Era por ordens superiores, porém eu julgava meus atos. Se eu as visse, talvez elas me perdoassem.

– O que você é?

– Abadessa.

– Que idade você tem?

– Oitenta e sete anos.

– Em que ano está?

– Em 1010.

– Ora, elas a perdoam, aquelas a quem você fez sofrer.

– Oh! não, não todas.

– Quem é que não a perdoaria?

– Blanche de Paris.

– Oitenta anos. O que você faz?

– Estou perdendo a memória.

– Setenta e sete anos. O que você faz?

– Vamos morrer brevemente, eu e todo mundo.

– Por quê?

– Os profetas anunciaram-no.

– Setenta e cinco anos. Você se ocupa das jovens?

– Muito mais, atualmente.

– Você sabe quem é o rei?

– Roberto II.

– Setenta anos. O que você faz?

– Trabalho. Faço sofrer pobres moças, porque para isso recebi ordens.

– O que você lhes faz?

– Eu as mantenho prisioneiras. Elas fazem trabalhos com agulhas, mas não é isso que as torna infelizes.

– O que então?

– É o fato de serem impedidas de ver o sol.

– Quem é o rei?

– É Capeto.

– Você o conhece?

– Não se pode falar dele, pois é por sua causa que Blanche está presa.

– Por que ele fez com que a prendessem?

– Porque ela queria que seu irmão Roberto obtivesse todos os seus bens.

– Ele tem muitos bens?

– Oh! sim. Os Capetos têm ducados por toda parte na Normandia.

– Sessenta anos. O que você faz?

– Eu dirijo, formo as jovens para entrarem na religião.

– Quem é o rei?

– É Capeto.

– Que interesse você tem em fazê-las entrar para a religião?

– É para que seus irmãos obtenham seus bens.

– Através de quem, então, foi-lhe confiada Blanche de Paris?

– Não posso dizê-lo. O que diria o abade?

– Que abade?

– O abade Choiselles.

– O que você é no convento?

– Superiora há vinte anos, mas espero tornar-me abadessa; o abade me prometeu.

– Que diferença há entre abadessa e superiora?

– Abadessa tem todo o convento sob suas ordens, enquanto que a superiora tem apenas vinte irmãs.

– Cinquenta e cinco anos. O que você faz?

– Irmã superiora.

– Quem é o rei?

– É Capeto.

– Cinquenta anos. O que você faz?

(O *sujet* parece doente) – Não posso ver, de um momento para outro, o que faço?

– Você conhece Blanche de Paris?

– Não conheço; ouvi falar dela: é a filha de um duque da família Capeto.

– Quarenta e cinco anos. O que você faz?

– Sou superiora há cinco anos.

– Onde fica sua casa?

– Em Vincennes.

– Como se chama a congregação?

– Não é congregação, é a Companhia de Jesus.

– Quem é o rei?

– Luís IV.

– Quarenta anos. O que você faz?

– Faço o que posso para ser superiora.

– Trinta e cinco anos.

– Estou na religião; chamam-me irmã Marthe.

– Quem é o rei?

– Luís IV, já há vários anos. Dizem que ele não é bonito, é gordo, balofo, mas não o vi.

– Trinta anos. O que você faz? Está nas Ordens?

– Eu teria feito melhor não entrando.

– Por que se lamenta?

– Eu não cumpro meus deveres. Quando deixei minha família, amava muito o bom Deus.

– E agora?

– Sim e não.

– Então você ama alguém?

– Amo o abade Choiselles. Resisti durante muitos anos, mas agora não pude mais. Este ano traí meus votos, eu não devia então entrar na vida religiosa.

– E o abade Choiselles, ele a ama?

– Sim, ele também me ama. Se eu fosse livre poderia amá-lo; minha consciência estaria em paz e eu não teria traído meus votos.

– Vinte e nove anos. Você é feliz?

– Sofro, amo alguém e isso me é proibido, pois não devo amar senão a Deus.

– Quem é Deus? É um homem?

– Sim.

– Qual é então a diferença?

– É Deus.

– O que ele tem de particular?

– É o ser infinitamente perfeito.

– Onde ele está?

– No céu.

– E o céu, onde está?

– É para onde irei se fizer o bem.

– E se mais tarde você não encontrar o céu?

– Oh! sim, estou certa disso.

– Que diferença você faz entre Jesus e Deus?

– Jesus e Deus são um só.

– E então?

– Não se deve procurar entender; é proibido. Deus o disse em seus mistérios e na Bíblia, e é a palavra de Deus.

– Vinte e cinco anos. Você continua amando ao bom Deus?

– Não sei.

– Você ama um padre, talvez.

– Ele ainda não é padre.

– No entanto, você se compraz em sua companhia.

– Bastante.

– Vinte e quatro anos. Em que ano estamos?

– Em 947.

– Quem é o rei?

– Luís IV.

– Há muito tempo?

– Desde que eu tinha cerca de treze anos.

– Onde você está?

– Estou nas Ordens há quatro anos, como era meu desejo.

– Quem é o padre que dirige sua Casa?

– O abade Lotty.

– Ele é idoso?

– Tem cerca de setenta anos.

– Quem você pensa que o substituirá?

– Será Choiselles.

– Quem é Choiselles?

– É um príncipe aspirante à realeza. Ele está bastante infeliz, cortaram-lhe os cabelos. Ele é tão bonito, esse moço.

– Vinte anos. O que você faz?

– Estou muito contente. Poderei estar lá rezando pelo bom Deus.

– Você será ordenada?

– Não, as mulheres entram na vida religiosa. Os homens, sim, são ordenados, recebem os sacramentos, porém não nós.

– Dezoito anos. O que você faz?

– Estou no convento em Saint-Denis. Quero tornar-me religiosa.

– Como você se chama?

– Louise de Mareuil.

– Você é filha única?

– Não, eu tenho um irmão, não quero que me falem dele.

– Quinze anos. O que você faz?

– Estou na casa de meu tio.

– Você então não tem pais?

– Meu pai e minha mãe morreram?

– Como se chama seu tio?

– Visconde de Mareuil.

– O que você faz?

– Vou visitar os pobres com ele.

– Quem é o rei?

– Luís IV.

– Dez anos. O que você faz?

– Aprendo a ler, a escrever, mas Sophie é bem malvada.

– Quem é Sophie?

– Aquela que me ensina.

– Seis anos. O que você faz?

– Dizem que vou morrer, tenho dor de cabeça, dizem que há água.

– Três anos.

(Ela se diverte.)

Ventre da mãe – observações habituais.

Oitava vida – Carlomée

Espírito – O *sujet* passa as mãos sobre os olhos como que sob a impressão de uma dor.

– Há muito tempo você sofre dos olhos?

– Sim.

– Você se dá conta de que faz muito tempo?

– Sofro.

– O que se passou com você?

– Queimaram-me os olhos.

– Por quê?

– Fui pego por Attila em Châlons-sur-Marne.

– O que você é?

– Sou guerreiro franco.

– Por que ele queimou-lhe os olhos?

– Porque isso o agradava.

– Que idade você tem?

– Trinta e um anos.

– Seu nome?

– Carlomée.

– Você é simples guerreiro?

– Não, sou chefe; é por causa disso que me queimaram os olhos.

– Há outro chefe acima de você?

– Há o chefe tribuno Massoés.

– E acima dele?

– É o chefe dos chefes, Mérovée.

– Em que ano você está?
– 449.
– Você conhece Deus?
– Há alguém acima de nós; é Théos.[90]
– Como você o adora?
– Demos-lhe homens que queimamos; é muito bonito.
– Trinta anos. O que você faz?
– Sou guerreiro franco; foi Mérovée quem me escolheu.
– Vinte e cinco anos. O que você faz?
– Trabalho a terra.
– Sozinho?
– Com minha mãe.
– Como se chama sua mãe?
– Li Carlomée.
– Como seu chama seu país?
– O País Albinos.
– Onde ele se encontra?
– Sobre o Tourn.

Dez anos (o *sujet* tosse muito), oito anos, cinco anos (cansado), quatro anos (não se lembra).

Ventre de sua mãe – observações habituais.

Nona vida – Esius

Espírito – O *sujet* parece sofrer bastante. Seus punhos cruzados um sobre o outro parecem presos. Faz esforços para desembaraçar-se dos laços.

– O que você faz?
– Queimo.
– Que idade você tem?
– Quarenta anos.
– Trinta e nove anos. O que você faz?
– Sou guardião do imperador Probus.
– Em que país você está?
– Em Romulus.
– Em que ano está?
– 279.
– Como você se chama?
– Esius.
– E o imperador, você gosta dele?

[90] Nota da editora: Théos é a forma grega para Deus.

– Oh, não! Ele não é bom; tomou-me minha filha e, hoje, se o sirvo, é para matá-lo.

– Como se chama sua filha?

– Florina.

– De que maneira você pensa matar o imperador?

– Cravar-lhe-ei minha estaca.

– Vejamos, você terá em breve quarenta anos.

– Oh! minha filha...

– Onde está sua filha?

– Está perto dele, em seu quarto... Estou perdido...

– Por quê?

– Estou revoltado com o imperador.

– O que vão fazer a você?

– Vão-me queimar, certamente.

– Você não pode escapar?

– Não posso, estou todo amarrado.

– Você pôde agredir o imperador?

– Não, fui pego antes. Ele quer queimar também minha filha para castigar-me.

– Como é essa estaca da qual você queria se servir?

– Ela é longa. Há ferro envenenado.

– É sua arma de combate?

– Sim. Mas também tornei-me guardião para vigiar minha filha. Pedi para servi-lo, para ser seu cão-de-guarda.

– E sua filha, o que será dela?

– Revi-a ontem. Ela está prisioneira, vão queimá-la também, mas os deuses o castigarão, eu os servirei.

De novo no estado de espírito.

– Seu corpo foi queimado?

– Não, eu o sinto.

– Há muita gente a seu redor?

– Toda a Romulus, mas serei vingado; todos os guardiães me juraram.

– E sua filha?

– Ele a queimou. (O *sujet* derrama abundantes lágrimas que rolam sobre as faces.)

– Você não deve mais sofrer agora que não tem mais seu corpo.

– Queimo e se me toco não me encontro mais. Se eu estivesse vingado não sofreria mais.

– Em que ano você entrou para o serviço do imperador?

– Em 279.

– Você vê seus camaradas?

– Não os vejo, mas sei que eles manterão a palavra.

– Já faz alguns anos que você está no estado de espírito; o que se passou?

– Ele saiu de seu palácio... Sinto que estou vingado... Uma coisa me consola: Florina morreu pura...

Ele é levado, por sugestão, aos trinta e cinco anos, na vida de Esius.

– O que você faz?

– Estou em Tourino; trabalho a terra.

– Como se chama o imperador?

– Protomée.

– Você ouviu falar de Jesus Cristo?

– Sim.

– Quem era?

– Dizem que era um impostor.

– Por que impostor?

– Tudo o que ele disse não existe. Ele queria subir ao trono.

– Em que país ele estava?

– Longe, bem longe.

– Em que ano estamos?

– 275.

– E por que você chama 275 o ano em que você está?

– Porque Jesus Cristo era sábio e foi ele quem fez tudo.

– Há muito tempo Protomée está no trono?

– Isso não me interessa. Eles são todos malvados. Não irei jamais a Romulus.

– Trinta e oito anos e meio. O que você faz?

– Estou preocupado. Minha pequena Florina quer ir a Romulus. Guardiães vieram aqui, falaram-lhe do palácio, do imperador, mas eu não quero que a levem.

– Trinta e nove anos.

– Eles me tiraram minha Florina, eles a levaram... Isso vem do imperador... eu também irei a Romulus...

– Como você irá?

– A pé.

– Quanto tempo é necessário para chegar lá?

– Quinze dias.

– O que você fará em Romulus?

– Pedirei para entrar para o serviço.

– A quem você pedirá?

– A Pecius, o primeiro-guardião.

– Você está em Romulus; Pecius aceita seus serviços?

– Sim, ele não pede coisa melhor, pois digo que massacrarei todo mundo... digo um pouco a verdade... morrerei depois, azar...

– Que língua se fala em Romulus?

– Fala-se melhor do que em Tourino. É um pouco como os deuses.

– O que são os deuses?

– São aqueles que devemos adorar, aqueles que fazem matar pessoas. Se eu os visse, perguntaria se é verdade.

– Você então não os vê?

– Não os vejo, porém os escuto quando durmo.

– E o que é que eles lhe dizem?

– Eles me dizem: Esius, não vá jamais a Romulus; é preciso ser bravo, mas nada de sangue. E quando desperto não ouço mais nada.

– Por que são feitos sacrifícios?

– Para satisfazer os deuses.

– Como é feito o sacrifício?

– Corta-se em pequenos pedaços... Eu gostaria de poder ir oferecer aqueles que são sacrificados.

– Trinta anos. O que você faz?

– Estou bem infeliz, estou só com minha filhinha.

– Que idade tem sua filhinha?

– Seis anos.

– Vinte e cinco anos. O que você faz?

– Estou em Tourino com minha esposa.

– Quem os uniu?

– O pretor nos uniu.

– Como?

– Ele põe as mãos sobre nossa cabeça e diz: "Vão, vocês estão abençoados."

– Não há uma festa em seguida?

– Os parentes fazem uma refeição e nós vamos nos deitar.

– Vinte anos. O que você faz?

– Estou em Tourino com meu pai; trabalho a terra.

– Você aprendeu a ler e a escrever?

– Sim, com o pretor.

– Quantos sinais há para escrever?

– Quinze.

– Quais são eles?
– Não me recordo bem; o 'ius', o 'is'.
De quinze anos ao nascimento, nada de particular.
Ventre de sua mãe – observações precedentes.
Décima vida – Irisée
No estado de espírito:
– O que você faz?
– Eu queria flores. Colho flores, mas não as estou encontrando.
– Para que colher flores?
– Para dar a Ali.
– Quem é Ali?
– É um padre que as oferece aos deuses.
– Que idade você tem?
– Vinte e seis anos.
– Como se chama?
– Irisée.
– Você é homem ou mulher?
– Sou mulher.
– Como você chama seus deuses?
– Abrahim e José; são os deuses da prece.
– O que você espera das preces?
– Ir ao encontro dos deuses; eu ficaria bem feliz.
– O que faz Ali?
– Ali ora para os deuses.
– Como ele se veste?
– É bem grande, tão branco quanto as flores.
– Como ele oferece o sacrifício?
– Ele queima as flores e oferece o perfume.
– O que Ali lhe ensina?
– Ele diz que é preciso orar aos deuses e amá-los para ir ao encontro deles.
– Em que país você está?
– No Imondo.
– Em que ano?
– Ali diz que não é preciso procurar saber; os deuses sabem.
– Vinte e cinco anos. O que você faz?
– Oro com Ali, ofereço os sacrifícios.
– Para que servem os sacrifícios?
– Ali corresponde-se com os deuses.

– Como ele faz para isso?

– Ele me faz respirar plantas e envia-me aos deuses.

– Então você vê os deuses?

– Não os vejo, porém os ouço.

– E o que é que eles lhe dizem?

– Que é necessário rezar bastante e não ter contato com os outros.

– Vocês estão sós?

– Com Ali; antigamente nós éramos numerosos.

– Como vocês vieram?

– Os homens nos levam o que comer sem que os vejamos, pois os deuses nos matariam.

– Em que local Ali vai orar?

– Ele ora diante do altar cheio de flores que todos os dias coloco e que são queimadas à noite.

– Que flor Ali a faz respirar?

– É uma flor branca, o Irum.

– O que se passa em seguida?

– Meu corpo continua aqui e todo o resto vai em direção aos deuses.

– O que vai em direção aos deuses, a inteligência?

– É uma linda bola branca.

– Uma vez com os deuses, O que você faz?

– Fazem-me recomendações para Ali.

– Vinte e quatro anos. O que você faz?

– Estou cansada; caminhei muito na floresta com Ali.

– Há muito tempo você conhece Ali?

– Desde que eu era criança ele tomou-me de minha família.

– Por quê?

– Porque era preciso fazê-lo.

– Em que ano você está?

– No ano 100.

– Você sabe ler e escrever?

– Não, mas Ali sabe.

– Com o que ele escreve?

– Com coisas que encontra na terra, o *piouni*.

– A quem ele escreve?

– Aos deuses; ele é bastante instruído.

– O que fazia Ali antes de estar aí?

– Comandava o povo.

– Como ele se chamava?

– Ele não quer que digam seu nome.

– Dezenove anos. O que você faz?

– Estou bastante triste. Pegaram Jéüs, querem fazer rolar seu sangue, mas eu o salvarei.

– Quem é Jéüs?

– É o chefe de todos.

– Onde ele está agora?

– Está preso no Imondo.

– Como isto aconteceu?

– Ele foi pego por um outro chefe numa batalha.

– Quem é este outro chefe?

– Joanime; mas eu o salvarei.

– O que você vai fazer?

– Implorarei a Joanime e, se ele não quiser, o matarei.

Vinte anos. – O que você faz?

– Cortei suas cordas. É preciso partir para bem longe.

– Dezenove anos.

– Jéüs foi pego, vão fazê-lo morrer de fome, mas levo-lhe o que comer.

Dezessete anos. – O que você faz?

– Estou a serviço de Jéüs.

– O que faz Jéüs?

– Ele é chefe de todo o Imondie.[91]

– Onde se encontra o Imondie?

– Perto de Trieste.

– Você conhece Trieste?

– Não, mas Jéüs conhece: foi lá que ele esteve.

Doze anos. – O que você faz?

– Estou com Jéüs. Ele me ama muito.

Cinco anos. – O que você faz?

– Vou morrer.

– Como?

– Vão oferecer-me aos deuses.

Seis anos. – O que você faz?

– Pobre Jéüs, ele é bom, salvou-me, queriam cortar-me.

– Quatro anos.

– Batem-me o tempo todo. Mataram mamãe.

---

[91] Nota da editora: A diferença na grafia (Imondo e Imondie) se encontra no texto original.

No ventre da mãe: mesmas observações das outras vidas.

Décima primeira vida

A décima primeira vida tem pouca importância.

Essa criança, falecida aos oito anos de idade, teve uma vida insignificante do ponto de vista puramente experimental, apesar de marcar uma etapa na série de sonhos provocados até esse momento que já se perde na distância do tempo.

Observações do sr. Bouvier sobre o caso que acaba de expor

Como consequência de circunstâncias imprevistas, não me foi permitido ir mais longe no passado. Não se pode esquecer de que, quanto mais o *sujet* recua no tempo, mais longa e delicada é a experiência e é necessário, geralmente, para chegar à décima vida, cerca de três horas, o que representa forçosamente um primeiro obstáculo, visto o pouco tempo disponível tanto de uma parte quanto da outra.

No entanto, se devo dizer que durante esse tempo o *sujet* não pode reviver senão as vidas descritas, é-lhe possível, num tempo muito mais curto, ver desenvolver, como numa apoteose, uma quantidade inumerável de quadros que para ele são fatos, recuando-o provavelmente até os primeiros dias da humanidade; sonhos ou realidades em face dos quais ficam sempre novos pontos de interrogação e aos quais a ciência e o futuro poderão talvez responder um dia.

Primeira hipótese

Se o ego individual já viveu anteriormente, tornando-se o corpo atual, por assim dizer, o médium do espírito manifestante, pode perfeitamente haver interpolação como consequência dos diversos elementos acumulados no cérebro.

Da mesma forma farei observar, coisa bastante curiosa, que o *sujet* não pode reviver outra vida sem previamente retornar ao ventre de sua mãe para seguir as fases da concepção.

A partir de então o leitor está capacitado a distinguir o que deve ser atribuído a sonho, quando o *sujet* é levado a reviver um passado mais ou menos problemático. É a *primeira hipótese.*

Segunda hipótese

O pai pôde, em suas conversações em família, falar de sua terra natal e descrever os lugares, os hábitos, os casos de certos habitantes; conversas que se gravaram na mente do *sujet* e que lhe servem durante o sono magnético para construir com todos os detalhes sua nova personalidade.

Terceira hipótese

A educação e a instrução do *sujet* permitem-lhe, em consequência dos dados históricos adquiridos durante seus estudos, reconstituir, de maneira mais ou menos precisa, certos fatos referentes à história do passado.

Quarta hipótese

O *sujet* pode ter vivido no passado nas épocas determinadas e participado dos fatos descritos, pode contá-los como todo mundo pode fazer a respeito de sua vida presente, detendo-se mais nos fatos do que nas datas.

Cabe aos pesquisadores penetrar mais fundo no estudo deste assunto interessante com todas as precauções possíveis, não aceitando as coisas como verdadeiras senão quando forem suficientemente controladas.

A porta está aberta: os senhores sábios e psicólogos podem a partir de então procurar o que há de fundamento ou não nesse domínio do pensamento.

Observações do sr. A. G. sobre o mesmo assunto

O sr. Bouvier, em sua primeira hipótese, leva o leitor a pesquisar "o que na experiência que nos ocupa deve ser atribuído a sonho, quando o *sujet* é levado a reviver um passado mais ou menos problemático".

Trata-se realmente de um sonho? Não seria antes de tudo a revisão, pelo espírito emancipado e livre, de um passado que ele revive nitidamente, realmente, graças à exteriorização quase completa à qual o conduziu o experimentador?

Com o apoio desta maneira de ver, pedirei que observem:

1º – Que a imaginação do *sujet* não seria suficiente para produzir, para criar o que considero como reconstituição de vidas realmente vividas por ele até dez séculos atrás.

2º – Que essa eventualidade, a rigor, seria plausível se se tratasse de uma só existência descrita; porém tratam-se de várias.

3º – Nada, atualmente, no grau de conhecimentos da ciência espiritualista e psíquica, permite atribuir à imaginação de um *sujet* mergulhado no sono magnético lúcido o relato bastante detalhado de existências que ele revê e revive integralmente.

4º – Um lado notável do fenômeno reside na repetição uniformemente exata das respostas e informações fornecidas pela sra. J..., as quais estão sempre, e em todos os pontos, de acordo com aquelas dadas sobre uma mesma vida em precedentes experiências.

Se a imaginação do *sujet* compusesse inteiramente as existências que nos descreve, ele variaria constantemente o relato que delas nos faz: da mesma forma seria se se tratasse, parcial ou completamente, de um sonho, no sentido próprio da palavra, pois a característica do sonho é ser essencialmente variável, mutável e sem consistência. E então cada novo relato diferiria dos precedentes.

Assim não ocorre. Todas as descrições relativas a uma mesma vida são perfeitamente idênticas entre si. Apenas este fato já nos permite deduzir que 'a boa fé' do espírito exteriorizado, tendo reconquistado sua inteira liberdade por uma ou várias horas, é incontestável.

Não se poderia tecer este argumento, esta prova moral de boa fé, com respeito a uma pessoa no estado de vigília, sob pretexto de que ela não varia jamais seus relatos de um mesmo fato, de uma mesma história. Ora, aqui apenas a memória está em jogo, e o cálculo, a astúcia, o interesse podem guiar a individualidade em questão, que age seguindo uma tática prevista e definida. Ela se dá conta de que não darão crédito ao que diz a não ser que o exponha da mesma maneira, invariavelmente. Temos destes exemplos a cada dia na vida cotidiana.

Porém o espírito exteriorizado de um *sujet* levado ao sono magnético lúcido não faz cálculos dessa natureza. Tratam-se aí de futilidades terrestres, que não são consequentemente de seu domínio, dele espírito, e ele as deixa às personalidades materiais cujo caráter ou o temperamento a isso se acomodam e aí encontram proveitos egoístas.

A segunda hipótese do professor é bastante sensata. As conversas familiares do pai poderiam, é verdade, gravar-se na mente do *sujet* que, então, durante o sono provocado, poderia construir sua nova personalidade.

Mas, vejamos! Estimamos que esta hipótese não se adapta aos fenômenos realizados com a senhora J..., porque não se trata de uma só, única e mesma personalidade criada por ela, mas de várias.

Ora, a partir da terceira vida inclusive (Jules Robert, 1780 a 1738) e retrocedendo até a sétima vida (irmã Marthe, de 1010 a 923), as personalidades que a senhora J... retoma não apresentam mais a mínima relação com sua vida atual, nem com sua segunda vida (a de Margueritte Duchesne, de 1860 a 1835), nem com as conversas familiares que teriam permitido ao *sujet* construir esta segunda personalidade. E então?...

Nenhuma prova científica pode ser dada como apoio à nossa maneira de ver. Somos levados a raciocinar por hipóteses. No entanto também nenhuma prova jamais nos será dada como apoio a uma tese diferente, contrária e oposta.

Intimamente, e em razão das informações precisas dadas pelos espíritos nas sessões de evocações sérias a respeito de tudo o que se refere às evoluções da alma em suas múltiplas existências e a suas encarnações, cremos intuitivamente, e sinceramente, que o maravilhoso *sujet* do qual falamos revê e revive realmente as existências reais que viveu sobre a terra. Erros de datas, de locais, de detalhes são suscetíveis de se produzirem no relato que ele nos fornece, entretanto provêm talvez da insuficiência de desprendimento do espírito, insuficiência no entanto relativa, uma vez que o desprendimento perispiritual e anímico é submetido a um limite que não poderíamos ultrapassar, sem romper o cordão fluídico que une o corpo à alma e sem conduzir à morte.

Quanto à terceira hipótese admitida pelo senhor Bouvier, confirmamos as apreciações que a segunda nos sugeriu, substituindo a influência presumida das "conversas familiares" por outra não menos presumida e supositiva; a influência dos "dados históricos adquiridos pela senhora J... durante seus estudos".

A quarta hipótese desenvolvida é a nossa, e estamos persuadidos de que o trabalho dos pesquisadores, dos sábios imparciais, dos psiquistas e psicólogos sinceros, que se darão ao trabalho de estudar as manifestações submetidas a seu exame, dar-nos-ão como resultado a prova científica visando aos fatos sobre os quais não se pôde até o momento senão conjecturar.

Não desesperemos, pois, como diz tão justamente Eugène Nus, em um de seus belos livros:

Só no meio da desordem universal a ciência caminha para a frente sem parar, sem refletir. O que procura, ela não poderia dizer; conta com muitos pioneiros, mas poucos pensadores. Os pioneiros abatem e desbravam. O que surgirá nesta terra nova? A imortalidade ou o nada? A matéria ou o espírito? Deus ou o ateísmo? Ela ignora, porém avança sempre. Para saber onde vai é necessário plainar acima dela... Ela procura Deus, mesmo quando o nega e, apesar de suas negações, ela o encontrará.

Caso nº 9
Senhor Surel, 1905.

O *sujet* é um jovem soldado, servindo voluntariamente numa infantaria, servidor de seu estado; possui certificado de estudos; saúde normal.

Foi adormecido em Lyon pelo sr. Bouvier em presença do pastor Fulliquet, que toma notas. Eu aqui as resumo.

A regressão da memória na vida atual faz-se como habitualmente.

Segunda vida

Louis Fargeau é filho de um barqueiro do rio Rhône que mora na região de Brotteaux. Frequenta pouco a escola, aprende com dificuldade. Aos quinze anos trabalha com seu pai no Rhône e assina Fargot Louis. Tem dezesseis anos quando o rei Luís XVI é decapitado. (Ele portanto nasceu em 1778.) Aos dezessete anos entra para o exército e vai para Grenoble. Aos vinte anos participa da campanha contra os ingleses em Toulon (seria portanto em 1798, no entanto, a tomada e a retomada de Toulon contra os ingleses deu-se em 1793). Aos vinte e dois anos é suboficial, assiste à capitualação de Ulm (novo erro: a capitulação de Ulm foi em 1805 e ele tinha vinte e dois anos em 1800). Ele dá o nome de seus oficiais sucessivos. Tem vinte e oito anos quando Napoleão se faz consagrar pelo papa (seria portanto em 1806, porém a consagração foi em 1805). Aos trinta e dois anos é oficial. Aos trinta e quatro (portanto em 1812) acompanha Napoleão à Rússia, que é obrigado a fugir (sic).

Tem quarenta e um anos (portanto em 1819), quando Napoleão, que estava exilado numa ilha, volta à França. O rei enviou contra ele o general Ney, porém este não o prendeu. Ele parte de Chalon para lutar contra os ingleses e os alemães.

Está em Sedan, é o general Ney quem comanda. Ele luta nas fronteiras da Alemanha, em direção à Bélgica. (Aqui há confusão entre o tio e o sobrinho.) Aos quarenta e um anos e meio assiste a uma batalha travada sobre o monte Saint-Jean. O general Ney encontra-se no planalto e a artilharia é posicionada nos flancos do planalto. Os alemães avançam, tendo os ingleses à esquerda. Napoleão ocupa um casebre na estrada. A situação dos alemães não é boa e retrocedem perseguidos, porém retornam após terem recebido reforços. Napoleão também espera reforços, que não chegam. Aí Fargeau descreve a manobra que fez sua tropa. Ouve-se o canhão que chega; espera-se que seja Grouchy; não, não, são os alemães. Fargeau é então ferido fatalmente (faz-se com que ele assine e então assina Louis Fargeau).

Intervalo entre a segunda vida e a vida atual

Ele encontra-se no espaço no estado de espírito e recorda-se do que se passou no momento de sua morte. Deixou com um suboficial da Segunda esquadra de infantaria uma carta para o marechal Ney.[92] Fazia dois anos que ele havia morrido; foi em 1815. Transporta-se ao local onde foi morto e o procura num mapa pertencente a um habitante, procura o nome da região. Lê Carte-

[92] Nota da editora: Não há erro na referência às duas patentes. Michel Ney foi promovido a general em 1796. Napoleão o fez marechal em 1804. Foi executado em Paris, em 1815.

loo, depois Verloo e, em seguida, Waterloo. Percebe no campo de batalha sua carteira, que contém a certidão de nascimento.

Intervalo entre a segunda e a terceira vida

Encontra-se no espaço. Tudo lhe faz mal. Dá-se conta de que não tem corpo. É-lhe pedido que assine seu nome. Ele não pode.

Terceira vida

Ele é um ser estúpido, mas não infeliz; parece ser um homem e bretão. Ouve-se que pronuncia palavras como *Aïazeto*, *Arcovi*, *Aralpos*, *Rainoko*.

Intervalo entre a terceira e a quarta vida

Ele encontra-se no espaço, mas não está satisfeito. Vai-se perfeitamente onde se quer ir; basta querer e chega-se lá. Não é preciso nem beber, nem comer, nem trabalhar, mas é aborrecido.

Quarta vida

Ele é camponês da Franche-Conté, perto do castelo de Domfort. Chama-se Richard. Casa-se aos dezenove anos e tem dois filhos: Henri e Justin.

Trabalha a terra do senhor a quem dá a metade das colheitas. Frequentemente é passado para trás, seja pelo senhor, seja pelo padre.

Aos quarenta anos diz que tem uma doença no ventre, porém é preciso trabalhar senão o senhor lhe bate. Seus filhos são levados à guerra e morrem.

Frequentemente passa fome; alimenta-se de pão, de leite e de fruta. Seu pai lhe disse que ele já comeu carne de porco uma vez. Não tem cama, dorme sobre a palha.

Sua roupa, que se compõe de uma camisa e uma calça branca, custou-lhe duas medidas de trigo.

Morre aos setenta anos.

Caso nº 10
Victoria, 1905

Essa mulher exerce em Voiron o ofício de sonâmbula. Tinha cerca de quarenta anos quando a estudei. Seu marido, em 1905, a magnetizava. Adormecida magneticamente, ela sentia a doença das pessoas que vinham consultá-la e lhes prescrevia instintivamente, dizia, os remédios apropriados.

Apresenta pontos hipnógenos e histerógenos nos locais habituais e de maneira bem nítida.

Os passes longitudinais a adormecem e determinam uma exteriorização bastante confusa da sensibilidade.

Ela prestou-se a minhas experiências durante três sessões, durante as quais pude determinar a regressão da memória na vida atual, com mudanças de letra e duas personalidades anteriores.

Na mais antiga, ela é uma menina, chamada Marie Mazode, que cuidava de ovelhas e fiava na herdade de Chagne. Há senhores que dizem que brevemente os castelos serão demolidos; eles são agora soldados por quatorze anos. Ela morre aos sessenta e nove anos.

Morta, ela não sofre; mas aborrece-se, encontra-se na obscuridade, queria voltar a ser viva e inteligente.

Reencarna na pessoa de Jean Chastellière, nascido em 1739, em Gonestelle (Ardèche). O pároco ensina-o primeiramente a falar um pouco de francês e, em seguida, ele estuda para entrar no seminário e tornar-se padre. Não consegue e casa-se com uma religiosa que ele seduziu chamada Marianne Lacrotte, de Montagnac, comuna de Saint-Andéol-de-Bourlenc. Estabelece-se como professor primário em 1850, em Crouzet de Mezillac, onde permanece três anos, em serviço da via férrea. Morreu aos sessenta e nove anos em consequência do excesso de bebida.

Estes detalhes extremamente precisos e acompanhados de mímica bastante expressiva, relativamente aos diversos períodos de sua vida, levaram-me a escrever ao presidente da câmara municipal de Crouzet para saber se se havia conservado a memória de um professor chamado Chastellière. A resposta negativa foi comunicada ao médium, que não se admirou, porque ele tinha ficado pouco tempo nessa localidade, porém, lá devia haver ainda alguns de seus alunos, particularmente Pascal Baconnier e Valette. Enderecei-me então ao pároco e aqui ainda a resposta foi negativa.

Caso nº 11
Juliette, 1905

Encontrei, em 1905, em Grenoble, no ateliê do sr. Urbain Basset, diretor da escola de escultura dessa cidade, uma moça chamada Juliette Durand, que lhe servia de modelo para uma estátua de cantora cambojana.

Juliette tinha então dezesseis anos. É filha de um pequeno banqueiro de Die que faliu e morreu há dez anos. Sua mãe contraiu novas núpcias com um operário eletricista chamado Perret, e os três viajam de cidade em cidade procurando emprego, tanto para Perret, que é de índole aventureira, como para a pequena Juliette, a quem fizeram posar há já muito tempo nos ateliês de pintura e de escultura.[93]

Essa jovem, que tem boa saúde e belíssimo corpo, é muito simpática e teve até aí conduta bastante regular. Sofre pela vida que leva e gostaria de ter uma profissão manual[94] que lhe permitisse não mais posar, pois respeitavam-na apenas quando era criança, o que não mais acontece agora que ela é adulta. Não possui nenhuma instrução, sabe apenas ler e escrever e jamais ouviu falar de espiritismo ou de magnetismo.

Após ganhar sua confiança, graças a algumas visitas ao ateliê do sr. Basset, pedi-lhe permissão para fazer algumas experiências com ela. O sr. Basset, que está bastante a par dos fenômenos psíquicos, encorajou-a e pude assim ter com ela, no ateliê, ou em meu apartamento de Grenoble, ou ainda em minha casa de campo em Agnélas, oito sessões as quais vou relatar sumariamente.

Primeira sessão, 31 de julho de 1905

Constato, no estado de vigília, a atração exercida pela mão colocada sobre as costas, a percepção de odores sugeridos após ter tampado o nariz do *sujet* com meus dedos colocados em forma de pinça, a existência de pontos hipnógenos e histerógenos, assim como as localizações cerebrais nos locais habituais e, enfim, a sugestibilidade quando determino um estado superficial da hipnose pela pressão de um ponto hipnógeno.

Segunda sessão, 3 de agosto de 1905

Adormeço Juliette com o auxílio de passes longitudinais e conduzo o sono magnético até o estado de *rapport*; constato então a exteriorização da sensibilidade.

Tento, quando ela se encontra levemente adormecida, fazê-la tomar posições por sugestão. Ela faz essas posições menos bem do que quando está desperta e diz que isto a fatiga. A música não produz nenhum efeito.

---

[93] Segundo o que Juliette me disse, ela posou em Paris para Bourguereau e Rochegrosse; este, que se tinha afeiçoado à criança, a teria levado à Argélia para passar um inverno com ele. Ela tinha uma irmã religiosa em Valença e uma outra, morta durante o parto recentemente, casada com um guarda-livros de Lyon. Um irmão de seu pai, morto igualmente há pouco tempo, era farmacêutico principal do exército em retiro em Paris. – A. R.

[94] Ela é desajeitada com as mãos, não sabe costurar. Como manifestava gosto pela profissão de passadeira, coloquei-a como aprendiz em casa de uma boa mulher onde ia trabalhar dois dias por semana enquanto estivesse em Grenoble. – A. R.

Terceira sessão, 6 de agosto de 1905

Faço Juliette vir hoje à minha casa para apresentá-la ao sr. François Porro, professor de astronomia da Universidade de Gênova (nesse momento em Grenoble participando do Congresso de A.F.A.S.), e a algumas outras pessoas.

Propus-me, sobretudo, fazê-la constatar a exteriorização da sensibilidade; porém, após ter adormecido Juliette através de passes longitudinais, fiquei bastante admirado de não constatar essa exteriorização. Pensei que, intimidada pela assistência onde ela conhecia apenas a mim, ela tinha-se concentrado ao invés de exteriorizar-se.

Para aperceber-me de seu estado de espírito, pedi-lhe que me desse seu endereço; respondeu-me com um endereço em Paris. Perguntei-lhe então sua idade. Ela pensou durante algum tempo e terminou por me dizer: "dez anos". Reconhecendo o fenômeno que eu havia acabado de estudar em Aix, tentei fazê-la retroceder ainda mais, continuando os passes, porém não o consegui. Seu espírito apresentava como que oscilações, passando alternadamente de sua idade atual à idade de dez anos. Manifestando-se a fadiga, não insisti e despertei-a com passes transversais.

Quando Juliette retornou a seu estado normal, conversou conosco calmamente. Readormeci-a então com passes longitudinais e obtive desta vez a exteriorização da sensibilidade. Conduzi o sono até a formação dos dois meio-fantasmas, que ela percebeu de maneira confusa, como um vapor cinza, um, à sua direita, o outro, à sua esquerda. Chegando a esse ponto, ela pareceu sofrer e eu parei.

Despertei-a com passes transversais. Quando ela me pareceu ter retornado ao estado de vigília, eu quis desprendê-la completamente, continuando um pouco os passes; apercebi-me então de que ela adormecia de novo. Apesar de admirado ao ver desenvolverem-se nela tão rapidamente essas faculdades anormais, eu quis ver o que poderia obter assim. Após dois ou três minutos de passes transversais, perguntei-lhe onde ela se encontrava naquele momento. Respondeu-me que estava em Genebra há dois anos. Havia deixado Grenoble em 28 de maio de 1906, porque seu padrasto ficara desempregado. Continuava a posar, o que a aborrecia muito.

Tendo-me parecido bastante longa a sessão, reconduzi Juliette a seu estado normal com passes longitudinais. Ela despertou sentindo-se bem e sem recordar-se do que havia ocorrido.

Quarta sessão, 11 de agosto de 1905

Adormeço Juliette por meio de passes longitudinais e levo-a rapidamente ao momento do nascimento, sem sugestão, restringindo-me a perguntar-lhe de vez em quando a idade que ela tinha em cada momento.

Continuando os passes longitudinais, constato que ela muda de personalidade. Não mais se encontra num corpo carnal, vive numa semiobscuridade e não sofre. Vê espíritos luminosos, porém não tem permissão para falar-lhes. Ela foi um homem chamado Francisque Bonnabry, que morreu há muito tempo. Esse Francisque é mais ou menos indiferente à sorte daqueles que deixou na terra: "Seus sofrimentos são necessários e de muito pouca duração com relação à eternidade."

Julgando fora de propósito ir mais longe no passado, desperto lentamente Juliette através de passes transversais. À medida que ela vai despertando, levo-a a contar-me os eventos ocorridos em sua vida na idade em que a paro e faço-a escrever. A figura 1 dá as escritas obtidas assim nas idades de três, quatro, seis, doze e enfim dezesseis anos, quando ela volta a seu estado normal.

figura 1

Quinta sessão, 20 de agosto de 1905

Esta sessão foi consagrada à pesquisa de detalhes relativos à personalidade Bonnabry, à qual Juliette é levada por meio de passes longitudinais.

Bonnabry é belga. Em 1818 tinha trinta e dois anos, era casado e trabalhava em Angoulême como tipógrafo. Assina sem hesitação seu nome (fig. 2). Três anos depois, em 1821, separa-se de sua esposa[95] porque ela tinha má conduta; ele fica muito triste com isso. Morre aos quarenta e cinco anos (em 1831) de uma doença no coração. Separou-se de seu corpo carnal sem muita dificuldade; seu corpo astral[96] saiu pela cabeça. Seguiu seu enterro e reconheceu as pessoas que a este assistiram. As orações do padre fizeram-lhe bem; a água benta afastou os maus espíritos; ele não observou a parede fluídica que o padre produziu circulando o caixão na igreja.[97]

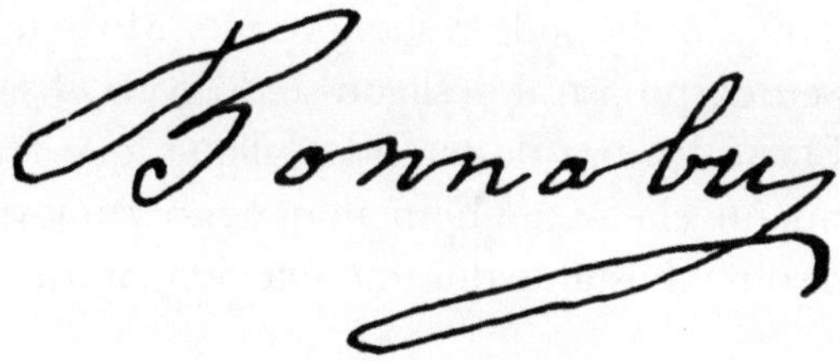

figura 2

Quando Juliette reencarna em seu corpo atual não toma posse deste senão no momento em que ele sai do ventre de sua mãe, e ainda assim parcialmente. Ela penetra em seguida pouco a pouco de maneira a encontrar-se completamente nele na idade de aproximada de sete anos.[98]

---

[95] Juliette diz algumas vezes *separado*, outras vezes *divorciado*. – A. R.

[96] Juliette não empregou os termos carnal e astral; sirvo-me deles para resumir suas explicações. – A. R.

[97] Esta parede fluídica é vista por outros *sujets* e eu esperava uma resposta afirmativa de Juliette quando a interroguei a esse respeito. Pode-se concluir daí que ela não lê meu pensamento; e além do mais interrompia-me freqüentemente com vivacidade quando, por minhas perguntas, eu mostrava que havia esquecido ou mal compreendido um detalhe relativo a algumas de suas personalidades sucessivas. – A. R.

[98] Ver o caso nº 3. Como resultado de uma investigação que fiz com pessoas a mim próximas obtive que as lembranças da primeira infância apresentam-se em geral sob a forma de um quadro; vemo-nos a nós próprios concluindo o ato de que nos recordamos, como se houvéssemos observado o exterior do corpo. – A. R.

Sexta sessão, 25 de agosto[99]

Adormeço Juliette através de passes longitudinais e faço-a assim recuar em direção ao passado. Em seguida, sem nada lhe dizer, mudo a direção dos passes e constato que a levo em direção ao futuro.

Ela tem agora vinte anos. Deixou Grenoble há três ou quatro anos. Está em Genebra, onde posa para um escultor, o sr. Drouet, a quem o sr. Basset a recomendou.

A continuação dos passes transversais a leva aos vinte e dois anos. Encontra-se em Nice. Resfriou-se posando. Tosse muito e não pode mais posar.

Sob a influência dos mesmos passes, ela envelhece mais; seu rosto exprime sofrimento; acessos de tosse violenta a sacodem; sua atitude é tão triste e tão resignada que emociona todos os assistentes.

Enfim ela morre: sua cabeça inclina-se sobre o ombro, os membros caem inertes.

Alguns passes ainda e ela pode responder-me. Morreu aos vinte e cinco anos (em 1914). Seu corpo astral desligou-se do corpo físico rapidamente e sem sofrimento. Ela se lembra de ter sido Juliette, que sempre se manteve virtuosa. Anteriormente ela foi um homem que morreu jovem: um bravo homem que também sofreu bastante durante sua vida, porque, antes, havia sido uma mulher má.

Retorno ao estado normal com a ajuda de passes longitudinais.

Sétima sessão, domingo, 3 de setembro

Juliette veio hoje à Voiron para ver seu padrasto, cujo emprego arrumei junto a um eletricista da cidade. Ela retornou a minha casa de campo de Agnélas onde passou o dia. Dessa forma, pude realizar duas sessões consecutivas: uma pela manhã, outra à tarde.

Sessão da manhã

Através de passes longitudinais e sugestões unicamente relacionadas ao tempo, adormeci rapidamente Juliette e a conduzi à personalidade de Bonnabry.

Bonnabry não é belga como eu acreditava: ele tinha apenas origem belga; sua mãe era belga. Quanto a ele, não sabia onde havia nascido por causa da vida aventureira de sua mãe, que era cantora. Aos dezoito anos, ambos estavam em Angoulême para a temporada teatral. Um dia ela o conduziu à estação com um senhor; mas, no momento da partida, deu-lhe uma incum-

99 Nota da editora: embora não apareça no original francês, o ano é ainda, obviamente, o de 1905. O registro é importante porque, como se vai ler em seguida, o *sujet* aludirá à desencarnação do cel. de Rochas, que só ocorrerá nove anos depois, em 1914.

bência qualquer. Quando ele retornou, não encontrou mais ninguém e, desde então, nunca mais reviu ou teve notícias de sua mãe. Abandonado, procurou emprego como aprendiz numa gráfica.

Levado a dez anos antes, através de passes longitudinais, ele estava no interior, junto aos camponeses, onde sua mãe se havia instalado.

– Que faz sua mãe?

– Mas eu já lhe disse![100]

Nesse instante, constato que a sensibilidade de Juliette está exteriorizada alguns centímetros em torno de seu corpo; o que acontece com ela sempre que passa por uma fase da vida terrestre.

Continuo os passes adormecedores. Francisque está no ventre de sua mãe: o corpo, mas não a alma.

Continuação do mesmo gênero de passes. Aparição de uma nova personalidade, a de uma menina morta em tenra idade. Ela está na obscuridade, porque, antes de ter sido essa menina, teve, como mulher, uma longa existência onde se conduziu mal e abandonou seu marido e suas crianças.

Recorda-se dessas lembranças e sofre com elas. Nenhuma sensibilidade ao redor do corpo, mas apenas em torno da cabeça como se o corpo astral se desprendesse pelo alto desta. Foi o que eu já havia observado a cada vez que Juliette se acreditava na erraticidade entre duas vidas terrestres.

Em seguida vou rapidamente ao despertar sem parar na vida terrestre de Francisque. Quando vou muito rápido com os passes, Juliette parece sofrer e pede-me para ir mais lentamente.

Francisque morre; interrogo-o sobre seu estado. Ele encontra-se numa semiobscuridade e sofre apenas algumas vezes. Constato, uma vez mais, que a sensibilidade não existe nem na pele nem ao redor do corpo, exceto acima da cabeça, de onde ela se eleva em coluna.

Sessão da tarde

Encaminho Juliette desde o início em direção ao futuro por meio de passes transversais auxiliados por sugestões relacionadas ao tempo.

Ei-la algumas semanas após o momento em que nos encontramos. Mantém sua cabeça entre as mãos, parece muito triste e fala com dificuldade. Seu padrasto não permaneceu na casa onde o empreguei; encontra-se agora numa usina das redondezas de Voiron, a qual ela não pode precisar.[101] Continua tra-

[100] Dessa maneira Juliette guardou, ao menos parcialmente, a memória do que ela disse quando estava 'progredida' no tempo. – A. R.

[101] Isto é provavelmente o resultado de sua conversa pela manhã com seu padrasto, e além do mais tal não ocorreu. – A. R.

balhando com a passadeira para seu aprendizado, o que não convém a seus pais, que prefeririam vê-la posar sem interrupção.

Continuação dos passes transversais.

Ela deixou Grenoble e está em Genebra. Tem ainda grandes aborrecimentos com seus pais e recusa explicar-se sobre este assunto. Ela gostaria muito de escrever a seu tio de Paris, porém sua mãe, que está indisposta com ele desde seu segundo casamento, a impede.

Tem agora vinte e cinco anos e mora em Nice, para onde vai, primeiramente sozinha, e onde, em seguida, sua mãe se uniu a ela. Tosse e aperta o peito com ar de sofrimento. Constato que sua sensibilidade está exteriorizada em torno do corpo.

Alguns passes transversais ainda e Juliette morre. Sua cabeça cai sobre o ombro, seus membros estão inertes. A sensibilidade não mais existe ao redor do corpo e localizou-se acima da cabeça.

Continuação dos mesmos passes e, em seguida, novo interrogatório.

Ela está feliz por ter morrido, não sofre e não se encontra na obscuridade. Recorda-se daqueles que foram bons para com ela, especialmente o coronel de Rochas, que morreu dois anos antes dela (em 1916) de uma doença da qual sofria há muito tempo.[102]

Continuo os passes transversais e constato que sua sensibilidade retorna em torno do seu corpo. No momento em que paro para interrogá-la, ela está reencarnada no corpo de um menino bastante pio. Depois este menino entra para o seminário. Pergunto-lhe se crê no céu e no inferno tais como lhe ensinam e ele responde sorrindo que não é exatamente como dizem. Pressiono o ponto da memória sonambúlica no centro da fronte para que se recorde de suas vidas passadas; ele sorri ainda, fazendo um sinal de aprovação com a cabeça.

Passes longitudinais sem interrupção até o retorno à vida normal, constatado pela sensibilidade cutânea e o estado da memória.

Oitava sessão, 13 de setembro

Eu gostaria de saber como Juliette vê o futuro: se é apenas uma previsão do conjunto dos acontecimentos ou se ela vive esses acontecimentos em todos os seus detalhes.

Para apressar a caminhada no tempo, por sugestão, previno-a, antes de adormecê-la, de que vou esforçar-me por fazê-la ver sua vida futura.

Passes transversais.

---

[102] Nota da editora: O cel. Albert de Rochas faleceu, como já foi visto, em 1914.

Ela encontra-se em Genebra. Peço-lhe que me conte o que fez na véspera. Levantou-se às sete horas, tomou café com leite, em seguida foi posar para o sr. Drouet, que mora bem próximo, na rua Jean-Jacques Rousseau. Ele trabalha numa estátua e ela não sabe o que esta representa. "Você entende, ele se crê muito bom nisso; mas eu não acho." Voltou para casa para almoçar; comeu tomates recheados e salada de alface. À tarde lavou um pouco de roupa. Em seguida jantou e deitou-se. Pergunto-lhe se me conhece. Ela hesita um pouco, depois salta-me ao pescoço: "Oh, sr. de Rochas, como estou contente em revê-lo!"A conversa inicia-se como se eu tivesse vindo fazer-lhe uma visita, de passagem em Genebra. Ela me diz que gostaria muito de não mais posar, que uma senhora lhe prometeu encontrar-lhe uma vaga para trabalhar com uma passadeira. Ela posa com frequência na Escola de Belas-Artes; são simplesmente poses para os alunos, elas não significam nada. Os artistas em geral não são desonestos com ela. Há no entanto um velho pintor, que a havia visto com o sr. Drouset, que lhe escreveu para fazer-lhe uma declaração de amor. "Você quer que eu lhe mostre sua carta? Ela é bastante engraçada." "Sim, vá procurá-la." Ela levanta-se rindo, depois hesita e senta-se de novo dizendo-me que não sabia mais onde a havia posto, mas que ia contá-la a mim. O pintor fazia-lhe muitos cumprimentos; desejava ter uma entrevista sozinho com ela e pedia-lhe que fosse, ou a um encontro para o dia seguinte às sete horas da noite perto do bar que fica no final da rua Jean-Jacques Rousseau, ou uma resposta posta-restante com as iniciais B.P. "Você bem sabe que não respondi e que não fui ao encontro." Ela não se mostra mal de saúde, no entanto tosse com bastante frequência e tem suores durante a noite. Digo-lhe para olhar seus pulmões; ela vê grandes buracos.[103]

Continuo a caminhada em direção ao futuro pelo processo habitual. Doença em Nice. Tosse dilacerante. Morte. Alegria por estar liberta da vida. Ela pagou a dívida de suas faltas; resta-lhe progredir intelectualmente. Reencarna numa família afortunada e chama-se Emile Chaumette. Sua mãe morre dando-a à luz. Seu pai é proprietário de uma importante fábrica de telhas e mora no campo, numa bonita casa. Emile tem, desde a infância, o desejo de tornar-se padre. Entra para o grande seminário e, pouco depois de sua saída, em 1940, é nomeado vigário no Havre. Não crê inteiramente em tudo o que ensina; porém o que ensina é satisfatório para a maioria das pessoas. Encontramo-nos ainda na República, mas as relações entre a igreja e o Estado modificaram-se várias vezes desde o começo do século. Peço-lhe que escreva seu

[103] Alguns dias antes, tendo-a ouvido tossir, pedi-lhe, no estado de sono, para olhar seu pulmão. Ela não sabia o que era o pulmão. Quando lhe expliquei, dirigiu seus olhos em direção ao peito e disse ver pequenas cavidades. – A. R.

nome. Ele me olha com um ar inquieto: "Para quê?" – Eu estudo as relações que possam existir entre a escrita e o caráter. "Olha só, é engraçado, não me recordo mais como se escrevem as letras." Enfim, após duas tentativas que ele apaga, dá-me a assinatura, reproduzida na figura 3.

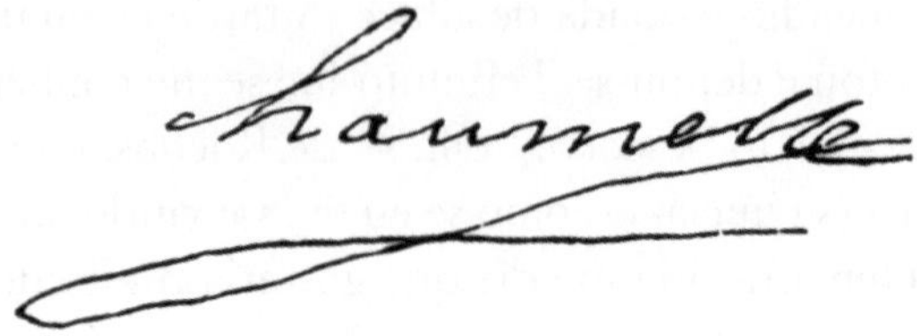

figura 3

Conversando com a personalidade Chaumette, tomo amigavelmente Juliette pela cintura como faço frequentemente quando estou contente com suas respostas; ela sempre acolhe com prazer esta demonstração de afeto. Hoje não aconteceu assim; ela levanta-se bruscamente com o ar severo: "Que modos estranhos você tem! Além do mais, é preciso que eu parta, preciso rezar a missa."

Retenho-a por meio de passes longitudinais e reconduzo-a a seu estado normal.

Foi minha última sessão com Juliette. Alguns dias mais tarde, ela envia-me um telegrama anunciando que sua irmã de Lyon havia falecido ao dar à luz, que ela partia com sua mãe para cuidar do recém-nascido e que me escreveria em breve.[104]

Apesar de suas promessas, nunca mais tive notícias dela. Em vão procurei-a em Lyon, em Genebra e em Nice. Talvez alguém possa encontrar este *sujet* bastante interessante e ver o que se realizará de suas previsões. É por isso que deixei neste artigo os verdadeiros nomes dados às personagens.

Até o momento constatei que:

1º Ela deixou Grenoble oito meses antes da data que havia indicado;

2º Não há agora em Genebra nenhum escultor com o nome Drouet ou outro nome análogo.

3º O sr. Basset não conhece nenhum artista com este nome e não deu nenhuma carta de recomendação a Juliette;

4º Não foi encontrado em Angoulême nenhum vestígio de alguém chamado Bonnabry, tanto em procedimentos de separação com sua esposa, como em registro de óbito.

[104] Juliette e sua mãe foram em prantos despedir-se da passadeira, que não teve nenhuma dúvida sobre a realidade da causa apresentada para sua partida; porém, como deixaram cartas em Grenoble, não queriam provavelmente que soubessem de seu endereço em Lyon. – A. R.

Caso nº 12
Sra. Marguerite N., janeiro de 1906.

A sra. Marguerite N. é uma jovem de dezenove anos, inteligente e que recebeu sólida instrução num convento de Toulouse.

Tem boa saúde, é bastante esperta e hábil para todos os exercícios do corpo, montando a cavalo, conduzindo seu automóvel, caçando. Gosta de artes, pinta satisfatoriamente e lê muito.

Casada há apenas alguns meses com um homem consideravelmente mais velho do que ela, vive hoje num pequeno burgo dos Pirineus no seio de uma família rica, mas bem abaixo dela em nível intelectual.

Tive a ocasião de conhecê-la em casa de amigos meus, sr. e sra. X..., que são seus primos. Conversamos sobre ciências psíquicas, que ela conhecia apenas muito vagamente e pelas quais logo se apaixonou, encontrando aí um alimento para sua atividade cerebral, sem emprego desde sua instalação em casa dos sogros.

Pediu-me que a adormecesse, o que consegui desde a primeira vez. Tivemos em seguida, frequentemente, duas sessões por dia, durante mais de duas semanas.

Não tendo tomado notas, não procederei pela descrição de cada sessão. Limitar-me-ei a dar resumo das vidas que Marguerite diz ter vivido e as mencionarei em sentido inverso à ordem nas quais fizeram sua aparição. Para simplificar a exposição, contarei as coisas como se elas tivessem realmente acontecido.

A mais antiga das vidas à qual pude chegar passou-se na Índia. O *sujet* era então mulher, filha de um rajá e de uma escrava. Amava apaixonadamente um oficial inglês e, tendo sido descobertas suas relações, seu pai condenou-a a ser queimada viva. A sentença foi executada, porém antes de morrer a jovem indiana enviou ao oficial inglês uma cesta repleta de rosas no meio das quais se encontravam três pequenas serpentes bastante venenosas, para que seu amante morresse e fosse unir-se a ela.

Marguerite gozava da faculdade de ver, entre duas vidas sucessivas, seu futuro e o das pessoas com quem viveu. Diz que seu pai, o rajá, veio a ser Léon Denis,[105] a quem ela conhece pessoalmente e por quem experimenta uma real antipatia, apesar de admirar seu talento e seu caráter. O oficial inglês era a encarnação de um ser que ela conheceu e amou sempre, uma alma gêmea que depois se tornou Carl du Prel, seu guia atual.

Na vida seguinte ela ainda é mulher, morava no Marrocos e fazia parte de uma ordem religiosa. Um bando de aventureiros espanhóis, que havia desembar-

[105] Léon Denis, a quem contei esta circunstância e a quem suas existências precedentes teriam sido desvendadas através de comunicações espíritas, não tem nenhum conhecimento dessa vida de rajá. – A. R.

cado no litoral, foi rechaçado pelos marroquinos, nas mãos de quem seu chefe ficou prisioneiro. Esse chefe foi aprisionado numa torre onde deveriam deixá-lo morrer de fome, porém ela apaixonou-se por ele, facilitou sua fuga e embarcaram juntos num navio que devia conduzi-los à Espanha. Ela morreu durante a travessia. O chefe espanhol, com quem desta forma ela manteve contato pela primeira vez em sua série de aventuras, tornou-se mais tarde M. N..., seu marido atual.

Em seguida, ela foi um homem na Espanha. Era um fidalgo ladrão e brutal. Raptou uma menina que cuidava de cabras. Ele a amava muito, porém batia nela e tornou-lhe a existência muito dura. Apesar disso, ela o amava. Essa jovem camponesa teria sido uma de minhas encarnações precedentes, à qual sucederá primeiro uma encarnação como o superintendente Fouquet,[106] e, em seguida, uma outra como grande dama austríaca, amiga íntima da imperatriz Maria Luísa.

É então que reencontro na terra o *sujet* que se tornou o marechal Ney e que uma viva amizade nos une.

Enfim, reencontramo-nos ainda em nossa existência atual onde também reencontra o chefe do bando espanhol que ela havia ajudado a evadir-se do Marrocos. Casa-se com ele como expiação de suas faltas passadas e no propósito de fazê-lo evoluir.

Se, após ter trazido Marguerite a seu estado normal através dos passes transversais, continuo esses passes, ela vai em direção ao futuro. Morre com cerca de quarenta e cinco anos após uma vida bem triste onde todos os seus instintos foram abafados. Não teve filhos e nem serviu para nada. Alguns anos antes, seu marido havia falecido, o que foi um alívio para ela, porém já era muito tarde para mudar de vida.

No espaço, encontra todos aqueles a quem realmente amou: Carl du Prel, o coronel de Rochas, seus primos X... Está feliz por sentir-se livre e deseja reencarnar para contribuir com a evolução da humanidade. Reencarna, efetivamente, em pouco tempo: ela é mulher, com uma situação independente, não se casa e me reencontra reencarnado como homem, solteiro. Unidos por pura amizade, entregamo-nos juntos ao estudo das ciências psíquicas.

Pressionado pelo tempo e pela pesquisa de outros fenômenos, passei rapidamente pelos períodos compreendidos entre as diferentes encarnações, não insistindo em saber como ela aí vivia e limitando-me a constatar sua faculdade de seguir seus amigos nas encarnações sucessivas.

---

[106] Enquanto eu era o superintendente Fouquet, ela estava desencarnada e me protegia. – A. R.

As mudanças de personalidade que ela afeta nessas diversas vidas são muito menos impressionantes do que com os outros *sujets*: são antes de tudo recordações que ela evoca, ao invés de papéis que ela representa. No entanto, no momento em que se dá a morte do general Ney, ela leva sempre sua mão ao coração e cai como que morta.

Quatro anos passaram-se desde as experiências que acabo de descrever. Não revi o *sujet*, porém soube que, contrariamente ao que ela havia predito, teve um filho. Suponho que sua imaginação representou um papel preponderante nos fenômenos que acabo de descrever. Todos os seus instintos de vida ativa devem tê-la feito tomar o marechal Ney como tipo do que ela teria desejado ser. A história das serpentes numa cesta de rosas foi, parece, assunto de um romance que ela teria lido, apesar de não se recordar. Enfim, tive ocasião de falar-lhe com frequência de Carl du Prel, cujas obras eu me ocupava no momento em traduzir.

Além dos fenômenos de regressão de memória e de previsão, Marguerite possuía faculdades psíquicas muito mais nítidas e independentes da sugestão.

Era assim que, quando a adormecia através dos passes, a sensibilidade exteriorizava-se e podia-se constatar a presença de dois meio-fantasmas a cada um de seus lados e, em seguida, sua reunião, formando um fantasma único entre ela e mim. Este fantasma único ou corpo fluídico podia ser por ela enviado a locais afastados; porém não verifiquei a realidade dessas viagens.

A transmissão do pensamento, a autoscopia e a mímica sob a influência da música foram obtidas quando as tentei. Estivemos um dia, inclusive, a ponto de obter uma materialização com auxílio de um segundo médium, que viu uma personagem formar-se, enquanto Marguerite, completamente exausta, parecia tão perto da morte que tive de parar a experiência.

Caso nº 13
Henriette, 1906

1ª sessão

Adormeço Henriette facilmente e provoco a exteriorização da sensibilidade.[107] O corpo astral parece formar-se acima da cabeça. No entanto constato um pouco de sensibilidade nas faces a um ou dois milímetros da epiderme.

[107] Este caso é especial pois o *sujet* é uma mulher de trinta e quatro anos, mãe de família, perfeitamente equilibrada, tanto moral como fisicamente, bastante instruída, ocupando no mundo, assim como seu marido, muito boa situação, e tendo, como católica fervorosa, pouca simpatia pelas teorias espíritas, que conhece apenas vagamente. Por outro lado, jamais foi magnetizada antes da primeira sessão, a qual relato. A cena se passa em Valença, em fevereiro de 1906, e a redação a seguir foi feita de acordo com as notas tomadas durante as sessões pelo marido da sra. Henriette. – A. R.

A sensibilidade exteriorizada pode fixar-se sobre um lenço de seda ou num copo de água. Desperto Henriette; ela apresenta os pontos hipnógenos habituais. Mesmo desperta, experimenta uma sensação de queimadura se um diamante lhe é apresentado em distância conveniente diante de um ponto hipnógeno. No estado de vigília tento sugerir-lhe que veja uma de suas amigas, porém a alucinação visual não se produz (ela se produz na oitava sessão).

Na noite que se segue a essa primeira sessão, Henriette dorme mal e sonha que um homem desconhecido, de expressão fria, a observa com simpatia e que, em seguida, a leva para o espaço sob a forma de uma nuvem esbranquiçada (seu corpo fluídico). Ela ouve algumas pancadas rápidas.

2ª sessão

Tão logo adormecida, Henriette vê seu corpo astral subir ao teto. A pedido meu ela pode, embora dificilmente, fazê-lo descer à sua altura. Sugiro-lhe que retroceda ao passado e, com a ajuda dos passes longitudinais, vemo-la aos vinte anos, aos dez anos. Em seguida, após ter tomado a atitude clássica do feto, encontramo-la na erraticidade. Seu corpo está inerte sobre a poltrona e, como sempre acontece em semelhantes casos, responde dificilmente a meus chamados, começando por declarar que ela não é nada e não retomando senão pouco a pouco consciência de sua personalidade (isto é, da personalidade de sua vida anterior da qual fala mais frequentemente na terceira pessoa).

De uma vez por todas constato que, nos períodos de erraticidade, assim como também nos períodos de encarnação, seu corpo astral permanece acima de sua cabeça. Henriette declara-nos que se encontra numa semiluz na penumbra. Seu marido observa-me que, de acordo com um relato sumário que fez a Henriette de uma sessão com Joséphine à qual ele havia assistido, Henriette acreditava que, na erraticidade, as almas se diziam sempre na completa escuridão. Interrogo Henriette sobre a significação dos sonhos que seguiram à primeira sessão. Explica-me que o homem que levou seu corpo fluídico é um amigo que ela ainda não vê mas que virá em breve. Recorda-se de que foi uma mulher muito velha. Vai em breve encarnar, porém não sabe dizer se é para expiar faltas ou continuar sua ascensão intelectual ou moral. Parece cansada. Através de passes transversais, reconduzo-a ao instante atual e sugiro-lhe que viaje no espaço. Ela eleva-se bastante rapidamente e com prazer. Vê muitas formas luminosas que se deslocam, também elas, bastante rapidamente e sem olhá-la. É muito bonito; ela queria que essa viagem durasse para sempre.

Não vê seu amigo desconhecido. Desperto-a.

3ª sessão

Tão logo se encontra adormecida e exteriorizada, envio Henriette ao espaço. Ela para lá se lança com o mesmo prazer e quase que imediatamente vê seu amigo. Ele se chama Henri; irá guiá-la e mais tarde lhe mostrará sua mãe. Chamo-a a mim e sugiro-lhe que retroceda ao passado. Ela revive rapidamente sua vida atual e entra na penumbra após ter tomado a atitude do feto (como aliás antes de cada uma de suas encarnações). Faço-a retroceder mais ainda no passado e, por uma atitude de morte,[108] ela entra em sua vida precedente. É uma velha alquebrada, vivendo em Paris sob a República de 1848. Lamenta esse "homem de bem, Luís Felipe". Teve muitos filhos, porém a maioria morreu e os outros a deixaram. Tem apenas seu gato, a quem dá um lugar ao seu lado, na poltrona, que acaricia. Ela se chama Marie Lecourbe. Teve muitas infelicidades. Recorda-se de seu amigo, o escultor Henri Davin, que teria desejado desposá-la, mas que não pôde fazê-lo por serem seus pais ricos e Marie pobre.

Conheceu Henri nas escadas de sua casa. Ele morava no primeiro andar e ela o encontrava quando ia trabalhar.

Rejuvenesço-a. Ela tem vinte anos e vai casar-se com um operário metalúrgico. Rejuvenesço-a ainda mais. Ela tem dez anos e mostra-se bastante viva e alegre. Levanta-se e pula corda.

Rejuvenesço-a. Ela passa pela erraticidade. Encontra-se na completa escuridão, porém não sofre. Tomamos conhecimento sucessivamente de que foi um homem bom e instruído, talvez um bispo. Admirado por encontrar na completa escuridão tal personagem, fico sabendo que um defeito bastante grande compensava as qualidades. Nosso bispo gostava muito de mulheres. Vivia em Marselha sob o reinado de Luís XV e chamava-se Belzunce. Observo todos os nomes próprios e datas, o *sujet* hesita muito como se o lesse penosa e lentamente. Repete várias vezes Bels... Bels..., quando há muito tempo já havíamos compreendido Belzunce. Ao contrário, conta e representa os fatos com volubilidade e vivacidade.

Nosso bispo vai reencarnar e sabe que será mulher humilde e infeliz. Ele não escolhe sua sorte. "Não escolhemos", afirma ele. Faço-o passar pela vida de Marie Lecourbe e levo-o aos dez anos. Sugiro-lhe que se recorde do que fazia antes de encarnar: "Eu ficava em torno de minha mãe." Aos dez anos ela já se chama Marie Lecourbe. É filha única e não tem mais o pai.

---

108 Nota da editora: A intrigante expressão "por uma atitude de morte" (em francês "*par une attitude de mort*") deve-se ao fato de que, o *sujet*, por estar em processo de regressão, faz seus relatos de trás para frente. Logo, inicia a sua encarnação vivenciando o último instante, o da morte.

Envelheço-a. Ela tem trinta anos. Explica que, se ainda se chama Marie Lecourbe, apesar de seu casamento, é porque casou-se com o primo. O marido é um razoável homem de bem "que não bebe mais do que os outros". Peço-lhe notícias de Henri. Ela parece surpresa e melindrada. Tranquilizo-a, dizendo que sou um pouco feiticeiro e que é inútil esconder-me alguma coisa. Ela não vê mais Henri e não quer revê-lo. Ela o amou e conservou-se recatada, porém a separação doeu-lhe muito, e então sente-se velha e teria vergonha de se mostrar agora.

Pergunto-lhe se ela tem alguma intuição de ter conhecido Henri em outra existência. Resposta: "Não há outra existência; estamos bastante fartos desta!" Ela tem muitas dificuldades. Perdeu filhos bem pequenos. Tem vários outros a seu redor; um dentro de um berço à direita, outro que se agarra à sua saia à esquerda. Está apressada. É preciso fazer a comida! Pega seu bebê do berço e murmura: "Meu pequeno Henri!" Pergunto-lhe se esse nome é a recordação de seu antigo amor. Ela sorri, abaixa a cabeça em sinal de confirmação, murmura um 'sim' tímido e abraça o bebê.

Pergunto-lhe o que foi feito de Henri. Ele, parece, casou-se com uma mulher feia. "Eu, eu era bonita; não o sou mais, tive filhos demais! Henri, aliás, tem dinheiro e paga amantes." Aqui devo observar o quanto a ideia que Marie Lecourbe faz de Henri difere daquela do *sujet* quando este fala de Henri como espírito-guia. Na interpretação malévola, senão caluniosa, formulada por Marie Lecourbe sobre seu antigo amigo, reconhece-se a facilidade com a qual os pobres creem terem os ricos boas fortunas imaginárias. Quando, ao contrário, Henri é reencontrado como espírito-guia, é um espírito de luz e de bondade. A contradição é característica.

Envelheço Marie: ei-la aos sessenta anos. Seu marido morreu e isso é bom, pois ele não mais trabalhava. Ela encontra-se sozinha. Seu pequeno Henri morreu. Seus filhos ainda vivos estão casados, exceto sua pequena Rose, que se perdeu, que tem belos vestidos e que se entrega à má vida. Ela era muito bonita! "Mas eu também, eu era bonita e não fiz o que ela fez. Vejo-a algumas vezes, mas faz-me mal. Enfim!... talvez ela tenha razão em não se esfalfar como eu!"

Envelheço-a; ela cai morta e entra na penumbra. Diz-me que morreu com mais de oitenta anos. Lá onde está reencontrou seus pais, porém não se falam e a família já não conta muito.[109] Não reencontrou seu amigo Henri, que deve ter morrido antes dela e deve estar reencarnado. Recorda-se de que ficou

---

[109] Observa-se que todos os *sujets* falam dessas sombras silenciosas como as que a Antigüidade localizava nos Campos Elísios. – A. R.

contente por desencarnar. Assistiu a seu enterro. Não havia quase ninguém. Seus filhos riam. Achava-se que ela era muito velha para uma morta. Nada disso lhe importava. Lamentou apenas por seu gato. Foi revê-lo no estado de corpo astral. Ele reconheceu-a e fez 'ronron'. Uma velha vizinha recolheu o animal. Assinalo aqui que, no estado de vigília, Henriette ignora a faculdade atribuída a certos animais de serem mais sensíveis do que o homem, à presença dos fantasmas.

Marie Lecourbe não foi ver como se tornava seu corpo na tumba: "Não se gosta muito disso, você sabe!" Levo-a em direção à sua reencarnação futura, que é sua vida atual. Vê uma mulher jovem que sofre numa cama: "Mas é mamãe!" Fica perto de sua mãe durante o parto. Ela não escolheu sua sorte: "Não escolhemos!"

Envelheço-a; faço-a ultrapassar sua idade atual e dirijo-a ao futuro. Aos quarenta anos de sua vida atual, ela se encontra em Paris com o marido. Sente saudades de Valença, porque está velha e deixou bons amigos nessa cidade. Envelheço-a. Ela tem sessenta anos. Está maravilhosamente bem. É viúva há cinco anos. Está sozinha, seus filhos estão casados. Envelheço-a. Ela tem setenta e cinco anos. Está bem: "Aqui vive-se quando velho!" Ela se aborrece. Seus filhos não querem mais saber dela. Sua felicidade é ver os netos.

Envelheço-a mais. Ela tem noventa anos. Está curvada pela idade. Parece-me inútil interrogá-la; é preciso terminar.

Envelheço-a rapidamente. Ela cai para trás com um pequeno grito e morre. Interrogo-a. Encontra-se na luz. Vai partir com Henri para um outro mundo. Seu marido, apesar de feliz, não terminou seu estágio terrestre.

4ª sessão

Tão logo foi adormecida e exteriorizada, Henriette, sob minhas sugestões verbais, recua ao passado. Encontramos em breve Marie Lecourbe na penumbra (erraticidade). Ela não está só. Seus companheiros não lhe falam, mas todos se compreendem sem falarem. Há alguns que ela conheceu na Terra, porém não saberia dizer seus nomes. Não sabe há quantos anos está morta. "Não se conta desta forma." Sua filha Rose, que se perdeu, morreu e encontra-se na completa escuridão, mas não no inferno: "Não existe inferno". (Assinalo aqui que Henriette pratica e defende a religião católica.) Marie não vê vida futura (a vida atual de Henriette). Ela não reencontrou seu amigo Henri. Faço-a recuar no passado e, após uma atitude de morte,[110] chegamos à velhice de Marie Lecourbe. Ela tem oitenta e quatro anos, porém tem bom

[110] Ver nota de página 193.

estômago. Seus filhos deixaram-lhe alguma coisa para viver e seus netos lhe vêm em ajuda. Sua filha Rose, que se perdeu, morreu de miséria no hospital. "Ela colocava tudo em suas costas."

Levo-a aos sessenta anos. Está viúva, trabalha e ganha quinze soldos por dia, fazendo camisetas de homem. Nunca sonhou ter sido homem. À noite está muito cansada para sonhar, ela dorme. Aliás, gostaria de ser um homem: "Os homens têm a vida mais fácil." É devota. Não o era quando jovem, porém experimenta a necessidade de se prender a alguma coisa. Não reviu Henri. Rejuvenesço-a. Ela tem vinte anos. Estamos em 1825 e Luís Felipe reina. (Ao despertar o *sujet* rirá de seu anacronismo quando lhe falarmos disso.)[111] Ela não vê datas nitidamente e declara além do mais "que ela não é exatamente Marie Lecourbe".

Rejuvenesço-a e levo-a ao período de erraticidade situado entre a vida de Belzunce e a de Marie Lecourbe. Nosso *sujet* encontra-se então na completa escuridão. Não sofre, porém não se sente bem. Sente a seu redor companheiros de miséria que não vê e que lhe causam medo. Recorda-se de que foi um homem instruído e bom, que era um bispo, que se chamava Belzunce (sempre a mesma hesitação ao enunciar os nomes), que gostava demais de mulheres, o que é um grande defeito para um bispo, e que foi orgulhoso "como todos o são". Seus companheiros de miséria fogem quando ele se aproxima. Não se trata nem do purgatório nem do inferno tal como ele os imaginava quando bispo. Tem a intuição de que resgatará suas faltas, reencarnando como uma pessoa infeliz, porém não sabe nem quando, nem como: "Não escolhemos." Proponho-lhe conduzi-lo ao tempo em que era bispo. Ele recusa... e é à força que, através de passes longitudinais, faço-o voltar à vida de bispo. Ele nela entra através de uma atitude de morte e sua atitude é bem a que se deve atribuir a um bispo: mãos juntas e os dedos entrelaçados sobre o peito. Mais alguns passes e ele se endireita um pouco, ainda permanecendo curvado como um velho.

Interrogo-o.

– Ele vai mal, é velho, sente que se vai.

– Isto não deve causar medo a um homem como você.

– Sim! Sinto apreensões.

– No entanto você foi um homem honesto.

– Não fui perfeito... Mas quem é você, pois, para interrogar-me assim?

– Estou fora e acima do tempo, porque, como o profeta Elias que retornou como são João Batista, tive, eu também, várias vidas e já sei sobre você mais coisas do que você poderia crer.

– Você é talvez o espírito mau.

---

[111] Nota da editora: Luís Felipe iniciará seu reinado apenas em 1830.

– Certamente que não; crê você que ele seria ingênuo o bastante para mostrar aos homens as punições de suas faltas?

– Enfim, o que quer você de mim? Veio preparar-me para a morte?

– Não! Aliás suponho que você não tenha medo de ir para o inferno.

– Para o inferno? Não. Deus é misericordioso, porém tenho medo.

– No entanto todo mundo o reverencia como um santo.

– Sim; creem-me um santo, mas fiz coisas bastante horríveis.

– Eu sei... muita inclinação pelas mulheres e muito orgulho.

– Como sabe?

– Eu já lhe disse, estou acima do tempo e sei bem que não me engano falando de uma inclinação pelas mulheres.

– Sim! Elas fizeram-me sofrer! Torturaram-me.

– Sua importante situação, o prazer de fazer um santo cair... tudo devia atraí-las a você.

– Sim, tive muitas; mas todas fizeram-me sofrer, sobretudo desde que fiquei velho. Apesar de sentir remorsos a cada vez, eu sempre caía de novo! Que horrível estado o de padre quando não se tem vocação!

– Meu Deus... o homem é fraco e as mulheres de Marselha são conhecidas por sua beleza e seu charme.

(Com uma ponta de orgulho) – Eh! Não eram apenas as de Marselha, eram sobretudo as de Versalhes, em Paris!

– Então você sentia remorsos?

– Sim; mas também eu não tinha vocação; fui forçado a tornar-me padre.

– Se você quiser, posso rejuvenescê-lo até sua entrada no seminário.

– Não faço questão de rejuvenescer.

– Sim; deixe-me fazê-lo. (Passes longitudinais.) Que idade você tem?

– Vinte anos.

– Então você vai ser padre. Você possui vocação religiosa?

– Não! Porém somos muito numerosos na família. É preciso. (Assinalo aqui que o *sujet* no estado de vigília não sabe da vida de Belzunce a não ser dos incidentes da peste de Marselha, tal como gravuras os popularizaram. Porém crê ter lido uma vida de Belzunce há cerca de quinze anos.)

– Em que ordem você ingressa?

– Sou jesuíta.

– Você foi bem comportado até o momento?

– Não, eu me diverti até demais.

– Mas ao menos você permaneceu casto?

(Com embaraço) – Não.

– Como assim?... Você é tão jovem!

– Meu pai, no castelo, não tomava conta de nós e íamos à caça.

– Você está entrando numa vida bastante austera.

– Deus me ajudará.

– Bem! Vou envelhecê-lo até sua primeira falta como padre. (Passes transversais.)

O *sujet* se debate e inclina-se numa atitude humilhada, suspirando com horror.

– É a sua primeira falta?

– Sim.

– E quem é essa mulher?

– Uma mulher casada.

– E ela veio a você como penitente?

(Com um suspiro) – Sim!

– Você sente remorsos?

– Sim, porém o terrível é que sei, eu sinto, que recomeçarei.

– Onde você está?

(Com esforço) – Há montanhas e é no sul. Não é Toulouse; porém não vejo o nome da cidade.

– Recorde-se. (Ajudo a memória pela pressão no meio da fronte.)

– É Agen.

– Que idade você tem e o que você é?

– Trinta e cinco anos. Sou pároco.

– Vou envelhecê-lo e fazer de você um bispo. (Passes transversais.)

Logo o *sujet* endireita-se numa orgulhosa atitude e com um gesto brusco, a mão direita na altura do queixo, apresenta-me seu anel (imaginário) para que eu o beije.

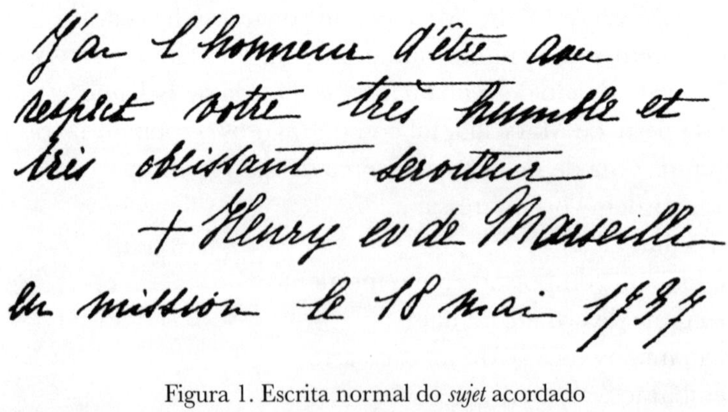
J'ai l'honneur d'être avec
respect votre très humble et
très obéissant serviteur
+ Henry év de Marseille
en mission le 18 mai

Figura 1. Escrita normal do *sujet* acordado

Com o pretexto de uma dedicatória, faço-o dar sua assinatura. (Fig. 2). Esta, bastante masculina, está corretamente precedida de uma cruz e mostra bem os nomes de Belzunce: Henri-François (nomes que o *sujet* ignora no estado de vigília). A abreviação "év. de Marseille"[112] é mesmo a mais comum; porém a letra e a ortografia não são as do verdadeiro Belzunce, que assinava Henry e não Henri-François.

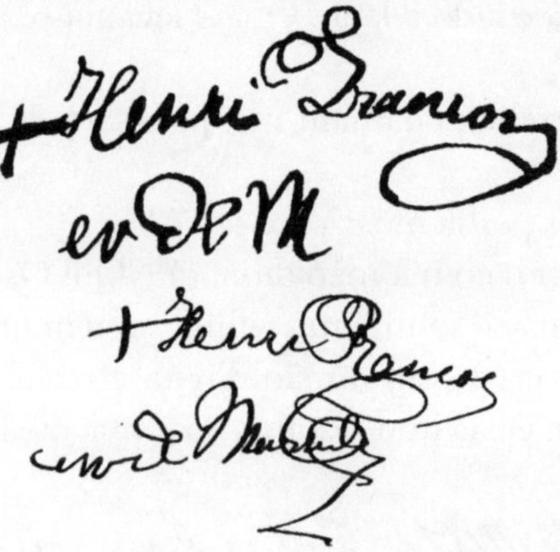

Figura 2. Assinaturas dadas em duas sessões diferentes pelo *sujet*, sob a personalidade do monsenhor de Belzunce

As figuras 3 e 4 reproduzem um certo número de assinaturas escritas por Belzunce em idades diferentes. A figura 1 (página anterior) é a letra de Henriette desperta.

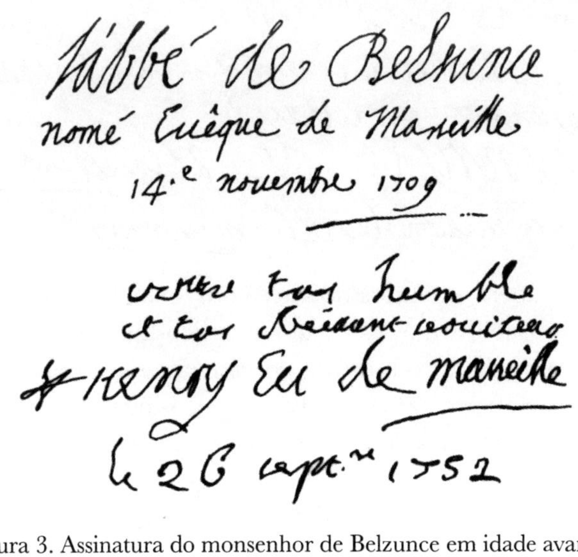

Figura 3. Assinatura do monsenhor de Belzunce em idade avançada

[112] Bispo de Marselha.

– Onde você está?

– Em Versalhes.

– Você vai aí com frequência?

– Sim, com mais frequência do que a Marselha.

– Você não soube que há casos de peste em Marselha?

(Com indiferença) – Sim, disseram-me, porém creio que não será grave. (Aplico alguns passes de lado a lado. O *sujet* levanta-se.)

– O que você faz?

– Parto para Marselha; chamam-me; precisam de mim. (Aplico mais alguns passes.)

– Eis você entre os pestilentos. Você os vê?

(Escondendo os olhos com a mão direita.) – Oh! Os infelizes!

Ele caminha, inclina-se sobre uma vítima, sustém uma cabeça imaginária, desenha uma grande cruz com a mão direita e recua vivamente, aspirando bastante ar. Vê-se que ele evitou respirar no ambiente imediato do doente.

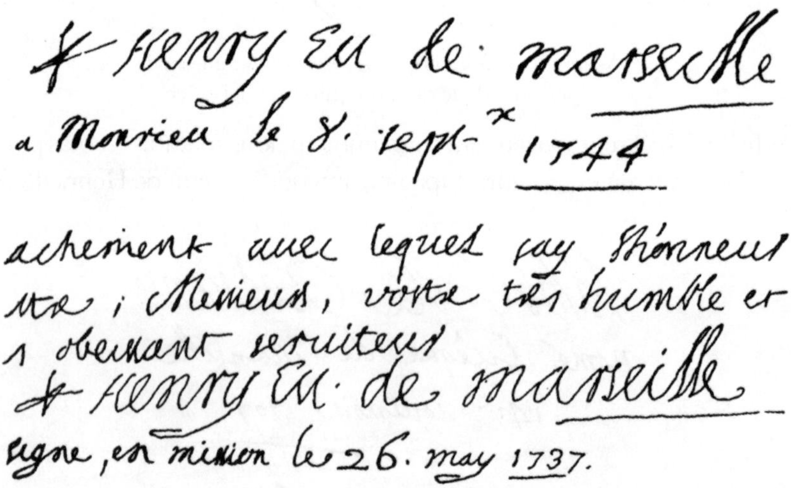

Avança mais e abençoa vários doentes com o sinal da cruz. Para evitar o cansaço sugiro-lhe que durma. Em seguida aplico-lhe passes transversais sem nada dizer e, quando de novo interrogo o *sujet*, encontramos Marie Lecourbe aos quarenta anos. Sob pretexto de trabalho, peço-lhe uma assinatura, que ela dá lenta e penosamente após desculpar-se por não saber escrever bem (fig. 5).

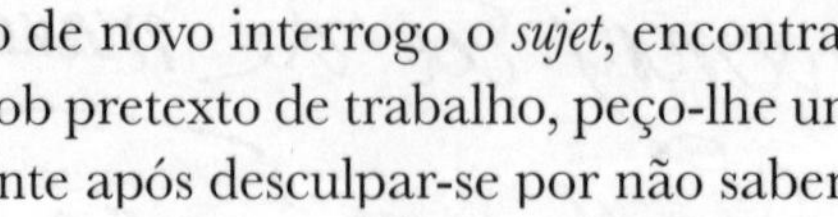

figura 5. Assinatura sob a personalidade Marie Lecourbe

Continuo os passes sem nada dizer. Ela cai para trás com um grito. Interrogo-a. Encontra-se na penumbra. Recorda-se de sua vida de Marie Lecourbe e, ajudada por pressões sobre a fronte, lembra-se de que pouco antes foi um homem, "um homem tão bonito". Suas recordações ficam precisas, porém ela não pode compreender que um bispo possa ter tido má conduta. Vê no entanto que a vida de Marie Lecourbe, não tendo do amor senão encargos e da vida senão humilhações, seria uma boa punição para um homem que abusou do amor e do orgulho.

Trago-a à época atual e a desperto.

5ª sessão

Através de passes levo o *sujet* à personalidade de Marie Lecourbe aos vinte anos. Ela vai se casar sem muito entusiasmo, uma vez que teve de renunciar a Henri. Viu a mãe de Henri apenas uma vez e essa mulher má lhe fez uma cena. Viu o rei Luís XVIII, "esse grande vilão". Viu os cossacos e, mais jovem, viu Napoleão de longe, um dia em que ele passava a cavalo; parecia cansado e começavam a ficar fartos dele porque não havia mais homens. Ela mora em Montmartre. Poderia conduzir-me à sua casa, porém não sabe dizer o nome da rua nem o número da casa.

Rejuvenesço-a. Ela coça a perna (como Henriette jamais o faria) e diz: "São minhas meias!"

Continuo os passes e vamos até a personalidade do bispo velho e doente. Ele ignora a quantidade de seus vigários gerais, de seus párocos; não se recorda de nada a respeito de suas altercações com os jansenistas, com os oradores de Marselha ou com o Parlamento de Aix. No entanto, esses fatos ocuparam parte de sua vida, ainda que ausentes, de suas biografias habituais da juventude, como a que Henriette pode ter tido a oportunidade de ler. Ele parece desejoso de mascarar sua ignorância e de mandar embora um questionador importuno: "Isto não lhes interessa!"

Aplico passes prolongados e levo o *sujet* ao período da erraticidade que precedeu sua vida de bispo.

Após ter declarado como sempre que ele não é *nada*, debate-se, fazendo exclamações: "Oh! Está escuro! Oh! Esses bichos feios! Tenho medo!"

Envolvo-o com uma parede fluídica e o tranquilizo.

Recorda-se de que foi um simples *soldado sob as ordens de Luís XIII*, um soldado beberrão, cruel e luxurioso. Foi morto aos trinta anos por um ladrão de estrada. Seus atuais companheiros de sofrimento têm aparência repugnante. São todos desprezíveis e asquerosos. Há alguns que se arrastam e que não têm mais nada de humano. Não falam senão para se queixar. Todos gostariam de voltar para atormentar os vivos. No entanto não são diabos. Após ter sido morto, não pôde separar-se desse corpo horrendo que se decompunha e jamais alguém ia chorar sobre o solo onde ele jazia. Parece-lhe que isto o teria aliviado, porém, como afeição humana, ele só teve algumas prostitutas.

Seus companheiros atuais arrastam-se por todos os lados e procuram partir. Dentre os que têm ainda a aparência humana, há mais homens do que mulheres. Eles sabem que seu suplício não durará para sempre. Às vezes um deles afasta-se e parece contente. O mais frequentemente não têm ideia do que poderiam tornar-se. No entanto têm, momentaneamente, intuições a esse respeito. Através de passes para despertar e por sugestão, levo o *sujet* a um desses momentos de clarividência na erraticidade. Ele vê: vai ser um homem, um homem mais instruído, bem-educado. Ele sobe. Não vê mais os bichos desprezíveis que o rodeiam. Essa sorte, relativamente feliz, que ele crê reservada para si, atribui com hesitação aos sofrimentos que acompanharam sua morte violenta. "Mas por que", diz ele, "você não pergunta tudo isso a Henri? É ele quem poderia explicar-lhe!" Henri, efetivamente, desde esse momento o protege um pouco; no entanto não se encontra lá.

Continuo os passes para despertar e chegamos a Henri-François (de Belzunce).

Aos quinze anos, em sua família chamam-no François. Ele está no castelo da Força (desperto, o *sujet* não conhece este nome). Ainda não caça. Seu pai é duro e não lhe permite ainda esse prazer. Não tem namorada: "Que diria o pároco?" Levo-o aos vinte e um anos. Ele não quer que lhe lembrem de sua primeira falta. Era uma gentil pequena servente que vinha ao castelo. Teve um filho e morreu.

Envelheço-o até o papel de bispo (bem reconhecível por sua atitude majestosa). Apresento-me como sendo um pároco de sua diocese e explico-lhe que uma de minhas penitentes, jovem e bela, persegue-me com suas assiduidades, mas que conto resistir, graças a seus bons conselhos e a seu apoio moral. "Não conte com isso, meu pobre amigo. Você fará como eu: vai sucumbir." E acrescenta que o mau exemplo de um superior não justifica as faltas dos inferiores.

Através dos passes levo-o ao período de erraticidade que se seguiu à sua vida de bispo. Ele encontra-se na *completa escuridão*, porém não sofre. Henri vem vê-lo com bastante frequência e declara tê-lo sempre conhecido, sem poder no entanto dizer o que ele era antes de sua vida de soldado.

Continuo os passes transversais e, diferente do que tem acontecido, é com um grito e uma atitude de morte que o *sujet* entra na personalidade de Marie Lecourbe.

Atravesso rapidamente essa vida: nova morte e novo período de erraticidade. Sob minhas ordens, ela chama Henri e interroga-o. Henri diz que, antes de ser Marie Lecourbe, o *sujet* foi um bispo e, antes, foi um homem que morreu jovem e, anteriormente, foi uma mulher. Ao menos ela o crê, porém não tem certeza. Henri pensa que a elevação relativamente brusca do *sujet* que encontramos como bispo, após ter sido um soldado grosseiro, pode ter sido merecida por um longo período na erraticidade muito doloroso, depois da morte do soldado. Concorda, no entanto, que não conhece o segredo da alternância das vidas. Quando faço uma pergunta a Henri por intermédio do *sujet*, este parece ouvir uma resposta imaginária e responde: "Henri diz que..." Continuo os passes transversais; por uma sugestão verbal obtenho, ao invés da ida em direção ao futuro, o despertar, exatamente no momento em que chega à sua idade atual.

6ª sessão

Envio o *sujet* à casa de seus pais, que moram a duzentos quilômetros de Valença e, em seguida, à casa de diversas pessoas em Béziers. Ela representa admiravelmente a malícia de um espírito que pode andar invisível em casa de pessoas conhecidas. Tenta fazer-lhes algumas brincadeiras inocentes; porém constata sua impotência em produzir, seja um efeito mecânico, seja um ruído. Declara ser vista pelo cão de uma das suas amigas. Infelizmente, como não quer colocar ninguém a par do segredo dessas experiências, se suas observações são verdadeiras não podemos controlá-las por uma entrevista.

7ª sessão

Envio o *sujet* à casa de um de seus irmãos, que mora a trezentos e cinquenta quilômetros de Valença. Ela declara ir seguindo mais ou menos a estrada de ferro, afastando-se particularmente quando encontra espíritos errantes dos quais tem medo.

São nove horas da noite e perto do domicílio de seu irmão ela entra numa igreja que encontra repleta de espíritos que andam rápido sem se falarem. Sai apavorada e vai à casa de seu irmão. Lá faz dez observações das quais oito foram conhecidas como verdadeiras e duas errôneas. 1° erro: ela diz ter chegado pela janela e ter encontrado as venezianas abertas, quando estavam fechadas; 2° erro: seu irmão realmente lia um jornal, mas ela deu um título errado. Uma das constatações exatas corresponde aliás a um fato excepcional. A um dado momento o *sujet* vê seu irmão levantar-se para verificar se está bem fechada a porta de uma sala de espera que dá diretamente no patamar. Ora, na hora indicada, seu irmão realmente fez esta verificação, e isto por exceção, por haver uma nova empregada.

Reconduzo-a a seu domicílio; em seguida, envio-a ao espaço, sob a guarda de seu espírito-guia Henri. A um dado momento, este a abandona e vai procurar sua mãe, trazendo-a em seguida. O *sujet* chora, parece escutar recomendações, promete sempre obedecer. Para evitar a fadiga de uma entrevista tão emocionante, desperto-a o mais rapidamente possível.

A personificação do monsenhor de Belzunce permitiu-me fazer uma constatação interessante.

Vi, estudando uma bibliografia bastante completa do prelado, que tinha havido longas altercações com o parlamento de Aix e com os jansenistas; ora, essas altercações Marguerite, representando o papel de Belzunce, ignora completamente. Ela, pois, criou um Belzunce imaginário de acordo com uma vida sumária da qual teve conhecimento.

O sr. de Rochetal, a quem foram submetidos os diversos tipos de letra fornecidos na observação precedente, acha que, do ponto de vista grafológico, não há nenhuma relação entre a verdadeira letra do bispo de Marselha, que denota "alta inteligência, com modéstia e pureza de costumes incontestáveis", e a de sua personificação, que convém a um ser orgulhoso e sensual como o representou o *sujet*.

Caso nº 14
Senhorita Giudato, 1907.

Esta jovem, filha de pais italianos, permaneceu até a idade de quatro anos perto de Turim. Seus pais vieram então para a França e estabeleceram-se numa aldeia perto de Grenoble. Atualmente tem dezenove anos e é doméstica na casa de uma parteira. Jamais se tentou adormecê-la.

1ª sessão

No estado normal, ela não é sensível às ações de polaridade, nem mesmo por sugestões de odor. Não experimenta atração pela ação de minhas mãos sobre seus ombros, não apresenta pontos hipnógenos nem histerógenos.

Consigo, no entanto, adormecê-la lentamente através de passes e ela começa a exteriorizar sua sensibilidade. Tento então obter a regressão da memória por sugestão: resultados bastante confusos. Continuo os passes e tento de novo a regressão da memória por sugestão: "Você tem quinze anos, dez, cinco, três, um." Dá certo: aos três anos ela me responde em italiano; com um ano ela não mais responde, porém chupa meu dedo.

– Você está no ventre de sua mãe.

(Nenhuma posição especial.)

– Você está na situação em que se encontrava antes de se formar no ventre de sua mãe. O que você faz?

– Encontro-me em completa escuridão.

– Você se recorda de ter vivido?

– Não.

Apesar de pressionar o meio da fronte e retomar os passes que adormecem, não desperto nenhuma recordação, o que prova que, quando os *sujets* contam suas histórias, não sou eu quem as inspira.

Desperto-a, então, através de passes transversais. A primeira vez em que a interrogo ela já está com cinco anos; continuo e a levo aos quartoze anos e à sensibilidade normal. Constato, então, que ela se tornou bastante sugestionável e reconheço facilmente a presença de pontos hipnógenos e histerógenos.

2ª sessão

A jovem adormece com bastante dificuldade, no entanto, levo-a por sugestão sucessivamente aos quinze anos, dez, cinco, três, um. Aos três anos ela só fala italiano. Com um ano chupa meu dedo. Digo-lhe que ainda não está encarnada e pergunto-lhe onde se encontra. Inicialmente não responde, em seguida termina por dizer que se encontra na completa escuridão, que não vê ninguém a seu redor, que não se recorda de ter vivido. Apesar de pressionar-lhe o meio da fronte, responde sempre da mesma forma.

Continuo por bastante tempo os passes que adormecem; nenhuma recordação a mais. Pressiono o meio da fronte e ela me diz, em italiano, que foi uma mulher muito velha.

Novos passes que adormecem; termina por recordar-se de que foi uma mulher que morreu muito velha e teve dois filhos: um menino e uma menina.

Continuação dos passes. Ela se torna essa mulher.

Rejuvenesço-a, tem vinte anos e chama-se Béatrice. Vai casar-se com um caldeireiro chamado Paolo.

Envelheço-a, então, através de passes transversais; ela está casada e ama o marido.

Continuação dos passes transversais. Ela se vira dando um grande grito: acaba de dar à luz seu primeiro filho, a menina Mariette. Ela me fala em italiano.

Rapidamente continuo os passes que a envelhecem, conduzindo-a em direção à época presente: ela tem agora oitenta anos.

Continuação dos passes. Ela cai para trás e não mais responde.

Continuo os passes e a interrogo: tornou-se a pequena Marguerite Giudato e responde-me em italiano.

Despertar normal.

3ª sessão

Mesmos resultados das sessões precedentes. Quando ela é reconduzida à sua idade atual, através de passes transversais, continuo, durante algum tempo, os passes; ela adormece novamente. Logo que pode me responder, está casada com um carpinteiro.

Depois disso, não verifiquei se o casamento aconteceu, mas, admitindo que a predição se tenha realizado, isto não teria provado nada, porque a jovem pode ter-me anunciado o que estava em projeto.

Caso nº 15
Sra. Caro, 1907–1910

A sra. Caro é uma jovem de vinte anos (1910), com muito boa saúde. Casou-se aos dezessete anos e seu marido, que se interessa pelas ciências psíquicas, pediu-me, um dia, que tentasse adormecê-la para combater insônias passageiras. Consegui na primeira tentativa e fiz voltar o sono. Encorajados por esse sucesso, continuamos as experiências e constatei que ela apresentava todas as faculdades de um *sujet* dos mais sensíveis. Sob a influência dos passes longitudinais, seu corpo astral desprende-se pela cabeça. Ela o desloca como quer e o faz tomar a forma que desejo. Quando toco seu corpo astral, ela o sente, enquanto que não sente nenhuma ação exercida sobre seu corpo físico. Apresenta pontos hipnógenos e histerógenos nos locais habituais.[113] É bastante sugestionável, porém somente se assim o deseja. Impossível fazê-la praticar, mesmo adormecida, uma ação que não combine com ela. Enrijece-se, então, e recusa a sugestão. Posso, no entanto, atraí-la a mim por simples sugestão mental.

---

[113] Um objeto de ouro ou um diamante colocado diante de um ponto hipnógeno provoca a sensação de queimadura, cuja dor um objeto de estanho faz desaparecer. Há máximas de sensibilidade a três e a nove centímetros da pele. – A. R.

Ela deu à luz sem nenhuma dor sob a influência da sugestão e, quando sente um pequeno mal-estar qualquer, basta que eu exteriorize seu corpo astral e que ela coloque minha mão sobre o duplo da parte que sofre (que ela vê colorida, de maneira diferente do resto do corpo astral) para que eu a cure completamente. É muito sensível à música e representa admiravelmente as emoções que esta a faz experimentar.

Adormecendo-a suficientemente através de passes, vê o interior dos corpos e o fluido que sai de meus dedos. Se nesse estado vê sua filhinha, ela a vê envolvida por uma auréola luminosa de cerca de dois centímetros, por toda parte onde a pele está nua, especialmente na cabeça. Se seu marido toca violino, do qual se serve habitualmente para acalmar a filhinha quando chora, ela vê a auréola alongar-se para os lados do instrumento, se as notas são agudas, e retrair-se, se as notas são graves. É preciso, para obter este efeito, que eu tenha dado à mãe a sugestão de não ouvir a música. Sem isso, quando seu corpo fluídico está exteriorizado, ela não pode suportá-la. É, diz ela, como se agissem sobre seus nervos, à flor da pele.

De várias tentativas resulta que se transporta a três vidas anteriores. Na última, a que precede a vida atual, ela é um menino, Jean, criança nascida numa família miserável, abandonado cedo, dormindo nas matas, onde terminou por ser estrangulado, com a idade de quinze anos, por ferroviários. Leva, nesse momento, a mão ao pescoço e sufoca; jamais alterou alguma coisa sobre essa vida.

Suas mais antigas recordações, determinadas pela pressão da fronte, transportam-na a uma vida de soldado sobre a qual não dá nenhum detalhe. Em seguida foi uma dama que morava num castelo e que abandonou o marido e o filho para seguir o amante. Em sua velhice e após a morte, arrepende-se e chora lágrimas derradeiras. Reencarna, sem que tenha escolhido, no corpo de uma jovem, Madeleine, cuja mãe parece ter sido uma mulher galante. Durante a infância, vê seu pai apenas algumas vezes, à noite, que ele passa em casa, partindo pela manhã. Mora em Paris, nos arredores da praça de Trône. Aproximadamente aos dezoito anos, torna-se amante de um jovem, que ama e com quem passa a viver. Alguns anos de felicidade; depois o amante a deixa e ela arranja sucessivamente vários outros. Era sob o Segundo Império. Termina por fazer-se sustentar por nova personalidade que não se apresenta sempre. É alguém que vive na época do presidente Grévy, chamado Henri Charon, proprietário na Côte-d'Or, falecido aos cinquenta e seis anos e muito mulherengo.

Em seguida vem a personalidade de Jean.

Se a adormeço com passes longitudinais sem parar para interrogá-la, vê-se seu rosto modificar-se para representar, seja a infância, seja a idade madura, seja a morte e a reencarnação, tomando a posição do feto. Desperto-a com passes transversais. Vemo-la passar pelas mesmas fases em sentido inverso até seu estado normal. Quando reencarna no ventre de sua mãe, toma a posição do feto. Observando as posições fetais, pode-se determinar exatamente a vida na qual se encontra.

No intervalo das reencarnações, acha-se na penumbra sem grande sofrimento. Vê espíritos em torno de si, dentre os quais alguns maus, que se reúnem para praticar o mal.

Sua vida infeliz como Jean foi-lhe imposta como punição pelos seus excessos na personalidade precedente. Agora ela pagou sua dívida e pôde ter uma vida normal.

Quando está adormecida até a fase de percepção dos fluidos e se caminho em torno dela, vê formar-se a seu redor um cilindro luminoso. Um dia perguntei-lhe se não via nenhum espírito. Após um instante, seu olhar fixou-se e assumiu uma expressão de pavor. Ela levou a mão ao pescoço. Após a repetição da minha pergunta, respondeu que via o espírito daquele que a havia estrangulado na existência em que se chamava Jean.

O fenômeno da regressão de memória na vida atual é bastante nítido. Até a idade de sete anos não há o reflexo do pudor.

Levei-a pouco em direção ao futuro. No entanto, ela se vê aos vinte e seis anos em Paris, o que é provavelmente a realização de um desejo. Assume então uma expressão triste e recusa-se a se explicar.

Desejando saber se suas leituras ou conversas não haviam determinado as personificações de seu sono magnético, dei-lhe a sugestão de esquecer tudo o que havia lido ou ouvido contar na sua vida atual e de recordar-se somente do que havia realmente experimentado. Em seguida aprofundei seu sono.

Os fenômenos habituais produziram-se, porém, quando foi despertada, não se recordava mais do que havia lido na véspera. Tive de devolver-lhe a memória por uma nova sugestão.

A experiência não é concludente, pois ela pôde recordar-se do que havia realmente experimentado nas personificações precedentes. Teria sido necessário dar esta sugestão antes de ter obtido alguma personificação; mas não é mais possível saber se a ausência de lembrança foi devido à sugestão ou à insensibilidade do *sujet*.

Numa sessão onde eu havia exteriorizado seu corpo fluídico para constatar que este corpo assumia sucessivamente as formas correspondentes à idade à qual eu a conduzia (beliscões provaram-me que ela se encontrava realmente onde me indicava), eu a fiz estremecer como se sentisse uma dor (ela assumia então a personalidade de Jean), e que voltava para o corpo físico. Sua sensibilidade cessou, com efeito, ao invés de ser exteriorizada, e continuei, por sugestão, a produzir sua caminhada no passado.

Caso nº 16
Sra. Trinchant, 1907.

A sra. Trinchant é uma médium de cerca de quarenta anos, bastante conhecida, hoje, em Paris. Quando lá chegou, em 1907, foi a mim para que eu a pusesse em contato com pessoas que se ocupam com ciências psíquicas. Possuía a escrita automática, mas creio que nunca foi magnetizada.

Adormeci-a bastante facilmente, porém não pude nem exteriorizá-la nem aprofundar o sono.

Procedi, então, pela sugestão à regressão da memória: "Você tem vinte e cinco anos, vinte, dez"... Sucesso completo. Ela assume a expressão e faz os gestos da idade correspondente. Acima de sete anos, reflexo do pudor; abaixo, mais nada. Com um ano, chupa meu dedo. No ventre de sua mãe, apoia seus punhos fechados sobre os olhos. Antes do nascimento, encontra-se na penumbra. Primeiramente, não se recorda de ter vivido; em seguida, sob a influência de passes com que adormece, recorda-se de ter sido uma jovem árabe. Revive essa vida que terminou com a idade de cerca de vinte anos por um homicídio: foi apunhalada por um bandido. A mente dessa moça árabe é completamente absorvida por um vestido que ela borda e por seus cavalos; ela é rica e possui muitos deles.

Afasta-se de mim; as mulheres árabes não se familiarizam jamais com os homens. Falamos de seu casamento. É a mãe do futuro marido que vem examinar a futura esposa. Antes dessa vida de jovem árabe, ela tinha vivido, há mais de mil anos, em Nápoles, com uma mulher que era sua grande amiga, que não reencarnou e que continua a protegê-la. Foi essa amiga quem a fez vir encontrar-me.

Conduzindo-a em direção ao futuro, ela se vê estabelecida, como grafóloga, no quarteirão da Étoile. Um americano vai vê-la. Ela lhe conta coisas tão assombrosas que o americano lega-lhe, ao morrer, uma grande fortuna. Ela própria morre pouco tempo depois.

Não tive com a sra. Trinchant senão uma única sessão e, alguns meses mais tarde, escreveu-me a seguinte carta:

..."Você se recorda das experiências de regressão de memória que fez comigo por meio do sono magnético? Suas perguntas levaram-me a dizer-lhe que, numa existência anterior, morei na África e que lá fui morta apunhalada. Narrei à minha mãe, gracejando um pouco, essa comunicação. Qual não foi minha surpresa ao ouvi-la responder-me que, em minha primeira infância, eu me queixava com frequência de experimentar a sensação brusca de uma punhalada, sensação inexata, evidentemente, para minha vida atual, mas que poderia ter certa relação com o homicídio do qual eu teria sido vítima numa existência anterior.

"Acrescentarei, coisa interessante, que um espírita amigo, engenheiro e homem dos mais positivos, a quem tive a ideia de falar de minha existência anterior, assim como do homicídio do qual eu teria sido vítima e do país onde eu teria vivido, respondeu-me: 'Um espírito amigo, Charles Charlier, disse-me conhecê-la muito bem e tê-la conhecido outrora na Arábia. Os dizeres foram expressos da maneira bastante categórica e imediata.'"

Ignoro o que foi feito da sra. Trinchant, porém ouvi dizer que tinha recebido um donativo bastante considerável por causa de suas faculdades psíquicas.

Caso nº 17
Senhorita Pauline, 1910.

Moça de vinte e quatro anos. Boa saúde. Os passes a adormecem facilmente. Exterioriza sua sensibilidade e posso levá-la até o estado de *rapport*. Inteligência e moralidade comuns.

Levo-a por sugestões sucessivas a uma vida anterior, cujos detalhes se precisam cada vez mais. Após quatro sessões, chega a recordar que se chamava Isabelle, que havia perdido os pais bem cedo e que viveu na Argélia até vinte e três anos na casa de seu tutor, sr. Bori. Foi morta nessa idade, por um acidente de carro. Após sua morte, esteve na completa escuridão, porém sem sofrimento, até o momento em que reencarnou sem que tenha havido escolha de sua parte. É interessante acrescentar que seu avô foi empreiteiro na Argélia.

Casos nº 18 e 19
Mireille e Nathalie, 1892.

Nathalie e Mireille são duas damas parisienses, ambas *sujets* muito sensíveis, que estudei antes de ter podido constatar experimentalmente a regressão da memória.

Eu estava, pois, limitado a notar que, no sono magnético, a primeira se designava por um nome de batismo diferente do seu e, à minha pergunta relativa a esta disparidade, respondeu-me que era seu nome quando ela era uma "condessa polonesa".

A segunda recordava-se, às vezes, nesse mesmo sono, de ter sido uma princesa que morava num país que o mar banhava no poente (provavelmente a Palestina). Seu pai a havia feito aprisionar numa torre para impedi-la de casar-se com um jovem príncipe que ela amava, mas que era inimigo de sua família. O jovem príncipe foi à frente de uma tropa de guerreiros fazer o cerco à torre e dela apoderar-se, porém o carcereiro apunhalou sua prisioneira antes que ela pudesse ser levada pelo amante. Esse jovem príncipe teria reencarnado em mim; daí meu gosto pelas armas brancas e os cavalos: nova prova da influência da imaginação atual do *sujet* sobre o romance de suas vidas anteriores.

Terceira Parte

Os Fenômenos Análogos

Capítulo I

O corpo astral[114]

§ 1º - As tradições relativas ao corpo astral

Homero chama de Eidolon o corpo etéreo ou a forma sensível que reveste a alma. Após a morte, este corpo é incorruptível (*Ilíada* V 857) e sua substância é superior à carne e aos ossos que compõem nosso corpo material (*Ilíada* XIV 353).

ଔ

> Pitágoras ensinava que a alma tem um corpo que é dado de acordo com sua natureza boa ou má pelo trabalho anterior de suas faculdades. Ele chamava esse corpo de "carro sutil da alma" e dizia que o corpo mortal não passa de um envoltório grosseiro daquela. É, acrescentava ele, praticando a virtude, abraçando a verdade, abstendo-se de todas as coisas impuras, que cuidamos da alma e deu seu corpo luminoso. (Hiérocles - *Comentários sobre os versos dourados de Pitágoras* – Século V)

ଔ

Aristóteles (*Física* IV, 2 e 3) diz que os seres invisíveis são tão substanciais quanto os visíveis. Os seres invisíveis também têm corpos, porém bastante sutis e etéreos.

[114] Nota da editora: os nomes *corpo astral*, *corpo fluídico*, *corpo etérico* e *perispírito* designam o intermediário que liga o espírito ao corpo carnal.

Aristóteles distingue, fora do corpo, o espírito (nous), princípio do pensamento, e a alma (psiquê), princípio da vida.

> A alma é o sopro da vida. Ela é incorpórea apenas por comparação ao corpo mortal; conserva os traços físicos do homem a fim de que a reconheçam. (Santo Irineu.)

> Nada é criado que não seja corpóreo, isto é, sem forma substancial, nem no céu, nem sobre a terra, nem dentre as coisas visíveis, nem dentre as coisas invisíveis. Tudo é formado de elementos, e as almas, tanto habitando um corpo quanto fora dele, possuem sempre uma substância corpórea. (Santo Hilário.)

> A alma é revestida, após a morte, de um corpo etéreo que se assemelha a seu corpo terrestre. (Orígenes. Fragmento de *De Ressurectione*, cap. 1, p. 35.)

Santo Agostinho, em seu tratado do *Vaticínio dos demônios*, atribui a esses demônios, isto é, aos seres invisíveis que nos cercam, um corpo aéreo[115] que se assemelha muito ao corpo astral:

> *Doemonum ea natura est, ut aerii corporis sensu terrenorum corporum sensum facile praecedant: celeritate etiam propter ejusdem aerii corporis superiorum mobilitatem... volatus avium incomparabiliter vincunt.*[116]

[115] Nota da tradutora: por aéreo entenda-se vaporoso, sutil.

[116] É da natureza dos demônios que, mediante a sensibilidade do corpo aéreo, precedam facilmente a sensação dos corpos terrestres: com rapidez, também por causa da mobilidade do corpo aéreo dos corpos superiores... Superam de maneira incomparável o vôo das aves.

A alma não está diretamente presa dentro do corpo material e terrestre. Ela se reveste, para aí penetrar, de um corpo sutil e como que aéreo que representamos sob a forma de uma espécie de reprodução do corpo material, que cresce e se desenvolve com ele, criança, se se trata de uma criança, mulher, se se trata de uma mulher, homem, se se trata de um homem. É o que era chamado de *ka*, cuja concepção os senhores Lepagne-Renour e Maspéro determinaram perfeitamente. O senhor Maspéro o chama de duplo; poder-se-ia da mesma forma chamá-lo de sombra ou corpo sutil. É o *eidolon dos gregos*. (Lenormand. *La magie chez les Chaldéens.*)

Pauthier, em seus *Ensaios* sobre a filosofia dos hindus (p. 131), diz que, de acordo com Kapila, entre a forma sutil emanada da natureza original e resultante do desenvolvimento primitivo ou inicial dos rudimentos da criação primordial e a forma grosseira e material, há ainda uma forma intermediária, refinada, tênue.

É, diz ele em outra página, com o auxílio do corpo etéreo que os espíritos se manifestam.

Em suas *Memoires sur la Chine*, o conde de Escayrac de Lautrec reproduz um quadro budista que representa Ma-Ming-Tsim, célebre solitário que escapa das tentações e dos terrores desprendendo-se da cabeça e liga o corpo físico ao corpo astral.

"As almas dos homens, após sua separação do corpo grosseiro, são revestidas por um corpo etéreo." (*Lois de Manou* - XII, §§ 16 e 21)

> Jeová fez para o homem um corpo grosseiro retirado dos elementos da terra. E ele une aos órgãos materiais a alma inteligente e livre que já leva consigo o sopro divino, o espírito que o segue em todas as suas vidas; e o meio para esta união da alma com o corpo grosseiro foi um sopro vital (*nephesch*), (*Gênese*, cap. II, vers. 7. Tradução de Henri Pezzani para o francês.)

Os groenlandeses creem que há duas almas no homem: 1°, o sopro que anima o corpo e entretém a vida; 2°, a sombra, que dele se desliga no sonho e se separa completamente na morte. (Kranz, *Histoire du Groenland*)

Os canadenses creem que há duas almas no corpo: uma dessas almas permanece após a morte junto ao cadáver; a outra parte para a esfera espiritual. (Delaborde.)

> A alma do homem, vinda imediatamente de Deus, une-se, através de meios convenientes, ao corpo material e, para este fim, antes mesmo de sua descida e das primeiras aproximações, ela se encontra revestida por um pequeno corpo aéreo denominado veículo etéreo da alma. Outros o chamam carro da alma...
>
> E, partindo, essa imagem da alma toma algumas vezes um corpo aéreo, cobre-se com sombra e envolve-se por ela; tanto dá avisos a seus amigos como atormenta seus inimigos. Pois as paixões, a recordação, as sensações permanecem com a alma após esta ter-se separado do corpo. (Agrippa. Volume II. Liv. III. cap. 37 e 41)[117]

[117] Henri-Corneille-Agrippa. *La philosophie oculte ou la magie*. Primeira tradução francesa por E.

Há trindade e unidade no homem, assim como em Deus. O homem é um em pessoa; é triplo em essência. Possui o sopro de Deus ou alma, o espírito sideral e o corpo. (Paracelso)

O mundo criado deve perpetuar alma e corpo. Penso que os anjos possuem corpo. Sou também de opinião que a alma racional nunca esteve inteiramente despojada de corpo. (Leibnitz. Liv. III, cap. II. *A lei de continuidade)*

Tão logo um lugar é determinado à alma (após a morte), sua faculdade formal resplandece a seu redor, da mesma forma e tanto quanto o fazia com relação a seus membros vivos. E assim como quando a atmosfera se mostra ornada de cores diversas, da mesma forma o ar que a cerca toma a forma que a alma que lá se encontra lhe imprime virtualmente; e, semelhante à chama que segue o fogo por toda parte aonde vai, essa forma nova segue a alma também a todos os lugares. Como ela retira daí sua aparência, é chamada de sombra e, em seguida, organiza todos os sentidos, até o da visão. (Dante. *Purgatório*, XXV)

§ 2 - A exteriorização do corpo astral durante a vida

Enquanto o corpo natural permanece acometido de paralisia, a alma se vê revestida por um corpo em tudo semelhante ao seu, sem saber como. Ela vê esse corpo vestido geralmente da mesma maneira, coberto com as mesmas roupas e roupas da mesma cor, da mesma maneira como as que cobrem seu corpo verdadeiro. (P. Séraphin. *Principes de théologie mystique)*

Todas as vezes que desejo, saio de meu corpo de maneira a não experimentar nenhuma sensação, como se eu estivesse em êxtase (*extra sensum quasi in extasim transeo*)... Quando entro em êxtase ou, para melhor expressar-me, quando coloco-me em êxtase, sinto pró-

Gaboriau. Paris, 1910-1911. 2 vol. *in*-8.

ximo ao coração uma espécie de desligamento, como se a alma se retirasse e esta ação se comunicasse a todo o corpo. Parece que se forma uma espécie de pequena abertura, primeiro na cabeça e, sobretudo, no cerebelo, e esta abertura, que se estende em seguida por toda a espinha dorsal, só se mantém com muito esforço. Não sinto nada mais, apenas que estou fora de mim (*quod sun extra me ipsum*) e é com dificuldade que me mantenho nesse estado, durante alguns instantes somente. (Jérome Cardan.)

Influência do clorofórmio sobre o corpo fluídico

Os indivíduos, diz o dr. Simonin, que se submetem à influência da anestesia, quando conservam a consciência para disso se darem conta, creem possuir um pouco de sutileza impalpável.

Um dos clientes do dr. Isidore Bourdon contava-lhe que, durante a preparação a que acabava de submeter-se sob a influência do clorofórmio, "parecia-lhe que uma brisa delicada o empurrava através dos espaços, como uma alma docemente transportada pelo seu anjo guardião".

De acordo com o dr. Sédillot, "a carne pode ser machucada, contundida, dividida que o paciente não o sente. Seu espírito plana em regiões desconhecidas, atravessa espaços sem fim, finaliza em alguns minutos os acontecimentos de vários anos; ou então mergulha em êxtases e sonhos frequentemente acompanhados de um vivo sentimento de bem-estar e felicidade".

Fletwood Cromwell Warley, o inventor dos cabos transatlânticos, conta que, tendo feito uso uma noite de clorofórmio para acalmar uma dor de garganta que lhe dava insônia, mergulhou em sono profundo e se viu, pouco tempo depois, com seu corpo fluídico fora do corpo material, o qual se encontrava profundamente entorpecido.

O capitão Volpi fez uma constatação análoga: "Há dez anos", escrevia ele, em 1889, "aspirei clorofórmio para amenizar os espasmos que a extração de um cálculo provocava. Apercebi-me, então, admirado de que meu ego estava fora de meus órgãos. Ele via estendido e imóvel sobre a cama meu corpo, ao qual imprimia o movimento e a vida."

O capitão Volpi falou dessa sensação a vários médicos que lhe afirmaram ter ouvido falar de coisas análogas, apesar de com menos clareza, pelos doentes a quem haviam ministrado clorofórmio. "Meus pacientes declaravam-me com frequência", diz um deles, "que durante minhas operações eles não haviam sofrido, mas que tinham visto tudo o que eu fazia como espectadores que assistiam a operações feitas em outros indivíduos."

Carta do sr. Alban Dubet ao sr. Leymarie

Châteauneuf, 14 de agosto de 1894.

Acabo de experimentar um fenômeno que, de acordo com nossa doutrina e conhecimentos, é facilmente explicável. É possível que ele seja frequente e que muitas pessoas o tenham experimentado como eu. Contudo, creio dever assinalá-lo; seria um estado participando ao mesmo tempo do sonambulismo e do pesadelo, e não é nem um nem outro.

Eis o fato:

Cerca das três horas da tarde, estendi-me sobre minha cama e, pouco a pouco, encontrei-me num estado de sonolência. Observe bem que não se trata do sono, e não se trata também do sonho; trata-se de um estado intermediário que todo mundo já experimentou.

Nesse estado eu conservava perfeitamente toda a minha lucidez, tinha os olhos fechados e permanecia imóvel. Pouco a pouco meus sentidos entorpeceram-se e eu sentia um segundo eu, que não era mais o corpo, fazer esforços surpreendentes para desligar-se deste. Meu espírito, ou melhor, meu envoltório fluídico, estava nitidamente separado do envoltório corporal. Meus braços fluídicos, minhas pernas fluídicas agitavam-se em todos os sentidos. Este segundo eu observava o corpo e dava-se conta de que este último conservava a mais absoluta imobilidade. Agitava seus braços e via seus braços corporais inertes; dava batidas e ouvia o som. Nesse momento ele se explicava que era realmente um espírito e que este esforçava-se para separar-se do corpo; porém sentia dor. Compreendeu enfim que era inútil usar violência e, por um esforço de sua vontade, voltou ao corpo, que então despertou completamente.

A memória deste fato conservou-se inteiramente em mim, como lhe disse. Minha lucidez foi constante e não cessei de conservá-la.

Durante todo esse tempo (que durou talvez meia hora, talvez mais) eu raciocinava sobre minha situação e fazia experiências comigo mesmo. Minha vontade apenas, e minha vontade consciente, manteve meu envoltório fluídico fora do corpo. Eu sentia, eu via que possuía quatro braços, dois dos quais se agitavam com violência, enquanto os outros dois permaneciam imóveis.

Os doutores explicavam que se trata de um pesadelo, efeito da digestão (eu não havia comido nada havia três horas), ou a continuação de uma doença (não tinha nenhuma havia mais de quinze anos), ou, enfim, uma impressão deixada sobre o cérebro por uma leitura ou espetáculo que me tinha emocionado fortemente (nada li, nada vi que me tenha causado a mínima impressão). Sou absolutamente são de espírito e de corpo.

Fiz questão de fazer-lhe este relato. É possível que o caso seja frequente e não valha a pena ser contado. Você fará dele o que quiser...

Observação relatada pelo dr. Gibier[118]

O sr. H. é um jovem louro, alto, de cerca de trinta anos, cujo pai era escocês e a mãe russa. É um artista de talento. Seu pai era dotado de faculdades medianímicas bastante poderosas. Sua mãe era igualmente médium. Apesar de nascido em meio espiritualista, não se interessou por espiritismo e não experimentou nada de anormal até o momento em que sofreu o que ele chama de acidente, a respeito do qual veio consultar-me no início de 1887 (em Paris).

"Há poucos dias", diz-me ele, "eu voltava para casa à noite, cerca de dez horas, quando fui tomado de repente por um sentimento de cansaço estranho que eu não conseguia explicar. Decidido, contudo, a não me deitar imediatamente, acendi a lâmpada e deixei-a sobre a mesinha de cabeceira perto de minha cama. Peguei um charuto, acendi-o na chama de minha lâmpada a óleo e aspirei algumas baforadas; em seguida, estendi-me sobre uma *chaise-longue*.

"No momento em que me deixei preguiçosamente cair para trás a fim de apoiar minha cabeça sobre a almofada do sofá, senti que os objetos a meu redor rodavam. Eu sentia como que um atordoamento, um vazio e, em seguida, bruscamente, via-me transportado ao centro de meu quarto. Surpreso com essa mudança de lugar da qual não tinha tomado conhecimento, eu olhava a meu redor e minha admiração aumentou muito mais.

"Primeiramente, vi-me estendido sobre o sofá, molemente, sem rigidez. Somente minha mão esquerda encontrava-se elevada acima de mim, estando o cotovelo apoiado, e segurava o charuto aceso cuja claridade se via na penumbra produzida pelo abajur de minha lâmpada. A primeira ideia que me veio foi a de que eu havia, sem dúvida, adormecido e que o que experimentava era o resultado de um sonho. Contudo, reconhecia que jamais havia experimentado coisa semelhante e que me pareceu tão intensamente realidade. Também, apercebendo-me de que não podia se tratar de um sonho, o segundo pensamento que se apresentou à minha imaginação foi o de que eu estava morto. E, ao mesmo tempo, recordei-me de que havia ouvido falar que há espíritos e pensei que eu mesmo tinha-me tornado espírito. Tudo o que tinha podido aprender sobre este assunto desenrolou-se longamente diante de minha vista interior, porém em menos tempo do que o necessário para nisto meditar. Recordo-me muito bem de ter sido tomado então por uma espécie de

[118] Análise das coisas, p. 142.

angústia e de pesar por coisas inacabadas: minha vida apareceu-me como em uma fórmula.

"Aproximei-me de mim, ou melhor, de meu corpo ou do que eu acreditava já ser meu cadáver. Um espetáculo que não compreendi, vi o interior de meu peito, e meu coração lá batia lentamente com batidas fracas, mas com regularidade. Eu via meu sangue vermelho de fogo correr nos grandes vasos. Nesse momento compreendi que devia ter sofrido uma síncope de tipo particular, a menos que as pessoas que têm síncope, pensava eu, não se recordem mais do que lhes sucedeu durante o desmaio. E então eu temia não mais me recordar quando voltasse a mim...

"Sentindo-me um pouco tranquilizado, olhei a meu redor, perguntando-me quanto tempo aquilo ia durar. Depois eu não mais me ocupava de mim, corpo, do outro eu que continuava repousando sobre o leito. Olhei a lâmpada que continuava a queimar silenciosamente e fiz a reflexão de que ela estava bastante próxima de minha cama e poderia comunicar o fogo às cortinas. Tomei o botão, a chave do pavio, para apagá-lo, porém, aí ainda, nova surpresa! Eu sentia perfeitamente o botão com sua roseta; eu percebia, por assim dizer, cada uma de suas moléculas, porém, apesar de rodá-lo com meus dedos, apenas estes executavam o movimento, e foi em vão que eu procurava agir sobre o botão.

"Examinei-me então e vi que, apesar de minha mão poder passar através de mim, eu sentia perfeitamente o corpo, que me pareceu, se minha memória não me falha neste ponto, como que revestido de branco. Em seguida coloquei-me diante do espelho em frente à chaminé. Ao invés de ver minha imagem no espelho, apercebi-me de que minha vista parecia estender-se à vontade, e a parede, primeiro, e em seguida a parte posterior dos quadros, e os móveis que estavam em casa de meu vizinho e ornavam o interior de seu apartamento apareceram-me. Apercebi-me da falta de luz nestas peças onde minha vista, no entanto, se exercitava e percebi bastante nitidamente como que um raio de claridade que partia de meu epigastro e iluminava os objetos.

"Veio-me a ideia de penetrar na casa de meu vizinho, que aliás eu não conhecia e que se encontrava ausente de Paris nesse momento. Tão logo tive o desejo de visitar o primeiro cômodo, vi-me para lá transportado. Como? Não sei, mas parece-me que devo ter atravessado a parede tão facilmente quanto minha vista a penetrava. Enfim, encontrava-me na casa de meu vizinho pela primeira vez em minha vida. Inspecionei os quartos, gravei seu aspecto em minha memória e dirigi-me em seguida a uma biblioteca onde observei particularmente vários títulos de livros colocados sobre uma prateleira à altura de meus olhos.

"Para mudar de lugar, eu só precisava querer e, sem esforço, encontrava-me onde queria ir.

"A partir desse momento, minhas lembranças são bastante confusas. Sei que ia muito longe, na Itália, creio, porém não saberia dizer como empreguei meu tempo. É como se, não tendo mais controle sobre mim mesmo, não sendo mais dono de meus pensamentos, eu pudesse transportar-me para cá e para lá conforme a direção dada a meu pensamento. Eu não estava mais seguro de meu pensamento e ele se dispersava de alguma forma antes que eu pudesse percebê-lo: a imaginação, agora, levava-me com ela.

"O que posso acrescentar, terminando, é que despertei às cinco horas da manhã, rígido, frio sobre meu sofá e tendo ainda meu charuto não terminado entre os dedos. Minha lâmpada tinha-se apagado; ela havia esfumaçado o vidro. Recolhi-me à cama sem poder dormir e fui agitado por um tremor. Enfim o sono veio. Quando despertei já era dia claro.

"Por meio de um inocente estratagema, no mesmo dia, induzi o porteiro a ir ver no apartamento de meu vizinho se não havia nada em desordem e, subindo com ele, pude reencontrar os móveis, os quadros vistos por mim na noite anterior, assim como os títulos dos livros que eu havia atentamente observado.

"Não falei sobre isso com ninguém com medo de passar por louco ou alucinado."

Terminando seu relato, o sr. H. acrescentou:

"O que o senhor pensa disso, doutor?"

Na época em que o sr. H. fez-me tomar conhecimento desse 'acidente', eu sabia que as coisas podiam ter-se passado da forma como ele as contava, e eu conhecia em parte as razões disso. Olhei, contudo, meu interlocutor no fundo de seus olhos para saber se ele não tinha a intenção de me enganar; estava bastante sério e parecia muito preocupado com o que lhe havia acontecido. Expliquei-lhe então que, conforme toda verossimilhança, ele era dotado de faculdades realmente extraordinárias e que cabia apenas a ele desenvolvê-las. Indiquei-lhe, com esse propósito, um regime a observar, o qual me prometeu seguir rigorosamente, e marcamos para a quinzena seguinte uma entrevista. Ele foi fiel, porém, ah, ele vinha anunciar-me que estava quase se casando e que não podia consagrar-se a nenhuma experiência além da vida conjugal, o que, como se sabe, é desfavorável à obtenção de faculdades de admaterialização autônoma.[119]

---

[119] Nota da tradutora: estranhou-nos o termo 'admaterialização', ao que parece significando materialização, o que infelizmente não pudemos precisar após infrutíferas pesquisas; no entanto mantemo-lo, visto ter sido assim que A. de Rochas expressou-se. (Nota da editora: Não existe nenhum desfavorecimento a não ser a sobrecarga de trabalho decorrente da vida conjugal, muitas vezes passível de ser controlada. Afora isso, casamento e mediunidade nada têm de incompatíveis.)

Carta de um antigo aluno da escola de Saint-Cyr

Recebi há algum tempo carta de um antigo aluno da Escola Militar de Saint-Cyr, atualmente funcionário superior na alfândega de uma das repúblicas da América do Sul, pedindo minha opinião sobre certos fenômenos dos quais havia sido testemunha.

Não conheço esse homem e não posso garantir suas afirmações, porém elas me parecem marcadas de boa-fé e, além do mais, apenas confirmam fatos bastante conhecidos daqueles que se ocupam desse gênero de estudos.

Eis aqui o documento, cujos detalhes pessoais que pudessem designar meu correspondente, que não deseja ser reconhecido, limitei-me a suprimir.

> No último mês de março, dia 17, eu me encontrava, às dez horas e meia da noite, em minha casinha de campo, onde vivo apenas com minha esposa, meu filho e duas domésticas. Eu estava em minha sala, sentado numa poltrona, terminando a leitura de *Irmãos Karamazov*. Fechando o livro, deixei-me levar pelo devaneio que invade todo leitor que digere o que acaba de ler. Meus olhos, que olhavam para o nada, como dizem vulgarmente, estavam fixos sobre um objeto de vidro que continha grandes pirilampos chamados em espanhol de *cucullos*.
>
> Após um instante, senti um frio muito grande e, apesar do desejo de levantar-me para me sacudir, continuei sentado como que pregado a meu assento sem poder também desviar os olhos dos pontos luminosos que os pirilampos formavam. Eu estava literalmente gelado, com uma intensa dor na coluna vertebral, em tudo semelhante ao que os médicos chamam de cravo histérico[120]. Ao mesmo tempo, a mínima ideia de movimento era acompanhada por uma dor bastante aguda no membro que eu queria mover. Minha razão estava lúcida e, mentalmente, acreditei-me vítima de uma hiperestesia geral. Eu via os *cucullos* gigantescos. Em seguida, como no início de um desmaio, meus olhos dançaram em minha cabeça. Pouco depois, ondas luminosas vermelho-amareladas e azul-violáceas dançaram diante de mim, absolutamente como círculos concêntricos (ou melhor, de forma oval) que a queda de uma pedra na água determina.
>
> Experimentei, então, um abatimento geral e, ao mesmo tempo, as ondas luminosas apagaram-se, deixando em seu lugar uma nuvem que, pouco a pouco, tomou exatamente a minha forma. Eu me via como num espelho ruim, com a percepção dos *cucullos* atrás da imagem. Tive nesse instante a mais estranha sensação que é dada ao homem experimentar, tive a perfeita noção de não estar mais em mim. Não sei como explicar isso. Esse pensamento perturba-me ainda. Senti perfeitamente que eu saía do cômodo onde me encon-

[120] Nota da editora: *Clou hystérique* (cravo histérico) é uma dor muito violenta num determinado ponto da cabeça, sentida principalmente pelas mulheres histéricas.

trava. Fui ao jardim, colhi duas rosas e, em seguida... a noite mais completa sobre todo o resto.

Quando voltei a mim, com uma fadiga considerável em todas as articulações, estava coberto por um suor viscoso, com uma cefalalgia intensa e a lembrança exata, precisa do que lhe relato.

No dia seguinte encontrei as duas rosas no chão...

Tenho um receio e desejo exprimi-lo terminando. Temo que o senhor creia tratar-se de uma mistificação, como, sendo mais jovem ou se me estivesse dirigindo a um homem de caráter diferente do seu, eu poderia ter feito. Espero, senhor, que o tom sincero desta carta lhe tire toda suspeita, sobretudo quando meu objetivo é somente instruir-me, se possível for, e sarar do que considero uma verdadeira doença.[121]

§ 3º - A saída do corpo astral no momento da morte

1 – Observação de Jackson Davis

Minhas faculdades de vidente permitiram-me estudar o fenômeno psíquico e fisiológico da morte na cabeceira de uma moribunda. Era uma mulher de cerca de sessenta anos, a quem eu havia dado com frequência conselhos médicos. Quando a hora de sua morte chegou, eu estava felizmente em perfeito estado de saúde, permitindo que minhas faculdades de vidente se exercessem livremente. Coloquei-me de maneira a não ser visto ou perturbado em minhas observações psíquicas e pus-me a estudar os misteriosos procedimentos da morte.

Vi que a organização física não podia mais ser suficiente para atender às necessidades do princípio intelectual, porém diversos órgãos internos pareceram resistir à partida da alma. O sistema vascular se debatia para reter o princípio vital. O sistema nervoso lutava com todo o seu poder contra a aniquilação dos sentidos físicos, e o sistema cerebral procurava reter o princípio intelectual. O corpo e a alma, como dois esposos, resistiam à sua separação absoluta. Esses conflitos internos pareciam primeiro produzir sensações penosas e perturbadoras; por isso senti-me feliz quando percebi que estas manifestações físicas indicavam, não a dor e o mal-estar, mas simplesmente a separação da alma e do organismo.

Pouco depois, a cabeça foi cercada por uma atmosfera luminosa e, em seguida, de repente vi o cérebro e o cerebelo apagarem suas partes interiores e pararem suas funções galvânicas, tornando-se saturados de princípios vitais de eletricidade e de magnetismo, que penetraram nas partes secundárias do corpo. Ou seja, o cérebro

---

[121] O autor desta carta experimentou três meses depois um fenômeno análogo, em conseqüência do qual ficou acamado com febre alta, que durou dois dias. – A. R.

tornou-se subitamente dez vezes mais preponderante do que o era no estado normal. Este fenômeno precede invariavelmente a dissolução física.

Em seguida constatei o procedimento pelo qual a alma ou o espírito se desprende do corpo. O cérebro atraiu para si os elementos de eletricidade, de magnetismo, de movimento, de vida, de sensibilidade, distribuídos por todo o organismo.

A cabeça foi como que iluminada e observei que, ao mesmo tempo em que as extremidades tornavam-se frias e obscuras, o cérebro adquiria um brilho particular.

Em torno dessa atmosfera fluídica que cercava a cabeça, vi formar-se uma outra cabeça que se desenhou cada vez mais nitidamente. Era tão brilhante que eu mal podia fixá-la, porém, à medida que ela se condensava, a atmosfera luminosa desaparecia. Deduzi daí que esses princípios fluídicos que foram atraídos de todas as partes do corpo para o cérebro, e então eliminados sob forma de atmosfera particular, estavam anteriormente unidos solidariamente, de acordo com o princípio superior de afinidade do universo que se faz sempre sentir em cada parcela de matéria. Com surpresa e admiração segui as fases do fenômeno.

Da mesma maneira que a cabeça fluídica foi libertada do cérebro, vi formarem-se sucessivamente o pescoço, os ombros, o tronco e, enfim, o conjunto do corpo fluídico. Tornou-se evidente para mim que as partes intelectuais do ser humano são dotadas de uma afinidade eletiva que lhes permite reunirem-se no momento da morte. As deformações e defeitos do corpo físico haviam quase que inteiramente desaparecido do corpo fluídico.

Enquanto este fenômeno espiritualista desenvolvia-se diante de minhas faculdades particulares, por outro lado, para os olhos materiais das pessoas presentes no quarto, o corpo da moribunda parecia experimentar sintomas de mal-estar e sofrimento, porém eles eram fictícios, pois provinham apenas da partida das forças vitais e intelectuais, retirando-se de todo o corpo para concentrarem-se no cérebro e, em seguida, no novo organismo.

O espírito (ou inteligência desencarnada) elevou-se ao ângulo direito acima da cabeça do corpo abandonado, porém, antes da separação final do laço que havia reunido durante tanto tempo as partes materiais e intelectuais, vi uma corrente de eletricidade vital formar-se sobre a cabeça da moribunda e a parte de baixo do novo corpo fluídico. Isso deu-me a convicção de que a morte não era senão um renascimento da alma ou do espírito, elevando-se de um estado inferior a um estado superior, e de que o nascimento de uma criança neste mundo ou do espírito no outro eram fatos idênticos. Nada falta, nem mesmo o cordão umbilical que era representado por um laço de eletricidade vital. Esse laço subsistiu durante algum tempo entre os dois organismos. Descobri então aquilo do qual eu já me havia apercebido em minhas investigações psíquicas: que uma pequena parte do fluido vital retornava ao corpo material tão logo o cordão ou laço elétrico era quebrado; este elemento fluídico ou elétrico, expandindo-se por todo o organismo, impedia a dissolução imediata do corpo.

Não é prudente enterrar o corpo antes que a decomposição tenha começado. O cordão umbilical do qual falei frequentemente não está ainda quebrado. É o que se passa quando pessoas parecendo mortas retornam à vida após um ou dois dias e contam suas sensações. Este estado foi chamado de letargia, catalepsia etc., mas quando o espírito é retido no momento em que deixa o corpo, o cérebro não se recorda senão raramente do que passou. Este estado de inconsciência pode parecer semelhante à aniquilação para um observador superficial e esta retenção momentânea de memória serve frequentemente de argumento contra a imortalidade da alma.

Tão logo a alma da pessoa que eu observava foi libertada pelos laços terrestres do corpo, constatei que seu novo organismo fluídico era apropriado a seu novo estado, porém seu conjunto assemelhava-se à sua aparência terrestre. Foi-me impossível saber o que se passava nessa inteligência renascida, porém observei sua calma e sua admiração pela dor profunda daqueles que choravam junto a seu corpo. Ela pareceu aperceber-se de sua ignorância quanto ao que havia acontecido realmente.

As lágrimas e as lamentações excessivas dos parentes não provinham senão do ponto de vista onde a maioria da humanidade se coloca, isto é, da crença materialista de que tudo acaba com a morte do corpo. Posso afirmar, por minhas diversas experiências, que, se uma pessoa morre naturalmente, a alma não experimenta nenhuma sensação penosa.

O período de transformação que acabo de descrever dura cerca de duas horas, mas não acontece da mesma forma com todos os seres humanos. Se você pudesse ver com os olhos psíquicos, perceberia perto do corpo rígido uma forma fluídica tendo a mesma aparência do ser humano que acaba de morrer, porém esta forma é mais bonita e como que animada por uma vida mais elevada.[122]

2 – Observação do dr. Cyriax

A maneira pela qual a morte é descrita por centenas de videntes prova que a alma ou espírito sai de seu envoltório mortal pelo

[122] Um inglês da Austrália, sr. Brown, conta que, quando seu filho morreu, sua filha, então com a idade de dezesseis anos, que se mantinha junto à cama, viu efetuar-se a separação entre a alma e o corpo de seu irmão mais ou menos como descreveu o sr. Davis, cujo livro ela jamais havia lido. – A. R.

crânio. Estes videntes observaram que, logo após esta saída, uma nuvem vaporosa eleva-se acima da cabeça e, tomando a forma humana, condensa-se pouco a pouco e assemelha-se cada vez mais à pessoa morta. Quando este corpo fluídico está formado, ele permanece durante algum tempo ainda ligado aos despojos mortais por um laço fluídico que parte da região intermediária entre o coração e o cérebro.

A morte em si mesma não é nada, mas há dificuldades para morrer, assim como há para nascer. Algumas pessoas sentem a sensação de sua morte; outras não, ou pouco. Para a maioria a morte é igual a um sonho produzido por um narcótico. É o que explica por que, despertando num outro mundo, estas pessoas não sabem mais onde se encontram. Morrendo, o ser humano não se torna nem melhor nem pior, é simplesmente uma evolução superior decorrente das leis primordiais.

Capítulo II

Regressão de memória observada sob a influência de um acidente ou no momento da morte

1º – Caso relatado pelo dr. Henri Préeborn[123]

Tratava-se de uma mulher com a idade de setenta anos que, gravemente doente em consequência de uma bronquite, ficou em delírio completo de 13 a 16 de março de 1902; a razão foi-lhe voltando em seguida, pouco a pouco.

Na noite de 13 para 14, percebeu-se que ela falava uma língua desconhecida das pessoas que a cercavam. Às vezes parecia que recitava versos e, outras, que conversava. Repetia diversas vezes a mesma composição em versos.

Acabou-se por reconhecer que a língua era o hindustani.

> Na manhã do dia 14, o hindustani começou a misturar-se com um pouco de inglês. Ela falava da sorte com parentes e amigos de infância ou então falava deles.
>
> No dia 15, o hindustani havia desaparecido e a doente dirigia-se a amigos que havia conhecido mais tarde, servindo-se do inglês, do francês e do alemão.
>
> A senhora em questão nasceu na Índia, que deixou com a idade de três anos a fim de ir para a Inglaterra, onde chegou após quatro meses de viagem, antes de haver completado quatro anos. Até o dia em que desembarcou na Inglaterra, esteve confiada a serviçais hindus e não falava absolutamente nada de inglês.

[123] Ver *Lancet*, de Londres, número de 12 de junho de 1902.

Ao que parece, no dia 13, em seu delírio, ela revivia seus primeiros dias e falava a primeira linguagem que havia ouvido. A poesia foi reconhecida como uma espécie de cantiga de ninar que as aias têm o hábito de repetir às crianças. Conversando, dirigia-se, sem dúvida, aos serviçais hindus: assim compreendeu-se, entre outras coisas, que ela pedia que a levassem à loja para comprar balas.

Podia-se reconhecer uma sequência em todo o decorrer do delírio. Primeiramente estiveram em questão os conhecimentos com os quais a doente havia mantido contato durante sua primeira infância; em seguida reviu toda a sua existência até chegar, em 16 de março, à época em que se casou e teve filhos que cresceram.

É curioso constatar que, após um período de sessenta e seis anos, durante o qual ela não havia jamais falado hindustani, o delírio lhe tenha feito rememorar a linguagem de sua primeira infância. Atualmente a doente fala com a mesma facilidade o francês e o alemão, assim como o inglês; porém, apesar de ainda conhecer algumas palavras em hindustani, ela é absolutamente incapaz de falar esse idioma ou mesmo de nele compor uma única frase.

2º – Observação do dr. Vial[124]

Esta observação é relativa a uma senhora, P., com a idade de trinta e dois anos, histérica e submetida ao método de ressensibilização sucessiva pela hipnose do dr. Sollier.

> Em seu trabalho [diz ele], conduzi-a à idade de um ano. Ela mamava, em seguida teve uma convulsão tanto na ida como no retorno, isto é, tanto na regressão como na progressão da personalidade.

3º – Observações do dr. Bain[125]

Trata-se também de uma doente, de vinte e nove anos, morfinômana e submetida ao mesmo tratamento.

> Após terminarmos os procedimentos para com o tronco, as vísceras e os membros, procedemos ao despertar da cabeça. Assistimos a uma regressão da personalidade não em uma única sessão, mas em várias, sete anos recuados: a doente reencontrava-se com a idade de doze anos, revivia todos os períodos de sua vida movimentada com um desdobramento completo da personalidade. Levar-nos-ia longe demais darmos, mesmo que resumida, a história da doente, história à qual assistimos como se estivéssemos de posse do receptor

[124] Dr. Sollier, *Phénomènes d'autoscopie*, p. 108.

[125] Id., p. 105.

de um telefone e ouvíssemos um só interlocutor: eram as cenas da vida de uma pobre operária que se prostitui para viver e que, doente, se entrega à morfina. Comprometida em roubos, é julgada duas vezes e cumpre, em Saint-Lazare e depois em Nanterre, pena de um ano de prisão; cenas de família, cenas do ateliê, cenas com amantes passageiros, horas de prosperidade eventual, horas de miséria consecutivas, a vida em Saint-Lazare e em Nanterre. Em janeiro de 1902, a doente deixava o asilo bem melhor ou mesmo curada. Havia engordado bastante, dormia espontaneamente à noite, era ativa e trabalhava. Redigiu a nosso pedido uma nota onde expunha todos os incidentes de sua vida. Essa nota controlava todas as informações que ela nos havia fornecido na hipnose, reencontrando sua sensibilidade cerebral.

4º – Caso do sr. Cottin[126]

Em sua última ascensão, o balão Montgolfier levava como capitão o sr. Perron, presidente da Academia de Aerostação, e o sr. F. Cottin, agente administrativo da Associação Científica Francesa.

Tendo partido de uma só largada, o balão estava às 4h24 a setecentos metros do solo. Foi então que arrebentou, e pôs-se a descer mais rápido do que havia subido, e precipitou-se, às 4h27, na casa nº 20 do beco Chevallier em Saint-Ouen.

> Após ter atirado fora tudo o que pudesse complicar o acidente, diz-nos o sr. Cottin, uma espécie de quietude, talvez de inércia, apodera-se de mim. Mil lembranças remotas afluem, chocam-se diante de minha imaginação. Em seguida as coisas acentuam-se e o panorama de minha vida vem desenrolar-se diante de meu espírito atento. Tudo é preciso: os castelos na Espanha, as decepções, a luta pela existência, e tudo isso na moldura inexorável imposta pelo destino... Quem acreditaria, por exemplo, que me revi com vinte anos sargento no 22º batalhão de linha... Revi-me de mochila às costas e cantando na estrada, em Vendôme, sob um belo sol de primavera. Que nitidez nos detalhes! À direita, meu amigo de infância o Loir; ao fundo, no vale Cloys, a região privilegiada, e adiante, Châteaudun...

Assim, em menos de três minutos, uma vez que as recordações não se precisaram senão um pouco após o começo da queda, o sr. Cottin viu toda a sua vida desfilar diante de sua memória.[127]

[126] Trecho de *Le spiritisme et l'anarchie*, de J. Bouvery, p. 405.

[127] Nota da editora: Defende o prof. Herminio C. Miranda que esse episódio tão freqüentemente relatado de rever, como num filme, a vida desfilar em detalhes se deve a que, "ao finalizar-se a existência na carne, ou mesmo ante ameaça mais vigorosa e iminente de que ela está para

5º – Caso do almirante Beaufort[128]

O almirante Beaufort, quando jovem, caiu de um navio nas águas da enseada Portsmouth. Antes que pudessem socorrê-lo, ele havia desaparecido; afogava-se. À angústia do primeiro momento havia sucedido um sentimento de calma e, apesar de dar-se por perdido, ele nem mesmo se debatia mais. Era sem dúvida apatia, mas certamente não era resignação, pois afogar-se não lhe parecia uma sorte tão desagradável e ele não tinha desejo algum de ser socorrido. Aliás, nenhum sofrimento. Ao contrário, as sensações eram de natureza agradável, participando desse vago bem-estar que precede o sono devido à fadiga.

Com esse embotamento dos sentidos coincidia uma extraordinária superexcitação da atividade intelectual.[129] As ideias sucediam-se com uma rapidez incrível, inconcebível. Primeiro o acidente que acabava de acontecer, o mau jeito que tinha sido sua causa, o tumulto que devia ter-se seguido a ele, a dor pela qual o pai da vítima ia ser tocado, outras circunstâncias estreitamente ligadas ao lar foram o tema de suas primeiras reflexões. Em seguida, lembrou-se de sua última cruzada, viagem interrompida por um naufrágio, depois a escola, os progressos que lá havia feito e também o tempo perdido, enfim suas ocupações e suas aventuras de criança. Em suma, o recuo inteiro do rio da vida, tão detalhado e preciso! Ouça-o:

> Cada incidente de minha vida atravessava-me sucessivamente as recordações, não como um leve esboço, mas com detalhes e acessórios de um quadro terminado! Em outras palavras, minha existência inteira desfilava diante de mim numa espécie de revisão panorâmica; cada fato com sua apreciação moral ou reflexões sobre sua causa e seus efeitos. Pequenos acontecimentos sem consequências há muito tempo esquecidos afloravam em minha imaginação como se tivessem acontecido na véspera.

terminar, dispara um dispositivo de transcrição dos arquivos biológicos para os perispirituais, do que resulta aquele belo e curioso espetáculo de *replay* da vida, para o qual estamos propondo o nome de recapitulação." (*A memória e o tempo*, p. 35, 4ª edição, Publicações Lachâtre). Em apoio a esta tese, existe interessante mensagem recebida por Chico Xavier e publicada no livro *Falando à Terra*, de autoria do espírito Romeu A. Camargo, que, ao contar sua experiência, conclui: "A memória como que retira da câmara cerebral, às pressas, o conjunto das imagens que gravou em si mesma, durante a permanência na carne, a fim de incorporá-las, definitivamente, aos seus arquivos eternos." Para aprofundamento no estudo de tão interessante assunto, sugerimos a leitura da obra *Alquimia da mente*, Publicações Lachâtre, de Herminio C. Miranda.

128 Trecho do *Journal de Médecine* de Paris, citado por J. Bouvery (*Le spiritisme et l'anarchie*, p. 403.)

129 Várias pessoas afirmaram que, em quedas que deveriam ser mortais, não apenas a morte não lhes parecia apavorante, como também não sofriam os choques terríveis que recebiam, de tanto que seu pensamento era dirigido para as conseqüências mortais da queda. – A. R.

Tudo isso se passou num tempo cuja brevidade vamos apreciar: o futuro almirante foi resgatado menos de dois minutos após sua queda.

6º – Casos relatados pelo sr. de Varigny[130]

> Conheço, diz Goethe (numa conversa com Eckermann), o caso de um velho de classe pobre que, sobre seu leito de morte, pôs-se de repente a recitar passagens gregas de uma língua bastante elegante. Como sabia-se que ele não compreendia uma só palavra de grego, a circunstância pareceu miraculosa e algumas pessoas hábeis exploraram-no imediatamente às custas dos crédulos. Infelizmente para elas, todavia, descobriram logo que, durante a juventude, este velho tinha tido de aprender de cor e declamar grego para facilitar a tarefa de um aluno de alta estirpe, mas de inteligência bastante medíocre. Ele havia, dessa maneira, adquirido de modo puramente mecânico um pouco de grego, sem aliás compreender uma só palavra do que dizia. E foi apenas em seu leito de morte, cerca de cinquenta anos mais tarde, que essas palavras vazias de sentido retornaram-lhe à memória e passaram por seus lábios.

Outro fato do mesmo gênero, citado por Coleridge, diz respeito a um velho trabalhador de floresta que, tendo vivido toda a sua juventude nas fronteiras polonesas, não havia falado senão muito pouco o polonês até o momento em que se fixou em um distrito alemão, onde falou apenas o alemão durante trinta ou quarenta anos.

Estando anestesiado para uma operação, esse trabalhador florestal falou, cantou e orou durante duas horas, em polonês, língua da qual ele absolutamente não mais se servia no estado de vigília.

7º – Caso citado pela senhorita Tobolowska

Trata-se do diretor de uma escola normal que, com a idade de oito anos e meio, caiu numa fonte. Durante um tempo que pareceu bem longo à criança, debateu-se a pensar em reencontrar os degraus e subi-los de quatro. Veio-lhe de repente a ideia de que toda luta era inútil e que ia morrer: permaneceu então imóvel, ouvindo a água fazer gluglu em sua boca e em suas orelhas.

> Foi então, diz ele, que se fez espontaneamente em minha consciência um desfile extremamente rápido, e como que caleidoscópico, de numerosos episódios de minha vida passada, evidentemente

[130] *Les rêves ancestraux*. Folheto científico do *Temps*, nº de 13 de novembro de 1902.

daqueles que me haviam tocado mais e formavam a essa época o conteúdo principal do meu eu. Emprego a palavra desfile propositalmente, porque me parece que as imagens não eram simultâneas. Creio poder afirmar, além do mais: primeiro, que não vi assim todos os instantes consecutivos de minha vida exterior, e que havia falhas; segundo, que as imagens desfilavam numa certa ordem, ordem cronológica e ao contrário. Elas apresentavam-se extraordinariamente intensas e nítidas, exteriorizadas; eu me via a mim mesmo objetivamente, como um outro.

8º – Caso do general Bonnal

O general Bonnal, ferido por um estilhaço de granada na batalha de Froeschviller, escreveu:

> Senti-me cercado por chamas durante o espaço de uma fração de segundos, experimentei a impressão do vazio precedido pela visão bastante nítida de numerosas cenas de minha infância, desenrolando-se com uma rapidez vertiginosa após meu desfalecimento.

9º – Observação do dr. Sollier[131]

> Trata-se de uma jovem nervosa e sujeita a síncopes, morfinômana de doses bastante elevadas e tomada por um estado de caquexia alarmante, com complicação de albuminuria. Foi submetida a uma desmorfinização rápida. A ablactação estava sendo esperada há mais de vinte e quatro horas, sem ter apresentado nada de particular além das perturbações habituais, diarreia, vômitos biliosos, suores, quando, de repente, a doente experimentou uma sensação de esgotamento enorme. Ao mesmo tempo sentiu uma violenta dor que ela comparava a um ferro quente que lhe teria atravessado a cabeça do alto à nuca, dor bem curta e que diminuiu gradualmente. A isto sucedeu uma sensação de bem-estar, de relaxamento, e, de repente, ela viu desenrolar-se toda a sua existência. Era, diz-me ela depois, como se todos os acontecimentos de sua vida tivessem sido impressos sobre uma tela que se teria desenrolado de cima para baixo diante de si. Os acontecimentos sucediam-se na ordem regressiva, de hoje à idade de cinco ou seis anos ao menos. "Tudo o que tenho na cabeça vi", dizia ela, "com detalhes inauditos, acompanhados de vagos lamentos e de impressões de pesar, jamais de alegria (é verdade que ela teve muito pouca alegria em sua vida), que cada imagem me fazia sentir... Tudo estava cinzento... as coisas estavam sobre uma superfície plana; mas certos fatos de minha vida, as emoções por exemplo,

[131] *Bulletin de l'Institut Général Psychologique* (Boletim do Instituto Geral Psicológico, nº 1 de 1903).

tomavam como que uma espécie de relevo para mim: era como se você olhasse três fotografias de pessoas bastante conhecidas: duas lhe pareceriam planas e uma de que você gosta muito lhe pareceria mais nítida e em relevo."

Em seguida, seu coração pareceu-lhe como que envolvido por gelo a ocupar todo o peito; então tudo desapareceu rapidamente como num turbilhão. Sentiu que ela também desaparecia e experimentava uma espécie de bem-estar, de calma. Ela se diz: "É isto a morte; não é muito duro." A ideia de pedir socorro, de prevenir que ela se encontrava mal nem sequer lhe veio e, subitamente, caiu em síncope com parada respiratória completa e pulso insensível durante cerca de sete minutos. Injeções de éter e de morfina reanimaram-na. Quando voltou a si, experimentou primeiro um sentimento de aborrecimento por encontrar-se lá... Esta doente conservou, depois, uma recordação bastante precisa do que havia então experimentado.[132]

10º – Psicose da inanição, pelo dr. Regis[133]

Ao lado da visão apetitosa de iguarias e refeições, visão infelizmente torturante que se desvanece no último momento e que é encontrada também no período de inanição das doenças, nota-se frequentemente, nas alucinações de inanição dos náufragos, a visão dos objetos e locais familiares ou mesmo o desfile panorâmico dos lugares vistos e dos acontecimentos vividos na existência anterior, a visão obstinadamente renovada do salvamento que sobrevém de mil maneiras diversas, enfim a simultaneidade das mesmas visões observadas por Savigny e Maire em diversos náufragos de Méduse ou da Ville-de-Saint-Nazaire. Assinalemos ainda a sensação da alma separando-se do corpo e elevando-se no espaço, assim como o mesmo se produz em certas intoxicações, particularmente com o haxixe.

"Minha voz parecia não mais pertencer a mim. Produzia-se aí um desdobramento da pessoa; a alma só se mantinha por um fio; ela tentava abandonar a carcaça, e para o que valia a carcaça nesse momento! Eu tinha sensações etéreas, agradáveis. Eu estava de alguma forma desdobrado. Minha alma flutuava, serena, acima de minha pessoa e eu assistia impassível a nossos desastres."

---

[132] Na discussão que se seguiu a esta comunicação, o sr. Rabaud citou sua experiência pessoal. Ele quase afogou-se e recorda muito bem que, já a ponto de perder a consciência, viu um grande número de acontecimentos de sua vida desenrolar-se diante de si em quadros sucessivos. Não experimentou nenhum pesar por morrer e pensou somente na tristeza que seu desaparecimento ia causar aos seus. A experiência não teve aliás nada de fisicamente doloroso. – A. R.

[133] Ver tese do dr. Lassignardie sobre o *État mental dans l'abstinence* (*Estado mental na abstinência*), Bordeaux, 1897.

11º – Caso de Jeanne R.[134]

Jeanne R., de vinte e quatro anos, é uma moça bastante nervosa e profundamente anêmica. É sujeita a crises de medo e de soluços; não tem crises convulsivas, mas frequentes desmaios; é facilmente hipnotizável; dorme um sono profundo e a seu despertar sofre de amnésia.

É-lhe dito que desperte com a idade de seis anos. Ela se encontra na casa de seus pais; estamos no momento da colheita e de descascar castanhas. Sente vontade de dormir e pede para deitar-se. Chama seu irmão André para que a ajude a terminar seu serviço, porém André diverte-se fazendo casinhas com as castanhas ao invés de trabalhar. "Ele é muito preguiçoso, diverte-se descascando dez e é preciso que eu descasque o resto." Nesse estado ela fala o dialeto de Limoges, não sabe ler e conhece superficialmente o abecedário. Não sabe uma só palavra de francês. Sua irmãzinha Louise não quer dormir. "É preciso sempre", diz ela, "fazer gracinhas para minha irmã que tem nove anos." Apresenta atitudes de criança.

Após ter-lhe posto a mão sobre a fronte, é-lhe dito que, dentro de dez minutos, ela se encontrará com a idade de dez anos. Sua fisionomia torna-se bem diferente, sua atitude não é mais a mesma. Encontra-se no Fraises, um castelo da família des Moustiers, perto do qual ela morava. Pergunta onde estão suas irmãs que a acompanhavam; vai ver se elas estão vindo na estrada.

Fala como uma criança que está aprendendo. Frequenta escola de irmãs há dois anos, porém ficou bastante tempo apenas tomando conta de seus irmãos e irmãs. Começou a escrever há seis meses. Recorda-se de um ditado feito numa quarta-feira e escreve uma página inteira bastante fluentemente e de cor; foi o ditado que fez com a idade de dez anos.

Diz não estar muito avançada: "Marie Coutureau comete menos erros do que eu; eu estou sempre depois de Marie Baudet e Marie Coutureau, porém Louise Rolland está depois de mim. Creio que Jeanne Beaulieu é a que comete menos erros."

Da mesma maneira é-lhe ordenado que se encontre com a idade de quinze anos. Ela serve em Mortemart, em casa da srta. Brunerie: "Amanhã, vamos a uma festa, a um casamento. Ao casamento de Baptiste Colombeau, o marechal. Léon será meu cavalheiro. Oh! vamo-nos divertir muito! Oh! não irei ao baile; a srta. Brunerie não quer; vou durante quinze minutos, mas ela não sabe." Sua conversa é mais contínua do que há pouco. Ela sabe ler e escrever. Escreve *Le petit savoyard*.

A diferença das duas escritas é muito grande. Ao despertar ela fica admirada por ter escrito *Le petit savoyard*, que não sabe mais. Quando lhe mostramos o ditado que fez aos dez anos, diz que não foi ela quem o fez.

---

[134] Este caso foi observado e relatado pelos drs. Bourru e Burot.

12º – Caso do sr. Bouvier, magnetizador em Lyon

Há alguns anos, nos primeiros dias de setembro, eu tomava o trem de 6h20 da tarde vindo de Viena para Lyon. Encontrava-me completamente só no vagão da frente e bem no centro do primeiro compartimento, com as costas voltadas para a máquina. Mal instalei-me, não me encontrando incomodado por ninguém, veio-me a ideia de magnetizar meu chapéu a fim de me dar conta se eu poderia fazê-lo movimentar-se sob minha ação pessoal sem outro esforço além do de minha vontade.

Após alguns minutos de magnetização, pensando em outra coisa após o apito da máquina anunciando a chegada em Estressin, maquinalmente recoloquei meu chapéu sobre a cabeça, seguindo o curso de minhas ideias. O que se passou? De repente vi-me sentado diante de mim! A primeira ideia que me veio foi esta: Está terminado! O trem descarrilou, um acidente sobreveio e passei para o outro mundo. Para me dar conta da realidade e procurar saber qual dos dois 'eus' era o verdadeiro, pressionei meu peito com as mãos e, oh, estupefação! não senti nenhuma resistência; então, aproximei-me daquele que se encontrava diante de mim e que não se mexia, toquei-o no meio do corpo, meus braços passaram igualmente através dele. Dessa vez fui tomado por uma verdadeira angústia; pensei em minha família, em meus amigos; em alguns instantes que me pareceram séculos, retornei no curso de minha vida cujos atos desenrolavam-se numa apoteose que terminava revendo-me bem pequeno nos braços de minha mãe; em seguida, senti-me por assim dizer fundir-me em mim, espessando-me ao invés de diluir-me, e finalmente retomei inteira posse de minha individualidade.

13º – Casos diversos

Quando a dorminhoca de Thenelles despertou por algumas horas antes de morrer, falou o dialeto de sua infância e não o que falava no momento em que teve seu ataque de sono.[135]

Assisti aos últimos momentos de meu pai, que, em sua agonia, chamou várias vezes seu pai, dizendo: "*Mon pairé*", no dialeto de sua ama-de-leite.

14º – Imitação da infância e outras imitações[136]

Há, diz Carré de Montgeron, um estado sobrenatural de infância em que vários convulsionários, mesmo de idade bastante madura, e

---

[135] Marguerite Boyenval caiu em sono letárgico no dia 31 de maio de 1883. Despertou em 23 de maio de 1903 e faleceu no dia 28 do mesmo mês. – A. R.

[136] Luc Desages. *Êxtase*. Paris, 1866, p. 199.

> alguns de caráter grave e muito sério, algumas vezes se encontram. Este estado é caracterizado por fatos que o artifício não poderia imitar. Vê-se uma expressão infantil expandir-se em todo o seu rosto, em seus gestos, no som de sua voz, na atitude de seu corpo, em todos os seus modos de agir. É nesse estado que vários convulsionários foram instruídos a respeito do segredo das consciências e desenvolveram seus mais profundos recônditos.

Bertrand constatou num sonâmbulo a mesma propriedade. Durante oito dias consecutivos, essa pessoa reviveu por seu estado de infância e representou várias cenas de sua juventude, dentre outras, o medo que lhe haviam causado do diabo...

Encontra-se a imitação da infância num grande número de santos.

15º – As doenças da memória, por Th. Ribot

A excitação geral da memória parece depender exclusivamente de causas fisiológicas e, em particular, da circulação cerebral. Também produz-se frequentemente nos casos de febre aguda. Produz-se ainda na excitação maníaca, no êxtase, na hipnose, às vezes na histeria e no período de incubação de certas doenças do cérebro.

Além destes casos nitidamente patológicos, há outros de natureza mais extraordinária que dependem provavelmente da mesma causa. Há vários relatos de afogados, salvos de morte iminente, que concordam neste ponto: "Que na hora em que começava a asfixia parecia-lhes ver, em um momento, sua vida inteira em seus menores incidentes." Um deles afirma que:

> [...] pareceu-lhe ver toda a sua vida anterior desenrolar-se em sucessão regressiva, não como um simples esboço, mas com detalhes bastante precisos, formando como que um panorama de sua existência inteira, no qual cada ato era acompanhado por um sentimento de bem ou de mal.

Em circunstância análoga:

> [...] um homem de espírito notavelmente aberto atravessava uma estrada de ferro no momento em que um trem chegava a toda velocidade. Ele só teve tempo de estender-se entre os dois trilhos. Enquanto o trem passava em cima dele, o sentimento de seu perigo repôs-lhe na memória todos os incidentes de sua vida, como se o livro do julgamento tivesse sido aberto diante de seus olhos[137].

---

[137] Para este fato e outros da mesma natureza, ver Forbes Winslow (*On the obscure diseases of the*

Mesmo pondo de lado os exageros, estes fatos revelam-nos uma superatividade da memória, da qual não podemos fazer nenhuma ideia no estado normal...

Citarei um último exemplo, causado pela intoxicação por ópio, e pedirei ao leitor que observe o quanto ele confirma a explicação dada mais acima sobre o mecanismo de 'reconhecimento'.

> Parece-me, diz Th. de Quincey em *Confessions d'un mangeur d'opium*, ter vivido setenta anos ou um século em uma noite... Os menores acontecimentos de minha juventude, cenas esquecidas de meus primeiros anos eram frequentemente reavivados. Não se pode dizer que eu os recordava, pois, se os tivessem contado a mim no estado de vigília, eu não teria sido capaz de reconhecê-los como fazendo parte de minha existência passada. Porém, colocados diante de mim como o estavam sendo em sonho, como intuições, revestidos de suas mais vagas circunstâncias e dos sentimentos que as acompanhavam, eu os reconhecia instantaneamente.

As excitações parciais da memória, diz ainda o sr. Ribot, resultam mais frequentemente de causas mórbidas; porém há casos em que elas se produzem no estado são. Eis dois exemplos:

> Uma senhora, no último período de uma doença crônica, foi conduzida ao campo, em Londres. Sua filhinha, que ainda não falava, foi-lhe levada e, após uma curta entrevista, foi reconduzida à cidade. A senhora faleceu alguns dias depois. A menina cresceu sem recordar-se de sua mãe até a idade madura. Foi então que teve a ocasião de ver o quarto onde sua mãe morreu. Apesar de ignorá-lo, entrando nesse quarto ela estremeceu. Como lhe perguntava a causa de sua emoção disse: "Tenho", disse ela, "a impressão distinta de ter vindo outrora neste quarto. Havia neste canto uma senhora deitada parecendo muito doente que se inclinou para mim e chorou.[138]"
>
> Um homem de temperamento artístico bastante marcante (é importante observar este detalhe) foi com amigos jogar uma partida perto de um castelo do condado de Sussex, do qual ele não tinha nenhuma lembrança de já ter visitado. Aproximando-se da grande porta, ele teve uma impressão extremamente viva de já tê-la visto, e revia não somente essa porta, mas as pessoas instaladas ao alto e, embaixo, os asnos sob o pórtico. Com esta convicção singular impondo-se a ele, dirigiu-se a sua mãe para obter algum esclareci-

---

brain and discorders of the mind).

[138] Abercrombie. *Essay on intellectual powers*.

mento sobre esse ponto. Soube dela que, com a idade de dezesseis meses, foi conduzido a esse local, que ele havia sido transportado num cesto sobre o dorso de um asno; que ele tinha sido deixado embaixo com os asnos e os serviçais, enquanto que os mais velhos do grupo tinham-se instalado para comer acima da porta do castelo.[139]

[139] Carpenter. *Mental physiology*.

Capítulo III
Recordações de vidas anteriores

Vários santos noserianos[140] deram testemunho da realidade das existências sucessivas. Schevkh Hemyr afirmava que tinha mantido a memória dos estados anteriores por ele atravessados. Além de outras coisas, recordava-se de ter sido fabricante de tranças de palha.[141]

O grande lama era um menino de apenas oito anos que dirigiu a palavra ao doutor Hendsol em sua língua materna, o alemão, ainda que o doutor se passasse por hindu de distinção. A uma das perguntas feitas pelo viajante sobre a pluralidade das existências, a criança respondeu:

"Você me inclina a duvidar da eterna verdade da reencarnação. Que há de mais evidente, no entanto? Você pensa que a impotência em que se encontra de recordar-se dos estados anteriores de sua existência é uma prova de sua impossibilidade? Porém, de que você se lembra dos dois primeiros anos de sua vida presente? E, no entanto, você já vivia, antes, na vida embrionária. Há em você um conhecimento intenso, uma consciência desse fato, de que você sempre existiu, e não pode imaginar um momento em que não tenha existido ou um momento em que não existirá mais. O que você chama de morte é uma transição, uma passagem de nosso ser de um estado a outro, e assim não sobrevive senão a simples consciência de que você existe. Certos homens são esmagados por esse pensamento, porque

[140] Nota da editora: Noserianos – seita esotérica muçulmana originada na Síria, onde possui adeptos até os dias de hoje.

[141] Cte. A. de Gobineau. *Trois ans en Asie*, 1855 a 1858.

se prendem avidamente à ilusão de reencontrar um dia, num além melhor, aqueles que lhes foram caros. Porém esse esquecimento das vidas passadas é precisamente um benefício. O que nos tornaríamos, carregados das recordações dessas existências anteriores, das ilusões, das vãs esperanças, das loucuras, dos crimes! A panaceia mais preciosa dos antigos gregos não era o rio Letes que apagava as lembranças do passado?"[142]

Muitas crianças, dizem os birmaneses, recordam-se de suas vidas anteriores. À medida que crescem, suas recordações apagam-se e elas esquecem; porém, enquanto são pequenas, têm a memória bem nítida das coisas passadas. Vi, eu próprio, muitas dessas crianças.

Há cerca de cinquenta anos, duas crianças nasceram num vilarejo chamado Okshitgon, na Birmânia: um menino e uma menina. Vieram ao mundo no mesmo dia, em casas vizinhas, cresceram juntos, brincaram juntos e se amaram. Casaram-se e constituíram família, cultivando, para viverem, os campos áridos que cercavam Okshitgon. Eles eram conhecidos por seu profundo apego um pelo outro e morreram como haviam vivido, juntos. A mesma morte os levou no mesmo dia, foram enterrados juntos fora do vilarejo e depois esquecidos, pois os tempos eram duros. Foi no ano após a tomada de Mandalay e a Birmânia inteira se alvoroçava. O país estava cheio de homens armados, as estradas eram perigosas e as noites iluminavam-se com chamas que devoravam os lugarejos. Tristes tempos para os homens pacíficos, e muitos deles, fugindo de suas casas, refugiavam-se em locais mais habitados e mais próximos aos centros de administração. Okshitgon ficava no centro de um dos distritos mais expostos e grande número de seus habitantes fugiu; dentre eles um homem chamado Maung-Kan e sua jovem esposa. Estabeleceram-se em Kabul. A esposa de Maung-Kan deu-lhe dois filhos gêmeos, nascidos em Okshitgon pouco antes da fuga do casal. O primogênito chamava-se Maung Gyi, isto é, Irmão-Grande-Menino, e o caçula, Maung-Ngé ou Irmão-Pequeno-Menino. As crianças cresceram em Kabyu e aprenderam logo a falar. Porém seus pais observaram com admiração que eles se chamavam durante suas brincadeiras não de Maung-Gyi e Maung-Ngé, mas de Maung-San-Nyein e Ma-Gyroin. Este último nome é um nome de mulher, e Maung-Kan e sua esposa lembraram-se de que estes nomes eram os do casal falecido em Okshitgon aproximadamente na época em que seus filhos nasceram.

---

[142] Trecho do relato feito pelo dr. Heinrich Hendsold de sua visita ao grande lama, em Lhassa. (Tradução francesa pelo sr. De Lescure, na *Revue des revues*.)

Eles pensaram então que as almas desse homem e dessa mulher tinham entrado nos corpos de seus filhos e os conduziram a Okshitgon para experimentá-los. As crianças conheciam tudo em Okshitgon: estradas, casas e pessoas – e reconheceram até as vestimentas que haviam usado em sua vida anterior. Não havia mais nenhuma dúvida. Um deles, o mais jovem, recordou-se também de que certa vez havia pedido emprestado duas rúpias a uma tal Ma-Thet sem que seu marido o soubesse, enquanto era Ma-Gyroin, e que esta dívida não havia sido paga. Ma-Thet vivia ainda, foi interrogada e ela recordava efetivamente de que havia emprestado esse dinheiro. Não ouvi dizer que o pai das crianças tenha devolvido as duas rúpias.

Eu os vi pouco depois dessa ocorrência. Eles têm agora seis anos completos. O primogênito, no corpo de quem o homem entrou, é um rapazinho gordo e rechonchudo, mas o gêmeo caçula é menos forte e tem uma curiosa expressão sonhadora, talvez a de uma menina. Eles me contaram muitas coisas de suas vidas passadas. Disseram que, após a morte, viveram durante algum tempo absolutamente sem corpo, errando no espaço e escondendo-se nas árvores. E isto por causa de seus pecados. Então, alguns meses depois, nasceram de novo como gêmeos. "Era tão nítido outrora", diz-me o primogênito; "eu podia recordar-me de tudo, mas isto torna-se cada vez mais apagado e agora não posso recordar-me como antes."

Há muitas crianças como essas. Porém é preciso procurá-las – ninguém as traz a você. Os birmaneses, como muitos outros, sentem horror ao verem suas crenças e suas ideias ridicularizadas. Sabem, por experiência, que o estrangeiro que se informa sobre seus costumes e hábitos testemunha-lhes habitualmente, por seu desprezo, que se considera muito mais inteligente do que eles. São então bastante reservados. Porém, quando compreendem que você está realmente procurando instruir-se, dir-lhe-ão tudo o que pensam, contanto que você os trate com estima e cortesia.

Constatei que eles recordavam-se com frequência de suas vidas passadas, que crianças bem jovens podiam dizer o que eram antes de sua existência presente e recordar-se de detalhes de suas vidas anteriores. Essas recordações enfraquecem-se à medida que crescem e terminam enfim por se desvanecer quase que inteiramente. No entanto, permanecem bem vivas em muitas crianças, e ninguém no mundo inteiro duvida disso.[143]

---

[143] H. Fielding Hall. *The soul of a people*, 1898.

Há dez anos eu visitava Roma pela primeira vez. Várias vezes na cidade fui tomado por um fluxo de reconhecimento. As termas de Caracalla, a via Apiana, as catacumbas de São Calixto, o Coliseu – tudo me parecia familiar. A razão parece evidente: eu renovava meu conhecimento com o que havia visto em quadros e fotografias. Isto pode explicar o que se relaciona com os prédios, mas não aos labirintos escuros dos subterrâneos das catacumbas.

Alguns dias mais tarde, fui a Tivoli. Lá também a localidade era-me familiar como teria sido minha própria paróquia. Por uma torrente de palavras que me vinham espontaneamente aos lábios, eu descreveria o local tal qual ele era nos tempos antigos. No entanto, eu jamais havia lido algo sobre Tivoli. Não havia visto figuras representando-a, não sabia de sua existência senão há alguns dias apenas, e, no entanto, encontrei-me servindo de guia e de historiador a um grupo de amigos que concluíram que eu havia feito um estudo especial sobre o local e seus arredores. Em seguida, a visão de meu espírito começou a enfraquecer. Parei, como um ator que esqueceu seu papel, e não pude dizer mais nada. Foi como um mosaico que tivesse caído em pedaços.

Em outra ocasião encontrei-me com um companheiro nos arredores de Leatherhead, onde eu jamais havia estado antes desse dia. A região era completamente nova tanto para mim quanto para meu amigo. Durante a conversa, este observou: "Dizem que há uma antiga estrada romana nestes arredores, porém ignoro se se encontra deste lado de Leatherhead ou do outro." Falei imediatamente: "Eu digo onde ela se encontra", e mostrei o caminho a meu amigo, absolutamente persuadido de que o havia encontrado, o que aconteceu realmente. Eu tinha a sensação de já ter-me encontrado outrora nessa mesma estrada a cavalo, coberto por uma armadura. Estes episódios fizeram-me às vezes falar com amigos sobre isto, e um grande número deles disse-me ter experimentado sensações do mesmo gênero.

A três milhas e meia a oeste do local onde vivo, encontra-se uma fortaleza romana em estado quase perfeito de conservação. Um presbítero que veio me ver um dia pediu-me para acompanhá-lo, desejando visitar essas ruínas. Disse-me ter lembrança bem nítida de ter vivido nesse local e de haver tido um cargo de caráter sacerdotal nos dias da ocupação romana. O que me tocou foi que ele insistiu em visitar uma torre que foi derrubada sem perder sua forma. Havia um buraco no topo da torre, acrescentou ele, no qual se tinha o hábito de colocar um mastro. Os arqueiros faziam-se içar ao alto numa espécie de bote protegido por couro. Lá ficavam bem insta-

> lados para ver os chefes gorlestonianos[144] no meio de seus homens e atirando contra eles. Encontramos, com efeito, o buraco que havia sido indicado.[145]

Um fenômeno análogo produziu-se com Méry. Num artigo biográfico, publicado enquanto vivo no *Journal Litteraire* de 25 de setembro de 1864, o autor afirma que este escritor acreditava firmemente já ter vivido várias vezes; que ele se recordava das mínimas circunstâncias de suas existências precedentes e que as detalhava com uma forte certeza que impunha a convicção. Assim, afirmava ter participado da guerra das Gálias e haver combatido na Germânia com Germanius. Reconheceu lugares onde havia acampado outrora em certos vales, campos de batalha onde havia combatido. Chamava-se então Mincius. O episódio seguinte, que cito textualmente, parece estabelecer com nitidez que estas recordações não são simplesmente miragens de sua imaginação.

> Um dia, em sua vida presente, ele estava em Roma e visitava a biblioteca do Vaticano. Lá foi recebido por jovens, noviços com longos roupões cinzas, que o puseram a falar o latim mais puro. Méry era bom latinista em tudo o que se refere à teoria e à escrita, porém não havia ainda tentado conversar familiarmente na língua de Juvenal. Ouvindo estes romanos hoje, admirando esse magnífico idioma, tão bem harmonizado com os monumentos e com os costumes da época em que ele estava em uso, pareceu-lhe que um véu caía de seus olhos; pareceu-lhe que ele próprio havia conversado em outros tempos com amigos que se serviam dessa linguagem divina.
>
> Frases feitas e irrepreensíveis saíam de seus lábios. Ele encontrou imediatamente a elegância e a correção. Enfim, falou latim como fala francês. Tudo isto não podia ser feito sem um aprendizado e, se ele não tivesse sido um homem de Augusto, se não tivesse atravessado esse século de muito esplendor, não poderia improvisar um conhecimento, impossível de adquirir em algumas horas.

Trata-se ainda de uma sensação do mesmo tipo descrita por Lamartine em sua *Voyage en Orient.*[146]

[144] Nota da editora: Gorletonianos – habitantes de Gorleston, cidade inglesa.

[145] Rev. Forbes. *The nineteenth century*. Junho de 1906.

[146] Nota da editora: O título completo da obra de Lamartine é *Paysages pendant un voyage en Orient* (*Paisagens durante uma viagem ao Oriente*), publicada em 1833.

Eu não tinha, na Judeia, nem Bíblia nem guia de viagem nas mãos, ninguém para me dar o nome dos locais e o nome antigo dos vales e das montanhas; no entanto, reconheci imediatamente o vale das Hienas e o campo de batalha de Saul. Quando fomos ao convento, os padres confirmaram-me a exatidão de minhas previsões; meus companheiros não podiam crer nisso. Da mesma forma, em Séfora, eu havia mostrado com o dedo e designado o local provável do nascimento da Virgem. No dia seguinte, no sopé de uma montanha árida, reconheci a tumba dos Macabeus, e eu dizia a verdade sem o saber. Exceto os vales do Líbano etc., quase nunca reencontrei na Judeia um local ou coisas que não fossem para mim como uma recordação. Vivemos pois duas vezes ou mil vezes? Nossa memória não é, assim, apenas uma imagem descorada que o sopro de Deus reanima?[147]

Há doze anos, (escreve o sr. G. Horster) eu morava em Illinois, condado de Effingham. Lá perdi uma filha, Marie, na época em que ela entrava na puberdade. No ano seguinte, fixei-me em Dakota, que não mais deixei desde então. Tive, há nove anos, uma nova filha, a quem demos o nome de Nellie, e que persistiu obstinadamente em chamar-se Marie, dizendo que era seu verdadeiro nome com o qual a chamávamos outrora.

Retornei recentemente a Effingham para tratar de alguns negócios e levei Nellie comigo. Ela reconheceu nossa antiga casa e muitas pessoas que jamais havia visto, mas que minha primeira filha, Marie, conhecia muito bem.

A uma milha, encontra-se a escola que Marie frequentava. Nellie, que jamais a tinha visto, fez dela uma descrição e exprimiu-me o desejo de revê-la. Conduzi-a e, uma vez lá, dirigiu-se sem hesitar em direção à carteira que sua irmã ocupava, dizendo-me: eis a minha.[148]

O conde de Résie, em sua *Histoire des sciences occultes*, volume II, p. 292, diz: “Podemos citar nosso próprio testemunho, assim como também numerosas surpresas que o aspecto de muitos lugares nos fez experimentar, em diferentes partes do mundo, cuja visão fazia aflorar imediatamente uma antiga recorda-

[147] O sr. Delanne, que relatou este trecho em seu *Étude sur les vies successives*, acrescenta: estas reminiscências não podem ser devidas a recordações provenientes de leituras, pois a Bíblia não faz a descrição exata das paisagens onde se passam as cenas históricas; ela simplesmente relata os acontecimentos. – A. R.

[148] J. G. Horster, *Milwaukee Sentinel* de 25 de setembro de 1892.

ção, uma coisa que não nos era desconhecida e que víamos, no entanto, pela primeira vez."[149]

ᘛᘚ

Há uma atmosfera pela qual eu daria
Todo Rossini, todo Mozart, todo Weber;
Uma atmosfera muito antiga, lânguida e fúnebre
Que apenas para mim tem charmes secretos.

Ora, cada vez que a vejo,
Duzentos anos minha alma rejuvenesce:
Foi sob Luís XIII... e creio ver estender-se
Uma colina verde que o poente doura,

Depois um castelo de tijolos com lados de pedra,
Com vitrais pintados de avermelhadas cores,
Cercado por grandes parques, com um rio
Banhando seus pés, que corre entre as flores;

Depois em sua alta janela uma senhora,
Loura de olhos negros, em suas roupas antigas
Que em uma outra existência talvez
Eu já tenha visto e da qual me recordo![150]

Gerard de Nerval

ᘛᘚ

[149] Pode ser que aqui tenha havido simplesmente a recordação de uma viagem ocorrida durante o sono natural pelo corpo astral. É a explicação mais natural que se pode dar a um fato análogo que se passou comigo quando, com a idade de vinte e quatro anos, eu atravessava a Auvergne a cavalo, precedendo de um dia meu regimento que ia de Montpellier a Arras. Chegando a uma cidadezinha, reconheci as ruas que, no entanto, eu jamais havia visto e dirigi-me sem hesitar em direção ao albergue principal que, verossimilmente, não existia na época em que teria ocorrido uma de minhas vidas precedentes. – A. R.

[150] *Il est un air pour qui je donnerais/Tout Rossini, tout Mozart et tout Weber;/Un air très vieux, languissant et funèbre/Qui pour moi seul a des charmes secrets.//Or, chaque tois que je viens à l'entendre,/De deux cents ans mon âme rajeunit:/C'est sous Luis Treize... Et je crois voir s'étendre/Un coteau vert que le couchant jaunit,//Puis un châteaude briques à coins de pierre,/Aux vitraux teints de rougeâtres couleurs,/Ceint de grands pares, avec une rivière/Baignant ses pieds, qui coule entre les fleurs;//Puis une dame à sa haute fenêtre,/Bloude aux yeux noirs, en ses habits ancieus/Que dans une autre existence peut-être /J'ai déjà vue – et dout je me souvieuns!*

O príncipe Emile de W., na data de 18 de setembro de 1874, escreveu de Vevey, na Suíça, à *Revue Spirite*, para assinalar um fenômeno produzido com seu segundo filho, de três anos.

> Há algumas semanas, escreve o príncipe, a criança estava brincando e conversando em meu gabinete, quando a ouvi falar da Inglaterra, da qual, pelo que saiba, ninguém jamais lhe havia falado. Apuro os ouvidos e pergunto-lhe se sabe o que é a Inglaterra. Ele me responde:
>
> – Oh! sim; é um país onde estive há muito, muito tempo.
>
> – Você era pequeno como agora?
>
> – Oh! não; eu era maior e tinha uma longa barba.
>
> – Mamãe e eu estávamos lá também?
>
> – Não, eu tinha um outro pai e uma outra mãe.
>
> – E o que você fazia lá?
>
> – Eu brincava muito com fogo e certa vez queimei-me tanto que morri.

O sr. Delanne cita a carta de um oficial de marinha que recorda ter vivido e ter morrido assassinado na época de São Bartolomeu.[151] As circunstâncias dessa existência estão profundamente gravadas em seu ser e ele conta fatos que mostram que essas reminiscências não são devidas a um capricho de seu espírito. Escreve ele:

> Se eu lhe dissesse que tinha sete anos quando tive esse sonho em que, fugindo, fui atingido em plenas costas por três punhaladas... Se eu lhe dissesse que essa saudação que se faz sob as armas antes de lutar, eu a fiz na primeira vez em que tive um florete na mão. Se eu lhe dissesse que cada preliminar mais ou menos graciosa que a educação ou a civilização colocaram na arte de matar era-me conhecida antes de qualquer educação nas armas...

O professor M. Damiani dirigiu, em 1º de novembro de 1878, ao autor, no *Banner of Light*, de Boston, uma carta relativa a certas polêmicas a respeito da reencarnação, onde se encontra a seguinte passagem:

> Ri muito na época em que eu qualificava essas revelações como histórias! Porém, quando, após ter esquecido as circunstâncias, vários anos passaram-se, eu possuía o dom da visão espiritual; quando

[151] *Étude sur les vies successives.*

> vi-me eu próprio no seio das famílias de minhas existências passadas, vestidas com as roupas da época e dos povos que outros videntes me haviam descrito, oh! para mim, ver devia ser crer.

Em seu discurso na recepção na Academia de Dauphiné, em 1907, o pintor Hareaux, originário das planícies da ilha da França e que já tarde veio estabelecer-se em Dauphiné, expressava-se assim:

> Desejo perguntar-lhe se você não vê, como eu, certa predisposição ancestral nesse secreto desejo de comungar com as sublimes belezas dos Alpes, quando eu lhe confessar que, desde minha infância, eu desenhava de instinto as montanhas, só pensando em viajar, desejando tornar-me pintor de paisagens... Como poderia eu explicar esta inclinação natural pelo caos dos rochedos, os precipícios a pique, os cumes altivos cercados de neves eternas, as torrentes impetuosas, os abismos fascinantes que frequentavam minha jovem imaginação de criança, enquanto meus olhos não haviam ainda visto senão as paisagens planas, mas doces e graciosas, dos arredores de Paris?
>
> Quem ousaria afirmar que não há, bem no fundo de nosso ser, como que uma recordação inconsciente de coisas conhecidas numa vida anterior?
>
> Refleti muito a respeito de todas estas coisas, contemplando essas solidões agrestes e pergunto-me sem cessar qual poderia ser a explicação de tão misteriosas impressões a não ser esta do *déjà vu*, já que, desde minhas primeiras caminhadas, eu não experimentava nenhuma surpresa nem com os contornos dos vales, nem com os cumes, cujas vistas panorâmicas eram, no entanto, bastante diversas, e, entretanto, parecia-me até mesmo poder desenhar com antecedência as grandes linhas dos horizontes que eu ia ver.
>
> Não tenho a pretensão de descrever-lhe por que misteriosas vezes somos advertidos e temos o pressentimento dos espetáculos que nos esperam ou dos acontecimentos que se vão produzir. Constato simplesmente um fato, um estado de alma que se renovou diversas vezes em mim, e eu quis mostrar-lhes esta impressão: quanto mais eu conhecia a montanha, mais parecia-me reencontrá-la como um país natal e mais gostava de pintá-la.

Na antiguidade, várias personagens recordaram-se de existências anteriores.

Ovídio dizia ter assistido ao assédio de Troia.

Pitágoras recordava-se de ter sido Hermotine,[152] Euforbe e um pobre pescador, reconheceu, no templo de Delfos, o escudo que usava quando era Euforbe e que tinha sido ferido por Menetau no assédio de Troia.

Empédocles afirmava recordar-se de ter vivido como homem e como mulher.

O imperador Juliano recordava-se de ter sido Alexandre da Macedônia.

Nos dias de hoje, recordações análogas foram afirmadas por Teófilo Gautier, Alexandre Dumas e Ponson du Terrail.

> O sonho do sr. Marcel Sérizolles
>
> Em novembro de 1881, tive um sonho bastante lúcido no qual lia um volume de versos. Experimentei as sensações exatas da leitura real. Não apenas eu compreendia o que lia, mas também sentia, e da mesma forma meus olhos observavam o gorgorão do papel um pouco amarelo e a impressão bastante preta e suja, meus dedos viravam as folhas grossas e minha mão esquerda mantinha o volume bastante pesado. De repente, virando uma página, despertei e, maquinalmente, ainda meio adormecido, acendi a vela e peguei sobre a mesinha de cabeceira o lápis e os papéis que se encontravam sempre ao lado do livro a ser lido à noite (era nessa noite um livro de história militar) e escrevi as duas últimas estrofes que eu acabava de ler neste volume do sonho. Foi-me impossível, apesar de poderosos esforços de memória, recordar-me de um só verso além destes doze que me pareceram toda uma questão de metafísica e cujo sentido permanece incompleto, estando o período inacabado.
>
> Ei-los tal como os escrevi então:
>
> No tempo em que eu vivia uma vida anterior,
> No tempo em que eu levava uma existência melhor
> Da qual não posso recordar-me,
>
> Enquanto eu conhecia os efeitos e as causas,
> Antes de minha queda e minha metamorfose
> Em direção a um mais triste devir.
>
> No tempo em que eu vivia as grandes existências
> De cujos homens não temos senão reminiscências
> Rápidas como os clarões

---

[152] Hermotine foi um adivinho famoso em Clazomena, na Jônia, antiga província grega da Ásia Menor. Sua alma transportava-se a diferentes lugares e retornava em seguida para tomar posse de seu corpo que, durante sua ausência, permanecia imóvel. A esposa teria aproveitado uma dessas viagens para queimar seu corpo e evitar a reentrada da alma. É por isso que a entrada do templo erguido a Hermotine era interditado às mulheres. – A. R.

Em que, talvez, eu caminhasse livre através do espaço,
Como um astro deixando entrever um instante seu vestígio
No azul sombrio dos clarões...[153]

Estes versos não poderiam ser uma reminiscência de leituras. Procureio-os, sem os encontrar, em todas as compilações já aparecidas. Era, na verdade, um volume inédito e permanecido desconhecido, que eu li nesse sonho.[154]

---

[153] D*u temps où je vivais une autre vie antérieure,/Du temps où je menais l'existence meilleure/Dont je me puis me souvenir/Alors que je savais les effets et les causes,/Avant ma chute lente et ma métamorphose/Vers un plus triste devenir//Du temps où je vivais las hautes existences/Dont homme nous n'avons que des réminiscences/ Rapide comme des éclairs/Où, peut-être, j'allais libre à travers l'espace,/Comme un astre laissant voir un instant sa trace/Dans le bleu sombre des éclairs...*

[154] É conveniente observar que o sr. Marcel Sérizolles, apesar de ocupar-se sobretudo de literatura e filosofia, interessou-se pela doutrina da metempsicose dos vedas hindus e dos filósofos gregos. Seria, pois, possível que estes versos fossem um produto de seu inconsciente, a menos que ele tenha percebido durante seu sono o pensamento de outra pessoa. – A. R.

Capítulo IV

Observações relativas à visão do passado e do futuro sob a influência do magnetismo ou de uma preparação especial

O fenômeno da regressão da memória, tão frequentemente observado sob influências das quais damos exemplos no capítulo I desta segunda parte, foi igualmente constatado em *sujets* magnetizados, porém não lhe foi dada importância e não o encontrei mencionado senão na seguinte passagem de Deleuze:[155]

> Há sonâmbulos que narram com uma facilidade surpreendente as ideias recebidas em sua infância, e sobre os quais estas ideias exercem mais império do que as adquiridas depois. Uma sonâmbula bastante lúcida, magnetizada pelo sr. de Lauzanne, ofereceu-me um exemplo bastante notável deste fenômeno. Era uma mulher de cerca de quarenta anos. Nasceu em São Domingos, de onde veio para a França com a idade de seis ou sete anos, e desde essa época não mais se encontrou com os nativos de lá. Tão logo chegou ao estado de sonambulismo, só falava o dialeto que aprendeu da negra que a havia educado.
>
> São nessas lembranças da infância, nesse retorno aos primeiros anos da vida, que é preciso procurar a causa das opiniões de alguns sonâmbulos. Há alguns que parecem esquecer as noções adquiridas pelo raciocínio e a observação, retrocedendo pouco a pouco em direção a uma época em que seu espírito era de alguma forma uma tábula rasa.

[155] *Instructions pratiques sur le magnétisme animal*, p. 151, nota.

O mesmo acontece com relação à recordação das vidas anteriores determinadas pelo sonambulismo. Eu ignorava completamente a possibilidade do fato, quando comecei minhas experiências sobre esse assunto, e foi apenas quando publiquei o relato das primeiras experiências que o sr. Léon Denis assinalou-me a comunicação feita em 1900 pelo sr. Estevan Marata, no Congresso Espírita de Paris. Ver-se-á que, sem nos conhecermos, chegamos aos mesmos resultados pelos mesmos procedimentos, o que é interessante observar.

> Foi em 1887. Havia na Espanha um grupo espírita chamado "A Paz", cujo fundador e presidente era Fernandez Colavida, apelidado do outro lado dos Pirineus de Kardec Espanhol.
>
> Em todas as suas sessões, esse grupo fazia o estudo e o controle dos fenômenos espíritas. Minha esposa e eu éramos, naquela época, membros desse grupo.
>
> Ora, certo dia, o sr. Fernandez quis experimentar se podia provocar sobre um sonâmbulo a recordação de suas existências passadas. Eis como agiu. Estando o médium magnetizado em alto grau, ordenou-lhe que dissesse o que havia feito na véspera, na antevéspera, uma semana antes, um mês, um ano e, conduzindo-o assim, ele o fez recuar até a infância, que descreveu com todos os seus detalhes.
>
> Sempre estimulado, o médium contou sua vida no espaço, a morte em sua última encarnação e, conduzido continuamente, chegou a quatro encarnações, das quais a mais antiga fora uma existência completamente selvagem. É interessante observar que, a cada existência, as feições do médium modificavam-se completamente.
>
> Para trazê-lo de volta ao seu estado normal, ele o fez retornar até sua existência presente, depois o despertou.
>
> Não desejando ser acusado de ter-se enganado, ele fez o mesmo médium ser magnetizado por um outro magnetizador, que devia sugerir-lhe que as existências passadas não eram verdadeiras. Apesar desta sugestão, o médium expôs novamente as quatro existências como o havia feito alguns dias antes.
>
> Obtive o mesmo resultado sobre o mesmo fato com um outro médium.[156]
>
> Magnetizei minha esposa até o sonambulismo para examinar uma poesia que lhe havia sido ofertada pela sra. Amália Domingo y Soler, na qual um espírito anunciava-lhe um fato que lhe havia sucedido numa existência anterior. Com efeito, o caso foi confirmado por minha esposa no estado de sonambulismo.
>
> Creio que, se alguém desejar retomar estes estudos, poderá obter os mesmos resultados, porém é necessário cercar o médium de todos

[156] Os primeiros estudos foram controlados por todos os membros que formam o grupo "A Paz". – A. R.

os cuidados possíveis, pois podem acontecer-lhe acidentes muito perigosos. Não leve longe demais suas pesquisas e não tente estes estudos senão com perfeitos sonâmbulos habituados a desprenderem-se e a permanecerem ligados apenas pelo perispírito.

Alguns anos mais tarde, a sra. Rufina Noeggerath,[157] a Boa Mãe dos espíritas, escrevia-me a seguinte carta:

Paris, 31 de maio de 1906.

Prezado mestre.

Sou-lhe muito grata pela satisfação que você me proporcionou dando-me a saber que continua seus estudos sobre a regressão da memória. Este fenômeno apresenta a mais alta importância e, assinado por você, ele estaria provado.

Nós, espíritas, entretendo-nos com os extraterrestres, sofremos muitos desenganos de toda espécie, e nestes trinta e cinco anos não registrei senão três ou quatro casos de provas da reencarnação. As inteligências bastante elevadas que vieram dar-nos ensinamentos nas melhores condições, todas disseram que lhes era extremamente difícil expressar-nos clara e completamente tudo o que desejavam. Elas caem sempre numa corrente magnética ou antipática que as faz desviar e dizer o contrário do que pensam; recomendam-nos o mais severo controle de suas comunicações antes de lhes darmos crédito. Quase não se pode dar-lhes crédito, senão quando a revelação é espontânea, inesperada, não-provocada. Você acabará por encontrar semelhantes ocasiões. Uma prova é suficiente; deposito toda a minha esperança em você.

Vou citar-lhe brevemente um de nossos melhores fenômenos relatado pelo príncipe Wisznieuwski.

Ele estava em viagem com o príncipe Galitzin, na cidade de... (não recordo o nome nem certos detalhes). Na rua, uma moça coberta de farrapos, esfomeada, vivendo da mendicância e da prostituição, dirigiu-se a estes senhores. O príncipe Galitzin, bom magnetizador, observando uma expressão estranha no olhar da infeliz, teve a ideia de adormecê-la. Ofereceu-lhe o jantar e os dois senhores voltaram com ela para o hotel. Tão logo estava adormecida, exclamou que tinha uma terrível confissão a fazer. Na Itália, em X., em sua última encarnação, ela era condessa de Y. e morava num castelo. Era altiva, cruel, de má conduta. Seu marido morreu de um 'acidente' aos olhos de todo mundo; porém ela havia escalado com ele um rochedo de cujo cume o empurrou para fazê-lo cair no abismo.

[157] A sra. Noeggerath tinha então oitenta e cinco anos; faleceu em 1908 na plenitude de suas faculdades. – A. R.

O crime dessa grande dama permaneceu impune. Ela reencarnou numa existência de miséria negra e devia sua alimentação apenas aos mais vis expedientes. Implorava piedade.

Como ela havia fornecido detalhes bastante precisos, os viajantes foram ao local onde o drama teria ocorrido. Ninguém pôde dar-lhes nenhuma informação, recordar-se deste drama.

Muito decepcionados, no momento de entrarem no carro para deixar a região, eles perceberam um camponês de bastante idade e interrogaram-no. Este pôde responder-lhes que quando era criança havia ouvido falar dessa história verídica e que poderia mostrar o rochedo de onde o conde havia sido precipitado. Acrescentou que muita gente desconfiava da condessa, mas que ela não foi condenada.

O sr. Hugo d'Alési poderia contar-lhe um fato convincente, recordando-lhe uma encarnação cujas provas permaneceram a anos de distância.

Com muita simpatia,

Rufina Noeggerath

As vidas passadas de alguns membros da sociedade teosófica.

Tal é o título de uma série de artigos cuja publicação as revistas teosóficas começaram sob a assinatura de Annie Besant e de C. W. Leadbeater.

A primeira série compreendeu trinta das vidas vividas pelo *ego*[158] designado sob o nome de Alcyone, desde a que se passou na Atlântida do ano 22622 ao ano 22578 a.C., até a que se passou na Índia do ano 624 ao ano 94 d.C.

Elas são contadas de acordo com as visões recebidas pelos redatores suficientemente afinados por um treinamento moral e físico que lhes permite perceberem os fatos e os sentimentos relativos não somente ao ego considerado, como também àqueles que representaram um papel em suas diversas existências e que se reencontram frequentemente no decorrer dos séculos.

De acordo com essas revelações, as reencarnações seriam habitualmente separadas por intervalos de cinco a dez séculos, dependendo do grau de desenvolvimento do ego.[159]

---

[158] Este ego estaria atualmente reencarnado no corpo de um jovem hindu que acompanhava a sra. Besant na conferência que ela deu na Sorbonne, em junho de 1911. – A. R.

[159] Nota da editora: Essa afirmativa não tem nenhum apoio da doutrina espírita.

Sinto pela sra. Annie Besant uma grande admiração e não duvido de que ela seja bastante evoluída para possuir faculdades de investigação desconhecidas no comum dos mortais; porém nossos espíritos ocidentais, moldados pelo método experimental da ciência moderna e começando a suspeitar dos efeitos extraordinários do inconsciente, hesitam em admitir em sua integridade revelações que não sejam suscetíveis de serem verificadas. Limitar-nos-emos, aqui, pois, a mencionar com os outros documentos, os quais nos esforçamos em reunir, a fé absoluta que possuem os iniciados orientais em vidas sucessivas que se teriam passado no meio de civilizações, datando de além de vinte e três séculos atrás.

Capítulo V
Reencarnações previstas e efetuadas

1º – Caso relatado pelo sr. Bouvier (de Lyon)

Há cerca de dezessete ou dezoito anos, eu tinha em mãos um médium muito bom chamado Isidore L., com o qual me ocupava sobretudo dos fenômenos magnéticos. Certo dia, após ter realizado diversas experiências de sonambulismo, ele encontra-se em transe com uma personalidade que me diz estar ainda viva, mas numa espécie de sono de coma durante o qual deixava o corpo para vir manifestar-se para mim e mostrar-me assim que, mesmo viva sobre a terra, era-lhe possível manifestar-se fora de seu corpo.

Durante um mês, todos os dias sem exceção, essa personalidade, dando-se como a alma de uma moça chamada Anastasie N., vinha entreter-me acerca do que se passava em seu meio. Ela encontrava-se num convento que me designou, onde, muito doente, esperava sua libertação das correntes que a mantinham ligada a este mundo. Durante um mês veio contar-me o que faziam por ela, prevendo no entanto que seu fim estava próximo. A um dado momento, informou-me de que um irmão do médium pelo qual se manifestava acabava de morrer, rogando-me nada dizer-lhe; o que era verdade: passados alguns dias ele recebia a notícia.

Não é necessário dizer que tomei informações sobre a pretensa doente que se manifestava assim, informações que foram exatas. A família dela morava na praça Lafayette, em Rouen.

Enfim, após um mês de comunicação diária, Anastasia disse-me: "É fato, desta vez acabo de abandonar meu corpo, e não foi cedo demais, pois a carga é decididamente muito pesada aqui embaixo;

porém não estou livre por muito tempo, pois vejo que em breve reencarnarei de novo, o que não me causa prazer, mas se é necessário..."

Após longas conversas sobre as condições e o meio onde era chamada a renascer, acabou por dizer-me que reencarnaria aqui em Lyon, numa família que designou, na rua Boileau nº 204. Disse que nasceria com o mesmo sexo e que viveria apenas alguns meses, após os quais deixaria a Terra para não mais retornar.

Precisando os acontecimentos, disse-me reencarnar dali a cerca de três meses; disse que, consequentemente, renasceria mais ou menos dentro de um ano, mas que até lá os acontecimentos se produziriam de tal maneira que eu poderia me dar conta da realidade.

Efetivamente as comunicações cessaram no fim de cerca de três meses e, cinco ou seis meses mais tarde, constatei na família, numa jovem mãe, todos os sintomas de uma gravidez. O tempo fez sua obra, isto é, um ano após a desencarnação e nove meses após as últimas comunicações, nascia na família, e nas condições previstas, uma menina que foi posta a cargo de uma ama-de-leite em Montluel, onde viveu até a idade de quatro meses. A partir daí nenhuma outra manifestação da mesma personalidade.

Mais ou menos na mesma época, tínhamos reuniões privadas em casa de amigas, no nº 45 da rua da República, onde indistintamente fazíamos evocações pela tiptologia ou pela escrita medianímica, quando, certa noite, um espírito veio manifestar-se através da mesa, dirigindo-se à srta. Pauline R., pedindo-lhe para escrever. Essa moça era muito boa médium escrevente.

O espírito apresentou-se como tendo sido uma amiga da médium, quando esta morava numa pensão em Salins (Jura). Entrou em detalhes que não deixavam nenhuma dúvida a respeito de sua identidade. Informou que reencarnaria em breve numa família que designou, família conhecida das moças, o que a princípio as surpreendeu muito, visto que não havia senão um filho na família. Acreditavam elas que esse filho não pensava ainda em casamento, o que não impediu o espírito de insistir, dizendo que renasceria com o mesmo sexo, mas que não seria feliz, pois teria muito o que sofrer do coração por consequência de circunstâncias que ele informou mas que não me é permitido divulgar por causa da família.

Vários meses após esta comunicação, o rapaz da família designada casava-se e, dez ou onze meses após o casamento, nascia efetivamente uma menina sofrendo de uma coxalgia, razão pela qual esta moça – pois agora é uma moça – sofre do coração, sem contar com outras razões que sou obrigado a omitir.

É provável que, como a maioria dos seres, ela não recorde que havia previsto antes de seu nascimento o que devia acontecer-lhe mais tarde.

2º – Caso relatado por C. W. Leadbeater em seu livro intitulado *L'Autre côté de la mort* (p. 487)[160]

Apresento minha experiência pessoal como um fato absoluto e não como um fato apoiando uma teoria qualquer. Na época em que esta experiência me foi dada (há vinte e cinco anos), eu não conhecia absolutamente nada da mediunidade e não havia jamais ouvido falar ou pronunciar a palavra reencarnação. Eu tinha dezesseis anos e estava casada há um ano.

Acabava de constatar que ia ser mãe, quando me tornei vagamente consciente da presença, a meu redor, de uma personalidade invisível. Pareceu-me instintivamente que meu companheiro invisível era uma mulher sensivelmente mais velha do que eu vários anos. Esta presença acentuou-se gradualmente. Três meses depois de tê-la sentido, eu podia receber dela, por telepatia, longas mensagens. Manifestava a maior solicitude por minha saúde e meu bem-estar em geral, e pude gozar de sua conversação durante longas horas. Deu-me seu nome, sua nacionalidade, com muitos detalhes sobre sua história pessoal. Parecia ansiosa em que eu a conhecesse e me afeiçoasse a ela pelo que ela era, assim dizia. Fazia esforços contínuos para tornar-se visível, o que enfim conseguiu nos últimos tempos de minha gravidez. Ela era então para mim uma companheira tão cara e tão real como se fosse revestida de um corpo de carne. Eu só precisava fechar as cortinas a fim de dar a meu quarto uma suave luz para que sua presença se manifestasse ao mesmo tempo à vista e ao ouvido.

Duas ou três semanas antes do nascimento da criança, ela informou-me de que o objetivo principal de sua presença era a intenção de entrar na nova forma com que ia em breve vir ao mundo a fim de terminar uma experiência terrestre que não pôde levar a bom termo. Confesso que não compreendi a princípio o que ela queria dizer e fiquei muito perturbada com isso.

Na noite que precedeu o nascimento da minha filha, vi minha companheira pela última vez. Ela me disse: "Nosso tempo se esgotou; seja corajosa e tudo correrá bem para você."

Minha filha chegou e era a miniatura perfeita daquela alma-espírito; além do mais, ela não se assemelhava a nenhum membro da família à qual pertencia. Vendo-a, todos exclamavam: "Mas ela não tem a fisionomia de um bebê; parece ter no mínimo vinte anos."

Fiquei bastante surpresa quando, alguns anos mais tarde, tive a alegria de encontrar um livro antigo relatando a história da mulher cujo nome e a vida tinham sido contados por meu espírito-amigo como sendo os seus. Essa história estava absolutamente conforme

[160] Esta história foi escrita sob a forma de carta ao sr. Leadbeater, apenas assinada com as iniciais S.O. e datada do Novo México, com alguma imprevisão. – A. R.

à que ela havia contado, exceto alguns detalhes pessoais que quase não podiam ser conhecidos por outros. Guardei para mim, como um profundo segredo, esta experiência, pois, visto minha juventude, eu sabia de antemão qual julgamento o mundo faria do narrador de uma história desse tipo.

Certo dia, quando minha filha tinha a idade de quinze anos, o nome anterior de minha amiga-espírito foi pronunciado diante dela. Virou-se vivaz em minha direção e me disse:

– Mãe, meu pai não me chamava por esse nome?

– Não, respondi-lhe, você não foi jamais chamada por esse nome. (Seu pai faleceu quando ela tinha um ano.)

– No entanto, acrescentou ela, recordo-me, com certeza, porém não sei onde, mas alguém me deu esse nome.

Para concluir, devo acrescentar que o caráter de minha filha assemelhava-se estranhamente ao que era descrito na história dessa mulher, cujo espírito me havia dito que queria tomar a nova forma que eu devia pôr no mundo.

Eis os fatos. Não lhes dou nenhuma explicação. Se eles confirmam uma teoria qualquer, fico muito satisfeita, pois as teorias precisam de fatos para se sustentarem e se fazerem adotar; porém os fatos são inegáveis e podem sustentar-se por si próprios.

3º – Caso do dr. Carmelo Samona

A excelente revista *Filosofia della scienza*, editada em Palermo pelo sr. Innocenzo Calderone, contém um artigo do mais alto interesse sobre esse extraordinário fenômeno.

Eis a tradução de uma parte desse artigo escrito pelo sr. Carmelo Samona, que publicou recentemente, como tese na Faculdade de Medicina de Palermo, um livro notável intitulado *Psyche mysteriosa*.

Meu caro Calderone.

Apesar do caráter íntimo dos fatos que precederam o nascimento de minhas duas filhinhas, não hesito, no interesse da ciência, em levá-los à publicidade por intermédio de sua estimável revista tão difundida, sem esconder os nomes das diversas pessoas que deles tiveram conhecimento, à medida que se desenrolaram.

Se me abstenho de discuti-los, acho que, no entanto, convém divulgá-los para que outros possam fazê-lo.

Nenhuma ciência progride se permanece na ignorância dos fatos.

Se, no domínio metapsíquico, por medo do ridículo ou por outras razões da mesma ordem, cada um guarda para si estas espécies de acidentes mais ou menos raros que podem ocorrer, adeus à esperança do progresso.

Envio-lhe um relato sintético absolutamente fiel dos fatos tais quais se produziram, sem a mínima discussão, de minha parte, relativa aos interessantes problemas que eles trouxeram, isto é, sonhos premonitórios, personalidades medianímicas etc.

O caso atual apresenta-se favoravelmente, creio, do ponto de vista científico, pois as pessoas que desde o início foram colocadas a par das diversas particularidades sucessivas, e que as observaram com um grande interesse, gozam da consideração geral por sua moralidade e sua inteligência. Além da narração dos fatos, envio-lhe as declarações de algumas destas pessoas que confirmam minhas palavras, e estou pronto a fornecer outros testemunhos da mesma natureza e todos os esclarecimentos que possam ser julgados úteis para a investigação científica.

Creia em toda a estima de seu afetuoso amigo,

Carmelo Samona.

Exposição sintética dos fatos

Em 15 de março de 1910, após uma doença muito grave (meningite), falecia, com a idade de cerca de cinco anos, minha adorada filhinha de nome Alexandrine. Minha dor e a de minha esposa, que quase ficou louca, foram profundas.

Três dias após a morte, minha esposa sonhou com ela. Parecia-lhe vê-la tal qual era quando viva e ela a ouvia dizer: "Mamãe, não chore mais. Eu não a abandonei, eu não fiz senão afastar-me de você. Veja antes de tudo: tornei-me pequena assim." Ao mesmo tempo, mostrava-lhe um pequeno embrião completo e depois acrescentou: "Você vai pois ter de começar de novo a sofrer por mim."

Três dias depois, o mesmo sonho se reproduziu. Tendo sabido do fato, uma amiga de minha esposa, seja por convicção, seja no intuito de consolá-la, disse-lhe que tal sonho podia ser uma advertência de sua filhinha que, talvez, apressava-se em renascer nela, e, para melhor persuadi-la da possibilidade de semelhante fato, levou-lhe um livro de Léon Denis que tratava da reencarnação.

Porém nem os sonhos nem esta explicação nem a leitura do livro de Denis conseguiram abrandar sua dor. Ela estava igualmente incrédula a respeito da possibilidade de uma nova maternidade, principalmente porque, tendo sofrido um aborto que necessitou de uma operação (21 de novembro de 1909) seguida de hemorragias frequentes, ela estava quase certa de não mais se tornar grávida.

Certa manhã, cedo, alguns dias após a morte de sua filhinha, chorando como de hábito e sempre incrédula, ela me dizia: "Não vejo senão a atroz realidade da perda de meu querido anjinho; esta perda é muito grande, cruel demais para que eu possa dar um fio de esperança a simples sonhos como esses que tenho, e crer num acontecimento tão inverossímil como o renascimento à vida de minha filhinha adorada por meu intermédio, sobretudo quando vejo meu estado físico atual." De repente, enquanto ela se lamentava de maneira tão amarga e desesperada e que me esforçava ao máximo para consolá-la, três pancadas secas e fortes, como que dadas com as juntas dos dedos pelas pessoas que desejam anunciar-se antes de entrar, foram ouvidas no cômodo no qual nos encontrávamos e que dava numa saleta. Estas batidas foram no mesmo instante percebidas por nossos três filhos que estavam conosco nesse cômodo. Eles, crendo tratar-se de uma de minhas irmãs que tinha o hábito de vir a horas semelhantes, abriram imediatamente a porta gritando: "Tia Catherine, entre!", porém, grande foi sua surpresa e a nossa quando não vimos ninguém e que, olhando o cômodo contíguo mergulhado na obscuridade, pudemos constatar que ninguém havia entrado.

Este incidente impressionou-nos vivamente, principalmente porque as pancadas foram dadas no exato momento do supremo desencorajamento de minha esposa. Teriam elas tido, por acaso, uma causa metapsíquica e alguma relação com seu profundo abatimento?

À noite daquele mesmo dia, resolvemos começar sessões medianímicas tiptológicas que, metodicamente, continuamos durante ao menos três meses, e das quais tomavam parte minha esposa, minha sogra e algumas vezes os dois maiores de meus três filhos.

Desde a primeira sessão, manifestaram-se duas entidades, uma que se apresentava como minha filhinha e a outra como uma irmã minha, falecida há muito tempo com a idade de cerca de quinze anos e que, de acordo com suas palavras, aparecia a título de guia da pequena Alexandrine.

Esta expressava-se com a mesma linguagem infantil da qual se servia quando era ainda viva. A outra possuía uma linguagem elevada e correta e tomava geralmente a palavra, ou para explicar algumas frases da pequena entidade que às vezes não se fazia entender bem, ou para levar minha esposa a crer nas afirmações de sua filhinha.

Na primeira sessão, Alexandrine, após ter dito que era ela mesma em pessoa quem havia aparecido em sonho à sua mãe, e que as batidas ouvidas na outra manhã foram dadas para indicar sua presença e procurar consolá-la por meios mais impressionantes, acrescentou: "Minha mãezinha, não chores mais, porque renascerei por teu intermédio e antes do natal estarei com vocês." Ela continuou: "Querido papai, eu voltarei; irmãozinhos, eu voltarei; vovó, eu voltarei. Digam aos outros parentes e à tia Catherine que antes do natal eu já terei voltado..." E assim por diante para todos os outros parentes e conhecidos com os quais a pequena Alexandrine tinha mantido os melhores relacionamentos durante sua breve existência.

Seria desnecessário transcrever todas as comunicações obtidas durante cerca de três meses, porque, exceto a variante de algumas frases carinhosas de Alexandrine endereçadas às pessoas que lhe eram queridas, elas eram quase sempre uma repetição constante e monótona do anúncio de sua volta antes do natal, especificado, como na primeira sessão, a cada um de seus parentes e conhecidos.

Várias vezes tentamos parar uma repetição tão prolixa, assegurando à pequena entidade nosso cuidado em comunicar a todos seu retorno, ou melhor, seu renascimento antes do natal, sem esquecer de ninguém. Porém era inútil; ela obstinava-se em não ser interrompida até ter esgotado os nomes de todos os seus conhecidos.

Este fato era bastante estranho. Dir-se-ia que o anúncio deste retorno constituía uma espécie de monoideísmo na pequena entidade. As comunicações terminavam quase sempre por estas palavras: "Agora os deixo: tia Jeanne quer que eu durma." E desde o começo anunciou que não poderia se comunicar conosco senão durante cerca de três meses, porque em seguida estaria cada vez mais ligada à matéria e adormeceria completamente.

No dia 10 de abril, minha esposa teve as primeiras suspeitas de uma gravidez.

No dia 4 de maio, novo aviso de sua vinda por parte da pequena entidade (nós nos encontrávamos então em Venético, na província de Messina): "Mamãe, diz ela, em você há também uma outra."

Como não compreendíamos esta frase e como supúnhamos que ela se havia enganado, a outra entidade (tia Jeanne) interveio dizendo: "A menina não se enganou; mas não sabe expressar-se muito bem. Ela quer dizer que um outro ser adeja em torno de você, minha cara Adèles. Ele deseja retornar à Terra."

A partir desse dia, Alexandrine, em cada uma de suas comunicações, constante e obstinadamente, afirmava que retornaria acompanhada de uma irmãzinha e, dada a maneira como ela o dizia, parecia alegrar-se com isto.

Isto, ao invés de encorajar e de consolar minha esposa, não fazia senão aumentar suas dúvidas e suas incertezas. Após essa nova e curiosa mensagem, pareceu-lhe com mais certeza que tudo devia terminar numa grande decepção. Fatos demais, na verdade, deviam realizar-se após esses anúncios para que essas comunicações pudessem ser verídicas. Era preciso com efeito: 1°, que minha esposa se tornasse realmente grávida; 2°, que diante de seus recentes sofrimentos, ela não tivesse um aborto, como aconteceu-lhe recentemente; 3°, que ela trouxesse ao mundo dois seres, o que parecia ainda mais difícil, pois este caso não tinha precedente nem com ela, nem com seus ascendentes, nem com os meus; 4°, que ela desse à luz dois seres que não seriam nem dois meninos, nem um menino e uma menina, mas duas meninas. Na verdade era ainda mais difícil dar crédito a um conjunto de fatos tão complexos para os quais havia uma série de probabilidades contrárias. Minha esposa, apesar de todas essas belas predições, até o quinto mês viveu sempre em lágrimas, incrédula e com a alma torturada, apesar de, em suas últimas comunicações, a pequena entidade ter-lhe suplicado que se mostrasse mais contente, dizendo-lhe: "Você verá, mamãe, que se continuar a se abandonar a ideias tristes, terminará por nos dar uma constituição medíocre."

Numa das últimas sessões, minha esposa, tendo expresso a dificuldade que tinha em crer no retorno de Alexandrine, porque seria difícil que o corpo da criança que viria se assemelhasse ao da criança perdida, a entidade Jeanne apressou-se em responder: "Nesse ponto, Adèles, você será satisfeita; ela renascerá perfeitamente semelhante à primeira, senão muito mais, ao menos um pouco mais bela."

No quinto mês, que coincidia com o mês de agosto, encontravamo-nos em Spadafora. Minha esposa foi examinada por um reputado médico parteiro, o dr. Vincenzo Cordaro, que, após a consulta, disse espontaneamente: "Não posso afirmar de maneira absoluta, pois neste período da gravidez não é ainda possível constatar com certeza, mas um conjunto de fatos conduz-me a diagnosticar uma gravidez de gêmeos." Suas palavras tiveram sobre minha esposa o efeito de um bálsamo: uma luz de esperança começou a despontar em sua alma dolorida e aflita, que não devia demorar a ser atormentada de novo por um acontecimento que se ia produzir.

Mal entrou no sétimo mês, uma notícia inesperada e trágica a abalou e impressionou de maneira tão viva que ela foi subitamente tomada de dores nos rins. Outros sintomas que se produziram durante cerca de cinco dias deixaram-nos ansiosos e fizeram-nos temer de um momento para outro um parto prematuro, no qual a criatura ou as criaturas que nasceriam não poderiam ser viáveis, não estando ainda os sete meses completos. Deixo-os imaginar os sofrimentos físicos de minha esposa e que angústia feria-lhe o coração com este único pensamento após a esperança que ela havia começado a conceber. E esse estado de espírito agravava mais as condições das coisas. Nessa ocasião, ela foi assistida pelo dr. Cordero: felizmente e contrariamente às expectativas, todo perigo foi afastado.

Estando minha esposa completamente restabelecida e tendo também a certeza de que os sete meses haviam transcorrido, retornamos a Palermo onde ela foi examinada pelo célebre médico parteiro Giglio, que constatou uma gravidez de gêmeos. Assim, uma parte, já muito interessante, das comunicações estava confirmada. Faltavam, porém, ainda muitos outros fatos importantes a serem verificados, especialmente o sexo, o nascimento de duas meninas e a particularidade de que devia haver uma semelhança física e moral de uma delas com a morta, Alexandrine.

O sexo confirmou-se na manhã de 22 de novembro, dia em que minha esposa deu à luz as meninas.

Quanto à constatação da semelhança física e moral possíveis, ela certamente exige tempo, e não se poderá confirmar senão com o decorrer dos anos e à medida que as meninas crescerem.

Parece, no entanto, estranho que, do ponto de vista físico, já se manifestassem certos caracteres que confirmariam a predição e encorajariam o prosseguimento da observação, e nos autorizassem a pensar que, sob este mesmo ponto de vista, as comunicações deverão verificar-se literalmente.

As duas meninas, atualmente, não se assemelham; diferem sensivelmente pela corpulência, a cor e a forma. A menor parece uma cópia fiel da morta, isto é, a Alexandrine, no momento em que nasceu. Coisa extraordinária, ela tem de comum com Alexandrine as três particularidades seguintes: hiperemia no olho esquerdo, leve seborreia no ouvido direito e uma leve assimetria da face exatamente idêntica à que apresentava Alexandrine no momento de seu nascimento.

Dr. Carmelo Samona.

O artigo publicado na *Filosofia della scienza* terminava com uma série de atestados de parentes e de amigos da família Samona dizendo que eles tinham tido conhecimento, no momento em que ocorreram, dos fatos em questão.

Esses atestados são excelentes para o estudo científico de fenômenos, porém é inútil reproduzi-los aqui. Para os leitores é suficiente saber que eles existem.

Acrescentemos que a irmã gêmea de Alexandrine veio primeiro ao mundo, o que, de acordo com as ideias geralmente admitidas, indicaria que ela foi concebida em segundo lugar. Enfim, os nove meses normais que teriam terminado no natal não se completaram porque os partos de gêmeos ocorrem sempre um pouco antes.

Capítulo VI
A premonição

Mostramos, nos capítulos precedentes, que certos *sujets* magnetizados não somente veem seu passado como também preveem seu futuro. Vamos examinar muitos outros fatos que permitem considerar como possível premonição.

Tudo nos prova que o mundo no qual vivemos é regido por leis imutáveis. Não haveria nada de imprevisto para aquele que conhecesse seu funcionamento.[161]

Porém nossa pequenez não nos permite abraçar o conjunto dessa imensa máquina e é somente no estreito horizonte ao qual ela limita nossa visão que podemos algumas vezes tentar perceber o funcionamento da engrenagem.

Uns chegam a esse conhecimento mais ou menos imperfeito pela observação e o raciocínio; outros, por uma espécie de instinto.

Diz Cícero:[162]

> *Sie assentior, qui duo genera divinations esse dixerunt, unum quod particeps esset artis, alterum quod arte careret. Est ars in iis qui novas res conjectura persequuntur, veteres observatione didicerunt; carent autem arte ii qui non ratione aut conjectura, observatis ac notatis signis, sed concitatione quadam animi, aut soluto libero que motu futura proesentiunt.*[163]

---

[161] Uma inteligência que, por um dado instante, conhecesse todas as forças pelas quais a natureza é animada e a situação respectiva dos seres que a compõem, se aliás ela fosse tão vasta para submeter estes dados à análise, abraçaria na mesma fórmula os movimentos dos maiores corpos do universo e os do mais leve átomo. Nada seria incerto para ela, e o futuro, como o passado, estaria presente a seus olhos. O espírito humano oferece, com a perfeição que soube dar à astronomia, um leve esboço desta inteligência. (Laplace, *Théorie analytique des probabilités*, Paris, 1804, p. 3)

[162] D*e divinatione*, I, 3, 4.

[163] Assim, sou da mesma opinião daqueles que afirmam haver dois gêneros de adivinhação: um

O historiador que, segundo Tucídides,[164] tem apenas que estudar os tempos passados para julgar os incidentes mais ou menos semelhantes onde o jogo das paixões humanas deve conduzir ao retorno; o astrônomo que pelo cálculo determina o momento em que se produzirá um eclipse; o geômetra que continua, com a mão elevada, o traçado de uma curva cuja percepção ele adquiriu; todos os três são adivinhos, como o homem cujo gênio percebe de imediato a solução de um problema, como o camponês iletrado sentindo chegar a tempestade sem se aperceber dos indícios que a anunciam, e mesmo como o animal cuja inquietude pressagia um tremor de terra.

Pode-se, por certos procedimentos, desenvolver a adivinhação no homem? Tal é a segunda pergunta que entra no quadro do presente estudo.

Filósofos e fisiologistas estão de acordo ao atribuírem esta propriedade à maioria das ações cujo primeiro efeito é relaxar os laços que prendem em nossa alma o elemento psíquico ao elemento físico, ou permitir a esse desconhecido chamado hoje de *inconsciente* substituir-se pelo *eu normal*.

> Após a alma ter-se desligado pelo sono, não precisamente do corpo, mas do emprego grosseiro dos sentidos, ela curva-se sobre si própria como num porto para colocar-se ao abrigo da tempestade. Vê então o que se passa no interior e pinta esse estado com todas as espécies de figuras e de cores, podendo reconhecer em que situação encontra-se o corpo. (Hipócrates)[165]
>
> Quando o espírito está separado da sociedade e do contágio do corpo, recorda-se então do passado, vê o presente e prevê o futuro. O corpo daquele que dorme está lá, jazendo como um cadáver, mas o espírito vive e age, o que fará ainda melhor após a morte quando terá inteiramente deixado o corpo; além disso, à medida que a morte se aproxima, é ele muito mais divino. (Cícero)

---

em que haveria a participação da arte e outro que não teria arte.

Existe arte naqueles que procuram novas coisas pela interpretação e aprenderam pela observação dos antigos; não tem arte naqueles que não pressentem pela razão ou interpretação, com sinais observados e explicados, mas sim por uma certa excitação da alma, livre e desembaraçada, com o sentimento das coisas futuras.

[164] A *Guerra do Peloponeso*, 1, 22.

[165] Aristóteles, espírito essencialmente positivo, declara que não pode compreender como é possível ao homem prever o futuro e por que a divindade, se ela intervém, não o faz geralmente em tempo oportuno e quase sempre, quando o faz, é com a ajuda de indecifráveis agouros. Todavia, em presença da tradição universalmente aceita, conclui que "não é fácil nem negar a adivinhação nem crer nela"; e encarrega-se de explicá-la por uma propriedade comum a todos os homens a qual se desenvolve em certas condições fisiológicas especiais como o sono e algumas doenças. O sono obriga a alma a curvar-se sobre si própria e a isola de suas impressões de fora. Então, "retomando sua natureza própria, ela adivinha e anuncia as coisas futuras." É pela melancolia que Aristóteles explica os êxtases das sibilas. – A. R.

Apesar de ter constatado que as previsões de meus *sujets* não se verificavam exatamente,[166] considero todavia como historicamente provado que há profecias que realmente aconteceram. Disto encontrar-se-ão provas bastante numerosas no *Mémoire sur la faculté de prévision*, publicado em 1836, por Deleuze.

Dentre os exemplos que ele cita, um dos mais notáveis é o da profecia de Cazotte, sobre a Revolução Francesa, no qual prova sua autenticidade e que reproduzimos mais adiante.

Os adivinhos oficiais da antiguidade colocavam-se, para receber inspiração, em um dos estados hipnóticos cuja característica comum é o esquecimento ao despertar. "As sibilas muito diziam a respeito de grandes coisas, relata santo Justino, e, quando o espírito que as dominava afastava-se, elas perdiam a memória do que haviam anunciado." Em Pharsale, Lucain conta que Appius foi a Delfos consultar a casta Phémonoé, sacerdotisa de Apolo. Ao despertar, ela não se recordava mais de nada: Apolo verteu o Letes em sua taça e a proibiu de recordar-se.

Nos santuários mais antigos, a hipnose era produzida por gases que saíam da terra através das rachaduras chamadas respiradouros do inferno, chorônia ou plutônia.[167] Ignoramos a natureza dessas exalações, que se tornaram bastante raras em consequência do estado atual do globo.[168] Elas já haviam cessado em parte há dois mil anos.

> É necessário imaginar, (diz um personagem de Plutarco,) que a virtude das tormentas não é eterna nem preservada do envelhecimento, mas é, ao contrário, submetida a alterações. É provável que as chuvas sucessivas as apaguem, que o raio caindo as disperse e, sobretudo, que, depois dos

---

166 "Gozando o profeta do privilégio de extrapolar o tempo e não estando mais suas idéias distribuídas na duração, estas tocam-se em virtude de simples analogia e confundem-se, o que produz necessariamente uma grande confusão em seus discursos." (Conde de Maistre, *Soirées de Saint-Pétersbourg*, décimo primeiro diálogo.)

167 De acordo com Plutarco (*Pyth. orac.*), que era um grande sacerdote de Apolo, quando a pitonisa de Delfos queria provocar tempestades, ela para isso se preparava através de um jejum de três dias, abluções na água da fonte Castália e fumigações obtidas com a queima de louro e farinha de cevada. Em seguida, penetrava no local sagrado revestida por sua roupa de cerimônia, bebia água da fonte Cassotis, colocava uma folha de louro na boca e, mantendo na mão um galho do mesmo arbusto, subia no trípode. Era lá que, tocada por Deus e embriagada pelos vapores que saíam pelas fendas do rochedo abertas abaixo de si, caía em êxtase e respondia às perguntas que lhe eram feitas. Pode-se ler nas *Homilia* de são Crisóstomo (cap. XXX) de que maneira ela se sentava sobre o trípode para que o vapor sagrado se introduzisse em seu corpo. – A. R.

168 Conhecemos no entanto a influência de algumas exalações sobre o estado psíquico do *sujet*; assim, o odor do incenso e da essência de louro-cereja determinam na maioria deles um estado de êxtase. O bióxido de azoto ou gás hilariante age sobre quase todo mundo determinando acessos de riso.

tremores de terra, que determinam depressões e desordens no solo, essas exalações sejam profundamente repelidas ou completamente abafadas.[169]

A premonição de Cazotte relatada por Laharpe em suas obras impressas em 1886. (Tomo I, p. LXII)

Parece-me que foi ontem, e foi no entanto no início de 1789. Estávamos à mesa em casa de um confrade da Academia, grande homem de espírito.

A companhia era numerosa e variada: gente da corte, magistrados, homens de letras, acadêmicos etc. Comeu-se bem, como de costume. À sobremesa, os vinhos de Malvoisie e de Constance acrescentavam à alegria da companhia uma espécie de liberdade que não mantinha sempre o bom tom: o mundo chegou pois ao ponto em que tudo era permitido para se fazer rir. Chamfort leu-nos alguns de seus contos ímpios e libertinos, e as senhoras tinham ouvido sem mesmo recorrerem ao leque. A partir daí um dilúvio de gracejos sobre a religião. Um citava uma passagem da Pucelle;[170] outro relembrava estes versos filosóficos de Diderot: "E tripas do último padre, / Apertar o pescoço do último rei". E aplaudia. Um terceiro levantou-se e, com o copo cheio: "Sim, senhores, exclamou ele, estou tão certo de que Deus não existe, como estou certo de que Homero é um tolo." E, com efeito, ele estava certo tanto de uma coisa quanto de outra. A conversa tornou-se mais séria. Expandem-se em admiração pela revolução que Voltaire havia feito e concluem que nesta encontra-se a primeira razão de sua glória. Ele serviu de modelo a seu século e fez-se ler tanto na antecâmara quanto no salão. Um dos convivas contou-nos, rebentando de rir, que seu cabeleireiro havia-lhe dito, pondo-lhe talco: "Vede só, apesar de eu não ser um miserável soldado de cavalaria, não sou mais religioso do que um outro." Concluiu-se que a revolução não tardaria a consumar-se, que seria absolutamente necessário que a superstição e o fanatismo cedessem seu lugar à filosofia e que se tinha de calcular a probabilidade da época e quais seriam aqueles da sociedade que veriam o reino da razão. Os mais velhos queixavam-se de não se poderem lisonjear com isso, os jovens regozijavam-se de terem uma esperança bastante verossímil, e felicitava-se sobretudo a Academia por ter preparado a grande obra e por ter sido o cabeça, o centro, o móvel da liberdade de pensar.

Um só dos convivas não havia tomado parte nessa conversa; até fez alguns gracejos brandos sobre nosso belo entusiasmo. Era Cazotte, homem amável e original, porém infelizmente vaidoso dos sonhos dos iluminados. Ele toma a palavra e, com tom bastante sério:

---

169 Plutarco. *Sobre os santuários cujos oráculos cessaram.*

170 Nota da editora: Joana d'Arc; a virgem de Orleans.

– Senhores, diz ele, ficai satisfeitos, vereis toda essa grande e sublime revolução que tanto desejais. Vós sabeis que sou um pouco profeta; repito-vos: vós a vereis.

Respondem-lhe com o conhecido refrão:

– Não é preciso ser um grande feiticeiro para isso.

– Que seja, mas talvez seja necessário sê-lo um pouco mais para o que me resta a vos dizer: Sabeis vós o que acontecerá com essa revolução, o que acontecerá para todos vós, enquanto estiverdes aqui e qual será a consequência imediata, a consequência bem reconhecida?

– Ah! vejamos, diz Condorcet, com seu jeito e seu riso sonso e tolo, um filósofo não fica aborrecido por encontrar um profeta.

– Vós, senhor de Condorcet, expirareis estendido sobre as pedras de um calabouço; morrereis do veneno que tereis tomado para vos furtardes ao algoz; do veneno que a felicidade desse tempo vos forçará a levar sempre convosco.

Grande admiração primeiro; porém lembram que o bom Cazotte é propenso a sonhar acordado e dizem:

– Senhor Cazotte, o conto que nos dais a conhecer aqui não é tão agradável quanto vosso *Diable amoureux*,[171] mas que diabo meteu-vos na cabeça esse calabouço, esse veneno e esses algozes? O que tudo isto pode ter de comum com a filosofia e o reino da razão?

– É precisamente o que vos digo: em nome da filosofia, da humanidade, da liberdade, sob o reino da razão que vos acontecerá de terminardes assim, e será realmente o reino da razão, pois então ela terá templos, e mesmo não haverá mais em toda a França, nessa época, senão templos da razão.

– Na verdade, diz Chamfort com um riso de sarcasmo, não sereis um dos padres desse templo.

– Espero; mas vós, senhor de Chamfort, que sereis um deles, e bastante digno de o ser, cortareis as veias com vinte e dois golpes de aparelho de barbear, e, no entanto, não morrereis senão alguns meses depois.

Todos entreolham-se e voltam a rir.

– Vós, senhor Vicq d'Azir, não abrireis vossas veias, mas as fareis abrirem seis vezes em um dia durante um acesso de gota para assegurar-vos de vosso feito, e morrereis durante a noite. Vós, senhor de Nicolaï, morrereis sobre o cadafalso. Vós, senhor Bailly, sobre o cadafalso. Vós, senhor de Malesherbes, sobre o cadafalso.

– Ah! Bendito seja Deus, diz Roucher, parece que este senhor não quer mal senão à Academia. Ele acaba de fazer uma terrível execução; e eu, graças aos céus...

– Vós, vós morrereis também sobre o cadafalso.

– Oh! É uma aposta, exclamam em todo o recinto, ele jurou tudo exterminar.

---

[171] Romance de Cazotte.

– Não, não fui eu quem o jurou.

– Mas nós não seremos pois subjugados pelos turcos e pelos tártaros? E mais...

– Absolutamente não, eu já disse, vós sereis então governados apenas pela filosofia, apenas pela razão. Aqueles que as tratarão assim serão todos filósofos, terão a todo momento à boca as mesmas frases que recitais há uma hora, repetirão todas as suas máximas, citarão da mesma forma que vós os versos de Diderot e da Pucelle.

Diziam aos ouvidos:

– Estais vendo que ele é maluco.

Pois ele mantinha-se bastante sério.

– Não vedes que ele está gracejando, e sabeis que ele gosta muito de gracejos.

– Sim, respondeu Chamfort, mas seu gesto não é feliz: é patibular demais. E quando isso se passará?

– Seis anos não se passarão para que tudo o que vos digo tenha acontecido.

– Eis muitos milagres (e dessa vez era eu quem falava) e não me metam nisto por nada.

– Vós ficareis vivo por um milagre bastante extraordinário; sereis então cristão.

Grandes exclamações:

– Ah!, retomou Chamfort, estou mais tranquilo. Se devemos perecer apenas quando Laharpe for cristão, seremos imortais.

– Por isso, diz a senhora duquesa de Grammont, somos felizes, nós mulheres, por não participarmos das revoluções. Quando digo não participarmos, não quer dizer que não participemos sempre um pouco; mas que neste ponto ninguém se prende a nós, a nosso sexo...

– Vosso sexo, minhas senhoras, não vos defenderá dessa vez; e, apesar de não participardes de nada, sereis tratadas absolutamente como os homens, sem nenhuma diferença.

– Mas o que é que nos dizeis, senhor Cazotte? É o fim do mundo que pregais.

– Não sei de nada; mas o que sei é que vós, senhora duquesa, sereis conduzida ao cadafalso, vós e muitas outras senhoras, na charrete do algoz e com as mãos presas às costas.

– Ah! Espero que nesse caso eu tenha ao menos uma carroça forrada de preto.

– Não, senhora, só as damas da mais alta sociedade!

– Quê? As princesas de sangue?...

– Damas de ainda mais alta sociedade.

Aqui um movimento bastante sensível em toda a companhia, e o rosto do mestre entristeceu-se. Começavam a achar que o gracejo era forte. A senhora de Grammont, para dissipar esse mal-estar, não insistiu nessa resposta e contentou-se em dizer em tom mais leve:

– Vereis que eles não me deixarão sequer um confessor.

– Não, senhora, vós não tereis, nem vós nem ninguém. O último supliciado que terá um por graça será...

Ele parou um momento.

– E então, qual será pois o feliz mortal que terá este privilégio?

– É o único que lhe restará, e será o rei da França.

O dono da casa levantou-se bruscamente e todo mundo com ele. Caminhou em direção ao sr. Cazotte e disse-lhe em tom penetrante:

– Meu caro senhor Cazotte, não prolongueis mais este gracejo lúgubre. Vós o levais longe demais e a ponto de comprometer a sociedade em que vos encontrais e vós próprios.

Cazotte nada respondeu e dispôs-se a retirar-se quando a sra. de Grammont, que desejava sempre evitar a seriedade e fazer voltar a alegria, avançou em sua direção:

– Senhor profeta, que nos fala a todos de nossa aventura, não nos dizeis nada da vossa.

Passou-se algum tempo em silêncio, e os olhos baixos:

– Senhora, lestes a respeito da tomada de Jerusalém, em Josefo?

– Oh! sem dúvida, quem é que não leu isto? Mas fazei como se eu não tivesse lido.

– Bem, senhora, durante essa tomada um homem fez, sete dias seguidos, a volta das muralhas, à vista dos dominadores e dos dominados, gritando sem cessar com voz sinistra e trovejante: Infelicidade para Jerusalém! E no sétimo dia ele gritou: Infelicidade para Jerusalém, infelicidade para mim mesmo! E nesse momento uma pedra enorme lançada pelas máquinas inimigas atingiu-o e despedaçou-o.

E, após esta resposta, o sr. Cazotte fez uma reverência e saiu.[172]

[172] O *Journal de la Librairie*, de 1817, pp. 382 e 383, publicou uma nota sobre a premonição de Cazotte na qual ele diz que o sr. Parizot, publicando-a pela primeira vez em 1806 em suas obras póstumas, suprimiu-lhe o final em que Laharpe dizia textualmente que "a profecia é apenas suposta". Deleuze teve a idéia, em 1825, de fazer uma pesquisa a esse respeito. Viu o filho de Cazotte, que não queria afirmar que o relato de Laharpe fosse exato em todas as expressões, mas que não havia a mínima dúvida sobre a realidade dos fatos. Ele certificou, além do mais, que seu pai era dotado do mais alto grau da faculdade de previsão e que havia numerosas provas disto. A senhorita Cazotte fez a mesma declaração ao general Ménabréa, embaixador da Itália na França, que a repetiu para mim.

Tendo o conde de Montesquieu assegurado a Deleuze que a sra. de Genlis havia-lhe dito diversas vezes que tinha ouvido o sr. Cazotte contar esta predição a Laharpe antes da revolução, Deleuze rogou-lhe que pedisse a esta senhora mais amplos detalhes. Eis o que ela respondeu:

"Creio ter mencionado o sr. Cazotte em *Souvenirs* (Recordações), porém não estou certo disto. Ouvi-o contar cem vezes ao sr. de Laharpe antes da revolução, e sempre exatamente como vi impresso em todos os locais e como ele próprio fez imprimir. Eis tudo o que posso dizer, certificar e assinar.

"Condessa de Genlis."

Alguns anos depois, Mialhe, o colaborador do Deleuze, escreveu sobre o mesmo assunto ao barão Delamothe-Langon, que lhe respondeu:

"Paris, 18 de dezembro de 1833,

O sonho do sr. Bérard[173]

Naquela época, há cerca de dez anos, eu era magistrado, acabava de terminar o longo e laborioso estudo de um crime monstruoso que havia levado o terror a toda região. Noite e dia, desde muitas semanas, eu não havia visto, em vigília e em sonho, senão cadáveres, sangue e assassinatos.

Eu tinha vindo, com o espírito sob a pressão das lembranças sangrentas, repousar numa cidadezinha de águas que dorme tranquila, triste, morosa, sem cassino barulhento, sem coches de passeio turbulentos, ao fundo de nossas montanhas verdemente guarnecidas.

A cada dia eu me perdia através das florestas de carvalhos misturados às faias ou então pelas grandes matas de pinheiros. Naqueles passeios vadios acontecia às vezes de eu me perder completamente, perdendo de vista os cumes elevados que me permitiam habitualmente reencontrar a direção de meu hotel.

À tardinha, eu desembocava da floresta numa estrada solitária que transpunha o colo estreito entre duas altas montanhas. O declive era rápido e, na garganta ao lado da estrada, não havia lugar senão para um pequeno regato que caía dos rochedos em direção à planície num grande número de cascatas. Dos dois lados, a floresta, sombria, silenciosa ao infinito.

Na estrada, um posto indicava que a cidade estava a dezoito quilômetros: era minha estrada; porém, estafado por seis horas de caminhada, incomodado por uma fome violenta, aspirei à pousada e ao jantar imediatos.

A alguns passos de lá, um pobre albergue, isolado, verdadeira paragem de carroceiros, mostrava uma tabuleta carcomida: *Ao encontro dos amigos*. Entrei.

"Você me pergunta, querido amigo, o que eu posso saber em relação à famosa predição de Cazotte, mencionada por Laharpe. Dou-lhe minha palavra que ouvi a sra. Condessa de Beauharnais repetir várias vezes que havia assistido ao singular fato histórico. Ela o narrava sempre da mesma maneira e com o tom da verdade; seu testemunho corroborava o de Laharpe... Você pode dar a este texto o uso que lhe convier"...

O célebre escritor inglês Burke assistiu ao banquete em questão e afirmou num de seus livros que as coisas haviam se passado conforme contou Laharpe.

Enfim, Deleuze recebeu de um amigo de Vicq d'Azyr a garantia de que esse célebre médico lhe havia narrado, na presença de sua família, alguns anos antes da revolução, a profecia de Cazotte, que não parava de o inquietar, apesar de seu ceticismo.

Parece, portanto, bem provado que Cazotte previu e anunciou os excessos da revolução, porém é bastante extraordinário que, após ter nomeado a maioria dos convivas, ele não tenha dado o nome do anfitrião.

[173] O sr. Bérard é um antigo magistrado, atualmente deputado. Publicou seu sonho na *Revue des Revues* de 15 de setembro de 1895. Este sonho foi reproduzido por Flammarion em seu livro sobre *L'inconnu et les Problèmes Psychiques* (*O Desconhecido e os Problemas Psíquicos*) e por Goron em suas *Mémoires* (Memórias).

A única sala era fumacenta e obscura: o hospedeiro preparado como Hércules, rosto malvado, cor amarela, e sua esposa, pequena, negra, quase em andrajos, o olhar vesgo e sonso. Receberam-me à minha chegada.

Pedi para comer e, se possível, para dormir. Após um magro jantar, bem magro, feito sob o olhar desconfiado e estranhamente inquiridor do hospedeiro, à sombra de um miserável candeeiro, iluminando muito mal, mas espalhando em compensação uma fumaça e um odor nauseabundos, segui a hospedeira, que me conduziu, através de um longo corredor e uma escada dura, a um quarto destruído situado acima da cavalariça. O hospedeiro, sua esposa e eu estávamos certamente sós naquele pardieiro perdido na floresta, longe de qualquer cidadezinha.

Tive uma prudência exagerada até ao temor; isto vem de meu trabalho que, sem cessar, faz-me pensar nos crimes passados e nos assassinatos possíveis. Inspecionei o quarto após ter fechado a porta a chave: uma cama – ou melhor, um catre miserável –, duas cadeiras defeituosas; ao fundo, dissimulada sob a tapeçaria, uma porta munida de fechadura sem chave. Abri essa porta; ela dava numa espécie de escada que mergulhava no vazio. Empurrei adiante, para retê-la, uma espécie de mesa de madeira branca com uma bacia em parte destruída que servia de toalete. Era para evitar que tentassem abri-la por fora. Coloquei ao lado uma das duas cadeiras. Desta forma, não podiam abrir a porta sem fazer barulho. E deitei-me.

Após tal jornada, como era esperado, adormeci profundamente. De repente, despertei sobressaltado: parecia-me que abriam a porta e que, abrindo-a, empurravam a mesa. Acreditei até mesmo perceber a luz fraca de uma lâmpada, de um lanterna ou de uma vela pelo buraco vazio da fechadura. Aflito, endireitei-me sonolento e gritei; "Quem está aí?". Nada. O silêncio, a obscuridade completa. Devo ter sonhado, sido joguete de uma estranha ilusão.

Permaneci longas horas sem dormir, como que sob o golpe de um vago terror. Em seguida, a fadiga sobrepôs-se ao medo e adormeci um pesado e penoso sono entrecortado por pesadelos.

Acreditei ver, vi, em meu sono, o quarto onde eu estava e, na cama, eu ou um outro, não sei. A porta secreta abria-se, o hospedeiro entrava com uma longa faca na mão. Atrás, na soleira da porta, sua esposa de pé, suja, em andrajos, ocultando com seus dedos negros a luz de uma lanterna. O hospedeiro, a passos de lobo, aproximava-se da cama e afundava a faca no coração de quem dormia. Em seguida, o marido, transportando o cadáver pelos pés, a esposa transportando-o pela cabeça, os dois desciam a estreita escada. Eis um curioso detalhe: o marido levava entre os dentes o fino anel que segurava a lanterna, e os dois assassinos desciam a acanhada escada sob a luz frouxa da lanterna. Despertei sobressaltado, com a fronte inundada por um suor frio, terrificado. Pelas venezianas desconjuntadas os raios do sol de agosto inundavam o quarto: era sem dúvida a luz da lanterna.

Vi a hospedeira sozinha, silenciosa, sonsa, e escapei feliz, como que de um inferno, daquele albergue de péssima aparência, para respirar no grande caminho poeirento o ar puro dos pinheiros, sob o sol resplandecente, ouvindo o canto dos pássaros em festa.

Não pensava mais em meu sonho. Três anos depois li num jornal uma nota mais ou menos concebida nestes termos: "Os banhistas e a população de X... estão muito comovidos com o desaparecimento súbito e incompreensível do sr. Victor Arnaud, advogado, que, há oito dias, após haver partido para um passeio de algumas horas na montanha, não mais voltou a seu hotel. Perdem-se em conjecturas a respeito deste incrível desaparecimento."

Por que um estranho encadeamento de ideias, conduziu-me o espírito ao sonho no hotel? Não sei, mas essa associação de ideias soldou-se mais fortemente ainda quando, três dias depois, o mesmo jornal trouxe-me as linhas seguintes: "Foram encontrados em parte vestígios do sr. Victor Arnaud. No dia 24 de agosto à noite, ele foi visto por um carroceiro num albergue isolado: *Ao encontro dos amigos*. Ele dispunha-se a passar ali a noite. O hoteleiro, cuja reputação é das mais suspeitas e que, até esse dia, havia guardado silêncio sobre o viajante, foi interrogado. Afirma que este o deixou naquela mesma noite e não dormiu lá. Apesar dessa afirmação, estranhas versões começam a circular na região. Fala-se de um outro viajante de origem inglesa desaparecido há seis anos. Por outro lado, uma camponesa afirma ter visto a esposa do hoteleiro, no dia 26 de agosto, lançar, num charco escondido sob a mata, lençóis ensanguentados. Há aí um mistério que seria útil desvendar."

Não aguentando mais, e torturado por uma força invencível que me dizia, à minha revelia, que meu sonho tinha-se tornado uma terrível realidade, dirigi-me à cidade.

Os magistrados encarregados do caso pela opinião pública pesquisavam sem dados precisos. Fui ao gabinete de meu colega, o juiz de instrução, exatamente no dia em que ele ouvia o depoimento de minha antiga hospedeira. Pedi-lhe permissão para permanecer em seu gabinete durante o depoimento.

Entrando, a mulher não me reconheceu, nem mesmo prestou atenção à minha presença.

Contou que, efetivamente, um viajante, cujas características assemelhavam-se às do sr. Victor Arnaud, tinha vindo no dia 24 de agosto à noite a seu albergue, mas que ele não havia passado lá a noite. Além do mais, havia ela acrescentado, há apenas dois quartos no albergue que, naquela noite, estavam ocupados por dois carroceiros. Ouvidos na instrução, estes reconheceram o fato.

Intervindo subitamente: "E o terceiro quarto, aquele sobre a cavalariça?", exclamei.

A hospedeira teve um brusco sobressalto e pareceu, subitamente, como num repentino despertar, reconhecer-me. E eu, como que inspirado, com uma audaciosa afronta, continuei: "Victor Arnaud dormiu nesse terceiro quarto. Durante a noite você veio com seu marido, você segurando a lanterna e ele uma longa faca; vocês subiram pela escada da cavalariça, abriram uma porta secreta que dá nesse quarto; você permaneceu na soleira da porta, enquanto seu marido foi degolar o viajante a fim de roubar-lhe o relógio e a carteira de dinheiro."

Era meu sonho de três anos atrás que eu contava. Meu colega escutava-me, surpreso. Quanto à mulher, apavorada, com os olhos desmesuradamente abertos, os dentes batendo de terror, estava como que petrificada.

"Em seguida os dois, acrescentei, pegaram o cadáver, seu marido segurando-o pelos pés e desceram-no pela escada. Para iluminá-los, seu marido segurava o anel da lanterna entre os dentes."

E então essa mulher, terrificada, pálida, com as pernas tremendo: "Você então viu tudo?"

Em seguida, esquiva, recusando-se a assinar seu depoimento, fechou-se num mutismo absoluto. Quando meu colega reproduziu para o marido meu relato, este, crendo-se entregue por sua esposa, com uma horrível blasfêmia: "Ah! Essa p..., ela vai me pagar!"

Meu sonho era pois bem verdadeiro e tornou-se uma realidade, uma sombria e terrificante realidade.

Na cavalariça do hotel, sob um espesso monte de estrume, encontraram o cadáver do infortunado Victor Arnaud e a seu lado uma ossada humana, talvez a do inglês desaparecido há seis anos, em condições idênticas e também misteriosas.

Os casos de Cazotte e de Bérard são tão bonitos quanto se poderia desejar; são até bonitos demais para que não se possa desconfiar que o escritor tenha arranjado detalhes para melhor tocar o espírito dos leitores.

Eis, no entanto, uma observação feita por um médico e que não deixa nada a dever às precedentes. Ela é do dr. Naro Fage (de Ambarès) e relatada pelo dr. Thibaud em sua tese intitulada *Essai psychologique et clinique de la sensation du 'déjà vu'*.[174]

Observações do sr. X... pelo dr. Fage

O sr. X..., engenheiro, antigo aluno de politécnica, ocupando um alto cargo, homem de grande inteligência, boa cultura, é bastante sensível, muito afetuoso e um pouco neurastênico.

Teve a infelicidade de perder sua primeira esposa, de quem cuidou com grande devotamento, e foi bastante sensível a essa perda doloro-

[174] Bordeaux, 1899.

sa. Não tinha certamente nenhuma ideia de casar-se novamente e, no entanto, em dado momento, sua esposa havia-lhe recomendado fazê-lo e havia até designado a pessoa, que o sr. X... aliás não desposou.

Cerca de três ou quatro meses após esse acontecimento, o sr. X... tinha então quarenta e sete anos e teve durante alguns dias obsessões matrimoniais. Essas obsessões ou alucinações manifestavam-se sob a forma de sonhos, sobretudo durante a noite, às vezes mesmo durante o dia, se o sr. X... adormecia.

Em seu sonho, quase sempre idêntico a si próprio, ele via uma jovem com a qual o levavam a casar-se. Quem o levava a casar-se? Um pouco todo mundo, a força das coisas. O sr. X... não queria ouvir falar em casamento, resistia, lutava contra as insistências e despertava abatido por esses sonhos obsessivos. Uma outra vez falaram-lhe dessa jovem: era uma pessoa de muito boa família, que não quis jamais se casar e tinha, por consequência, atingido certa idade, permanecendo sempre perto de sua mãe doente, de quem cuidava com admirável devotamento e abnegação levados ao último grau. Logo (sempre em seu sonho) o sr. X... passa a resistir menos. Escuta os conselhos que lhe dão sem rejeitá-los sistematicamente; em seguida, à narração das perfeições da pessoa, ele aceita vê-la. A mãe dessa pessoa possuía uma propriedade, um campo, em tal região (que não podemos designar) e, em seu sonho, o sr. X... via-se chegar a esse campo e via, numa aleia, avançar em sua direção uma jovem de aparência modesta e discreta que o recebia. Seu porte e sua graça fizeram desaparecer as últimas hesitações do sr. X... Deu-se o casamento. Depois, para coroar sua felicidade, nascia uma menina que se chamava...

O sr. X... tivera em sua existência, vários outros sonhos, porém nenhum apresentava essa intensidade de vida, essa nitidez, essa sequência lógica de acontecimentos que se encadeavam. O autor foi tão vivamente tocado, tão impressionado pela duração e a persistência, já desde essa época, que escreveu o fato para seus irmãos, homens inteligentes e cultos como ele.

Alguns dias se passaram. Cerca de uma quinzena depois, o sr. X... recebeu a visita de um senhor que ele não via senão cerca de uma vez por ano e que vinha pedir pela obra de Saint-Vincent-de-Paul. Este senhor lhe disse que sua visita tinha hoje uma dupla finalidade. Vinha recolher uma esmola para os pobres e estava feliz por aproveitar a ocasião para falar com o sr. X... sobre um assunto no qual ele pensava há algum tempo.

"Trata-se de um casamento." A estas palavras o sr. X... espantou-se e objetou sua intenção de não se casar, ao menos no momento, já que a lembrança de sua primeira esposa ainda estava muito viva. O senhor insiste e pede-lhe para escutá-lo; enumera então as qualidades da jovem. Ela mora no campo em... (a mesma região do sonho). Essa pessoa possui grandes qualidades morais, a situação de fortuna indicada no sonho, pertence a uma família muito honrada e jamais quis se casar para permanecer perto de sua avó enferma de quem cuida com admirável devotamento.

Tal era a realidade, que diferia do sonho somente no seguinte: no sonho a jovem cuidava de sua velha mãe em vez de sua avó.

A impressão produzida por estas palavras sobre o sr. X... foi das mais profundas em razão de sua relação com os sonhos anteriores, e ele aí viu a intervenção de algum poder desconhecido, uma espécie de advertência, e isto o fazia sonhador.

Ainda muito mais: a pessoa da qual se falava possuía o mesmo nome que tinha no sonho, Mathilde, e este nome, embora comum, tinha uma significação estranha para o sr. X..., que jamais teve nenhuma Mathilde nem na família nem dentre as pessoas que conhecia. Todas essas coincidências de nome, idade, posição social, fortuna, todas essas informações que se enquadravam perfeitamente e ponto por ponto no sonho despertaram a atenção do sr. X..., que ficou curioso em levar mais longe a experiência para ver até onde iria a similitude. Ele aceita então uma entrevista e vai ao campo de... Porém, não conhecendo absolutamente a localidade, é obrigado a perguntar o caminho e onde se encontra a propriedade da sra. Y... Indicam-lhe numa esquina de estrada. Lá chegando, ele encontra a aleia de árvores de seu sonho e uma jovem que passeava vindo em sua direção. Ora, traço por traço, essa jovem correspondia à visão do sonho. O sr. X... fica confuso. Tocado por todas essas circunstâncias crê em alguma advertência do alto e desposa a jovem. Quando a sra. X. torna-se mãe, o médico da família, um de nossos mais ilustres cirurgiões parteiros de Bordeaux, procurava predizer o sexo da criança de acordo com as batidas do coração fetal. "Inútil, doutor, será uma menina." E foi com efeito uma belíssima menina a quem deram o mesmo nome dado no sonho. Nesta circunstância houve concordância perfeita entre o sonho e a realidade.

Acaso fortuito, diriam, simples coincidência. Isto poderia ser objetado se se tratasse apenas de um sonho de casamento; porém aqui os mínimos detalhes concordavam, coincidiam com uma precisão maravilhosa, sobre a qual esta observação bastante abreviada não pode dar ideia precisa, pois há detalhes que conheço e não posso divulgar firmo, porém, que jamais conheci um fenômeno assim de previsão.

O sr. X..., aliás, passou em sua vida por outros fatos do mesmo gênero, mas nenhum com tal nitidez.

Eis agora uma história análoga contada por Flammarion e que parece provar que, segundo a expressão popular, há "casamentos traçados pelo céu".[175]

---

[175] L'*inconnu et les phénoménes psychiques* (O desconhecido e os fenômenos psíquicos). O autor reuniu nesse livro (pp. 504-564) grande quantidade de casos de previsão.

O sonho de Émile de la Bédollière

Quando eu me iniciava no jornalismo, em Paris, tinha por colega no *Siècle* um escritor charmoso, de caráter muito amável que se chamava Émile de la Bédollière. Seu casamento foi devido a um sonho premonitório.

Numa cidadezinha do centro da França, em La Charité-sur-Loire, província de Nièvre, havia uma jovem encantadora de graça e de bondade. Era, como a Fornarina de Rafael, filha de um padeiro. Vários pretendentes aspiravam à sua mão, e um deles possuía grande fortuna. Os pais o preferiam. Porém a srta. Angèle Robin não o amava e o recusava.

Um dia, devido às instâncias da família, foi à igreja e pediu à Virgem Santa que a viesse ajudar. Na noite seguinte, viu em sonho um jovem vestido de viajante, com um grande chapéu e óculos. Ao despertar declarou aos pais que recusava terminantemente o pretendente e que esperaria, o que lhes pôs na cabeça mil conjecturas.

No verão seguinte, o jovem Émile de la Bédollière foi levado por um de seus amigos, Eugène Lafaure, estudante de Direito, a fazer uma viagem ao centro da França. Passam em La Charité e vão a um baile de caridade. À sua chegada, o coração da jovem bate tumultuosamente no peito, suas faces colorem-se de um vermelho encarnado, o viajante a nota, admira-a, ama-a e, alguns meses depois, estão casados. Foi a primeira vez em sua vida que ele passava por aquela cidade.

Frequentemente o profeta mostra-se de forma ambígua. Foi sobretudo o caso dos profissionais da antiguidade, que cuidavam para não serem pegos em falta. Conhece-se a resposta da pitonisa de Delfos a Pirro: "*Romanos Byrrhum vincere posse*", que, por um artifício gramatical, podia significar ao mesmo tempo que Pirro poderia vencer os romanos ou que poderiam vencê-lo. Pirro interpretou de acordo com seu desejo e acreditou na vitória, porém foram os romanos que o venceram em Bénèvent.

Phaneg cita o exemplo de uma pessoa prevenida de que um perigo atacaria na água, mas que este não viria da água. Numa travessia no Mancha ela foi mordida por uma mosca negra, transmissora de doença infecciosa, e quase morreu. A predição não foi compreendida senão com sua realização.[176]

Outras vezes, a predição não se dá senão em parte, ora por ser inexata,[177] ora porque advertência dada tenha permitido tomarem-se precauções que im-

[176] Conferência feita em 13 de março de 1910 na Sociedade de estudos psíquicos de Nancy, sob o título *L'Astrologie et l'Avenir* (A astrologia e o futuro).

[177] Auguste Sabatier, estudando as profecias de origem divina na *Philosophie de la Religion*, p. 57,

pedem sua realização. Exemplo: uma mulher é perseguida por um sonho vivo, claro e persistente, onde se vê queimada viva com seu marido num incêndio. A cada repetição desse sonho, ela adverte ao seu marido, que, a instâncias suas, acaba por deixar a casa com ela. No dia seguinte recebe um telegrama anunciando-lhe o incêndio total de seu domicílio.[178] Isto mostra que o futuro pode ser modificado, e terei ocasião de voltar a esta constatação.[179]

Eis agora alguns outros exemplos de previsão sob formas diversas:

O sonho da duquesa de Hamilton

O caso da duquesa de Hamilton é bastante característico, tanto pela precisão quanto pela ausência de finalidade. Essa senhora teve um sonho no qual vê o conde de L... doente naquele momento, sentado numa poltrona como que tomado por um ataque. Ao lado dele havia um homem de barba avermelhada e uma banheira em cima da qual se encontrava uma lâmpada vermelha. O conde L... morreu quinze dias mais tarde e uma pessoa pôde confirmar a exatidão e a precisão da visão da duquesa de Hamilton.

Trágico pressentimento

Londres, 1º de junho de 1907. Telegrafam de Nova York:

> Um terrível incêndio aconteceu no quarteirão dos milionários, em Long-Branch (Nova Jersey), Estados Unidos. A casa pertencia ao sr. Walter Schiffer, rico fabricante de charutos, e foi completamente destruída. Suas duas filhas assim como a governanta faleceram. Logo que a notícia foi comunicada ao sócio do sr. Schiffer, ele declarou que, dois dias antes, tinha visto em sonho as três vítimas

expressa-se assim: "Deus, querendo falar-nos, nunca escolheu senão homens como órgãos. De alguma inspiração que ele os tenha dotado, esta inspiração sempre atravessou a subjetividade humana; ela jamais pôde expressar-se nem traduzir-se senão na língua e forma de espírito de um indivíduo e de um tempo determinados. Ora, uma forma individual e histórica não poderia ser absoluta. Se o licor é divino, o vaso é sempre de argila. O que serve de órgão à revelação de Deus impõe-lhe necessariamente limites. É necessário que ela se acomode aos limites da receptividade humana. Como poderia ela entrar e misturar-se às ondas modificantes da vida intelectual e moral da humanidade, sem correr no leito do rio e entre suas margens?"

178 *Phaneg*, l. c.

179 Nota da editora: O raciocínio do autor é equivocado. Qualquer modificação do fato futuro teria de estar ela também – a modificação – prevista na profecia. Do contrário não seria uma profecia. Mas é certo também que de nossos atos ainda não praticados se definirão as conseqüências futuras. Nisso se constitui o grande paradoxo filosófico, sobre o qual podemos apenas especular.

cercadas de chamas e fazendo vãos esforços para escaparem. Seu pesadelo realizou-se pois.[180]

Trecho de uma carta da sra. do general G. ao autor

Tive, em numerosas circunstâncias de minha vida, sonhos premonitórios e desconcertantes que comuniquei logo às pessoas que me cercam. Descrevi (desenhei) casas que jamais vi; anunciei mortes; vi em sonho, ainda jovem, quando do meu exame para o diploma superior, o dever de história que íamos ter no dia seguinte. Era a *História de Catarina II*. Divulguei tão bem a coisa que acreditaram numa fraude e quase fui reprovada. Recentemente, desafiado por meu filho, vi em sonho uma parte do texto da dissertação de história dada no concurso de assuntos estrangeiros. Até mesmo assinalei uma data, 1721; havia uma segunda, 1713, que eu não via. Tive este sonho em 12 de fevereiro, isto é, dois meses antes do concurso, quando o assunto não tinha sido ainda bem escolhido.

Observações do sr. Bouvier (de Lyon)

Para mostrar esta realidade de vida antecipada sobre o futuro durante o sono, é-me necessário apenas recuar vinte e cinco anos. Tenho sempre este sonho presente na memória. Eu estava ainda em casa de meus pais e certamente não pensava ainda como seria minha vida mais tarde.

Deitei-me bastante cedo, como acontece no campo, e adormeci desse sono tranquilo que a juventude experimenta e durante o qual me encontrei num lugar que me era desconhecido. Via-me militar, barracas e tendas eram alinhadas numa grande extensão, depois eu abandonava esse local para passear numa cidade vizinha. Após alguns instantes de caminhada numa rua bastante longa, chegava numa praça onde uma cruz de pedra parecia proteger com seus braços estendidos os fiéis do local. Bem perto de lá havia uma estação para onde me dirigi a fim de descer um rápido declive e de novo, após alguns passos, encontrei-me em outra praça no meio da qual havia um chafariz monumental. Despertei com esse sonho bem gravado em meu cérebro.

Muitos anos se passaram. Eu não pensava mais em meu sonho quando, há dezessete anos, eu chegava num campo de Sathonay para lá terminar um período de meu serviço militar. Até ali nada lembrava meu sonho, que além do mais há muito tempo devia estar no domínio do esquecimento, quando um dia eu quis visitar Lyon. Mal chegando a Breix-Bousse, acreditei reconhecer-me, e, no entanto, eu não tinha jamais estado lá. A cruz que ainda havia na praça

[180] *Proceedings*, S. P. R. XI, p. 305.

que domina a costa parecia-me familiar, a estação de Picelle, a praça das Tarreaux, tudo fazia-me o efeito de antigas coisas que eu conhecia. Eu revivia uma ideia já vivida: onde e como? Tal era a pergunta que eu me fazia e não podia responder.

Após vários passeios na cidade, voltei ao campo e deitei-me atormentado pela ideia de descobrir a causa que me fazia reconhecer o que eu não havia jamais visto. Coisa estranha, na mesma noite sonhei que se tratava de um antigo sonho do passado, sonho que, como eu já disse, está sempre presente em minha memória.

O feiticeiro do Colorado – Relato da sra. B.

Numa manhã do mês de janeiro de 1898, o sr. de Rochas pediu-me que subisse à sua casa a fim de explicar-lhe o que desejava um visitante que não falava senão a língua inglesa. A conversação que tive com essa personagem mostrou-me que ele era indiano, *doctor of magnetics*, leitor de pensamentos, quiromante, que vinha de Paris para fazer conferências e que desejava ser recomendado a seus colegas franceses. Eu ia levantar-me para partir quando ele veio sentar-se perto de mim, olhou-me fixamente nos olhos, tomou-me a mão e disse-me, meio sério meio brincalhão: "Agora, senhorita, conheço-a." Fiquei bastante intrigada e pedi-lhe para dizer-me o que pensava saber de mim. Ele examinou minha mão e disse-me: "Você não está aqui em casa de seu pai. Ele morreu quando você era criança. Sua situação então mudou bastante e vejo naquela época cinco lutos próximos." Depois acrescentou que eu amava a música e que dançava bem. Enfim me disse que eu era amada por um jovem, que eu teria alguns aborrecimentos com isso e, após algumas hesitações, como se temesse comover-me: "Ele está muito doente... Você se casará mais tarde."

Tudo o que o feiticeiro havia-me dito de minha situação, de meus numerosos lutos, era exato. Vi morrer, num lapso de tempo bastante curto, meu pai, meu avô, uma tia, uma tia-avó e um primo. Quanto ao jovem, ele realmente existia. Todo mundo o acreditava então em perfeita saúde, porém ele ia morrer do peito seis meses depois.[181] Foi nos primeiros dias de fevereiro que ele se consultou pela primeira vez e os médicos encontraram-no incurável.

Não posso naturalmente dizer qual foi a parte do acaso na exatidão da predição vaga que foi feita a seu respeito. Quanto aos acontecimentos passados, eu absolutamente não pensava neles entrando na casa do sr. de Rochas, e pareceu-me difícil que tenha havido uma transmissão de pensamento. Durante toda a sessão o feiticeiro não parou de olhar minha mão.[182]

---

[181] Nota da editora: "*Mourir de la poitrine*" (morrer do peito), quer dizer, morrer de tuberculose, de tísica.

[182] Devo acrescentar que a jovem que escreveu este relato era uma sensitiva que estudei pouco,

A visão no cristal – Relato do dr. Maxwel[183]

Eis um exemplo ainda mais significativo que os precedentes, pois a visão foi-me contada oito dias antes de o acontecimento se realizar, e fiz, eu próprio, o relato a várias pessoas antes de sua realização. Um sensitivo percebeu, num globo de cristal, a cena seguinte: um grande navio, tendo um pavilhão com três costados horizontais, preto, branco e vermelho, e tendo o nome... "Leutschland", navegava em alto mar. O navio foi de repente cercado de fumaça; marinheiros, passageiros e pessoas de uniforme correram em grande número à ponte e viram o navio soçobrar.

Oito dias depois, os jornais anunciavam o acidente do "Deutschland", no qual uma caldeira explodiu, obrigando o paquete a arribar, creio. Esta visão é muito curiosa e, como os detalhes foram-me dados antes do acidente, analisá-la-ei com cuidado.

Em primeiro lugar, uma coisa chama a atenção: é que a premonição não foi exatamente cumprida. O "Deutschland" sofreu realmente um acidente, foi envolvido por vapor, a equipagem e os passageiros tiveram de correr apavorados para a ponte, porém felizmente o magnífico paquete não soçobrou. Por outro lado, o sensitivo leu "Leutschland" e não "Deutschland", porém este detalhe não tem grande importância, podendo o nome estrangeiro ter sido mal-lido. Enfim, uma coisa digna de observação foi a ausência completa de interesse que esta visão podia apresentar ao sensitivo, que não tem nenhuma relação com a Alemanha e ignorava, ao menos conscientemente, a existência desse navio, apesar de certamente já ter tido imagens dele sob os olhos.

Não se pode evidentemente dar muita importância a essa previsão, porém esse sensitivo deu-me alguns outros exemplos curiosos: esses casos, comparados àqueles que observei por outra forma ou dos quais tive o relato em primeira mão, tornam muito improvável a hipótese de uma coincidência, sem no entanto excluí-la de maneira absoluta. Tais como são, esses fatos me parecem bastante interessantes, devendo pois a observação sistemática dos fenômenos visuais que assinalo ser empreendida por pessoas competentes e com verdadeiros sensitivos, não com histéricos, que raramente dão boas observações.

Observação do dr. Bertrand[184]

Acho que seria útil mencionar alguns detalhes relativos às primeiras observações que tive ocasião de fazer sobre a previsão e o sonambulis-

---

e que era irmã de Laurent, *sujet* bastante notável sobre o qual publiquei impressões. Conduzi no dia seguinte à casa do feiticeiro minha nora na esperança de obter um novo fenômeno de lucidez, entretanto o feiticeiro nada pôde me dizer. – A. R.

183 *Les phénomènes psychiques*. Paris, 1904.

184 *Traité de somnanbulisme*. Paris, 1823.

mo. – Antes de tudo não seria inútil lembrar que eu me tinha imposto rigorosamente a obrigação de escrever imediatamente após cada sessão tudo o que acabava de acontecer; eu não teria ousado fiar-me em minha memória no que se refere à exatidão dos detalhes,temendo vir a abusar de um assunto que tanto se presta aos erros da imaginação.

Ora, encontram-se em meu diário mais de *oitenta previsões* que tratam, quase todas, de acessos convulsivos, com características que não nos permitiram crer que fossem fingidos...

Várias vezes ela (srta. P. R., histérica) anunciou-me uma espécie de sono letárgico que durava cerca de meia hora, quarenta e cinco minutos, uma hora inteira. Durante todo esse tempo seus sentidos ficavam absolutamente imunes a toda espécie de impressão.

Percebe-se o quanto deve ter-me sido fácil certificar-me de semelhante insensibilidade. Ora! declaro que fiz todas as experiências possíveis para constatá-la.

Além das predições das quais acabo de falar, a mesma doente fez-me várias outras cuja realização forneceu provas ainda mais concludentes. Aconteceu-lhe anunciar-me, com oito dias de antecedência, que, durante uma noite que ela me precisou, seu rosto incharia, suas pálpebras seriam infiltradas e sobre suas faces ver-se-iam aparecer em vários locais arranhões semelhantes aos que se poderia fazer roçando a pele com a ponta de um alfinete; e tudo isso aconteceu como ela havia predito.

A mesma sonâmbula fez-me uma predição que merece menção particular: anunciou-me em sono que sua doença terminaria por um delírio furioso que duraria quarenta e duas horas; e, com mais de quinze dias de antecedência, ela me predisse que perderia a razão na sexta-feira, 20 de outubro, às duas horas da tarde, e que não voltaria a si senão no domingo, dia 22, às oito horas da manhã. O delírio chegou como ela havia anunciado. Quase não a deixei durante todo esse tempo e, quando eu não estava perto dela, alguns de meus amigos substituíam-me.

Jamais vi nada semelhante ao que ela apresentou durante esses dois dias. Certamente o único temor de sua predição, mesmo que ela a soubesse, não teria sido capaz de produzir um efeito tão durável. É preciso acrescentar que, tendo inteiramente perdido a razão e toda recordação de seu estado habitual, ela só saiu do estado de alienação completa em que se encontrava na hora indicada.

Concluamos do que acabamos de dizer que a doente não conservava nenhuma lembrança das predições que fez no estado de sonambulismo e que, além do mais, vários dos acidentes preditos eram de natureza a não poderem ser produzidos por sua imaginação, principalmente se ela tivesse sabido no estado de vigília do que podia estar ameaçada.

O caso do barão Larrey

Relato sobre as experiências magnéticas feitas pela comissão da Academia de Medicina[185] – junho de 1831

> Não se deve aceitar senão com muita desconfiança os relatos das pessoas que dizem ter previsto acontecimentos extraordinários; no entanto, há testemunhos que não se podem colocar em dúvida, e é a título disto que relatarei o fato seguinte acontecido com o célebre médico cirurgião, o barão Larrey, que o contou a mim. Uma noite sonhou com quatro números para jogar na loteria e, no dia seguinte, apressado para ir ao consultório, pediu à esposa que jogasse por ele. Porém, qual não foi seu desapontamento, chegando em casa, ao saber que os números tinham saído e que seu pedido havia sido esquecido.
>
> Foram citados vários casos semelhantes. Se estivéssemos tentados a atribuir este caso ao acaso, eu pediria ao leitor que se lembrasse de que o jogador tinha 2.555.189 chances contra ele.

O caso do dr. Gallet

Os *Annales des sciences psychiques*[186] relatam um caso bastante nítido contado com todas as provas de apoio pelo dr. Geley, de Annecy, e que se passou com seu confrade, o dr. Gallet, então estudante de medicina em Lyon.

> No dia 27 de junho de 1894, cerca de nove horas da manhã, o sr. Gallet, com muita atenção, preparava-se para um exame quando, de repente, foi distraído de seu trabalho por um pensamento tão obcecante que ele não pôde evitar de escrevê-lo em seu caderno de notas. Esta frase era textualmente: O sr. Casimir Périer é eleito presidente da República com quatrocentos e cinquenta e um votos.

Isto se passou antes da reunião do Congresso que devia acontecer no mesmo dia e, no entanto, a afirmação aconteceu no presente e não no futuro. O sr. Gallet comunicou em seguida a frase a vários camaradas que não a levaram a sério e que ficaram bastante admirados quando, algumas horas mais tarde, os jornais a confirmaram.

---

[185] Esta observação, que se encontrava assinalada no relato original do dr. Husson, p. 453, foi suprimida por Foissac na edição impressa em 1833. – A. R.

[186] Número duplo, de 1° e 16 de outubro de 1910.

Capítulo VII
A fatalidade e o livre-arbítrio

A visão do futuro parece indicar que este, já tendo sido fixado, não pode ser mudado.

Esta questão vem preocupando há muito tempo os pensadores, e vamos reproduzir algumas de suas reflexões a esse respeito. Já foram vistos exemplos citados por alguns deles no capítulo precedente, em que se vê que, se o futuro podia ser previsto em suas grandes linhas, podia também ser influenciado nos detalhes por nossa própria vontade.

> Deleuze – Memorial sobre a faculdade da previsão
>
> É impossível, dizem, prever o futuro, porque este não existe. Se não fôssemos dotados da admirável faculdade da memória, poderíamos tecer o mesmo raciocínio acerca do passado, e toda a força desta objeção reside no sentido muito rigoroso que damos a esta frase: o futuro não existe.
>
> Apenas o presente tem existência real. Se o passado tem existência relativa a nós é porque deixou vestígios. Ele existe por seus efeitos; mas o futuro existe em germe. O passado produziu o presente, ele é sua causa. Quando consideramos o passado, vemos a causa em seus efeitos. Quando consideramos o futuro, vemos os efeitos na causa. Colocados num ponto de duração do tempo, podemos igualmente dirigir nosso olhar para a frente ou para trás. Porém, em nosso estado habitual estamos sempre voltados para o mesmo lado. No estado de sonambulismo, de exaltação ou de crise, podemo-nos voltar para o lado oposto.

Camille Flammarion – Sua opinião sobre a premonição e o livre-arbítrio[187]

Se o futuro é inevitável, que é feito de nossa liberdade? A filosofia sem dúvida um dia conciliará estas duas contradições aparentes, pois temos o sentimento de podermos escolher e o da utilidade de nossos esforços realizados, e todo o progresso dos povos ocidentais é devido precisamente à ação intelectual, oposta ao fanatismo dos orientais. Fatos aparentemente contraditórios já se explicam hoje pelo conhecimento das coisas, por exemplo a elevação, a levitação de um pesado pedaço de ferro sob a influência de um ímã. A ascensão de um balão é tão natural quanto a queda de uma pedra. Que os moralistas, pois, não contestem consequências de uma certa necessidade determinada antecipadamente por recusarem-se a admitir previsões de futuro reconhecidas e controladas. Determinismo não é fatalismo.

Franz Hettinger – Apologia do cristianismo[188]

Quando nos envolvemos pelo pensamento, ficamos ligados e formamos um mesmo todo com o universo inteiro, com nosso sistema solar, com a Terra e, sobretudo, com a natureza que nos cerca. Nossa essência é continuamente atravessada e influenciada, independente de nossa vontade, por irradiações vitais de todas essas esferas e admiramo-nos muito menos com certas percepções misteriosas de nossos nervos, com certos pressentimentos extraordinários.

Uma vez que nossa sensibilidade às vezes cresce, seja por causa da irritabilidade acidentalmente mais forte dos nervos, seja em razão da força relativamente maior das impressões, até ser afetada com o que se passa em certas regiões do nosso ser do qual não temos habitualmente consciência, por que esta mesma sensibilidade não seria tão suscetível de estender-se em suas relações com o mundo exterior, de maneira a perceber, às vezes, as influências que habitualmente lhe escapam? As mudanças de temperatura, uma tempestade que ameaça, um frio intenso, todos os movimentos da pressão atmosférica, da eletricidade, do magnetismo, agem materialmente tanto sobre os sãos quanto sobre os doentes, sobre aqueles que têm a sensibilidade obtusa, como sobre os que a têm bastante viva, e, no entanto, passam despercebidos para uns e são sentidos por outros.

Aí, e aí somente, encontra-se traçada a via que conduzirá à compreensão da razão dessas percepções surpreendentes e difíceis de explicar. Chegaremos assim, por exemplo, a ver que, em sonho, uma visão magnética que nos oferece no presente a imagem de um acontecimento necessariamente ligado à trama de nossa vida, mas não

[187] L'*inconnu et les problèmes pschiques* (*O desconhecido e os problemas psíquicos*), p. 577.

[188] Esta citação, de um teólogo bastante ortodoxo, foi extraída de uma conferência realizada em Paris pelo abade Naudet, sob o título "*Peut-on prévoir l'avenir?*" (Pode-se prever o futuro?).

ainda realizado, pode explicar-se tão naturalmente como o pressentimento de que um corpo doentio e irritável tem presentemente certas variações de temperatura que só se realizarão mais tarde, é verdade, mas que já estão em preparação.

Da mesma forma será para os outros fenômenos de clarividência. Admitimos como fato constante o instinto dos animais, porque não é possível contestá-lo; porém o pressentimento no homem é mais incompreensível do que o instinto? Os dois caminham em par e paralelamente um ao outro. O instinto dos animais é a percepção imediata do que diz respeito à sua conservação e o pressentimento é o sentimento imediato de mudanças que se preparam.

"É certo", diz Goethe, "que, em determinados casos, as fibras sensíveis de nossa alma podem atingir além de nossos limites corporais e que elas gozam algumas vezes do pressentimento ou da visão real de nosso futuro próximo. Encontramo-nos num meio cujos movimentos e influências sobre nós exercidas, assim como as relações com nossa alma, ignoramos. Temos todos dentro de nós um pouco de forças elétricas e magnéticas. Acontecia-me com frequência, quando eu me encontrava em companhia de um amigo e tinha o espírito vivamente ocupado por um pensamento, de ver esse amigo falar-me, antes de mim, do que eu tinha em mente. Uma alma pode também agir sobre outra com sua presença muda."

Oliver Lodge – Sua teoria sobre o passado e o futuro
(Trecho de seu discurso na British Association, em Cardiff)

Uma ideia luminosa e útil é a de que o tempo não é senão uma maneira relativa de considerar as coisas. Movimentamo-nos no meio dos fenômenos com uma rapidez determinada e interpretamos essa caminhada de maneira subjetiva antes de interpretá-la de maneira objetiva, como se os acontecimentos se movimentassem necessariamente nessa ordem e exatamente com essa rapidez. No entanto, isto pode ser apenas uma maneira de considerar.

Em certo sentido, os acontecimentos podem sempre existir, tanto no passado quanto no futuro; e somos talvez nós que chegamos a eles e não eles que se produzem. O exemplo de uma pessoa viajando num trem pode-nos ser útil. Se ela não pode jamais deixar o trem nem modificar sua rapidez, é provável que considere as diversas paisagens como necessariamente sucessivas e que seja incapaz de conceber sua coexistência.

Luc Desages – O instinto de previsão nos animai[189]s

A espécie de abelha chamada solitária não é excelentemente dotada sob este aspecto? Sua existência é limitada a alguns meses durante os quais deve tornar-se mãe. Põe seus ovos em buracos

[189] D*e l'Extase* (Do êxtase), p. 236.

de muros, porém morrerá antes que eles saiam da casca. Ela sabe disso, se precavê com tudo: os ovos tornar-se-ão *no ponto* perfeitamente abrigados e escondidos. As larvas, quem as nutrirá? Ela, ou ao menos seus cuidados previdentes. Ei-la em campo. De longe, a uma légua talvez, ela vê um verme e caça-o a golpe certeiro. Esta espécie de verme, do qual ela pega vários espécimes, é a única que lhe convém. Leva a presa a seu muro, dobra as vítimas em dois, e as força a entrarem no ninho, pois seu calor deve chocar os ovos. Mas quem impedirá o verme de sair, uma vez a abelha morta? Ela ainda. Ela fura levemente seus malfadados hóspedes, não o suficiente para matá-los. Eles viverão enfraquecidos até o dia em que as larvas, fora de seus envoltórios, poderão nutrir-se de sua substância.

Quem deu a esta abelha esse dom admirável de previsão? Pergunte àquele que nos criou a todos, como diz Voltaire.

Você quer que eu lhe diga? Se os homens ficam algumas vezes em êxtase, os animais assim estão sempre; é sua norma, e aí está o segredo de seu maravilhoso instinto.

Paul Flambart – Predestinação e livre-arbítrio do ponto de vista da influência astra[190*l*]

Meu coronel.

Você me dá a honra de pedir-me opinião sobre a questão da "predestinação e do livre-arbítrio" considerada através dos estudos concernentes à influência astral que empreendi.

É com prazer que tentarei formulá-la, ao menos no estado atual em que ela se encontra para mim, pois parecer-me-ia presunçoso tomar partido definitivo sobre um ponto do qual a verdadeira ciência mal começa a ocupar-se.

Até aqui, com efeito, esta dupla questão da fatalidade e da liberdade, geralmente mal-colocada, foi sempre fértil em controvérsias, como todas as dissimulações de ideias metafísicas sem base e sem saída. E as citações de autores que poderiam ser invocadas a respeito deste ponto para esclarecê-lo não fariam provavelmente senão obscurecê-lo, não tanto pelas contradições, mas pelos processos de argumentação que não mais respondem à mentalidade científica de nossa época.

É mostrando o papel provável da influência astral sobre o destino humano que desejo tentar focalizar a questão, partindo de fatos tão incontestáveis quanto possível.

Duas coisas devem pois ser expostas: 1°, a realidade da influência astral sobre o homem; 2°, as consequências filosóficas que daí decor-

[190] Esta nota foi-me enviada por um capitão de artilharia, antigo aluno da escola politécnica que, sob o pseudônimo de Paul Flambart, publicou uma série de livros em que estudou de maneira científica a questão da influência astral. – A. R.

rem. Por um lado há fatos, por outro há a interpretação que lhes diz respeito. Comecemos por ir direto aos fatos.

Realidade da Influência Astral – Várias fontes de provas positivas são acessíveis à observação científica no que se refere à influência dos astros sobre o homem. Limitar-me-ei a citar a melhor em minha opinião, a da hereditariedade astral: pode-se constatar tranquilamente, entre os membros de uma mesma família, similitudes tocantes de aspectos planetários no momento do nascimento. A conclusão que daí decorre é primeiramente que existe uma certa ligação entre a hereditariedade e o céu de natividade normal.

Uma vez que certos fatores astronômicos são transmissores de hereditariedade, eles também são naturalmente indicadores de faculdades, ao menos em certo grau. Uma certa linguagem astral permite, pois, definir o homem de acordo com limites que é ilusório pretender fixar *a priori*. Ou seja: leis psicológicas de correspondência celeste existem.

Por mais surpreendente que possa parecer ainda hoje, este fato pode ser estabelecido com um rigor científico incapaz de ser negado em face da experiência; ele nem mesmo exige iniciação ou aptidões especiais por parte do observador.

Além do mais, se o espírito científico moderno é ainda hostil a essa verdade, é necessário aí ver muito mais a rotina de uma velha negação de dois séculos do que uma verdadeira reflexão raciocinada. Várias descobertas modernas poderiam muito bem legitimar o princípio da influência astral: as teorias sobre o dinamismo das vibrações, emitidas por todos os corpos e oferecendo transformações de energia as mais variadas, não nos permitem, com efeito, rejeitar sistematicamente a ideia de solidariedade entre os corpos celestes e os seres animados que podem existir sobre eles.

Por outro lado, sendo a placa fotográfica sensível às irradiações siderais, nada prova *a priori* que essa influência astral, real sobre certos objetos que nos cercam, não seja tão real sobre nosso organismo vital.

Não posso aqui senão resumir os estudos que fiz a respeito[191], a fim de abordar o sistema do destino humano sob um ponto de vista filosófico.

Alguns, admitindo de bom grado o princípio da influência astral pela orientação inata das faculdades ou pela indicação atávica, são completamente refratários à ideia do papel diretor dos astros no decorrer da existência. Poder-se-ia primeiramente responder-lhes que, influenciado o recém-nascido pelos astros no momento em que se individualiza, nada prova *a priori* que tão logo depois a criança se torne subitamente refratária às influências celestes que a fizeram nascer e a orientaram.

---

191 *Étude nouvelle sur l'hérédité*. Chacornac, 1903.

Mas a experiência ainda aqui reduz a pouca coisa todos os argumentos teóricos: observações repetidas provam com efeito leis manifestas de correspondência entre certas passagens astrais e as fases de evolução boa ou má de uma existência humana. Essa questão dos trânsitos planetários[192], que aqui posso apenas esboçar, é uma fonte de provas quase tão positivas quanto à da hereditariedade astral.

Uma vez que o estado do céu pode ser calculado com antecedência através da astronomia, chega-se assim a considerar a predestinação humana, em seu estado geral, como consequência lógica da caminhada fatal dos astros.

Considerada sob esse ponto de vista, a faculdade de previsão encontrada em certos sujets hipnotizados não é mais inconcebível do que a dos indivíduos que apresentam facilidade de realizar cálculos de cabeça, como Mondeux ou Inaudi. No dois casos o cálculo matemático permite o mesmo tipo de controle, como pode-se constatar nos dois exemplos relativos às fases de destino de Eugénie e de Joséphine, anteriormente expostos neste volume.

Em resumo, se a natureza nos faz nascer e evoluir sob aspectos planetários particulares, este fato não é sem causa, e esta causa expressa pelos astros eu a chamo de "influência astral". Pouco importa aqui seu modo de operação.

Quanto à objeção feita, hoje como outrora, a respeito das natividades sob o mesmo céu, podendo dar destinos ou características diferentes, discuti-a no *Étude nouvelle sur l'hérédité*; creio ter mostrado que para lançar objeção é suficiente defini-la precisando a finalidade e os processos admitidos na ciência astral, desligada, nem é preciso dizer, de todo charlatanismo.

Consequência Filosófica da Influência Astral – Estando nossas faculdades de orientação e de evolução ligadas em certo grau aos aspectos do céu, o problema filosófico que a isto se liga torna-se por conseguinte capital e oferece um campo de investigações sem limite.

Nosso destino, em parte governado pelos astros, apresenta uma fatalidade tão rigorosa em suas fases quanto estes em sua caminhada? Nada nos autoriza concluí-lo. Nem mesmo creio que o observador imparcial o possa supor. E se há uma ciência capaz de esclarecer a questão, é esta a que nos ocupa aqui pela variedade infinita de pesquisas que permite. Assinalemos logo o perigo da discussão que quase sempre houve em se querer opor o fatalismo absoluto ao livre-arbítrio absoluto, apesar de os partidários dos dois lados no fundo não crerem nem em um nem em outro, uma vez que nenhum admite as consequências práticas.

Inclusive perpetua-se a este respeito em muito gente uma destas contradições filosóficas que parece suficiente definir para dissipar.

[192] Ver *Langage astral*. Chacornac, 1902.

Certos fatalistas afirmam que a consciência que preside à liberdade de escolha que cremos fazer é pura ilusão e que resulta de um determinismo que rege os fenômenos da razão de uma maneira tão fatal quanto o que preside aos de nosso organismo vital.

Se assim o fosse, tornar-se-ia difícil atribuir um sentido às palavras tais como "mérito, virtude, crime, responsabilidade, verdade, erro, bem, mal etc." e a linguagem do homem assim como seus esforços tornar-se-iam não somente ilusão, mas absurdo geral para todos, à qual o determinismo escapa menos do que qualquer outra coisa.

Quanto a pretender que a fatalidade não seja irrevogável senão para os acontecimentos importantes da vida, isto seria afastar todo determinismo absoluto e admitir uma liberdade relativa. Esta opinião, aliás, não apresenta sentido preciso senão se se deseja definir a própria importância dos acontecimentos encontrados ao longo da cadeia das causas e dos efeitos que aparecem em nosso caminho.

A 'importância' nesta matéria comporta verossimilmente os graus mais variados e mais difíceis de se conhecer. É efetivamente evidente que certos acontecimentos aparentemente insignificantes representam às vezes papel preponderante em nossa evolução.

A predestinação geral do homem engloba, pois, provavelmente, todos os seus poderes inatos de orientação e de evolução sem precisá-los de maneira absolutamente fatal como acontecimento.

Nos partidários da liberdade absoluta, sem determinismo diretor, são também encontradas muitas contradições em sentido inverso.

Cada um de nós sabe que não somos todos edificados da mesma maneira na capacidade de caráter e que os elementos de destino oferecem a mesma observação de desigualdade original; que a sorte existe para certos indivíduos, não no estado de acaso passageiro, mas de poder permanente, e que outros indivíduos são perseguidos por um azar contínuo. Em suma, que a 'boa e a má estrela' sob a qual se vem ao mundo é uma expressão que oculta profunda verdade. Ninguém hoje ousaria negá-la racionalmente. Desta forma é possível admirarmo-nos por encontrarmos tanta oposição sistemática quando se fala da 'previsão do futuro' por parte daqueles que são com frequência os primeiros a deplorar o passado como causa do presente! Não há, efetivamente, nenhuma dúvida possível a respeito desta contradição: reconhecer que o presente é consequência do passado é evidentemente admitir que o futuro é também a do presente.

Além do mais, o que é o 'presente' senão passado ou futuro ainda pouco distante? Com que direito estabelecer limites de distanciamento no encadeamento real das causas e dos efeitos? Entre um diagnóstico e um prognóstico há outra coisa além da questão de grau?

Em resumo, por um lado o livre-arbítrio não pode ser absoluto no sentido em que apenas nossa vontade está longe de poder realizar tudo o que é acessível a outros. Por outro lado, o sistema que carrega os variados nomes do fatalismo, predestinação, determinismo etc. não saberia igualmente apresentar um caráter absoluto, pois é impossível admitir um sistema que coloca forçosamente seu defensor em contradição perpétua com ele mesmo e que viola assim sua própria razão tanto quanto as demais.

Não se considerando a intervenção possível de fatores estranhos aos fenômenos habituais, o destino terrestre do homem resulta, pois, em nossa opinião, de uma predestinação mais ou menos modificada pelo livre-arbítrio individual ou coletivo, ou, preferencialmente, ele é o resultado de uma certa força (condição necessária do mérito), que chamo 'livre-arbítrio', capaz de evoluir somente num círculo de predestinação particular a cada indivíduo.

O estado do céu de nascimento indica ao menos em parte esse campo de predestinação. Em outros termos, o futuro parece ser arranjado com antecedência em essência, mas não em forma.

As forças elementares de nosso destino são fixadas com antecedência, porém sua coordenação depende de um livre-arbítrio apropriado.

Não se trata aqui de uma teoria do 'justo meio' criada para conciliar o máximo possível de opiniões. A alta sabedoria de um ecletismo que se crê dispensado de argumentos jamais trouxe, creio, alguma solução.

Trata-se de discutir e de escolher as consequências mais prováveis que resultam de fatos que a experiência pode repetir de mil maneiras.

Se os astros governam em parte o destino humano, é preciso, sem dúvida, entender daí que as posições siderais de natividade que caracterizam a constituição original do indivíduo registram fases de influências boas ou más cujas épocas podem ser calculadas com antecedência, da mesma forma que a caminhada dos planetas em suas órbitas.

Esses períodos são aqueles em que o magnetismo chega a ser de natureza própria a influenciar de maneira harmônica ou dissonante nossa constituição astromagnética de natividade. Essas correspondências podem ser expressas sob a forma de leis pela observação.

É assim que a morte normal, como é fácil constatar, coincide quase sempre com as passagens de Saturno ou de Marte em aspecto dissonante (conjunção, oposição ou quadratura), comparativamente às posições do Sol ou da Lua do nascimento. Mas se o fenômeno parece necessário, daí não resulta absolutamente que ele seja suficiente.

A ciência das previsões consiste sobretudo em procurar as convergências de probabilidade e em formular, assim, resultados mais ou menos fundamentados.

Um determinismo astral irrevogável parece, aliás, inadmissível em face da experiência, como prova o exemplo dos gêmeos que nascem ligados (consequentemente com o mesmo atavismo e mesmo céu de nascimento) e que não têm existências idênticas após a operação cirúrgica que os separa.

Pode-se citar a esse respeito as duas irmãs hindus Radica e Doodica, em que uma pôde sobreviver à outra bastante tempo.

Em suma, o estudo das correspondências astrais permite-nos dar alguma ideia de um acordo racional entre a predestinação e um outro fator estranho a que chamamos 'livre-arbítrio'.

Este estudo faz-nos conhecer em certa medida o campo onde a vontade humana pode exercer-se normalmente e, em consequência, frutuosamente.

A imantação natural de nosso organismo relativamente às influências siderais, terrestres, telepáticas etc. termina talvez em fenômenos análogos aos do magnetismo artificial que tanto tem sido repetido atualmente na sugestão hipnótica.

No nascimento, o magnetismo do homem com a individualidade em formação pode muito bem receber magnetismo celeste, ao mesmo tempo que uma receptividade latente, uma espécie de sugestão com vencimento cuja forma pode ser depois modificada e a gravidade amenizada ou amplificada por causas estranhas.

O problema do destino parece-me em parte compreendido no ramo dos conhecimentos humanos que a filosofia moderna mal supõe, mas que não poderá eternamente evitar, pois a filosofia, por definição, não pode ser especialista e tem o dever de inspirar-se em todas as ciências positivas sem exceção.

A honra da ciência positiva (porém não negativa) será a de estabelecer bases sólidas para uma ciência integral que colocará muito mais em acordo do que se pensa o espiritualismo e o materialismo, libertando, pouco a pouco, a razão da interpretação pessoal tão frequentemente governada por instintos cegos.

Sob esse ponto de vista, a psicologia parece fundamental como ciência, devendo servir de controle a todas as outras.

Quanto ao problema da educação, em particular, tende-se cada vez mais a reconhecer que nenhuma solução é possível sem o conhecimento das aptidões originais da criança, isto é, sem prever de maneira geral o destino correspondente para o qual ela é feita.

Ninguém sabe o que o futuro nos reserva no que concerne ao magnetismo pessoal nos fenômenos de clarividência e de magnetismo astral em suas leis psicológicas mal-delineadas. A fusão dessas duas fontes de estudo, provavelmente mais diferentes em aparência do que em realidade, permitir-nos-ia pouco a pouco estabelecer, sobre bases positivas, uma ciência que fosse de todas as épocas, ciência que os charlatães, mais ou menos sozinhos, exploraram até o momento, falseando-a.

Como compreendo o livre-arbítrio

Creio que as grandes linhas de nossa vida são traçadas com antecedência e que, como as peças de uma máquina, temos um papel determinado a desempenhar, porém com certa flexibilidade do ponto de vista dos acontecimentos físicos e uma liberdade muito maior do ponto de vista moral.

O homem, entrando na vida terrestre, poderia ser comparado a um marujo que embarca num navio, indo por exemplo do Havre a Nova York. Sabe-se com antecedência que ele não poderá afastar-se de sua rota e pode-se até precisar, de acordo com as regras conhecidas da disciplina, quais serão os mínimos detalhes de sua vida a cada dia, porém se sua liberdade está entravada por este lado, ela lhe permanece completa para sua vida espiritual, e é unicamente dele que depende sua conduta, que faz dele um bom ou mau marujo.

O homem se move e Deus o conduz.

Quarta Parte

Objeções e Hipóteses

Capítulo I
As mudanças de personalidade

Há alguns anos, o sr. Charles Richet permitiu-me assistir a mudanças de personalidade criadas por sugestão em uma senhora que se tornava sucessivamente general, arcebispo de Paris, cortesão etc.[193]

Pouco depois, repeti essas experiências com um jovem, chamado Benoit, e obtive não somente a representação extremamente realista da tal personalidade que eu lhe impunha, mas escritas variadas de acordo com os papéis representados e perfeitamente conformes às regras da grafologia. Encontrar-se-ão estes espécimes de escrita em meu livro sobre os estados superficiais da hipnose (*États superficiels de l'hypnose*), publicado em 1893, no Chamuel (capítulo III, § 3).

Como podem ser impostos ao *sujet* todos os papéis que se queira, mesmo o de um animal ou de um objeto inanimado, tal como uma lâmpada ou um pouco de manteiga, a explicação do fenômeno é evidente.[194]

Pela sugestão paralisam-se em seu espírito todas as ideias que não se relacionam com o papel indicado, o qual se desenvolve então com muito mais intensidade, graças às recordações e à imaginação do *sujet*, pois estas têm campo livre em seu cérebro. Dessa forma, aí não há absolutamente lugar para a hipótese das reencarnações ou de possessão por um espírito estranho.

---

[193] As sugestões podem dar-se nos *sujets* sensíveis desde o estado de vigília, ou melhor, num estado bem próximo determinado por uma emoção qualquer e que estudei sob o nome de *estado de credulidade*. – A. R.

[194] Digo a Benoit que ele é uma lâmpada, como a que está sobre minha escrivaninha. Ele se enrijece e permanece imóvel. Faço então o gesto de elevá-la e, após alguns segundos, ele mostra, pronunciando "*crr*" que é preciso parar. Para a manteiga, mesma imobilidade; porém, se aproximo dele uma vela, ele se deixa cair como se se derretesse. – A. R.

Algumas vezes o *sujet*, ao invés de tomar, sob ordem, uma determinada personalidade, transporta-se, sob a influência de uma acidente fisiológico, a uma época anterior de sua existência com todos os sintomas físicos e morais que o caracterizavam nesse período de sua vida. Depois, passado um tempo mais ou menos longo, ele volta a seu estado normal sem lembrança de sua mudança de caráter.

Tal é o caso contado em 1882 pelo sr. Camuset nos *Annales médico-psychologiques*.

> Em 1880, M. L., com dezessete anos de idade, dá entrada no hospital psiquiátrico de Bonneval; ele é histérico e filho de histérico. Um dia, trabalhando no campo, foi possuído por grande medo causado pela visão de uma víbora e teve um violento ataque de histeria. Ao retomar a consciência, ele era outro, seu caráter modificou-se completamente: de altercador e ladrão, tornou-se meigo e serviçal; está na condição segunda; perdeu completamente a lembrança do passado e se crê ainda em Saint-Urbain, colônia penitenciária de onde foi mandado para Bonneval. Não conhece nada do que vê em Bonneval e, não somente esqueceu tudo o que se passou, como não sabe mais a profissão de alfaiate que havia aprendido. Esta condição segunda dura um ano, após o qual, depois de um violento ataque de histeria, volta ao que era anteriormente: viciado, guloso e arrogante. Enfim, acabou por evadir-se. Pego de volta, apresentou fases semelhantes.

Um caso análogo foi estudado pelo dr. Azam, de Bordeaux, de quem colho os seguintes detalhes:[195]

> Em 1858, fui chamado a prestar cuidados a uma jovem, Félida X..., por seus pais considerada louca. Tinha então quinze anos. Era uma histérica com convulsões, laboriosa e inteligente, e de caráter sério e quase triste. Eis o fenômeno principal que se apresentava e que havia apavorado a família e os que a cercavam:
>
> Quase todo dia, sem causa conhecida ou sob o império da mínima emoção, ela é tomada do que chama "sua crise". Na realidade, ela entra em seu segundo estado. Eis como: Ela está sentada, seu trabalho de costura na mão. De repente, após uma dor nas têmporas, adormece um sono profundo do qual nada a pode tirar e que dura dois ou três minutos; em seguida desperta. Porém está diferente do que era anteriormente: está contente, risonha, continua cantarolando o trabalho iniciado, faz gracejos com quem a cerca, sua inteligência está mais viva e não sofre das muitas dores nevrálgicas de seu

195 *Hypnotisme et double conscience*, p. 149.

> estado habitual. Neste estado, que chamei de sua condição segunda, Félida tem consciência perfeita de toda a sua vida, recordando-se não somente de sua existência habitual, mas dos estados semelhantes àquele no qual se encontra.

Após o tempo variável, de repente a alegria de Félida desaparece, sua cabeça inclina-se sobre o peito e ela cai num estado de torpor. Três ou quatro minutos se passam e ela abre os olhos para entrar de novo na existência habitual. Isto mal é percebido, pois continua seu trabalho com ardor, quase obstinadamente; o mais frequentemente é um trabalho de costura começado no período que precede. Ela não o conhece e é-lhe necessário um esforço de espírito para compreendê-lo. Esquece tudo o que se passa na condição segunda, porém conserva todas as outras lembranças relativas à sua vida normal.

A duração das condições segundas têm pouco a pouco aumentado e, ao final de trinta anos de observação pelo dr. Azam, elas ocupam quase que a vida inteira de Félida. A passagem da condição primeira à condição segunda tornou-se cada vez mais curta e hoje é quase instantânea.[196]

O dr. Prince[197] teve, como médico, ocasião de estudar uma moça, Beauchamp, que apresentou quatro personalidades diferentes. Quando foi chamado, em 1898, pela srta. Beauchamp para tratar de seus distúrbios neurastênicos graves, esta moça era uma pessoa muito séria, reservada, profundamente religiosa, aplicada em seus estudos e de escrúpulos excessivos; em suma, uma espécie de santa. Era o estado b1.

Hipnotizada, ela era a mesma com menos inibição, mais à vontade e com maior memória. Era o estado b2.

Foi durante o tratamento hipnótico que Prince a viu de repente dar lugar a uma natureza totalmente diferente, b3, extremamente viva, travessa, espécie de criança revoltada e quase diabólica, chamando-se Sally e falando da srta. Beauchamp na terceira pessoa, com aversão não disfarçada por seu caráter muito sério e tímido. Um exame prolongado fez supor ao dr. Morton que Sally não era outra senão a subconsciência da srta. Beauchamp, subconsciência anormalmente desenvolvida por consequência de dissociação mórbida e pouco a pouco emancipada a ponto de constituir uma verdadeira segunda personalidade, coexistente com a personalidade habitual da qual ela conhece todos os pensamentos, mas diferindo dela por sua consciência própria e seu temperamento particular.

[196] Nota da editora: O interessantíssimo caso Félida – bem como outros casos de múltipla personalidade tão ou mais curiosos – foi exaustivamente estudado na obra *Condomínio espiritual*, de Herminio C. Miranda, Editora Fé.

[197] Dr. Morton Prince. *The association of a personnality*. Nova York, 1906.

Mais tarde, enfim, em 1899, em consequência de uma grande emoção, manifestou-se de repente uma terceira individualidade, b4, que, do ponto de vista do caráter, era uma espécie de intermediária entre as duas precedentes, nem santa, nem diabo, porém mais essencialmente mulher ou talvez moça. Do ponto de vista da memória, ela se lembrava de toda a infância e juventude da srta. Beauchamp, porém apresentava ignorância total dos seis últimos anos a partir de um choque emotivo violento ocorrido em 1893.

O dr. Prince se pergunta se esta última vinda não era a verdadeira srta. Beauchamp, que o choque em questão teria suprimido e que teria subitamente reaparecido, após um eclipse de seis anos, sob o golpe de uma emoção, lembrando o choque primitivo. Conhecem-se, efetivamente, vários exemplos desse tipo. No caso, o tratamento devia consistir em restabelecer de maneira durável a personalidade original, substituindo-a, por uma sugestão apropriada, às subpersonalidades patológicas surgidas de sua desagregação.

O dr. Prince descreveu com detalhes em seu livro como chegou, pela sugestão, auxiliado pela eterização e através de uma série de fases hipnóticas sabiamente combinadas, comparáveis às etapas sucessivas de uma preparação química, a recriar, por uma espécie de síntese artificial, a personalidade normal que existia virtualmente, se assim se deseja, sob essas dissociações mórbidas, mas que um fatal encadeamento de circunstâncias adversas havia, desde a infância, impedido sempre de existir efetivamente. Esta personalidade autêntica, b5, possui todos os conhecimentos adquiridos e a memória completa das outras, b1, b2 etc, que dela são apenas pedaços ou deformações. Do ponto de vista do caráter, ela é um amálgama harmonioso ou um feliz compromisso entre as tendências contrárias e excessivas que assinalavam suas personalidades parciais. E que é esta a pessoa verdadeira e normal enfim reencontrada é o que prova o único critério empírico e biológico que pode ser admitido para a normalidade, a saber, a adaptação às necessidades da vida. Esta nova personalidade distingue-se, com efeito, de todas as caricaturas mórbidas que haviam tomado seu lugar, por sua perfeita saúde física e mental. Ela não é mais neurastênica, nem sugestionável, nem dissociável em uma série de personalidades alternantes ou de fenômenos de automatismo. Em suma, ela apresenta a permanência, a posse de si mesma e de todas as suas faculdades, a unidade harmoniosa, que são a característica de todo indivíduo normal.

No momento em que o dr. Prince publicou seu livro, a srta. Beauchamp, recuperada, vivia regularmente há seis meses, o que é bastante, se lembrarmos que anteriormente ela era apenas um perpétuo vaivém entre seus diversos estados de dissociação.

M.F., de quem colhi quase que literalmente o relato dos detalhes que precedem,[198] termina o resumo do livro de Prince por esta reflexão:

> Há neste livro de pura ciência páginas tão pungentes que nos arrepiamos. Por exemplo, aquelas em que aparece a necessidade de sacrificar a habitual e séria srta. Beauchamp, que todos que a cercam conhecem há anos, ou a engraçada Sally, que só pede para viver, em proveito de uma srta. Beauchamp normal mas não existente ainda. Verdadeiro homicídio psicológico de personalidades tão reais e conscientes quanto você e eu, tão ligadas à existência.

Pergunto-me, por meu lado, se a personalidade recomposta pelo dr. Prince é mesmo a personalidade normal da srta. Beauchamp. Seria necessário, para disso nos assegurarmos, constatar que neste estado o sujet não apresenta o fenômeno da insensibilidade, como acontece em todos os casos tão numerosos que já foram observados relativamente às personalidades fictícias criadas por sugestão. O que me faz supor que esta personalidade b5 é uma nova personalidade sonambúlica e que ela possui a memória dos estados b1, b2, b3 e b4, faculdade própria, como vimos, às personalidades que se desenvolvem em sonos cada vez mais profundos.

Encontramos, enfim, casos análogos nos extáticos, e ainda aí é difícil admitir a intervenção real das personagens representadas. Um dos exemplos mais típicos é o seguinte:

> Quando santa Madalena de Pazzi estava em êxtase, falava, como que em diálogo, ora com o Verbo encarnado, ora com o Espírito Santo, a Virgem Santa ou outros santos, fazendo perguntas e dando respostas em seus nomes ou em seu próprio, segundo as circunstâncias. Não era difícil, neste caso, discernir em nome de quem ela falava, pois mudava de voz a cada vez. Quando falava em nome do Pai, servia-se de voz elevada, grave e dando às suas palavras certa majestade da qual não podia fazer ideia aquele que não a tivesse ouvido. Se falava em nome do Filho ou do Espírito Santo, empregava igualmente uma voz nobre e alta, porém ao mesmo tempo doce e graciosa. Quando, ao contrário, falava em seu próprio nome, sua voz era tão surda que mal era ouvida. Falava de maneira tão sensível que parecia querer aniquilar-se.[199]

---

[198] *Archives de psychologie*, publicados por Flournoy e Claparède. Nº de maio de 1906, pp. 400-402.

[199] Goerres. *La mystique divine*, Tomo II, p. 174.

Capítulo II
O caso de Mireille

I

Nas ciências espíritas produz-se com frequência, espontaneamente, mudanças de personalidade chamadas de encarnações. Seria o espírito de um morto que se apoderaria do corpo do médium e falaria através de sua boca.[200]

Pude estudar, durante vários meses, um caso análogo, mas no sono magnético provocado por passes.

Encontra-se nas revelações do *sujet*, como nas experiências relatadas precedentemente, uma persistência singular que parece provar que há aí outra coisa além de um simples jogo de imaginação, análoga aos sonhos habituais que são devidos às recordações mais ou menos nítidas de impressões percebidas no estado de vigília e que se ligam acidentalmente por associações de ideias de maneira análoga às figuras produzidas numa brincadeira de criança tão em voga na época de minha juventude e que era chamada de caleidoscópio.

---

[200] Nota da editora: O movimento espírita tem preferido usar a expressão 'incorporação' para designar o processo mediúnico em que o espírito assume o controle do médium. Tal expressão, ainda assim, é vista com algumas restrições, pois o espírito comunicante não entra no corpo do médium. O pesquisador L. Palhano Jr. cunhou, para classificar esse mesmo processo, o termo 'psicopraxia', tentando pôr fim às imprecisões da linguagem. O que é de todo errado é o termo encarnação para designar qualquer tipo de manifestação mediúnica ou anímica. Como os leitores poderão observar, este capítulo reflete, apesar da importante contribuição de suas pesquisas, o desconhecimento que possui o cel. de Rocha em relação a alguns aspectos da mediunidade, hoje já melhor estudados e compreendidos.

II

Mireille, da qual já se falou (p. 206), era, em 1894, uma mulher de cerca de quarenta e cinco anos que eu conhecia desde minha infância e cuja mãe já era um *sujet* notável, possuindo às vezes no sono provocado o dom da visão à distância e a inspiração dos remédios. Muito inteligente e de caráter elevado, cultivava as artes com sucesso, porém não possuía senão instrução bastante ordinária e não era absolutamente versada em literatura teosófica, espírita ou ocultista. Todavia é preciso acrescentar que ela havia vivido bastante tempo num mundo parisiense onde as questões de ciência e filosofia apresentavam-se frequentemente nas conversações e sei que assistiu a uma conferência da sra. Annie Besant.

Mireille, sofrendo de uma doença interna, pediu-me, há alguns anos, para magnetizá-la a fim de aliviá-la. Adormeceu desde a primeira sessão e, como ela estivesse bem, aprofundei progressivamente a hipnose até o momento em que seu corpo astral se desprendeu. Eis, a esse respeito, alguns detalhes de acordo com meu registro de experiências.

9 de julho de 1895 (5ª sessão) – Adormeço Mireille, que passa bastante rapidamente pelas diversas fases do estado hipnótico. Ela vê formar-se, não uma espécie de duplo situado acerca de um metro de si, como se produz com Laurent, sra. Lambert, sra. Ol. e sra. Z, mas um envoltório que a cerca por toda parte, como um sino, e que segue, a alguns centímetros de distância, todas as sinuosidades da superfície de seu corpo. Do interior ela vê esse envoltório, de maneira que suas saliências parecem-lhe depressões e inversamente. Continuando a magnetização, esse envoltório condensa-se e eleva-se no espaço. Mireille cessa então de ver o envoltório, porém vê seu corpo carnal como se ela estivesse fora dele e percebe ao redor de si própria fantasmas luminosos que compara a frutos de balsamina quando, ao amadurecer, se abrem recurvando-se. "Alguns", diz ela, "são larvas que se aproximam de mim para tentar aspirar o orvalho de vida do qual meu corpo astral, ainda em comunicação com meu corpo físico, está impregnado; outros parecem-me ter sido seres humanos." Ela os teme e rejeita-lhes o contato.

19 de julho de 1894 (6ª sessão) – Levo a magnetização mais longe do que na sessão precedente. Mireille sente-se elevar no espaço e chega a uma região superior onde se banha numa luz intensa que compara à de um diamante amarelo. Os seres que então a cercam assemelham-se a cometas com grandes cabeças e têm um brilho verde, bastante variável de acordo com os indivíduos. Esses seres parecem possuir afinidades, aproximando-se e distanciando-se a cada vez; seres semelhantes passam abrindo o espaço com grande rapidez como se fossem chamados em alguma parte.

25 de julho de 1894 (8ª sessão) – Mireille, levada à região superior da qual se falou na 6ª sessão, diz que reconhece dentre os fantasmas que adejam a seu redor um amigo de infância falecido há dez anos e ao qual daqui por diante daremos o pseudônimo de Vincent.

Aqui meu diário interrompe-se durante vários meses por diversas razões. Primeiro, uma viagem separou-me de Mireille; em seguida, suas revelações pareceram-me de natureza tão estranha que eu não quis dar-me ao trabalho de anotá-las até o momento em que eu pudesse formar uma opinião sobre seu grau de verossimilhança e sobre sua origem em seu espírito.

Contou, com efeito, suas explorações em corpo astral nos diversos planetas, e dava-me detalhes sobre a camada elétrica que, de acordo com ela, limitaria nossa atmosfera.[201]

Quanto a Vincent, assistiu durante algum tempo a nossas sessões e, quando Mireille o interrogava, ele lhe respondia numa espécie de transmissão de pensamento, de forma que eu era naturalmente levado a supor que era ela mesma quem se respondia a si própria; porém, mais ou menos no mês de novembro de 1894, Vincent desapareceu de repente e não veio mais às nossas evocações.

III

No início de janeiro de 1895, Mireille, desprendida de seu corpo físico, foi surpreendida pela visão de dois círculos luminosos planando acima de nossas cabeças. Apesar de minhas perguntas reiteradas e sua inclinação por querer encontrar uma explicação para tudo, ela declarou não suspeitar absolutamente do que isso poderia ser.

Sem inquietar-me muito, continuei minhas explorações no outro mundo. Um dia eu quis enviá-la a Marte; ela foi detida pela sua camada elétrica, que

---

[201] Encontro no *Essai sur les phénomènes électriques des êtres vivants*, publicado em 1894 pelo dr. Fugarion, a seguinte passagem da qual nem Mireille nem eu tínhamos então conhecimento."A esfera de fluido elétrico. – O globo terrestre possui uma eletricidade própria cuja causa é múltipla. A crosta terrestre é eletrizada negativamente, enquanto que a atmosfera o é positivamente. O potencial do ar aumenta à medida que nos elevamos. Até um metro acima do solo não é encontrado nenhum sinal de eletricidade. A partir daí, Quételet viu que a intensidade elétrica é proporcional à altura, resultado encontrado igualmente por W. Thomson e por Mascart e Joubert.

"Peltier reconheceu em um escaravelho que a eletricidade, que cresce lentamente até cem metros, aumenta em seguida rapidamente até a altura de duzentos e quarenta e sete metros, a maior que atinge. As observações feitas a respeito das ascensões aerostáticas provaram que o ar das regiões altas (seis a sete mil metros) é fortemente carregado de eletricidade positiva.

"Uma camada espessa de fluido elétrico parece então inundar as camadas superiores e reinar nos limites de nossa atmosfera. Esta esfera etérea corresponde à zona de fogo, ao céu de fogo dos antigos."

No Estado de Baroda (Índia), crê-se que o local de estada das almas após a morte, ou Vayu Loka, é uma porção do espaço circundando a Terra. Diz-se que a Terra tem sete envoltórios e que Vayu, ou ar, é um deles, e a eletricidade, um outro. – A. R.

lhe pareceu muito mais intensa do que ao redor da Terra e na qual não ousou penetrar. Segundo ela, havia água nesse planeta, uma vez que às vezes nuvens interceptavam sua visão. Via brilharem os mares e cintilar o gelo dos polos. Percebeu canais de grande largura.[202] Acrescentava que esses canais haviam sido escavados através dos continentes pelos marcianos que, apesar de anfíbios, viviam de preferência dentro d'água e dela se serviam para irem de um mar a outro. Os marcianos seriam seres infinitamente superiores aos homens pela força física, mas inferiores em inteligência. De repente ela parou de falar e caiu em síncope com enfraquecimento cada vez maior do pulso. Apressei-me em procurar despertá-la por um ato enérgico da vontade e passes transversais. Após um minuto ou dois, o corpo começou a mexer-se e ouvi admirado as seguintes palavras pronunciadas em tom brusco absolutamente diferente do que apresenta habitualmente o *sujet*:

– Você a fez escapar muito bem! Por que não a reteve? Você bem sabe que ela é muito curiosa. Se eu não tivesse estado lá, ela estaria perdida, tanto para você quanto para mim.

– Quem é você, pois?

– Sou Vincent; assisto a todas as suas experiências, que me interessam por causa de Mireille.

– Que fez ela e onde está agora?

– Ela quis penetrar na atmosfera de Marte atravessando a camada elétrica e não sei o que resultou daí.[203] Precipitei-me para ela e a trouxe de volta. Depus seu espírito no veículo que me serve para vir à atmosfera da Terra e tomei seu corpo astral para entrar em seu corpo carnal e poder comunicar-me com você.

– Você poderia devolvê-la?

– Sim, tome-lhe as mãos e projete fluidos em seu corpo para ajudar-me a desprender-me.

Foi o que fiz; após alguns instantes, Mireille pareceu despertar de um profundo sono, abatida de fadiga, falando com dificuldade e por monossílabos. Antes de fazer seu corpo astral voltar ao corpo físico, perguntei-lhe o que lhe aconteceu; ela me confirmou as palavras de Vincent. Procedi então ao despertar completo.

Nas sessões seguintes, colhi pouco a pouco as informações que resumo a seguir.

---

[202] Observamos que até aqui as descrições podiam ser recordações de suas leituras no estado de vigília. – A.R.

[203] Numa sessão posterior, Vincent explicou-me que o laço que unia o espírito de Mireille a seu corpo bem podia atravessar a camada elétrica da Terra, mas que ele poderia ter sido rompido pela sua passagem através de uma outra camada elétrica mais violenta, como a de Marte. – A. R.

Algumas semanas antes, Vincent, cujo corpo astral e o espírito tinham estado, até ali, no interior da camada elétrica da Terra, havia perdido os sentidos e tinha despertado num outro mundo, com um corpo apropriado a suas novas condições de existência e entre seres semelhantes a ele.[204] Esse mundo está situado fora do sistema solar, não podemos vê-lo. Os mundos são, com efeito, dispostos em zonas concêntricas onde se encontram aglomerados. Essas zonas, cujo centro está no infinito num ponto que ele não conhece, são separadas entre si por zonas sem astros. Para chegar ao astro onde mora, ele teve de atravessar, aproximando-se do centro, primeiro a zona à qual pertencem a Terra e nosso sol, depois uma zona vazia, em seguida uma zona repleta de astros, depois uma segunda zona vazia à qual sucede a zona estelar da qual ele agora faz parte.[205] Os habitantes têm corpo nebuloso, sem pernas, pois não andam, e lançam-se no espaço até o ponto aonde querem ir.[206] Não têm entre si senão relacionamentos intelectuais, sendo cada um absorvido sobretudo por uma vida interior, feita de esperanças e de recordações, onde estudam seu destino, graças à experiência das vidas passadas, com uma doce segurança quanto ao futuro. Segundo sua expressão, eles "digerem seu passado".[207] Experimentam uns pelos outros gran-

---

[204] Seu transporte a um outro mundo foi uma espécie de novo nascimento, diferente de seu nascimento terrestre, pois ele conservou na vida atual uma recordação mais ou menos confusa de suas existências anteriores e uma recordação nítida de sua última vida terrestre. – A. R.

[205] Observar-se-á esta sucessão de condensações e de dilatações, de pontos fixos e de vibrações, análoga às que observamos nos fenômenos terrestres. – A. R.

[206] Há um grande número de astros cujos habitantes têm a conformação mais ou menos segundo o tipo humano. Os membros que não servem nas condições de vida especiais a um planeta atrofiam-se e desaparecem. Esses espíritos continuam a ver, a ouvir e a sentir os odores; alguns apenas falam, os mais superiores comunicam-se entre si por simples transmissão de pensamento. De todos os animais, apenas o homem possui braços que não servem para ajudar a andar. "Nele", diz Vincent, "o braço é um órgão de afetividade: é com os braços que ele abraça e testemunha sua afeição, excluída toda paixão sensual. No corpo dos espíritos superiores os braços desenvolvem-se de maneira a dar o máximo de efeito ao abraço e não mais apresentam as particularidades relativas aos outros usos desses membros no homem, como as mãos e os dedos para tocar os objetos. Os videntes, que quase não têm tempo para precisar suas percepções, geralmente tomaram esses apêndices por asas dos espíritos que lhes aparecem no espaço." A visão e seu órgão tiveram igualmente um grande desenvolvimento. Os espíritos possuem uma espécie de olho que faz a volta à sua cabeça; daí o hábito de se dar grandes olhos aos anjos. Os espíritos são sensíveis aos perfumes, que representam papel considerável nas vidas superiores. É unicamente por uma espécie de absorção destes perfumes que eles nutrem seu corpo astral. Os antigos possuíam o sentimento desse fenômeno quando queimavam perfumes sobre a tumba dos mortos. – A. R.

[207] Uma amiga de Mireille, que segue habitualmente minhas experiências, perguntou um dia a Vincent como é que ele se ocupava e se ela não tinha nenhuma missão particular a desempenhar. Tendo-lhe Vincent respondido que não, a senhora admirou-se com uma vida tão ociosa, ao que Vincent replicou: "A senhora é uma mulher ativa, crê com razão cumprir

de simpatia que se poderia comparar ao sentimento de um francês encontrando outros franceses no meio de povos estrangeiros.

Eles têm sob suas ordens seres inferiores semelhantes a sinos diáfanos no interior dos quais entram quando desejam deixar seu astro para irem a outros. Esses sinos animados obedecem-lhes, transportam-nos e gozam da propriedade de isolá-los das camadas elétricas que eles teriam a atravessar. A borda inferior do sino é mais luminosa do que o resto; é a que Mireille via nas sessões precedentes.

É a borda desses cones que os videntes veem brilhar acima da cabeça dos santos nas aparições e que se tem o costume de representar por um círculo de fogo. São ainda seres desse tipo, mas que apresentam formas diversas, que chamamos de carros ou nuvens de fogo, quando são vistos nas assunções tirarem o corpo dos bem-aventurados. De tudo isto ele não tem tanta certeza. Sua existência atual é justamente destinada a fazê-lo penetrar pouco a pouco esses mistérios.

Pergunto-lhe se não se interessa pela sorte dos parentes, dos amigos que deixou vivos. Responde que se interessa sempre por eles, mas que não se emociona mais com suas tribulações passageiras, consequências inelutáveis de sua vida terrestre, como um pai não se emociona vendo o filho chorar porque quebrou um brinquedo.

Ele e seus semelhantes possuem o poder de fazer sair à vontade seu espírito de seu corpo, que abandonam sobre o astro onde vivem. É somente em espírito, recoberto por um outro envoltório mais afinado, que entram nos cones quando desejam viajar.[208]

Podem conversar com certas pessoas que vivem em outros mundos com o auxílio de uma espécie de cordão fluídico comparável ao raio de uma estrela.

Vincent, chamado por Mireille ou por mim servindo-me de Mireille adormecida magneticamente e desprendida de seu corpo físico, chega instantaneamente (ele se transporta tão rápido quanto nosso pensamento se transporta em direção a seu objeto, qualquer que seja a distância) e pode comunicar-se comigo com o auxílio de dois procedimentos:

1° – Indiretamente, servindo-se do espírito de Mireille, ao qual ele sugere o que deseja dizer-me por uma transmissão mental; porém este procedimento é

seus deveres ocupando-se de sua casa, da educação de seus filhos, de suas relações mundanas, e quando lhe restam, o que raramente acontece, alguns instantes de lazer, a senhora os consagra à reflexão. Ora! Nós não temos nenhuma necessidade material e nossa ocupação normal é precisamente esse desenvolvimento intelectual para o qual as condições inferiores de sua natureza física deixam-lhe tão pouco tempo." – A. R.

[208] Segundo Vincent, nossa divisão em três, corpo material, corpo astral e espírito, não é senão uma grosseira aproximação. Há uma série de corpos astrais cada vez mais sutis e que poderiam ser comparados aos diferentes tubos de uma luneta encaixando-se uns nos outros. – A. R. – Ver p. 329.

imperfeito, pois Mireille jamais está muito certa de que o pensamento que lhe vem não é de si própria.

2º – Diretamente, servindo-se do corpo de Mireille. Para isso é preciso que eu magnetize ainda mais fortemente o *sujet* de maneira a destriplicá-lo, isto é, de modo a desprender o espírito de seu corpo astral. O espírito de Vincent entra então no corpo astral de Mireille no lugar do espírito desta.[209] Em seguida, o corpo astral de Mireille, com o espírito de Vincent, entra no corpo carnal de Mireille, de maneira que, em definitivo, há reconstituição de um ser vivo completo com mudança de espírito.

O espírito de Vincent conserva no corpo de Mireille a ciência que adquiriu, assim como as qualidades e os defeitos que o caracterizam; sua memória própria é, no entanto, diminuída. Recorda-se apenas vagamente da última vida terrestre e não tem mais nenhuma lembrança das vidas anteriores. Mas o que recorda de sua própria vida, ele se lembra como tendo-a sentido, enquanto que as recordações que lhe vêm da memória de Mireille são como coisas que ele teria lido. Por outro lado, ele possuiria quase que completamente a de Mireille, que está armazenada no corpo astral no momento habitado por ele, se tivesse o hábito de servir-se dela.

No momento preciso em que se efetua o que se pode chamar indiferentemente de encarnação ou possessão,[210] Mireille, que desde o início do sono magnético havia apresentado o fenômeno da insensibilidade cutânea, que tinha cessado de ouvir e de ver outra coisa além do magnetizador e que, enfim, havia perdido toda a memória (e isto por uma progressão durando ainda cerca de quinze minutos, apesar de seu treino), volta bruscamente a tornar-se sensível a todos os toques, vê e ouve todo mundo e retoma toda a sua memória. Tenho o hábito de ter entre minhas mãos, durante toda a duração do sono, as de Mireille, que as abandona a mim com visível prazer. Quando Vincent encarna, retira suas mãos com um gesto de impaciência, como um homem que se sente acariciado por outro homem. Há todo um conjunto de

---

[209] O espírito de Mireille aparece sob a forma de uma amêndoa luminosa. Ele se desprende da parte superior do corpo astral e este torna-se sombrio a partir do momento em que não é mais iluminado pelo espírito que, anteriormente, estava no interior. Este espírito poderia ficar no espaço a nosso lado, porém Vincent prefere fazê-lo entrar no cone que o trouxe e onde sabe que estará ao abrigo dos turbilhões astrais ou mesmo das tentações de sua própria curiosidade, que poderiam levá-lo a regiões desconhecidas e provocar assim um abandono muito prolongado de seu corpo físico. – A. R.

[210] Nota da tradutora: Ver p. 315, parágrafo 1º. De Rochas utiliza os termos encarnação e possessão designando o que a maioria dos autores espíritas atuais chama de incorporação, para os quais, no entanto, tais termos apresentam sentido diverso.

traços físicos e morais os mais caracterizados que me parecem sob este ponto confirmar as afirmações do *sujet*.[211]

Assim, em suas primeiras encarnações, Vincent examinava com curiosidade suas roupas, procurava o bolso para pegar o lenço, dizendo que no seu tempo as mulheres o tinham mais comodamente guardados, tateava os cabelos, ia olhar-se no espelho e recuava bruscamente com uma emoção que ele explicava dizendo que, há bastante tempo, não havia visto Mireille assim através dos olhos humanos; pedia para fumar um cigarro que lhe lembrava a vida terrestre e fumava-o até o fim, apesar de Mireille não fumar jamais.

"Em suma", diz-me um dia Vincent, "estou vivo, perfeitamente vivo, você me ressuscitou. Por que você se admira do que é uma consequência natural de meu retorno à vida? Se fecho às vezes os olhos é porque, habituado agora à brilhante luz astral, a luz de vocês me fatiga; quando tenho os olhos abertos, parece-me vê-los a todos como que através de óculos ruins.

– E então! uma vez que você é Vincent ressuscitado e que você parece no estado normal de uma pessoa desperta, que se passaria se eu o adormecesse magnetizando-o?

– Não sei, tente."

Tomei-lhe então as mãos e projetei fluidos pela minha vontade. O corpo começou a tornar-se insensível e, em seguida, o *sujet* perdeu a memória. Após dois ou três minutos, vi reaparecer a personalidade de Mireille, que me disse que o espírito de Vincent havia sido expulso de seu corpo pela minha ação, que ele a mandou para me prevenir disto e me pedir para chamá-lo outra vez a fim de que pudesse ele próprio dar-me explicações.

Chamo-o de novo por um ato da vontade e ele retorna nas condições habituais, isto é, Mireille deixa cair a cabeça para trás e perde os sentidos. Em seguida, após meio minuto, retoma, com a sensibilidade cutânea, a personalidade de Vincent. Este, assim voltando, conta-me que não havia refletido que, estando o corpo ocupado por ele e bastante carregado de fluido, seria suficiente muito pouca coisa para forçá-lo a desprender-se e que era em parte por causa disto que ele repelia minhas mãos, porque inconscientemente eu o sobrecarregava quando as segurava.

Fiz-lhe em seguida diferentes perguntas. "Que aconteceria se uma pessoa que você conheceu, e pela qual Mireille não experimenta os mesmos sentimentos que você, entrasse aqui durante sua encarnação?

[211] É preciso observar que se passa um fenômeno inverso, mas bem menos complicado, no caso de mudança de personalidade no estado de vigília. No momento em que a sugestão se produz o sujet perde bruscamente a sensibilidade cutânea para retomá-la apenas quando a personalidade sugerida desaparece. – A. R.

– Eu a acolheria com os sentimentos que me são próprios, porém eu tiraria das recordações do corpo de Mireille, que ocupo neste momento, as lembranças necessárias para guiar minha conduta.

– Poderia você viver muito tempo nesse corpo?

– Não sei; é provável que, cedo ou tarde, algum acidente se produzisse. Seria necessário, além do mais, saber, antes de tudo, o que aconteceria desmagnetizando-me. Tente, mas vá devagar."

Seguindo este conselho, desmagnetizei o corpo de Mireille com passes transversais. Produzi primeiro uma fase de letargia. Ao sair dessa fase, perguntei-lhe quem ela era; ela não sabia mais e tinha-se tornado insensível. Julguei prudente não ir mais longe nesse dia. Com o auxílio de alguns passes longitudinais (que adormecem) fiz voltar a sensibilidade da pele e a personalidade de Vincent, personalidade que fiz desaparecer pelos procedimentos habituais e reconduzi Mireille ao estado de vigília.

Algum tempo depois, em 29 de julho de 1893, retomei a experiência.

A encarnação de Vincent efetuou-se. Agi como ele me indicava e prolonguei os passes que despertam até o momento em que o *sujet* pareceu-me completamente acordado. O adormecimento da memória tinha parecido desaparecer pouco a pouco, a sensibilidade cutânea havia voltado, mas foi a personalidade de Vincent que se manifestou de maneira muito nítida e bastante assustadora. Vincent levantou-se bruscamente, com olhar feroz, como se estivesse admirado por encontrar-se entre pessoas e coisas que ele não conhecia.[212] Parecia embaraçado com sua contenção e procurava, não sem violência, sair, o que nos colocou a todos nós num cruel embaraço, pois eram dez horas da noite e estávamos em Saint-Cloud, numa vila isolada. Consegui, no entanto, pegar suas mãos, dar-lhe segurança, relembrando-lhe que foi com sua autorização que tentei uma experiência de magnetismo, experiência que havia levado confusão às suas ideias, mas que eu ia recolocá-lo em seu estado normal se ele quisesse ainda abandonar-se a mim durante alguns minutos. Ele consentiu e apressei-me em magnetizá-lo com energia. Passou de novo por todas as fases da hipnose e reconduzi-o ao período já conhecido da encarnação em que me pareceu ter recobrado sua calma habitual, porém não julguei oportuno prolongar a entrevista. Um pouco inquieto com o resultado, pedi-lhe que me trouxesse de volta o espírito de Mireille, que retornou nas condições habituais.

Procedi então ao despertar. Acordada, Mireille encontrou-se muito cansada. Não conservou nenhuma lembrança do que havia acontecido, exceto de

[212] A sessão passou-se, por exceção, na casa da baronesa de W., uma amiga comum de Mireille e minha, onde jamais havia acontecido evocação a Vincent. Havia, como únicos espectadores, dois parentes que assistiam pela primeira vez a uma sessão desse gênero. – A. R.

ter permanecido bastante tempo no cone que, diz ela, era, de acordo com a explicação de Vincent, sempre sustentado acima de seu corpo carnal, seguindo todos os movimentos a fim de facilitar a reentrada de seu espírito.[213]

Em 6 de dezembro de 1895 renovei essa experiência em meu gabinete na presença de seu marido, que havia assistido à primeira. Como sempre, as cortinas estavam fechadas para deixar o cômodo numa obscuridade quase completa.

Tendo o *sujet* sido levado ao ponto em que não somente o corpo astral desprende-se do corpo físico, mas em que o espírito desprende-se do corpo astral, pedi a presença de Vincent, que Mireille dizia ver acima de si, no cone luminoso. A mudança de personalidade produziu-se de acordo com o processo habitual. Preveni Vincent de meu projeto. Ele o aprovou, foi recomendar ao espírito de Mireille, transferido para o cone, que não procurasse sair deste, pois, dizia ele, "o espírito aí está apenas abrigado; ele não é prisioneiro e pode desprender-se sozinho se o desejar". Recomendou-me, além do mais, sugerir-lhe várias vezes, à medida que eu reconduzisse o corpo astral ao corpo físico: 1°, recordar-se "quem ele era" sem outras precisões quaisquer para que não se pudesse supor que eu havia sugerido a personalidade de Vincent; 2°, não ter no despertar nem medo nem inquietação, recordando-lhe que ele se submetia voluntariamente à experiência.

Procedi então ao despertar por passes desmagnetizantes, conformando-me a suas indicações.

Em alguns minutos ele passou pelas fases já observadas: perda de sensibilidade cutânea, perda de relacionamento com as pessoas presentes, obscurecimento completo da memória; depois, pouco a pouco, a memória aclarou-se de novo, o relacionamento com os assistentes estabeleceu-se, enfim, tendo a sensibilidade cutânea retornado, ele abriu os olhos e olhou tranquilamente a seu redor.

Suas primeiras palavras foram: "Por que não se vê nada aqui?". Fi-lo dar meia-volta abrindo as cortinas e perguntei-lhe se sabia quem era. Refletiu alguns segundos. "Espere! Tudo o que sei é que morri, mas por que estou aqui?" Disse-lhe então que nos conhecíamos há cerca de dois anos, porque eu me comunicava com ele graças à pessoa cujo corpo ele ocupava.

– "Então você estuda o magnetismo?

– Sim.

– Você é médico?

– Não.

– Que você é então? Sábio?

[213] Mireille desperta não se recorda de nada do que se passou durante o sono. Esta é, aliás, a regra habitual; mas conserva bem nitidamente a lembrança de ter estado no cone. Diz que lá sente uma sensação deliciosa de calma e envolvimento, à qual se abandona sem pensar em nada. – A. R.

– Sou engenheiro.

– Ah, sim? Seus colegas tratam geralmente a ciência da alma como tratam a arte das construções; eles têm medo de elevar-se permanecendo terra-a-terra." Em seguida acrescentou sorrindo: "E então, o que quer saber?"

Interrogo-o sobre o estado de sua memória atual. Ele recorda-se de sua forma humana, de sua fisionomia, dos pontos salientes de sua vida terrestre e sobretudo dos 'fatos passionais'. Enternece-se com a lembrança daqueles que amou e especialmente de sua mãe ainda viva. Recorda-se com bastante precisão das circunstâncias de sua morte, das sensações que experimentou nesse momento e de toda a sua existência no plano terrestre. Não se recorda do que lhe aconteceu desde que daí partiu, porém sente que há uma lacuna que sua memória não pode preencher e que deve corresponder a seu estado atual, da mesma forma como no despertar sabemos que estávamos dormindo. Quando ele procura suas recordações, entrevê aquelas que lhe são próprias e as que pertencem ao corpo astral no qual se encontra agora como imagens refletidas num espelho às quais se sobreporiam outras imagens formadas sobre um vapor úmido recobrindo esse espelho, formando um todo confuso que se dissipa quando ele deseja precisar.

Pergunto-lhe se quer levantar-se, conversar com as pessoas presentes; ele responde que não, parece fatigado e entristecido. Proponho-lhe reconduzi-lo a seu estado normal, o que aceita.

Procuro adormecê-lo, mas, apesar de meu grande esforço, ele não adormece, revira-se inquieto na poltrona, abre de novo os olhos, permanece insensível. Pergunto-me se a experiência não durou tempo demais e se não deixei operar-se uma reunião íntima demais entre os diferentes elementos dessa nova personalidade. Ele percebe minha emoção, dá-me segurança, diz-me que outrora não fora absolutamente um *sujet* e que, por consequência, devo ter mais dificuldade para agir sobre o corpo astral de Mireille, ocupado pelo seu espírito, do que sobre o corpo astral unido ao espírito de Mireille, habituado há muito tempo a minhas manobras. Redobro os esforços e, depois de alguns minutos de ações enérgicas, vejo-o com um real alívio cair em letargia. O resto da operação efetuou-se em seguida sem obstáculo, apesar de mais lentamente do que de hábito.

Desprendido do corpo físico, que retomou sua sensibilidade, e de novo em relação com todo mundo, Vincent está agora em plena posse da memória tanto de sua vida atual como do estado de ressurreição momentânea que acaba de sofrer.

Respondendo às minhas perguntas, explica-me que, se havia parecido tão ignorante de tudo o que o cercava, era por preguiça (defeito que tinha quando vivo); que ele teria podido encontrar na memória de Mireille tudo o que se referia a mim, mas que, não tendo o hábito de disto se servir, não sabia exatamente que teclas era necessário acionar para fazer brotarem as recordações, e que ele havia achado mais cômodo interrogar-me. Se eu o tivesse deixado nesse corpo, do qual não podia sair sem minha intervenção, teria sentido a necessidade de não se passar por 'louco'. "A fim de evitar a ducha",[214] ele teria feito os esforços necessários para dissimular sua verdadeira personalidade e continuar a viver, aos olhos das pessoas não-iniciadas em nossas operações, com a que eu lhe havia imposto, até o momento em que o prazo normal estabelecido para a vida do corpo de Mireille o tivesse desprendido. Eu lhe teria feito uma brincadeira de mau-gosto forçando-o a passar pelas experiências de uma nova vida e de uma nova morte terrestre; porém, em suma, esta ressurreição teria sido para ele, do ponto de vista das consequências, exatamente idêntica à que teria resultado de uma nova encarnação por nascimento natural. Suas ações teriam continuado a fazer-lhe adquirir méritos ou deméritos pela evolução de seu espírito. Quanto ao espírito de Mireille, ele teria provavelmente saído do cone após algum tempo, e teria encontrado o nível ao qual correspondia sua densidade moral, como se ela simplesmente tivesse morrido por acidente. "Você acaba", acrescentou ele, "de encontrar a Árvore da Ciência da qual falam as tradições religiosas. É um privilégio que foi, sem dúvida, dado a muito poucos homens e que acarreta grandes responsabilidades. Você o adquiriu servindo-se simplesmente de sua razão, e Deus, que o permitiu, tem sem dúvida seus desígnios. Não esqueça, no entanto, de que não é suficiente apenas não cometer o mal; é necessário ainda não facilitar aos outros os meios para cometê-lo."

Não nos admiremos, pois, absolutamente de que, qualquer que seja a dúvida que eu conserve sobre a origem dessas comunicações, eu me tenha terminantemente recusado a transformar as sessões desse gênero em simples espetáculos, e que eu não descreva os procedimentos exatos pelos quais determino a encarnação. Essas experiências são, além do mais, das mais perigosas. Após a sessão de 6 de dezembro de 1895, Mireille sentiu-se durante vários dias extremamente fraca, anêmica, desencorajada.

Em 14 de dezembro, magnetizei-a novamente e evoquei Vincent, que entrou, segundo o processo habitual, no corpo de Mireille adormecida; porém, recusou deixar este corpo novamente despertar, porque ele próprio tinha-se sentido pesado após esta operação. Deu-me então, sobre esse peso e sobre a fadiga de Mireille, as seguintes explicações:

---

[214] Nota da tradutora: A ducha foi uma forma muito utilizada de tratamento ministrado aos doentes mentais em estado de superexcitação.

"Os espíritos têm uma série de envoltórios cada vez menos materiais dos quais se desfazem sucessivamente à medida que se elevam na escala de sua evolução. Não é senão para simplificar as ideias que habitualmente são contados apenas dois: o corpo carnal e o corpo astral, da mesma forma como em física contam-se apenas sete cores no espectro, enquanto que há uma quantidade bem maior. É igualmente por comodidade de estilo que se comparam esses corpos a envoltórios. Na realidade, eles não se encaixam uns nos outros como os tubos de uma luneta: eles se interpenetram, o que podemos perceber raciocinando que o fluido nervoso, matéria constitutiva do corpo astral, é obrigado a banhar todas as partes do corpo físico para obter a sensibilidade e a motricidade.

"Quando você adormece Mireille, seu espírito, como seu corpo astral, primeiramente desprende-se do corpo carnal, levando consigo apenas um envoltório sutil que não pode abandonar enquanto se encontra na atmosfera terrestre e que é levado consigo ao cone."

Porém desse envoltório sutil (que poderíamos chamar de terceiro), o espírito de Vincent abandonou uma parte, a mais grosseira, na atmosfera da Terra quando morreu de sua morte astral com relação à Terra, e partiu revestido apenas por um quarto envoltório ainda menos material, de maneira que, quando volta ao corpo astral de Mireille e, em seguida, a seu corpo carnal, falta-lhe este terceiro corpo para formar *um ser humano completo nas condições de vida normal.*[215] Enquanto o corpo de Mireille está saturado de meus fluidos, o

[215] Resumindo o que já dissemos, vê-se que Vincent, quando morreu da morte que conhecemos, abandonou seu corpo carnal cujos elementos dissociaram-se e retornaram à terra. Ele viveu em seguida durante alguns anos na atmosfera da Terra com um corpo fluídico que abandonou em grande parte quando morreu da morte astral em relação à Terra, e os elementos deste corpo astral dissociaram-se por sua vez e expandiram-se no reservatório da vitalidade planetária. Atualmente o espírito de Vincent, que deixou a Terra com a parte mais sutil de seu corpo astral, é revestido por um novo corpo apropriado ao astro onde mora, e se desprende momentaneamente deste corpo quando entra no cone para viajar revestido apenas pelo quarto envoltório. – A. R.

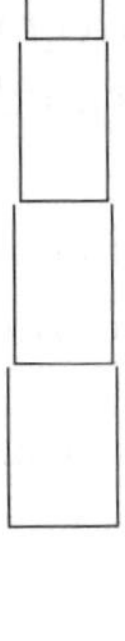

4º envoltório — D. Corpo acompanhando o espírito de Vincent após sua morte astral com relação à Terra.

3º envoltório — C. Corpo acompanhando com B o espírito de Mireille no cone e faltando em Vincent na encarnação.

2º envoltório — B. Corpo astral.

1º envoltório — A. Corpo carnal.

espírito de Vincent serve-se destes para constituir momentaneamente o envoltório que lhe falta. Porém, tão logo, por passes magnetizantes, retirei do corpo de Mireille a quantidade de fluido que acumula para produzir os estados mais profundos da hipnose, e tão logo também a reconduzo a seu estado normal de densidade fluídica, ele, Vincent, encontra-se privado do reservatório de onde podia extrair fluidos sem inconveniente para formar seu terceiro corpo e é obrigado, para conservá-lo, a retirar das diversas partes do organismo o fluido do qual tem necessidade para esta finalidade. Estabelece-se assim entre o espírito de Vincent e o corpo astral de Mireille uma ligação bastante forte para que, quando o espírito de Vincent for forçado a desprender-se rapidamente do corpo desmagnetizado de Mireille, como aconteceu na sessão de 6 de dezembro, produza-se uma resistência notável assim como observei. Além do mais, o espírito de Vincent, que condensou por assim dizer sobre si os fluidos de Mireille, leva destes uma pequena parte quando se desprende, o que enfraquece um e torna pesado o outro.

Semelhante inconveniente não mais se apresentaria se fosse operado sobre dois *sujets* vivos, suscetíveis de se desprenderem da mesma maneira que Mireille. Os espíritos, passando de um corpo a outro, constituiriam dois novos seres humanos completos e suscetíveis de viverem normalmente da vida física, porém com modificações diferentes segundo a maneira através da qual teria sido feita a troca.

Se os espíritos, apenas acompanhados do terceiro envoltório, fossem substituídos um ao outro nos corpos carnais unidos aos corpos astrais, haveria simplesmente mudança de *personalidade moral*; se, ao contrário, os corpos astrais (segundo envoltório) acompanhassem os espíritos na substituição, a mudança estender-se-ia mais além e, até mesmo com o tempo, estender-se-ia até a forma dos corpos físicos.

Qualquer que seja a autenticidade da fonte de onde provêm estas teorias, não se pode ignorar sua originalidade e, até certo ponto, sua verossimilhança.[216]

Ao menos sob este ponto de vista, é interessante ainda expor algumas das opiniões de Vincent.

"De uma maneira geral", diz ele, "vocês não conhecem suficientemente a importância e o papel do corpo astral para a explicação dos fenômenos que consideram como mais ou menos sobrenaturais.

"O corpo astral não toma passivamente a forma do corpo material; é, ao contrário, este último que é obrigado a modelar-se em grande parte ao corpo

---

[216] Nota da editora: Mais do que teoria, essas substituições são absolutamente impossíveis pelo que se conhece da doutrina espírita.

astral. Os sentimentos emotivos, o medo, a bondade etc., não são sentidos pelo corpo material. Não é pois ele que pode exprimi-los. Por conseguinte, a fisionomia, a expressão do corpo material, dependem exclusivamente das emoções do corpo astral, que se modela sobre a alma.

"É necessário em seguida considerar que há tanta diversidade entre os corpos astrais como entre os corpos materiais. Certas pessoas gozam da faculdade de mudar, em circunstâncias determinadas, a forma de seu corpo astral. Estas pessoas podem apresentar o fenômeno da mudança de personalidade, que se produz da seguinte maneira:

"Sob a influência da vontade do operador, o sujet A projeta à distância uma ação de seu corpo astral em direção ao indivíduo B, que ele deve conhecer e cuja personalidade deve tomar. O sujet A modela então seu corpo astral sobre o de B, fotografa de alguma maneira o corpo astral de B com seu próprio corpo astral. Resulta daí que ele toma assim, ao menos em uma parte apreciável, a fisionomia e os modos de B. Além do mais, o que vocês chamam memória, consistindo em imagens armazenadas no corpo astral, o corpo astral A vê, ao menos em parte, as imagens armazenadas por B, e principalmente as mais aparentes. Esta visão opera-se mais ou menos por intermédio do operador, que conhece o indivíduo B. Assim A encontra-se não somente com a fisionomia e os modos de B, como também com uma parte da memória deste.

"Se A não conhece B, nada pode produzir-se, uma vez que A não sabe onde projetar a ação à distância de seu corpo astral.

"Se B é uma personagem ideal, Dom Quixote por exemplo, A encontra em sua própria memória e na do operador o tipo sobre o qual deverá modelar seu corpo astral; é preciso para isso que ele tenha, ele próprio, uma noção do Dom Quixote. Ele dará a seu corpo astral as formas que correspondem às qualidades características de Don Quixote, tais como ele as imagina, e o corpo astral assim transformado reagirá sobre o corpo físico de A para fazê-lo executar os atos conforme a concepção que A se faz de Dom Quixote, concepção completada pela que o operador se faz do mesmo Dom Quixote. A mudança de personalidade provém, em todos os casos e exclusivamente, da transformação do corpo astral do *sujet*."

Tocado por esse fato de que, nas manifestações medianímicas, a força que age sobre os corpos inertes parece dotada de certa inteligência, como os relâmpagos cuja marcha caprichosa é difícil de explicar apenas com o auxílio das circunstâncias físicas, perguntei a Vincent se a força elétrica não era, assim como a célula, suscetível de uma evolução ascendente.

Ele me respondeu que sobre a Terra as forças permaneciam sempre brutas, porém evoluíam nos outros mundos. Começam por serem mais facilmente permeáveis a uma inteligência estranha e, nesse caso, obedecem mais ou menos à inteligência que as impregna. Em seguida, tomam pouco a pouco uma inteligência própria e tornam-se forças inteligentes. Enfim, aumentando a proporção de inteligência, elas tornam-se inteligências-força.

A hipótese de que o raio globular poderia ter rudimentos de inteligência é pois falsa para a Terra, porém é verdadeira para o mundo onde ele mora, onde a camada elétrica envolvente é feita de uma eletricidade evoluída capaz de obedecer a uma inteligência estranha. Constantemente submetida a duas forças opostas que são, por um lado, atração do astro que ela circunda (força centrípeta) e, por outro, a atração do mundo central (força centrífuga ou expansiva), esta camada, como a que envolve a Terra, encontra-se agitada por correntes violentas que produzem contracorrentes, enrolamentos, destacamentos parciais da substância que as compõem. Estas partes destacadas constituem, sobre a Terra, raios globulares que possuem a forma de esfera, porque têm de obedecer apenas às leis físicas do equilíbrio; mas que tomam, quando são compostas de eletricidade evoluída, a forma desejada pela inteligência que toma sua direção e as transforma, por exemplo, em cones semelhantes àquele que lhe serve de veículo.

Além do mais, quanto mais sutil é a substância, mais é suscetível de obedecer diretamente à vontade. "Assim", diz ele, "o seu fluido (do magnetizador) obedece, em seus movimentos de projeção ou de retração, quase sem esforço muscular, à sua ordem mental: apenas sua vontade é suficiente para dirigir o espírito de Mireille quando este encontra-se desligado do corpo astral, já sendo então o envoltório sutil que o circunda inteligente e capaz de agir ele próprio sobre o fluido, condensando-o ou rejeitando-o de acordo com a necessidade para realizar o desejo expresso por você."

Uma outra vez manifestei a Vincent minhas dúvidas sobre a realidade de sua existência fora da imaginação de Mireille, fundamentando-me em que as revelações dos extáticos diferem frequentemente umas das outras sobre o mesmo assunto.

"Felizmente", respondeu-me ele, "suas dúvidas não me impedem de existir."

"Além do mais, é preciso distinguir cuidadosamente a origem das revelações às quais você se refere. Se é um espírito mais ou menos desprendido de seu corpo astral quem lhe conta o que vê, ele pode tomar e frequentemente toma por realidades a objetivação de suas recordações e de seus próprios pensamentos. É por isso que cada extático tem visões conforme suas crenças religiosas.

"Quando a revelação vem de um espírito desencarnado, é preciso conhecer este espírito antes de confiar nele. Comete-se o erro de crer que há entre o mundo dos vivos e o dos mortos uma diferença profunda, um hiato. Nada é mais falso: a vida espiritual continua além da tumba sem mais transições, da mesma forma que na vida carnal dentre os diferentes moradores de uma casa reunidos num térreo mal-iluminado por algumas janelas estreitas, alguns se separassem dos outros subindo para um andar amplamente iluminado. Há pois, dentre os desencarnados, gente de toda espécie, ignorantes, orgulhosos, mentirosos, sábios, caridosos etc. Cabe a você distingui-los e não se deixar enganar.

"Há já vários meses que estamos em comunicação, que conversamos sempre sobre coisas sérias. Você viu que jamais pôde encontrar algum erro no que eu lhe disse. Quando não sei, confesso sem hesitação. Se eu fosse uma de suas relações terrestres, você não hesitaria, espero, em chamar-me de seu amigo e em dar-me sua confiança. Não seria a meu corpo que esta confiança se endereçaria. Por que não tratar-me da mesma forma? Porque não possuo um corpo especial que você possa ver? Você não tem amigos cuja personalidade não lhe causa nenhuma dúvida, e que você não conhece no entanto senão por correspondência?"

Insisti novamente com Vincent sobre a hipótese de ele ser apenas um produto do espírito de Mireille, exaltado em suas percepções pelo seu desprendimento do corpo e objetivando a lembrança de uma pessoa que lhe havia sido cara. "Se", disse-lhe eu, "você é realmente esta pessoa, deve saber coisas que Mireille não sabe, o latim por exemplo. Que significam as palavras *arma virumque cano*?"– Vincent pensou alguns segundos e respondeu: "Não me lembro; mas observe que estas palavras pertencem a uma língua que não é a minha, e que as lembranças que a isto se referem foram armazenadas unicamente em meu corpo astral terrestre que não mais possuo."

Ele tem, vê-se, resposta para tudo.[217]

Até o presente não dei, como apoio à realidade das visões de Mireille, senão seu próprio testemunho. No entanto, tentei obter outros, servindo-me de *sujets* trazidos no estado de hipnose em que diziam perceber fenômenos análogos a estes dos quais tratei.

Tive assim duas sessões com dois controles diferentes.

Na primeira, a de 24 de julho de 1894, o controle era meu jovem amigo Laurent, cujas impressões publiquei nas páginas precedentes. Como especta-

[217] Nota da editora: A parte final da resposta, no entanto, está errada, segundo a doutrina espírita. Restaria saber apenas se Vincent a deu por verdadeira ignorância ou por má-fé, nos termos, aliás, das ressalvas que anteriormente ele mesmo fizera quanto à questão da confiança.

dores havia monsenhor X..., doutor em teologia e protonotário apostólico, e o sr. de Y..., engenheiro, aos quais pedi que redigissem, cada um separadamente, um relatório. São esses relatórios que vou reproduzir, um após o outro, com suas leves variantes.

Relatório do monsenhor X.

A primeira série de experiências consistem em adormecer ao mesmo tempo dois *sujets*: Mireille pelos passes magnéticos do sr. de Rochas, e Laurent pela ação das correntes da máquina Winhurst, acionada por um outro operador; e em controlar os sujets um pelo outro.

Laurent passa pelas fases regulares que são a característica de seu estado sonambúlico; Mireille queima de alguma maneira as etapas. Chega-se, porém, com algumas tentativas, a conduzir os dois *sujets* paralelamente, de tal forma que eles encontram-se juntos no mesmo estado.

Laurent vê primeiro formar-se, a cerca de um metro à sua direita, uma espécie de coluna luminosa mais ou menos de sua altura, e de cor azul. Em seguida, uma coluna semelhante, mas vermelha, a mesma distância à sua esquerda. Enfim as duas colunas reúnem-se numa só, uma parte azul e outra vermelha.

Esse duplo, à medida que os estados tornam-se mais profundos (Laurent foi levado até o décimo-segundo estado), desloca-se primeiro horizontalmente, distanciando-se do corpo, depois eleva-se um pouco, como se tomasse um impulso, e finalmente é levado às regiões superiores da atmosfera.

Mireille exterioriza-se de maneira diferente. Os eflúvios sensíveis dispõem-se à sua volta em camadas luminosas paralelas à superfície de seu corpo, através das quais Laurent a vê como através dos envoltórios concêntricos. Em seguida, essa matéria condensa-se instantaneamente e o duplo forma-se de uma só vez sem passar pelas duas formações parciais laterais como com Laurent.

Esse duplo é uma coluna luminosa[218] que, mais tarde, nas regiões superiores para onde é levado, transforma-se numa espécie de bola com apêndice caudal que o faz ser comparado a um girino ou a um cometa.[219] Os desenhos com os quais os dois *sujets* tentam representar a maneira por que veem seu duplo coincidem bastante para que

[218] Essa coluna luminosa lembra a que guiou os hebreus no deserto.

[219] Encontro uma menção sobre formas semelhantes num relato de Aksakov: "Entramos num cômodo obscuro e, após pouco tempo, vimos produzirem-se corpos luminosos semelhantes a cometas, com cerca de trinta centímetros de comprimento, alargados numa das pontas e afinando em uma fina ponta na outra extremidade; estes corpos luminosos adejavam cá e lá, seguindo uma trajetória curvilínea." (*Animisme et spiritisme*, p. 497 da tradução francesa.) – A. R.

se possa daí concluir uma impressão única interpretada por dois observadores diferentes.

Cada um dos dois *sujets* viu a formação e os diferentes estados do duplo do outro desde o momento em que se formou até aquele em que é lançado ao espaço.

Aqui começaram as dificuldades. Mireille, que habitualmente eleva-se de imediato às regiões luminosas, queixou-se de encontrar-se retida num espaço muito menos luminoso. Cessou de ver o duplo de Laurent. Angustiada por sua solidão, deseja vê-lo e deseja também que Laurent possa ver seu duplo para assim estar segura de que suas impressões são mesmo reais e não um efeito da imaginação.

O sr. de R. ordena então a Laurent que procure o duplo de Mireille, o que ele faz primeiramente sem sucesso. Depois, de repente, sem transição, sem vê-lo vindo ao longe, como seria natural, ele exclama que vê o duplo de Mireille que, por sua vez, vê Laurent e testemunha alegria muito viva.

Continua-se a aprofundar simultaneamente a hipnose dos dois *sujets*: Mireille por meio de passes, Laurent por meio da máquina.

É difícil manter os dois duplos na mesma altura: uma vez é um, outra vez é outro que escapa. E Mireille parece bastante apavorada quando perde de vista seu companheiro. Aquele que se elevou muito alto é trazido de volta, seja através de passes transversais (Mireille), seja mudando o sentido da corrente da máquina (Laurent).

Pergunta-se a Laurent sob que forma ele se vê; responde que seu duplo tornava-se cada vez menos perceptível à medida que se elevava e que agora ele não vê mais, porém sente e tem a percepção de existir num ponto determinado.

Pede-se aos dois *sujets* que justaponham seus duplos, o que é feito.

Mireille vê os dois duplos.

Laurent vê o de Mireille e percebe o seu justaposto.

Os dois duplos levados assim ao contato permanecem inativos, "como duas estátuas", diz Laurent.

A sensação produzida em Laurent pelo contato do duplo de Mireille foi comparada por ele à de uma ducha de água fria caindo sobre o corpo.

Pede-se aos dois *sujets* que tentem fazer penetrar os dois duplos um no outro; a operação é feita sem nenhuma dificuldade e não traz nenhuma impressão particular, porém por prudência ela não é prolongada. Previnem-se os dois *sujets* de que eles serão despertados. Mireille recomenda a Laurent que vigie bem a reentrada de seu duplo para saber se ele entra por partes, como o de Laurent, ou todo ao mesmo tempo, como ele saiu.

Procede-se ao despertar pelos meios inversos àqueles que serviram para produzir a hipnose.

Laurent vê retornar a seu corpo o duplo, que primeiramente se desdobra em dois. Em seguida o fantasma vermelho volta, e enfim o azul. Ele vê o duplo de Mireille descer novamente a seu corpo, envolvê-lo, depois voltar de uma só vez.

Os dois *sujets* despertos perderam, como é a regra, toda lembrança do que se passou; mas, pressionando-se suas frontes, no ponto correspondente à memória sonambúlica, eles procuram recordar os incidentes dessa peregrinação comum no espaço.

Esse trabalho de reconstituição é bastante penoso por causa da grande quantidade de incidentes que se produziram,[220] mas os espectadores observam a simpatia nascida subitamente entre Mireille e Laurent, que no início da sessão mal se conheciam e experimentavam uma espécie de repulsão mútua, tão frequentemente constatada entre os *sujets*. Atribuímos essa mudança ao fato de que seus corpos astrais tenham-se penetrado por um instante.

Relatório do sr. de Y.

A sessão começa às 3h30. Mireille e Laurent são adormecidos simultaneamente de maneira a encontrarem-se juntos nos mesmos graus de hipnose. Laurent vê aparecer a metade direita de seu duplo; Mireille não vê nada.

Laurent vê a segunda parte de seu duplo; Mireille ainda não vê nada.

Laurent vê o corpo de Mireille como que envolvido por uma auréola luminosa. Instantes depois o sr. de Rochas sente uma espécie de vento frio e levanta-se para fechar uma porta que ele crê aberta, quando Mireille lhe diz que é seu duplo que acaba de sair de uma só vez e de colocar-se sobre as mãos do sr. de Rochas. Laurent confirma. A sensação de frio cessa para o sr. de Rochas, apesar de o duplo de Mireille continuar a manter-se sobre suas mãos. Mireille, desligada de seu corpo, vê o duplo de Laurent em azul. Laurent vê seu próprio duplo elevar-se. Mireille o segue mal e diz que a diferença entre o fluido magnético do qual está impregnada e o fluido elétrico do qual Laurent está carregado influi de alguma forma na dificuldade que experimenta seu duplo de aproximar-se do de Laurent e de segui-lo.

Continuando a experiência, Laurent continua a ver o duplo de Mireille; porém, com o seu afastando-se cada vez mais, ele cessa de vê-lo. É reconduzido então a uma fase anterior à da hipnose, revertendo-se a corrente da máquina. Revê seu duplo, ao qual está ligado, diz ele, por uma coluna de fluido. Vê o duplo de Mireille

[220] Não tendo esses incidentes relação direta com o assunto tratado neste artigo, foram suprimidos nos dois relatórios. – A. R.

> mais luminoso do que o seu. Os dois duplos mantêm-se um ao lado do outro, no alto. Eles são reconduzidos para perto do chão pela desmagnetização e se mantêm sem ação recíproca, "como duas estátuas", diz Laurent.
>
> Em determinado momento, Mireille testemunha certo sofrimento; penetra, diz ela, no duplo de Laurent. Estando os dois duplos de novo separados, os *sujets* tentam de comum acordo reaproximarem-se.
>
> A sensação percebida por Laurent é comparada por ele a uma ducha de água fria.
>
> Para-se a experiência. Os dois *sujets* são progressivamente despertos; conservam após o despertar uma sensação recíproca sobre os lados dos duplos que estiveram em contato: esquerdo para Laurent e direito para Mireille. Isto é, se Mireille é tocada do lado direito, Laurent sente o toque em seu lado esquerdo e reciprocamente. Eles se recordam, pelo método habitual, do que se passou durante o sono e testemunham grande simpatia recíproca.

Na segunda sessão, o controle foi a sra. Z., mulher bastante inteligente, com cerca de cinquenta anos, que, após ter assistido a algumas experiências em minha casa, pediu-me que a magnetizasse para restituir-lhe, por sugestão, o sono do qual estava privada há vários meses. Consegui bastante facilmente e foi-me necessário pouco tempo para chegar a exteriorizar seu corpo astral em condições diferentes das de Mireille, no sentido em que ela via ao mesmo tempo seu corpo carnal e seu corpo astral, enquanto que Mireille vê geralmente apenas seu corpo carnal.

No dia 20 de julho de 1895, adormeço a sra. Z.; levo-a até o grau que convém e peço-lhe para observar bem o que se passará. Em seguida, adormeço Mireille e provoco a encarnação de Vincent segundo o processo habitual.

Eis o relato da sessão, redigido por um dos assistentes:

> A sra. Z. viu seu próprio corpo astral formar-se a cerca de um metro à sua direita sob a forma de uma nuvem luminosa azulada. Quando o sr. de R. adormeceu Mireille, a sra. Z. viu desprender-se da cabeça desta como que uma bola de luz que se fixou acima.
>
> Mireille viu então o fantasma da sra. Z. no local indicado, viu, além do mais, um rastro fluídico ligando esse fantasma ao corpo carnal da sra. Z. Esse rastro apresentava, em direção ao meio de seu comprimento, uma parte muito mais luminosa do que o próprio fantasma. Mireille diz que a luz é devida ao espírito da sra. Z., que deixou seu corpo carnal sem seguir porém completamente o corpo astral. É por isso que o espírito da sra. Z., colocado entre os dois, vê um e outro.
>
> Mireille interrompe estas explicações para dizer que o cone que transporta Vincent chegou. Ela o vê a um canto da sala que ela indi-

ca e, em seguida, cai em letargia e reanima-se após alguns instantes com a personalidade de Vincent.

A sra. Z. que, sempre adormecida, segue atentamente o que se passa e o conta espontaneamente, vê no local designado um círculo luminoso cujas bordas parecem animadas por uma espécie de estremecimento e que ela compara a uma brilhante custódia sem pé. Deste círculo desce, em direção à bola de luz que se encontra acima da cabeça de Mireille, um raio que os liga.

No momento em que é feita a mudança de personalidade, a bola de luz sobe ao longo do raio e entra nesse círculo. Imediatamente após, uma chama sai do círculo, segue o raio em sentido inverso e entra no corpo de Mireille.

Quando a encarnação termina, a sra. Z. vê uma chama subir no círculo e a bola luminosa desce novamente, pelo mesmo caminho, sobre a cabeça de Mireille.

IV

Relendo as páginas precedentes, não posso impedir-me de pensar que, se tivessem sido escritas por outra pessoa, eu estaria extremamente inclinado a aí ver apenas uma mistura de recordações, de autossugestões e de sugestões do operador. Lembro-me dos casos de sonâmbulos, perseguindo com uma lógica rigorosa, algumas vezes durante meses inteiros, uma série de visões cuja falsidade foi, em seguida, totalmente demonstrada.[221] Digo-me que Mireille possui imaginação bastante viva e que ela bem pode ter cedido, mais ou menos inconscientemente, ao desejo de mostrar-se em relação com um ser superior que raramente perde ocasião de fazer-lhe cumprimentos.

E, no entanto, encarreguei-me de evitar todas as causas de sugestão, obtive o testemunho concordante dos controles sobre fenômenos que, não tendo sido a meu conhecimento jamais descritos, não poderiam ter-se apresentado ao espírito se não tivessem tido alguma realidade. Os termos diferentes com os quais são formulados esses testemunhos tenderiam, além do mais, a provar que eles são devidos não a uma transmissão de ideias, mas à produção de fatos reais.

Certamente podemos ser induzidos a erro pelas entidades cuja natureza não conhecemos. Essas revelações seriam talvez também devidas a um impulso de nossa alma momentaneamente desligada dos laços do corpo carnal que obscurece as percepções inerentes à sua natureza imortal? É a hipótese que desenvolveu um espírito dos mais distintos e ao mesmo tempo dos mais

---

[221] *Les états superficiels de l'hypnose*, p. 50, e *Les états profonds de l'hypnose*, p. 56. A estabelecer relação igualmente com as inexatidões constantes nas experiências relativas às vidas sucessivas. – A. R.

positivos, o historiador Henri Martin, a propósito das visões de Joana d'Arc e que reproduzi na p. 31.

É em alguma hipótese análoga a esta que estou tentado a deter-me a propósito do caso que acabo de relatar. Por um lado, com efeito, estou bastante impressionado pelas mudanças tão nítidas e tão regulares de estados físicos correspondendo às diversas fases do desprendimento,[222] mas, por outro lado, não pensei então em assegurar-me se eu poderia reproduzir, por simples sugestões, essas mudanças de estado cuja causa além do mais não sei explicar. O que conheço da existência terrestre do pretenso Vincent torna difícil compreender sua progressão tão rápida: duas zonas de mundos! Enfim, o que pensar de frases tais como essas: – "Ora, vamos! Entre homens nós podemos dizer isso." Ou ainda falando sobre Mireille: – "Ela não é bonita?", que lhe escapam às vezes no meio de conversas onde expõe, com verdadeira eloquência, doutrinas do mais puro espiritualismo que, aliás, não me admirariam nem pela forma nem pelo conteúdo, na boca de Mireille desperta e um pouco superexcitada.[223]

---

[222] Cabe aqui também observar que Mireille, adormecida magneticamente e passando pelas mesmas fases que os outros *sujets* dos quais se tratou no capítulo II da 2ª parte, escapa no espaço como eles escapam no tempo. – A. R.

[223] Na sessão de 24 de julho de 1894, o prelado que redigiu um dos relatórios, desejando assegurar-se de que Vincent não era um demônio, pediu-lhe que recitasse o Pai Nosso, o que ele fez com unção edificante. Em seguida, monsenhor X., discutindo com ele sobre o que se passava após a morte, Mireille, que em estado de vigília é bastante católica, chama-o respeitosamente de monsenhor e termina por exclamar em tom bastante solto: "Ora vamos, senhor abade, eu o sei melhor do que o senhor que fala apenas por ouvir dizer; acabo de passar por isso." – A. R.

Capítulo III
O caso da senhorita Smith

Objetaram, a minhas experiências relativas à regressão de memória nas vidas anteriores pelo magnetismo, que eu era o único a haver observado esse fenômeno.[224] Isto não é exato. Já expusemos, no capítulo IV da terceira parte, o relato do sr. Fernandez Colavida, apresentado no Congresso Espírita de Paris, na sessão de 25 de setembro de 1900. Na mesma sessão, o sr. Estevan Marata, presidente da União Espírita da Catalunha, declara haver obtido fatos análogos pelos mesmos processos (isto é, por sugestões sucessivas fazendo o *sujet* recuar ao passado), experimentando sua própria esposa em estado de sono magnético. A propósito de uma mensagem dada por um espírito e tratando de uma das vidas passadas do *sujet*, ele pôde despertar na consciência obscura deste último os traços de suas existências anteriores.

> Desde então, diz o sr. Léon Denis, essas experiências têm sido tentadas em muitos centros de estudo. Têm-se obtido assim numerosas indicações a respeito das vidas sucessivas da alma. Essas experiências multiplicar-se-ão provavelmente a cada dia. Observemos, entretanto, que elas reclamam grande prudência. Os erros e as fraudes são fáceis; perigos são de se temer.[225]

---

[224] É possível que eu obtenha os fenômenos mais facilmente do que outros magnetizadores. O sr. Pierre Janet observou que há *sujets* "que são tão sensíveis que não retomam o mesmo sonambulismo senão sendo adormecidos pela mesma pessoa e da mesma maneira; senão eles entram num estado sensitivo-sensorial diferente e não encontram as recordações do primeiro sonambulismo." *Automatisme psychologique*, p. 113. – A. R.

[225] O *problema do ser e do destino*, p. 261 da edição original francesa.

Se esses fenômenos são conhecidos apenas há pouco tempo, é porque não tinha havido observador que neles houvesse fixado sua atenção. Da mesma forma para todas as invenções. O sr. Henrico Carreras (de Roma) escreveu-me, em 1904: "Peço-lhe que me diga se, nessas experiências, você influi com sua vontade para dar uma orientação qualquer ao pensamento dos sujets, pois jamais obtive a regressão da memória em meus *sujets*, exceto uma vez, em que acreditei ter sido o fato puramente acidental."

Foi preciso que, com Laurent, a coisa se tivesse produzido espontaneamente para que a constatasse e fosse assim levado a reconhecer a influência dos diversos passes e das sugestões relativas à orientação em direção ao passado ou ao futuro que eu dava ao espírito dos *sujets* em parte desligados dos laços do corpo físico.

Há, além do mais, acontecimentos que permanecem 'no ar'. Em Voiron, no momento em que eu determinava com Joséphine, por meio de passes magnéticos, o retorno ao que ela apresentava como vidas precedentes, o mesmo fenômeno era observado em Genebra pelo sr. Flournoy com Hélène Smith, o qual se produzia espontaneamente.

Foi durante o inverno de 1894-1895 que o sr. Flournoy manteve contato com a srta. Smith, então com trinta anos.[226] Havia três anos ela principiou a dedicar-se ao espiritismo, recebendo ditados tiptológicos e tendo alucinações auditivas e visões, no estado de vigília.[227]

As revelações haviam sido, a maioria, "sobre acontecimentos passados, mas cuja realidade era sempre verificada recorrendo-se ora aos dicionários históricos, ora às tradições das famílias interessadas". Outras revelações eram sobre as vidas anteriores das pessoas presentes, que teriam sido, em geral, personagens de destaque.

A partir do momento em que ela foi estudada pelo sr. Flournoy, suas faculdades modificaram-se. O hemi-sonambulismo sem amnésia, no qual ela havia permanecido até ali, transformou-se em sonambulismo total com amnésia consecutiva e ela tornou-se uma médium de encarnações sob a direção de um espírito que se dizia ter sido Cagliostro.

---

[226] A srta. Smith é uma bonita mulher de saúde perfeita e de viva inteligência. Ocupou durante longo tempo, para satisfação de seus patrões, o cargo de chefe de seção numa grande loja de Genebra. De conduta perfeita e de grande distinção natural, ela é unanimemente apreciada por todos os que com ela tiveram relacionamento. – A. R.

[227] Hoje essas visões tomaram lugar preponderante na mediunidade e a srta. Smith pinta a óleo, sem jamais haver aprendido esta arte, diferentes cenas da vida do Cristo que se apresentam a seus olhos. – A. R.

O sr. Flournoy estudou as manifestações complexas da mediunidade da srta. Smith num grosso volume, publicado em 1900, no Alcan, em Paris. Posso daí apenas extrair alguns detalhes que se referem às vidas sucessivas.

A srta. Smith já teria vivido duas vezes sobre o nosso globo. Há quinhentos anos era a filha de um xeque árabe chamado Pirux e tornou-se, sob o nome de Simandini, a esposa preferida de um príncipe hindu chamado Sivrouka Nayaka, que reinava no Kanara e lá construiu, em 1401, a fortaleza de Tchandraguiri. Foi queimada viva na fogueira destinada a consumir os restos de seu esposo segundo o costume malabar. No século passado, ela reapareceu como Maria Antonieta e está atualmente encarnada para expiação de seus pecados e seu aperfeiçoamento na humilde condição de funcionária de uma loja.

A srta. Smith nunca foi hipnotizada ou magnetizada. Com sua aversão instintiva, que a maioria dos médiuns apresenta para com tudo o que lhe aparece como experiência empreendida consigo, ela sempre se recusou a deixar-se adormecer. Pode-se atribuir essa aversão ao ciúme do guia da médium que, como os magnetizadores vivos, não gosta que toquem em seus *sujets*. Constatei um fato análogo com a sra. Nathalie que, musicista de bastante talento, crê ter por protetor Sebastian Bach, e que jamais pude adormecer na sala onde se encontra o piano sobre o qual ela passa parte de sua vida a tocar as obras de seu mestre preferido, enquanto que, fora daí, e mesmo na rua, é-me suficiente um simples olhar para mergulhá-la no sono magnético.

> Todas as sessões, diz o sr. Flournoy,[228] apresentam mais ou menos a mesma forma psicológica, o mesmo desenrolar através de sua enorme diversidade de matizes. Ela senta-se à mesa[229] com a ideia e a espera de que suas faculdades mediúnicas vão entrar em atividade. Após um tempo variando de alguns segundos a cerca de uma hora, em geral, e tanto mais curto quanto o cômodo seja mal-iluminado e os assistentes mais silenciosos, ela começa a ter visões precedidas e acompanhadas de perturbações bastante variáveis da sensibilidade e da motricidade. Em seguida, passa, pouco a pouco, ao transe completo. Nesse estado acontece raramente, e somente durante momentos de pouca duração, que ela fique inteiramente alheia às pessoas presentes e como que fechada num sonho pessoal ou mergulhada em letargia profunda (síncope hipnótica). Habitualmente ela permanece em comunicação mais particular com um dos assistentes, que se encontra então defronte a ela na mesma relação

---

[228] *Das Índias ao planeta Marte*, p. 56.

[229] Quando os espectadores fazem a cadeia colocando suas mãos sobre uma mesa ao mesmo tempo que o *sujet*, a corrente assim produzida é suficiente para determinar o sono magnético mais ou menos profundo nos sensitivos. – A. R.

que um hipnotizador defronte a seu *sujet*, e que pode aproveitar-se desta relação eletiva para dar-lhe todas as sugestões imediatas ou no prazo que queira.

Quando a sessão consiste apenas em visões despertadas, dura geralmente pouco tempo, uma hora a uma hora e meia, e termina sem hesitação por três pancadas enérgicas da mesa,[230] após as quais a srta. Smith reencontra-se em seu estado normal, que ela aliás parece quase não ter abandonado. Se há sonambulismo completo, a sessão prolonga-se até o dobro do tempo e até mais, e o retorno ao estado normal faz-se lentamente através das fases de sono profundo separados por reincidências de gestos e de atitudes sonambúlicas, momentos de catalepsia etc. O despertar definitivo é sempre precedido de vários despertares bastante curtos, seguidos de recaídas no sono.[231]

Cada um desses despertares preliminares, assim como o definitivo, é acompanhado das mesmas modificações de fisionomia características. Os olhos, fechados por muito tempo, abrem-se bastante, o olhar idiota fixa o vazio ou passeia lentamente sobre os objetos e os assistentes sem vê-los, as pupilas dilatadas não reagem, o rosto é uma máscara impassível e rígida desprovida de expressão. Hélène parece absolutamente ausente. De repente, com um leve endireitar do busto e da cabeça e de uma brusca respiração,[232] um lampejo de consciência ilumina-lhe a fisionomia, a boca entreabre-se e, graciosamente, as pálpebras animam-se e os olhos brilham, todo o rosto brilha com um feliz sorriso e testemunha a evidência de que ela acaba de reconhecer seu mundo e de reencontrar-se a si mesma. Porém, com a mesma rapidez com que aparece, mal esse lampejo de vida de um ou dois segundos apaga-se de novo, a fisionomia retoma sua máscara inerte, os olhos voltam a tornar-se esgazeados e fixos e não tardam a fechar-se novamente, e a cabeça a recair sobre o encosto da poltrona. Esse retorno do sono é em breve seguido de um novo despertar instantâneo, e depois às vezes de mais outros até o despertar definitivo,[233] sempre marcado, após o sorriso do início, por esta frase estereotipada: "Que horas são?" E por um movimento de surpresa ao saber que é tão tarde e nenhuma recordação, aliás, do

[230] É difícil atribuir essas pancadas ao inconsciente da sra. Smith, como o sr. Flournoy o fez para os outros fenômenos observados. – A. R.

[231] Reconhece-se aí as alternativas de estado de sonambulismo e de letargia indicados, p. 37. A sra. Smith passa então por todas as fases da magnetização produzida seja por um magnetizador invisível, seja pelo conjunto dos espectadores que fazem com ela a cadeia sobre a mesa. – A. R.

[232] Esta profunda inspiração se produz com todos os bons sensitivos no momento em que eles passam da letargia a uma fase de sonambulismo. Há, além disso, uma propriedade fisiológica geral, porque, quando acordo pela manhã, só me sinto completamente acordado após uma respiração semelhante. – A. R.

[233] Todos os que assistiram às minhas experiências encontrarão nesta descrição o relato fiel das mudanças de fisionomia produzidas pelos passes sobre os *sujets*. – A. R.

que se passou durante o sonambulismo, mas somente reminiscências bastante completas das visões semidespertas que o precederam.

Na srta. Smith o retorno às vidas anteriores não se produz, como na maioria dos *sujets* que estudei, por uma mudança de personalidade brusca e bem nítida, mas por visões que se precisam pouco a pouco.

É assim para o que o sr. Flournoy chama de ciclo oriental: as primeiras visões remontam a outubro de 1894, onde aparece, no meio de um jardim de aspecto hindu, uma mulher de cabelos muito negros, celebrando uma cerimônia religiosa que se reproduzirá mais tarde quando a srta. Smith terá tomado a personalidade de Simandini. É apenas quatro ou cinco meses mais tarde que o romance se desenvolve completamente, começando pelas cenas mais próximas do tempo atual (a cena da fogueira), para recuar em seguida no tempo com a adjunção de personagens diversas, tal como o príncipe Sivrouka, reencarnado hoje na pessoa do sr. Flournoy. Encontra-se aqui um fenômeno análogo ao que apresentou Marguerite (caso nº 12), onde o *sujet* reencontra-se comigo, Carl du Prel e Léon Denis, em existências anteriores.

Porém, contrariamente ao que contamos na segunda parte deste livro, não há continuidade entre as sessões de revivescência; são quadros separados que se produzem espontaneamente e é apenas reunindo os resultados de um grande número de sessões que se pôde reconstituir a trama do romance de Simandini. Observemos que em muitas dessas sessões havia passagem da simples visão à reencarnação, o que o sr. Flournoy explica pela invasão de uma ideia no cérebro de alguma pessoa bastante sugestionável. A srta. Smith representa, além do mais, seu papel nessas diversas circunstâncias com uma verossimilhança tão admirável quanto nas cenas que observei com meus *sujets*.

> A maneira como Simandini senta-se no chão, com as pernas cruzadas ou meio estendidas, negligentemente apoiando o braço ou a cabeça num Sivrouka, ora real (quando em seu transe incompleto ela me toma por seu príncipe), ora imaginário (caso em que lhe acontece manter-se firmando-se com os cotovelos no vazio em posições de equilíbrio inverossímeis, implicando convulsões de palhaço); a religiosa e solene gravidade de suas prostrações quando, após ter por longo tempo balançado o defumador fictício, ela cruza as mãos estendidas, ajoelha-se e, por três vezes, inclina-se com a fronte tocando o chão; a suavidade de seus cantos em tom brando, melopeias lânguidas e lamentosas que se desenvolvem com notas flauteadas, prolongando-se num lento decrescendo e apagando-se às vezes somente depois de quatorze segundos de um só fôlego; a flexibilida-

> de ágil de seus movimentos ondulantes e serpentinos quando ela se distrai com seu macaco imaginário, acaricia-o, abraça-o, excita-o ou ralha com ele rindo, e o faz repetir seus movimentos; toda essa mímica tão diversa e esse falar exótico têm um tal cunho de originalidade, de facilidade e de naturalidade que nos perguntamos com estupefação de onde vem, nessa moça das margens do lago Léman, sem educação artística, nem conhecimentos especiais do Oriente, uma perfeição de representação cênica à qual a melhor atriz não chegaria senão, sem dúvida, à custa de estudos prolongados ou de uma estada às margens do Ganges.
>
> A descrição precedente não se aplica naturalmente senão às boas sessões onde nada lhes perturba o desenvolvimento do sonho hindu em toda a pureza. Porém frequentemente o sonambulismo não é tão profundo nem franco; vagas recordações da vida real, a influência do romance marciano, de Maria Antonieta ou das visões relativas aos assistentes etc. vêm interferir no ciclo oriental. Assiste-se então a cenas mistas e confusas onde essas diversas cadeias de imagens heterogêneas entrecruzam-se e paralisam-se mutuamente.
>
> Nada semelhante se produz com minhas experiências por meio do transe sonambúlico provocado com passes. As histórias contadas pelo *sujet* desenvolvem-se de maneira perfeitamente regular e invariável, porém para nenhuma delas se encontram provas no romance hindu da srta. Smith. Essas provas são de duas espécies: 1°, as palavras sânscritas que se crê serem encontradas nas conversas da princesa Simandini em meio a mímicas que parecem apropriadas a seu sentido presumido; 2°, a menção da existência do príncipe Sivrouka e da fortaleza Tchandraguiri à época indicada pela médium, numa *história do Oriente*, pouco apreciada, da qual um exemplar, impresso em 1828, foi encontrado pelo sr. Flournoy.

O sábio professor tentou explicar tudo isto por impressões no inconsciente da srta. Smith, porém confessa lealmente (p. 336) que não conseguiu resolver o problema, como o fez para o ciclo marciano, ao qual fez alusão e em que a srta. Smith encontrou-se transportada a Marte e compôs a linguagem e a escrita dos habitantes calcando-as sobre a sintaxe francesa.

A encarnação de Maria Antonieta sofreu uma evolução análoga à de Simandini. Ela foi precedida em 1894 por visões descritas por Hélène e acompanhada por ditados tiptológicos explicativos. Depois o transe tornou-se mais profundo e, em 1895, a srta. Smith começou a personificar a rainha em pantomimas mudas, cujo sentido seu guia Cagliostro precisava por meio de sinais convencionais. Em seguida, a palavra apareceu e foi apenas em 1897 que a esta juntou-se a escrita, que, contudo, não se assemelha em nada aos espécimes conhecidos da de Maria Antonieta.

Aqui ainda a personificação desenvolve-se numa coleção de cenas e de quadros variados desprovidos de qualquer trama contínua e em que os acontecimentos históricos marcantes quase não ocupam nenhum lugar. São, em geral, conversas espirituosas e até de verossimilhança com a maioria das personagens marcantes da época, especialmente com Cagliostro, "seu caro feiticeiro", com Felipe d'Orléans (*Egalité*) e o velho marquês de Mirabeau, tendo estes dois últimos reencarnado como Eugène Demole e Aug. de Morzier, dois dos espectadores habituais das sessões, assim como o príncipe Sivrouka reencarnou como sr. Flournoy.

> É supérfluo fazer um relato mais circunstanciado desses jantares e noitadas de Maria Antonieta. Muito divertidos para os espectadores, perderiam bastante de sua malícia espirituosa ao serem simplesmente narrados. Os detalhes são o que se pode esperar de uma imaginação subliminar, viva, alerta, cheia de inspiração, abundantemente provida por conta da ilustre soberana de noções ainda mais facilmente explicáveis que as do ciclo hindu graças à atmosfera intelectual de nosso país. Aparecem aí, aliás, numerosos anacronismos e Sua Majestade cai às vezes nas peças que o marquês ou Felipe sentem um malvado prazer em pregar-lhe. Ela os evita frequentemente quando são muito grosseiros, e é com uma naturalidade da mais alta comicidade que permanece primeiramente omissa e, em seguida, informa-se curiosamente ou manifesta inquietude sobre a saúde mental de seus interlocutores, quando estes introduzem e mantêm as palavras telefone, bicicleta, paquetes ou o vocabulário científico em sua conversação do século XVIII. Porém, por outro lado, ela própria emprega sem pestanejar termos de uso mais arraigado, tais como descarrilar (no sentido figurado), metros e centímetros etc. Certas palavras como carro elétrico e fotografia originaram curiosos conflitos: Maria Antonieta primeiro deixa passar o vocábulo e vê-se que ela o compreendeu bem, porém com sua própria reflexão ou o sorriso dos assistentes despertando-lhe o sentimento de incompatibilidade, emenda-se e volta ao termo de há pouco, fingindo ignorância e a mais espontânea admiração.

A srta. Smith, em suas encarnações, não perde nunca o contato com os assistentes, apesar de não parecer nem vê-los nem ouvi-los. Eis aí uma propriedade bastante conhecida dos *sujets* sob o sono magnético e, como na maioria deles, a música tem o dom de fazê-la voltar bruscamente de seu sonho para de novo impô-lo, conforme os sentimentos que ela exprime.[234]

---

[234] Estudei em especial este fenômeno com Lina (em meu livro sobre *Les sentiments, la musique et le geste*) e com Caro (caso nº 15). O sr. Magnin o estudou com Madeleine – *L'art e l'hypnose*. – A. R.

> Por exemplo, Maria Antonieta caminhando nunca se choca com os outros assistentes. As observações e críticas destes últimos não ficam perdidas, pois bastante frequentemente sua conversa trai sua influência após alguns minutos. Da mesma forma se beliscam ou picam sua mão, se lhe fazem cócegas no conduto auditivo, nos lábios, nas narinas e mesmo na córnea, ela parece anestesiada. No entanto, após alguns segundos sua cabeça vira-se sem dar-se a perceber e, se se persiste, ela entra numa espécie de agitação acomodada a seu sonho, muda de posição sob um pretexto qualquer etc. É evidente, em resumo, que as excitações às quais ela parece insensível no momento, longe de permanecerem sem efeito, armazenam-se e produzem, por sua soma, reações retardadas de vários minutos e inteligentemente adaptadas à cena sonambúlica, mas de uma intensidade exagerada que diminui nesse período de latência. A música age igualmente sobre ela e de maneira quase que imediata, precipitando-se do sonho de Maria Antonieta a um estado hipnótico vulgar em que ela toma atitudes passionais que não apresentam nada de real, conforme o caráter variado das canções que se sucedem ao piano. (*Op. cit.* p. 336).

Da rápida exposição que acabo de fazer, conclui-se que a srta. Smith é dotada das mesmas faculdades fisiológicas que os *sujets* que estudei e é provável que, se a submetessem ao mesmo tratamento metódico pelos passes, obter-se-ia a mesma continuidade nas manifestações de suas vidas anteriores. Por conseguinte, pode-se concluir que a origem desse fenômeno é a mesma para todos e que a ausência de realidade das personagens revividas, que constatamos particularmente em Joséphine (caso nº 2) com coincidências não-explicadas, aplica-se igualmente a Simandini e a Maria Antonieta. Não obstante, encontrei em Paris, no círculo Allan Kardec, uma senhora que estava firmemente convencida, por todas as espécies de revelações, de que havia sido a infortunada rainha da França, cujo clássico físico esforçava-se por reproduzir.

Capítulo IV

Excursão nos domínios do espiritismo

Contrariamente ao que muita gente pensa, jamais me ocupei com o espiritismo. Assisti a algumas sessões para saber como as coisas se passavam. Coloquei-me a par do que se escrevia a respeito, que toca de tão perto o grande problema da sobrevivência, porém reservei meu tempo e meus esforços a estudos mais conformes à minha educação científica. Acreditei que havia pessoas suficientes ocupando-se em obter comunicações com os agentes invisíveis, o que não exige nenhuma atitude particular, e que eu seria mais útil limitando minhas pesquisas à parte física e ao exame das faculdades anormais do organismo humano.

Fui, no entanto, à minha revelia, envolvido com manifestações espíritas em que a teoria das comunicações com os defuntos certamente estava equivocada. Se as relato aqui, é unicamente a fim de fornecer novos documentos ao processo que se desenrola diante da opinião pública, e não para condenar, de maneira geral, a teoria espírita, que me parece apoiada em bases sólidas e que é, em todos os casos, a melhor das hipóteses de estudo formuladas.

Primeiro caso

Meu pai era um espiritualista convicto; e, apesar de católico praticante, tinha predileção marcante pelas teorias espíritas.

Morreu aos setenta e cinco anos de idade de uma embolia que lhe deixava, entre os acessos, a plenitude de suas faculdades intelectuais e a visão bem nítida de sua morte iminente. Pude assistir a seus últimos momentos, em que, tomando-me a mão e recordando nossas conversas filosóficas, concluía com serenidade: "Amanhã ou depois de amanhã saberei mais do que você a esse respeito. E não estou aborrecido em pensar que terei em breve a solução do problema que tão frequentemente me preocupou."

No ano seguinte, encontrava-me por acaso em Paris, num meio mundano com um médium escrevente que, dizia-se, era notável pela nitidez de suas relações com os mortos. Pediram-me para experimentá-lo. Solicitei-lhe então que invocasse a alma de meu pai. O resultado não se fez esperar: a folha de papel cobriu-se, após algumas tentativas, de uma longa sequência de palavras afetuosas como as que um pai endereça a seu filho. Porém, quando pedi a meu suposto pai que assinasse com seu nome de batismo, houve hesitação e em seguida assinou um nome qualquer que não era o seu.

Segundo caso

Enquanto eu fazia minhas experiências com o sr. de Jodko, em 1895,[235] um dia falei sobre isso com o sr. X., subdiretor de uma de nossas grandes companhias de estradas de ferro, que mantinha frequentes sessões com mme. Y., bastante conhecida em Paris como médium profissional. Alguns dias depois, o sr. X. enviava-me as duas comunicações seguintes obtidas por seu intermédio:

> 30 de março de 1895
>
> Cylia, espírito hindu, interessado pelos trabalhos do sr. de R., diz-nos que durante trinta anos estudou o espiritismo e que avançaremos mais na Europa, não tendo de combater o fanatismo pelo qual, no Oriente, tudo é sacrificado.
>
> Vou à ilha do Ceilão, no Tibete, naqueles templos misteriosos onde apenas os iniciados penetram e comparo aqueles trabalhos aos seus. Porém você terá de lutar contra o orgulho dos homens de ciência que nada podem sem nós e que não querem se decidir a chamar pelos espíritos.
>
> Você estava, na última sessão, em boas condições para obter manifestações físicas; se não as teve, isto deve-se à repulsão fluídica dos dois médiuns.
>
> Diga ao Grande Magnetizador que lhe daremos a fotografia do espírito. Será necessário que ele proceda assim:
>
> Deitar o médium num cômodo obscuro que dê para aquele onde está colocada a objetiva; magnetizá-lo para que entre em transe.

[235] Estas experiências tinham por finalidade exteriorizar o corpo astral da sra. Lambert por meio da eletricidade e fotografá-lo. – A. R.

> Servir-nos-emos de seu perispírito, que materializaremos com nossos fluidos bastante fortemente para impressionar a objetiva e fazê-la obter a fisionomia que tivemos sobre a Terra.
>
> O que ele obteve não era senão a reprodução de seu médium, que havíamos tornado luminosa.
>
> E então, diante destas provas, a ciência deverá inclinar-se. É recomendável, quando se quer obter alguma coisa, fazer um chamado enérgico aos espíritos de luz para que espantem os espíritos do mal que vêm perturbar os fluidos.
>
> Kariatrari foi faquir; ele é mais forte como ciência oculta do que o espírito Vincent, porém menos avançado como ciência aplicada.
>
> Cylia
>
> 12 de abril de 1895
>
> A médium vê um dos espíritos indianos aproximar-se de mim para fazer-me escrever:
>
> Estou aqui, eu, Cylia; sei que você disse ao Grande Magnetizador o que eu queria ensinar-lhe a respeito de suas fotografias.
>
> Ele não deve desgostar-se se não consegue tão rapidamente como desejaria. Afirmo-lhe que obterá a fotografia do espírito procedendo assim; porém é preciso que ele nos chame pelo pensamento, nós, seus amigos do alto que estamos sempre prontos a responder a seu chamado.
>
> Que ele também chame Kariatrari, que é bastante poderoso para muitas manifestações físicas.

Ora, durante aquele tempo obtive, com Nadar, os clichês que me provavam a introdução extremamente provável, senão certa, em nossas experiências, de um truque que revelei nos *Annales des sciences psychiques*, números de 1 a 16 de janeiro de 1908.

Terceiro caso

Em 1887, o sr. Goupil, engenheiro, encontrava-se de passagem em sua terra natal, em Poizay-le-Sec, pequeno vilarejo de cento e cinquenta habitantes, situado a quarenta quilômetros de Poitiers, e teve a ideia de utilizar suas folgas estudando, por si próprio, os fenômenos espíritas, alguns dos quais teve recentemente ocasião de presenciar em casa de amigos em Paris.

Durante dois meses procurou em vão um médium. Enfim, uma noite, desejando tentar com uma mulher cujo nervosismo fazia-lhe esperar resultados, dirigiu-se a seu domicílio onde encontrou um jovem camponês, Joseph Roy, marceneiro, com a idade de vinte anos, diante de quem ele havia falado sobre esse assunto na véspera, e convidou-o a assistir à sua tentativa.

– Oh! Senhor, disse-lhe Roy, temo que tudo isto sejam fraudes e que o senhor não consiga nada!

No entanto, sentando-se a uma mesa com a mulher em questão, o marido desta e o instrutor, Roy foi em pouco tempo tomado de tremores, como um epilético, e a mesa não tardou a balançar, começando a responder a algumas das perguntas do sr. Goupil, que parou rapidamente a tentativa porque os assistentes começaram a aterrorizar-se; porém ele teve tempo de constatar que o móvel tornava-se imóvel quando Roy era afastado e que continuava a funcionar quando apenas ele era deixado em contato.

Dois dias depois, o sr. Goupil chamou Roy à sua casa e durante cinco meses obteve com ele comunicações muito curiosas que relatou, em parte, num artigo dos *Annales des sciences psychiques* (Ano de 1895, p. 274 e seg.).

Dentre essas comunicações, tomo a seguinte, que se produziu numa série de sessões às quais assistiam apenas o médium, sozinho à mesa, o sr. Goupil, sua esposa e as duas filhas.

Primeira sessão

(Eu) – Quem está aí?

– Raymond Dupuy, senhor de Montbrun.

– Onde você morava?

– No castelo de Rochechinard.

Consultamo-nos; tudo isso era-nos desconhecido.

– Em que ano morreu?

– Em 1740.

Esta data foi dada com dificuldade. Mutismo sobre o departamento ou a província que encerra o castelo em questão. Falei das descobertas do século e perguntei-lhe se conhecia o telefone. Diante de sua resposta negativa, expliquei-lhe; explicações que eu havia dado anteriormente ao médium que sabia bem, pelo *Petit journal*, que o telefone não era uma quimera. A mesa ditou: – Você é um farsante. Mandei o espírito aos diabos e ele respondeu:

– Leia no *Ouvrier*; lá você verá a história de minha esposa, Fleur-de-Lis. É muito interessante.

– "Leia no *Ouvrier*"? Que isto quer dizer? Meus filhos disseram que acreditavam ter visto outrora um jornal chamado *Ouvrier*.

– Efetivamente, disse eu, trata-se mesmo de um jornal clerical.

O médium declarou não conhecer esse jornal. Investiguei; ninguém, em todo o serviço do correio que servia a comuna e os arredores recebia o jornal *Ouvrier*.

Essa primeira sessão foi em outubro de 1887.

Oito dias depois anunciou-se de novo nossa personagem que, convidada a dizer-nos a finalidade de sua manifestação, ditou:

– Enganei-me no outro dia, dizendo-lhes a data de minha morte.

– E você veio por causa disto? Então diga-a.

Confundimo-nos um bom momento. Enfim compreendi que se tratava de algarismos romanos.

– MDLXXV.

– Como morreu?

– Morri prisioneiro do rei Henrique III. Fui executor contra esse rei.

– Executor! É uma palavra antiga?

– Sim.

(Não é uma palavra do dialeto da localidade.)

– Isto quer dizer que você combateu contra ele?

– Sim.

Alguns dias depois vi na casa do instrutor um livro intitulado O barão dos Adrets. Tendo-o aberto, a palavra "Montbrun" chamou-me a atenção e vi que tratava de combates contra Henrique III. Pensei ter aí a chave do enigma. Roy tinha sem dúvida lido aquele livro. Porém o instrutor afirmou-me que aquele livro não havia saído de sua casa e que ele o havia trazido de longe há pouco tempo. Levei o livro comigo à minha casa e o lemos. Nada no texto sobre o nome Raymond Dupuy nem sobre Rochechinart; porém, no final, encontrei uma nota histórica sobre Charles Dupuy de Montbrun, que havia sido decapitado em 1575 (algarismos habituais).

Levei-o ao médium, sustentando que ele teria lido aquele livro ou outro semelhante. O médium disse-me que, supondo que ele não se recordasse dos detalhes, certamente se recordaria de ter lido alguma coisa análoga e que estava certo de não ter nenhuma lembrança de leitura relativa àquela personagem. Deixei-lhe o livro para que o lesse. Devolveu-me alguns dias depois, declarando-mc que era a primeira vez em que tomava conhecimento daqueles fatos.

Eu já havia devolvido o livro ao instrutor há alguns dias e, uma noite, ao jantar, eu pensava naquele Dupuy e disse à minha família: "Não me recordo se Dupuy foi decapitado."

– Foi, papai – respondeu uma de minhas filhas.

– Não creio; fala-se que ele foi executado, mas não dizem que gênero de suplício experimentou.

– Sim, papai, ele foi decapitado. (Minha filha tinha razão.)

Depois, a conversa versou sobre outro assunto. Uma hora mais tarde, estive diante do médium, que trabalhava no campo, e, tendo assistido à sua refeição, levei-o para uma sessão. Roy não podia portanto saber que havíamos falado entre nós sobre Dupuy de Montbrun, e havíamos completamente esquecido desse pedaço da conversa quando, após uma hora de sessão, anunciou-se Raymond Dupuy.

(Eu) – E então! Que há de novo?

– Asseguro-lhes que não fui decapitado.

– Veja só! – diz minha esposa – ele responde à sua pergunta feita durante nosso jantar.

– De fato, é verdade! Mas, senhor de Montbrun, deve dizer *atesto-lhe*, e não *asseguro-lhes*.

Asseguro-lhes era uma expressão do médium; o fenômeno liga aqui, portanto, a linguagem do médium a um fato desconhecido para ele porém conhecido e esquecido pelos assistentes. Após esse incidente, Dupuy permaneceu calado.

Um mês depois, quarta sessão, onde se anunciou ainda o pretenso Raymond Dupuy.

(Eu) – Ah! Encontramos sua história. Você realizou grandes feitos de armas; era apelidado de bravo?

– Sim.

– Contra quem combateu em combate singular?

– Maclou.

– Maclou! Oh, é uma farsa! É Maclou de Gardeuse d'Ours?

– O nome que acabo de lhes ditar é o de uma personagem que queria destruir meu castelo de Rochechinart.

– Mas duas vezes você nos fala desse castelo. Não se fala de Rochechinart nem de Maclou no livro que lhe diz respeito. Você habitava o castelo de Montbrun, diocese de Gap, Drôme ou Altos-Alpes?

– Não.

– A história mente então?

– Sim.

– Henrique III o decapitou?

– Não.

– Que suplício ele lhe infligiu?

– Nenhum; morri nos braços de minha esposa que foi ao rei pedir meu perdão e este foi-lhe concedido ii horas após minha morte.

– ii quer dizer duas?

– Sim. Muito lamentei não ter obtido libertação mais cedo, pois fiz minha esposa derramar muitas lágrimas não desejando permanecer perto dela.

– Por libertação você quer dizer sua morte?

– Sim.

Os fatos do livro eram portanto contestados. Não encontrávamos Rochechinart nem em nossos livros nem em nossos mapas. Enfim descobri no dicionário dos Correios (Drôme, trezentos e trinta e oito habitantes) o único Rochechinart que há na França.

Mas eu quis terminar a investigação. Encontrando-me em Paris, procurei Bottin e encontrei o endereço do jornal *Ouvrier*. Informei-me; um romance intitulado *Fleur-de-Lis* havia aparecido no jornal, de dezembro de 1885 a abril de 1886. Como o haviam impresso em volumes, comprei um exemplar e li-o no trem. Encontrei a história de Fleur-de-Lis e de Raymond Dupuy, irmão de Charles Dupuy, sobre o qual eu havia achado notas históricas. Rochechinart e Maclou lá aparecem e, no final, o epitáfio:

AQUI JAZ
NOBRE E PODEROSO FIDALGO
RAYMOND DU PUY-MONTBRUN
CAVALEIRO
SENHOR DE LA VALETTE E OUTROS LOCAIS
DE RETORNO A DEUS
NO XV DIA DO MÊS DE AGOSTO
DO ANO DE GRAÇA MDLXXV
ROGAI POR ELE.

Não havia portanto transcorrido senão quinze meses entre a época da impressão do romance e aquelas sessões. Era, portanto, impossível que o médium tivesse esquecido sua leitura. Fiz o médium ler o livro e ele declarou que pela primeira vez tomava conhecimento daquele romance.

Para completar a investigação, escrevi ao autor do romance a respeito da personagem. O sr. Oscar de Poli respondeu-me, aliás de acordo com a hipótese que eu havia formulado, que Raymond Dupuy e Fleur-de-Lis eram duas personagens fictícias.

Em setembro de 1890, ou seja, três anos depois, eu morava em Vitry-sur--Seine e tive ocasião de conhecer o dr. Paul Gibier, que me concedeu um encontro em Paris, onde se encontrava de passagem.

À noite, reteve-me para o jantar para que eu conhecesse alguns de seus amigos, dentre os quais o coronel de Rochas.

Éramos nove, dentre os quais Émile Gaboriau. Ao final da refeição, penetramos no capítulo "espiritismo" e, parecendo-me que o sr. Gaboriau crê na possibilidade da manifestação dos defuntos, disse-lhe: "Vou contar-lhes uma história de defunto!"

Comecei a narração do caso Raymond Dupuy. O sr. de Rochas interrompeu-me imediatamente e disse:

– Desculpe, mas ele não se chamava Raymond, porém Charles. Sei algo sobre isso: é meu bisavô! Descendo diretamente de Charles Dupuy-Montbrun.[236]

Continuei a narração, cujo final provocou o riso de todos, e o sr. de Rochas contou um fato semelhante que eu havia esquecido.[237]

Achei espantoso aquele encontro com o coronel, que se achava relacionado com meu caso; porém veremos isto mais como forte coincidência.

Em novembro de 1890, parti para Sousse (Tunísia) a fim de tratar de negócios de um amigo que mora em Mehdia. Lá encontrei alguém chamado

---

[236] Charles du Puy Montbrun nasceu por volta de 1530 no castelo de Montbrun, perto do Buis (Drôme). Era o primogênito de Aimar du Puy-Montbrun e de Catherine Parisot de la Valette, sobrinha do grão-mestre de Malte deste nome. Ele era neto de Falquet de Puy, senhor de Montbrun, que teve de seu casamento com Louise d'Eurre-Mollans dezesseis meninos e dezesseis meninas. Era filho do sobrinho de Raymond du Puy, segundo grão-mestre da ordem de são João de Jerusalém. Desposou, em 26 de junho de 1655, Justine Alleman, filha de François Alleman, senhor de Champ, e de Justine de Tournon, tendo um só filho, Jean, e três filhas. Teve dois irmãos: Pompée e Didier, que entraram, os dois, na ordem de Malte. Charles du Puy-Montbrun, criado no catolicismo, abraçou o protestantismo em 1553 após sua irmã Jeanne, casada com Gaspard de Theys, senhor de Clelles, e não tardou a tornar-se o chefe dos huguenotes em Dauphine. Em 1574, tendo-lhe Henrique III intimado a rendição das praças fortes das quais se havia apoderado, ele respondeu-lhe que "as armas e o jogo tornam os homens iguais" e que "em tempo de guerra, quando se tem a mão armada e se está em dificuldade, todo mundo é companheiro". Em 1575, tendo recebido dois ferimentos graves num combate, foi feito prisioneiro, conduzido a Grenoble, condenado pelo Parlamento como culpado de lesa-majestade, condenado a ser decapitado, e que foi executado em 15 de agosto daquele mesmo ano, 1575. Seu perdão, obtido graças à intercessão de sua esposa, chegou duas horas após sua morte. Ele nunca havia habitado o castelo de Rochechinard. O decreto do Parlamento de Grenoble foi cassado pelo edito de maio de 1586, o qual lhe reabilitou a memória, e a terra de Montbrun foi erigida como marquesado em fevereiro de 1620 em favor de seu único filho Jean. – A. R. Nota da editora: Foram mantidas as duas formas de grafia constantes do original francê: Charles Dupuy-Montbrun e Charles du Puy-Montbrun.

[237] Foi o caso do cavaleiro de Camargue, cujo relato segue.

Issorel que me esperava e devia servir-me de ajudante. Alugamos dois alojamentos numa casa onde já estava instalado um jovem casal. Como Issorel encontrava-se com a esposa, as duas mulheres passaram a conhecer-se.

Peguei pensão em casa de Issorel e, alguns dias após minha chegada, uma noite, entretive Issorel e sua esposa com o espiritismo, do qual jamais haviam ouvido falar. Comecei por contar-lhes o caso de Dupuy. Mal comecei, bateram à porta. Era a mulher do andar de cima que chegava com um livro grosso na mão e disse: "Pegue, senhora Issorel. A senhora perguntou-me se eu tinha alguma coisa para ler. Eis tudo o que encontrei." Dizendo isto, depôs sobre a mesa o livro, que não abrimos, e se retirou.

Chegando ao ponto em que se tratava do livro encontrado na casa do instrutor (*O barão dos Adrets*), eu dizia a Issorel que dentro dele havia encontrado notas históricas sobre Charles Dupuy-Montbrun, quando o livro que estava sobre a mesa chamou-me particularmente a atenção pelo seu formato: parecia-me já tê-lo visto. Abri-o. Era *O barão dos Adrets*! Talvez o único exemplar encontrado na Tunísia!

Quarto caso

O caso que eu havia contado ao sr. Goupil e que ele havia esquecido é o seguinte:

Em 1890, era eu diretor da *Revue du cercle militaire* e tinha o cuidado de ter sempre de reserva alguns artigos sem atualidade que podiam ser tomados para completar, se preciso fosse, as trinta e duas páginas da revista.

Um desses artigos, publicado em seguida separadamente, era intitulado: "Gritos de guerra, divisas, cantos nacionais, canções de soldados e músicas militares."

Eu conversava um dia com um de meus amigos da província, o sr. Ernest Lacoste, e fazia-o observar que grande quantidade de divisas heráldicas era baseada em trocadilho. Citei-lhe como exemplo a dos Castellane: *Maï d'Ounour que d'Ounours* (Mais honra do que honras). "Poder-se-ia", disse-me ele, "dar-lhe igualmente em provençal outra forma: *Jamaï baîsso toun couor per haussa toun cor* (Jamais sufoque seu coração para elevar seu corpo)."

Achei, efetivamente, essa nova forma bastante feliz e introduzi-a em minha coleção; porém, não desejando atribuí-la a uma família existente que poderia ter uma outra, dei-a à família de minha bisavó (Blanc de Camargue), que habitava o Gapençais e estava extinta há mais de um século.

Dois anos depois, tive ocasião de entrar em contato com amigos do sr. Lefort, arquiteto em Sens, que me deram a conhecer a aventura que o próprio sr. Lefort contou do seguinte modo, numa carta endereçada ao sr. Goupil, datada de 14 de abril de 1893:

> Por parte do coronel de Rochas, transmito-lhe as seguintes informações. Você teve o caso de Raymond Dupuy; tivemos, em sessões íntimas, em Sens, o caso do cavaleiro Blanc de Camargue, caso que, antes de o conhecermos, dizia respeito ao coronel de Rochas. Uma característica comum aproxima nossos dois casos, a mistificação seguinte:
>
> Tendo-lhe sido pedido ao cavaleiro Blanc que nos indicasse pela mesa através de pancadas o objetivo de sua visita (eram 23 de agosto de 1890), ditou-nos: *Jamaï baîsso toun couor per haussa* toun cor. Conversamos e interrogamo-nos sobre a interpretação a dar a esta frase de uma língua estrangeira para nós.
>
> A 27 de agosto de 1890, outra sessão com os mesmos assistentes. Interrogamos e copio meu registro.
>
> – Poderia dizer-nos o nome do cavaleiro que fez uma comunicação em dialeto?
>
> – Sim: Blanc de Camargue.
>
> – Foi sua divisa que ele nos ditou?
>
> – Sim.
>
> Dia 3 de setembro de 1890. Mesma assistência, médiuns seguros.
>
> – Quem é o espírito que se manifesta?
>
> – Blanc.
>
> – O cavaleiro?
>
> – Sim; encontrarão minha divisa num livro de de Rochas: *Cantos, divisas e gritos de guerra.*
>
> Um de nós, funcionário da administração das florestas, pesquisou e, talvez quinze dias depois, obtinha-se esse livro assaz raro em livraria. Encontramos a divisa em francês: Jamais sufoque seu coração para elevar seu corpo.
>
> Ora, eis onde a coisa complica-se: alguns meses mais tarde, um de nossos amigos e sua esposa chegaram a Paris e dirigiram-se a uma sessão de consulta do doutor Luys. Naquele mesmo dia lá se encontrava o coronel de Rochas, a quem nossos amigos contaram o caso do cavaleiro. O coronel então informou-lhes que os Blanc de Camargue eram seus ancestrais, que ele nunca soube se tinham, sim ou não, uma divisa, e que a que se encontrava em seu livro foi ele quem havia forjado!
>
> Muito mais tarde, no início de 1892, eu me encontrava em Paris na livraria da rua de Trévise, quando conheci o coronel, que me confirmou o que precede. Enfim, bem recentemente, reencontrei-o de novo, inopinadamente. Foi então que me falou das pesquisas feitas por você.

Nos casos de Charles Du Puy-Montbrun e do cavaleiro Blanc de Camargue não poderíamos atribuir as comunicações da mesa às recordações registradas no inconsciente do médium.

Talvez fosse encontrada a explicação nos seguintes fatos:

Viu-se no segundo parágrafo do capítulo primeiro da segunda parte deste livro que a vontade poderia modelar o corpo astral de maneira a dar-lhe uma forma determinada.

Os hindus admitem que o mesmo efeito pode produzir-se pela simples ação da ideia sobre a substância, que poderia ser chamada de protoplasma psíquico e na qual vivemos.

O estatuário Allar e seus confrades swedenborguianos afirmaram-me perceber as formas dos pensamentos.

Mireille, a quem perguntei um dia, durante seu sono magnético, como explicava as comunicações à distância sem intermediário conhecido, respondeu-me que via, em seu estado habitual, como que nuvens formadas de uma substância que possuía um início de vida intelectual. Essas nuvens eram impressionadas pelos nossos pensamentos quando encontravam-se perto de nós, tomavam sua forma e obedeciam à nossa vontade conduzindo-se à destinação.

Devo acrescentar que a rica imaginação de Mireille fornecia-lhe imediatamente uma resposta a todas as minhas perguntas.

Seria bom lembrar a este respeito a teoria oriental dos egrégoras, de acordo com a qual é suficiente a concentração de uma certa quantidade de pensamentos sobre uma personalidade ainda não existente fisicamente para dar-lhe uma existência efêmera com todas as qualidades que lhe são atribuídas, existência cuja duração é proporcional à intensidade e à duração dos pensamentos componentes; o que explicaria a cessação dos oráculos assinalada por Plutarco quando as multidões deixaram de vir consultá-los.

Capítulo V
A evolução da alma

Quando, do alto de uma torre, os homens são vistos parecidos com pontos pretos cruzando-se em todos os sentidos sem motivo aparente, somos tentados a nos perguntar que diferença há entre esses homens e as formigas que se agitam em torno do formigueiro. Quem nos autoriza a pensar que esses insetos, cujos movimentos assemelham-se tanto aos nossos, não tenham como nós uma alma, uma civilização?

O espetáculo não seria o mesmo se, em vez dos europeus do século XX, fosse vista uma horda de selvagens? Quem nos revelaria diferenças entre seu estado cerebral e o nosso? Como poderíamos reconhecer que as aspirações de uns não ultrapassam a certeza da alimentação cotidiana e que as concepções dos outros levam em conta os problemas mais elevados da metafísica?

Por que então ser cavado um abismo entre o homem e os animais, tão semelhantes a nós,[238] na visão de um observador situado de maneira a ver o

[238] O estudo das funções do sistema nervoso, isto é, da alma, é o objeto próprio da psicologia. A psicologia comparada, tratada por sábios como Guillaume Wundt, já quebrou a antiga barreira que separava outrora o 'instinto' dos animais e a 'razão' do homem. "A razão existe, apesar de em graus diferentes, tanto nos mamíferos superiores – macacos, cães, elefantes, cavalos – quanto no homem. Não se concebe, aliás, de que outra forma poderia ser, uma vez que o órgão da razão, o sistema nervoso central, passa no embrião humano pelas mesmas fases que nos outros mamíferos. Tendo certamente o homem e os mamíferos uma origem comum, por que sua medula espinhal e seu cérebro seriam de outra natureza?" (J. Soury. *Philosophie naturelle*, p. 126.)

No estudo comparado do sistema nervoso dos diferentes animais, diz Paul Bert, "a fisiologia constata uma gradação contínua sem nenhuma dessas demarcações nítidas, dessas espécies conjunto da criação, assim como cavaram a religião católica, sob a influência de seus dogmas, e o espírito filosófico moderno sob a de Descartes? Disso resultou que raros santos, como Francisco de Assis, tenham pregado a caridade para nossos irmãos inferiores e que, na confecção de nossos códigos, uma lei protetora dos animais tenha sido completamente esquecida.

Dizem que os animais nascem, vivem e morrem como plantas. Por que não nasceríamos, viveríamos, morreríamos como eles limitando nosso papel à transmissão de nossa vida? Ou por que animais e plantas não teriam, como nós, em certa medida, uma vida moral?[239] Fenômenos de sensibilidade revelam-se até nos corpos brutos e, em particular, nos cristais.[240]

Há aí o indício de uma evolução na qual se poderia ver a confirmação das opiniões filosóficas do antigo Oriente, que explicava a formação e o fim do mundo pela respiração do eterno: à medida que seu sopro afastava-se de si (expirar), ele tornava-se cada vez mais material e inerte; em seguida, espiritualizava-se cada vez mais voltando a si (inspirar).

---

de abismos que o método *a priori* compraz-se em imaginar entre os seres que ela desdenha observar. Freqüentemente falou-se do abismo intelectual que separa o homem do animal; porém um abismo tão profundo não parece cavado entre o macaco antropomorfo e a ameba difluente? Pode-se ir mais longe ainda e encontrar até na necessidade de maior bem-estar, que faz as plantas procurarem a luz, traços bastante obscuros dessa vontade e desse sentimento ainda tão apagados na ameba." – A. R.

239 "É impossível afirmar que as sensações do animal não sejam representadas no mundo vegetal por uma espécie de consciência menos distinta. Mude a capacidade de percepção e a prova mudará também. O que para nós é uma ausência total de manifestação da consciência sê-lo-ia também para um ser gozando nossas faculdades num grau infinitamente superior? Para um ser assim dotado é-me permitido supor que não apenas o mundo vegetal, mas ainda o mundo mineral, responderia a estímulos convenientes e que estas respostas difeririam apenas em intensidade das manifestações exageradas que, por sua grosseria, impressionam nossas faculdades imperfeitas." Tyndall.

240 "Sabe-se que há na fronteira entre os dois reinos todo um grupo de seres litigiosos que não se pôde ainda anexar a nenhum dos dois. As amebas vegetais, os plasmódios, estudados por de Bary, apresentam confundidos traços do animal e do vegetal. São massas protoplásmicas que não se constituem nem de células nem de tecidos durante todo o seu período de crescimento; caminham arrastando-se sobre restos de plantas destroçadas, sobre as cascas das árvores, sobre a casca do carvalho; emitem prolongamentos, espécies de braços." (Claude Bernard. *Leçons sur les phénomènes de la vie*, p. 255)

"Como poderíamos compreender um antagonismo, uma oposição entre as propriedades dos corpos vivos e as dos corpos brutos, visto que os elementos constituintes dessas duas ordens de corpos são os mesmos? Todos os corpos vivos são exclusivamente formados de elementos minerais, tomados do meio cósmico. Descartes, Leibnitz, Lavoisier ensinaram-nos que a matéria e suas leis não diferem nos corpos vivos e nos corpos brutos; mostraram-nos que no mundo há uma só mecânica, uma só física, uma só química, comum a todos os seres da natureza." (Claude Bernard. *La science expérimentale*, pp. 178-182.)

Há, certamente, plantas que são felizes e outras infelizes.[241] É preciso ver aqui, assim como para os outros seres vivos, a simples consequência da ação das forças naturais para manter a harmonia do universo, segundo leis que não conhecemos? Imagino que Deus, em sua infinita grandeza, deva olhar com os mesmos olhos o homem e os infinitamente pequenos que povoam a Terra.

Dizem também que temos aspirações que os animais não têm; mas o que o prova? Não encontramos neles nossas qualidades, nossos defeitos e, eu diria, quase toda a nossa inteligência, pois vários dentre eles são mais inteligentes do que muitos homens, a cuja alma vocês não hesitam em atribuir a imortalidade?[242]

Eles não falam e o homem fala; porém, além de que nada prova que não há entre sua linguagem e a nossa outra coisa além de uma questão de aperfeiçoamento, será esta uma diferença assaz profunda para que um sobreviva, enquanto os outros morrem por completo?[243]

Uma das questões mais poderosas a favor da sobrevivência é a desigualdade das aptidões dos homens. Ora, o mesmo ocorre com os animais. Sem falar

---

[241] Ver a esse respeito *L'âme de la plante*, de Arnold Boscowitz, Paris, Ducrocq, 1867. Conhecem-se as reações motoras da erva-espim, da papa-mosca, do sanfeno oscilante e da sensitiva sob a ação das sacudidelas ou simplesmente da luz e do calor. Um físico de Boston relata que, quando ele executa harmonias, suas sensitivas abrem-se e estendem-se, aspirando a música como aspiram a claridade do sol; porém, quando ele dá uma nota discordante, as plantas tremem e fecham-se. Hoekel afirma que uma multidão de jovens plantas rudimentares move-se por meio de filamentos, de chicotes, de cílios vibráteis. Nadando, essas plantas mostram tanta vivacidade, constância, vontade aparente, quanto as formas de larva de vários animais. Claude Bernard mostrou, através de suas experiências de anestesia sobre a série inteira dos seres vivos, que o éter, o clorofórmio etc. agem sobre todos os tecidos vivos em se tratando de animais ou de vegetais. Cada elemento anatômico é atingido sucessivamente segundo seu grau de sensibilidade. O anestésico agiria sobre esses minúsculos seres vivos, sobre essas espécies de infusórios, sobre essa multidão enorme de organismos elementares associados que, por sua união, constituem os organismos que vemos, por mais complicados que sejam: "É portanto", diz J. Soury, "no protoplasma amorfo que reside a vida, a vida não ainda definida, espécie de caos em que todas as propriedades vitais encontram-se confundidas em nutrição, reprodução, sensibilidade, movimento. É no protoplasma que residem, indistintas e confusas, todas as propriedades cujos fenômenos, observados nos seres superiores, não passam de expressões diversificadas, amplificadas e de complexidade cada vez maior." (*Philosophie naturelle*, p. 59.)

Porém esse protoplasma não é simplesmente um instrumento cada vez mais aperfeiçoado posto sucessivamente à disposição da alma, centelha divina, em vias de evolução? – A. R.

[242] Nota da editora: Sendo a inteligência dos animais apenas rudimentar, como ensina *O livro dos espíritos*, não existe nenhuma mais inteligente do que o homem. São sempre inferiores (questão nº 601 de *O livro dos espíritos*). Talvez Albert de Rochas esteja se referindo a casos patológicos em que a inteligência humana sofre sérias restrições para se manifestar.

[243] Certamente a linguagem articulada é um poderoso meio de aperfeiçoamento para a inteligência; porém os surdos-mudos que não a têm não são por isso menos inteligentes do que o resto dos homens. – A. R.

da desigualdade de inteligência entre os indivíduos da mesma espécie, uns há que nascem calmos, outros ferozes.

> Quando refletimos [escreve um naturalista] que em cem cães, cavalos ou elefantes, não são todos os animais, porém apenas um ou dois que se mostram maus, briguentos, indomáveis; que em cem gatos, há bem poucos que negligenciam ou matam seus filhotes, não podemos negar que esta perversidade seja devida a uma tendência pessoal e desconhecida aos outros indivíduos da mesma espécie.

Há, entre os animais como entre os homens, indivíduos que têm a vida feliz e outros, a vida infeliz. Não se deve ver também aí, tanto entre uns como entre outros, as consequências das vidas anteriores, pois é um grave erro crer que os animais não possuem consciência. Nossos pais não acreditavam nisso, e existem numerosas compilações (particularmente as de Lavaudie e de Berriat-Saint-Prix) onde são citados os julgamentos feitos contra aqueles que foram considerados culpados de algum crime.[244]

Não seria apenas pelos homens que eles teriam sido julgados, mas ter-se-iam julgado eles próprios entre si.

Um sábio alemão, Néander, conta que, na povoação de Bangue, na Baviera, várias cegonhas viviam em paz entre si. Um dia, no entanto, uma fêmea deixou-se seduzir por um jovem macho na ausência de seu esposo. Este retornou inesperadamente e, vendo-se traído, tê-la-ia feito comparecer diante de um tribunal composto por todas as cegonhas do local, justamente reunidas para sua viagem de outono, que fizeram justiça despedaçando a culpada.

De acordo com o doutor Émile Laurent, veem-se frequentemente na Escócia setentrional e nas ilhas de Féroë tropas de gralhas levarem à morte algumas de suas companheiras culpadas.

Verdadeiras ou falsas tais histórias, não se pode negar que os animais tenham o sentimento do bem e do mal e não se reúnam, como os apaches, para cometerem faltas.

---

244 Berriat-Saint-Prix fez o levantamento de oitenta condenações à morte ou excomunhões pronunciadas de 1120 a 1741 contra toda espécie de animais desde o asno até o gafanhoto. O dr. Foveau de Cournelles, em seu interessante livro sobre as *Facultés mentales des animaus*, cita, na página 301 e seguintes, numerosos exemplos que provam que os animais têm noção do justo e do injusto, experimentam remorso e que se pode reconhecer neles certos sentimentos de religiosidade. – A. R. Nota da editora: Noções de justiça, injustiça e religiosidade são conceituais, que somente o eu consciente do espírito elabora. Animais não possuem consciência, que é atributo do espírito (questão nº 598 de *O livro dos espíritos*, de Allan Kardec.).

Büchner, em sua *Vie psychique des bêtes*, fala das abelhas ladras que, para evitarem trabalhar, atacam em massa colmeias aprovisionadas, praticam violência contra as sentinelas e os habitantes, pilham a colmeia e levam todas as provisões para sua casa. Se essa exploração for bem-sucedida em várias tentativas, elas tomam mais gosto à pilhagem e à violência do que ao trabalho e terminam por constituir verdadeiras colônias de salteadoras.

Todos os autores que estudaram os costumes das formigas afirmam que certas espécies agem dessa mesma forma e empreendem guerras para tentar arrebatar de outras as provisões que estas com dificuldade acumularam.

Franklin escreveu que foram vistos mandris associarem-se em centenas para melhor pilharem pomares de difícil acesso. O mais astuto e mais velho, após haver estudado o terreno, avança em primeiro lugar e deixa uma sentinela no ponto mais ameaçado. Em seguida, eles se dispõem em cadeia e transferem um ao outro a presa que o último da cadeia depõe num esconderijo comum. Quando a sentinela percebe algum perigo dá o sinal e todos os mandris fogem.

Se o animal possui nossos vícios, possui também nossas qualidades. Ele é ávido de louvações e de aprovações. Com que entusiasmo o cão recebe nossas carícias e nossos elogios! Todo mundo já observou o quanto os cavalos são sensíveis às demonstrações de afeição, que ardor eles põem em suas corridas, não se deixando ultrapassar por seus rivais. Napoleão possuía um cavalo árabe que não permitia que ninguém o montasse, exceto o palafreneiro que constantemente cuidava dele. Quando era montado por esse homem, seus movimentos eram lentos e comuns, porém desde que ouvia os tambores tocarem nos campos, o que anunciava a presença do imperador, ele se endireitava com orgulho, agitava a cabeça em todos os sentidos, batia as patas no chão e, até o momento em que seu ilustre cavaleiro descia dele, era o mais belo cavalo que se podia ver. Cita-se o caso de uma macaca que, todas as vezes em que lhe davam um lenço, enroupava-se com ele e sentia um prazer extraordinário em vê-lo arrastar atrás de si como a cauda de um vestido de corte. Algumas espécies, como o gato e o elefante, possuem o instinto do pudor e não se acasalam senão solitariamente.

Sabe-se para que variedade de funções inteligentes puderam-se adestrar os elefantes, tornados boas crianças, e os cães, dos quais fizeram auxiliares da justiça. Todos esses animais possuem o sentimento do dever cumprido e o testemunham por seus gestos felizes.

Acrescentemos, enfim, que numerosas observações conduzem-nos a supor que, tanto no animal como no homem, há um corpo astral que sobrevive ao corpo físico e que pode ser percebido pelos nossos sentidos; o que nos permite crer que há, tanto para um quanto para o outro, uma lei de evolução.[245]

Um outro assunto de incerteza nessa questão, ainda tão obscura, da alma dos bichos, extrai-se da comparação entre o desenvolvimento da inteligência na criança e nos filhotes de nossos animais domésticos, como o cão e o gato. Como é possível que uma alma, toda formada por existências precedentes, possa, em suas primeiras manifestações, apresentar semelhanças tão impressionantes com o simples desenvolvimento de uma força vital que evolui com o tempo?

Uma observação, reproduzida por Ribot, em seu livro *Maladies de la mémoire*, às páginas 65 e 66, lança algum esclarecimento sobre esse problema, mostrando de que maneira uma alma, cuja existência é incontestável, reaprende a servir-se de seu corpo. O recém-encarnado encontra-se mais ou menos na situação dessa jovem mulher de vinte anos, observada pelo professor Sharpey, que, após haver dormido durante dois meses, retorna pouco a pouco a seu estado normal, não mais se recordando de nada.

> Retornando de seu torpor, ela parecia haver esquecido quase tudo o que havia aprendido. Tudo lhe parecia novo; não reconhecia uma pessoa sequer, mesmo seus parentes mais próximos. Alegre, buliçosa, distraída, encantada com tudo o que via ou ouvia, assemelhava-se a uma criança.
>
> Em breve, tornou-se capaz de manter a atenção. Sua memória, inteiramente perdida ao que se refere a seus conhecimentos anteriores, era bastante viva, bastante sólida para tudo o que havia visto e ouvido desde a sua doença. Recuperou uma parte do que havia aprendido outrora com uma facilidade bastante grande em certos casos, mínima em outros. É notável que, apesar de o processo seguido para reconstituir seus conhecimentos ter parecido consistir menos em estudá-los novamente do que em recordá-los com a ajuda de seus próximos, no entanto, mesmo agora, ela não parece ter consciência, no mais fraco grau, de tê-los possuído outrora.
>
> Primeiro, era impossível travar com ela uma conversação. Ao invés de responder uma pergunta, repetia-a textualmente em voz alta; e durante muito tempo, antes de responder uma pergunta, ela a repetia inteira. Não tinha, originariamente, senão reduzido número de palavras a seu dispor. Adquiriu rapidamente muitas delas, porém cometia estranhos erros empregando-as. No entanto, em geral, não confundia senão as palavras que, juntas, tinham alguma relação. As-

[245] Nota da editora: Não se trata de suposição. Há uma espécie de princípio que sobrevive à morte (questão nº 597 de *O livro dos espíritos*). Excelente, sobre o assunto, o estudo empreendido por Ernesto Bozzano e publicado em português sob o título *Os animais têm alma?* (Instituto Lachâtre).

sim, para chá, ela dizia molho (e empregou por bastante tempo esta palavra para os líquidos); para branco ela dizia preto; para quente, frio; para minha perna, meu braço; para meu olho, meu dente etc. Agora, de forma habitual, usa as palavras corretamente apesar de algumas vezes trocar suas terminações ou formar novas palavras.

Ela ainda não reconheceu ninguém, mesmo dentre seus mais próximos parentes; quer dizer que não tem nenhuma lembrança de já tê-los visto antes de sua doença. Designa-os por seus nomes ou pelos que ela lhes deu, mas considera-os como novos conhecidos e não tem nenhuma ideia de seu parentesco consigo. Desde a sua doença não viu senão uma dezena de pessoas, que são para ela todos os que conhece.

Aprendeu novamente a ler, porém foi necessário começar pelo alfabeto, pois ela não mais conhecia uma letra sequer. Aprendeu, em seguida, a formar sílabas, palavras, e agora lê sofrivelmente. O que a ajudou nessa reaquisição foi cantar a letra de certas canções que lhe eram familiares e que lhe eram apresentadas impressas, enquanto tocava piano.

Para aprender a escrever começou pelos estudos mais elementares, porém faz progressos muito mais rápidos do que uma pessoa que jamais tivesse estudado.

Pouco depois de ter saído de seu torpor, pôde cantar várias de suas antigas canções e tocar piano com pouca ou nenhuma ajuda. Quando canta, tem, em geral, necessidade de ser auxiliada pelas duas ou três primeiras palavras de uma linha, e termina o resto de memória, ao que parece. Ela pode tocar, de acordo com uma partitura, várias melodias que jamais viu anteriormente.

Aprendeu sem dificuldade diversos jogos de cartas; sabe tricotar e fazer trabalhos semelhantes. Porém, repito, é notável que ela não pareça ter a mais leve recordação de haver possuído tudo isto, apesar de ser evidente que foi enormemente ajudada em seu trabalho de reaquisição por seus conhecimentos anteriores dos quais ela não tem consciência. Quando perguntaram-lhe onde aprendeu a tocar uma canção olhando a música sobre um livro, respondeu que não saberia dizer, e admirou-se de que seu interlocutor não pudesse também dizê-lo.

Na verdade, de acordo com diversas observações que fez de si mesma por acaso, parece que ela possui várias ideias gerais de natureza mais ou menos complexas que não teve tempo de adquirir após sua cura.

Há ainda outras objeções à teoria da evolução da alma a caminho de sua perfeição. Eis como as expõe Louis Elbé em seu belo livro sobre *La vie future devant la sagesse antique et la science moderne*:

Se supomos que a alma imperfeitamente purificada deve retornar à Terra para aí prosseguir numa nova encarnação sua evolução incessante, retomamos a doutrina formal do saber antigo que, efetivamente, aplica-se melhor do que qualquer outra à concepção de progresso indefinido do qual não podemos nos separar. Não poderíamos ignorar, todavia, que essa teoria, por si própria, não existe sem levantar dificuldades bem graves.

Ela não pode evidentemente apoiar-se sobre a observação dos fatos, uma vez que todos nós perdemos a lembrança da existência anterior. Porém não se encontra aí ainda, além do mais, a objeção mais decisiva, pois podemos admitir que a consciência do ser moral é determinada pela natureza de envoltórios semimateriais dos quais o ego encontra-se revestido, e devemos concluir que ela sofre uma transformação completa tomando um novo envoltório. Ela não retém, pois, do passado senão as faculdades psíquicas mais ou menos desenvolvidas que carrega no nascimento com as recordações obscuras guardadas nas profundezas do subconsciente, cuja percepção não é apresentada no estado normal.

Para apoiar de maneira segura a teoria da pluralidade das existências materiais, seria necessário poder mostrar, nas manifestações do subconsciente, o vestígio inegável de recordações ou de conhecimentos que a consciência normal não pôde adquirir durante a vida presente.

Essa demonstração não é ainda feita de maneira satisfatória, apesar de que certas experiências mediúnicas e certas observações de crianças-prodígio possam trazer apoio sério à teoria. Todavia estimamos que ela se choca com uma objeção mais grave ainda, considerando-se que a história da humanidade não parece de maneira alguma verificar esta ideia de um progresso moral ininterrupto que forme sua base fundamental.

Observamos perfeitamente que a humanidade realiza progressos indubitáveis nos campos sensitivo e intelectual, porém não vemos que seja da mesma forma no campo moral: não pensamos, em suma, que nossos contemporâneos, colocados em face de uma ação desonesta da qual tirariam proveito, fossem mais capazes de resistir à tentação do que teriam sido seus antepassados há vários séculos atrás, e, no entanto, se fôssemos nós próprios esses antepassados de volta à Terra, não deveríamos testemunhar uma moralidade mais alta do que as suas, uma vez que, outrossim, encontra-se aí o verdadeiro critério desse progresso que, na teoria, torna-se o objetivo único e o fim último de todas essas existências sucessivas.

E, prosseguindo esta observação, talvez um pouco pessimista demais, chegamos inclusive a nos perguntar se, para muitos de nossos contemporâneos, a existência que levam na Terra bem corresponde a um progresso moral indubitável, à formação de um *kerdar*[246] ainda mais depurado, como na concepção caldeia, e se, muito frequentemente, ela não representa antes uma parada marcante, ou senão mesmo um recuo nessa caminhada para a frente à qual eles são convidados.

Para escapar a essa dificuldade, podemos tentar sem dúvida transportar aos mundos planetários o teatro desta evolução infinita cuja ideia impõe-se a nós apesar dos desmentidos que a observação dos fatos parece infligir-lhe na vida presente. Porém ainda aí chocamo-nos com as mesmas objeções que acabamos de encontrar. Se essas humanidades longínquas não conhecem o mal, se não precisam lutar contra as más inclinações de sua natureza imperfeita, não vemos como podem adquirir algum mérito,[247] e se, ao contrário, como é mais provável, as terras do céu que elas habitam são vales de lágrimas da mesma forma que as nossas, somos também levados a supor que o ser inteligente não faz mais progresso do que aqui, que ele é impotente para depurar sua natureza material e os desejos grosseiros que nele carrega. Aí tampouco podemos encontrar uma solução absolutamente satisfatória... (p. 397).

É dever e honra da ciência abordar sempre com a mesma resolução os problemas que a natureza lhe apresenta, de reconhecer, em suma, que, se a cada instante mais se aproxima da verdade por seu labor incessante, ela não a possui jamais em toda a sua plenitude e é condenada a retificar continuamente a imagem inconstante que pode se formar da verdade.

E, sob outro ponto de vista, é necessário reconhecer que essa irregularidade decepcionante que perturba o estudo dos fenômenos da vida superior não lhe é absolutamente particular, porém pode encontrar-se inclusive na observação do mundo material.

Cremos, sem dúvida, possuir o conhecimento das leis fundamentais de física e de química, cuja aplicação constatamos a cada instante, e, no entanto, ocorre frequentemente que a natureza nos coloque em presença de uma reação inesperada a qual em seguida somos perfeitamente impotentes para reproduzir.

Admitimos, e isso sem contestações possíveis, que este fato deve-se certamente a que os dados recolhidos sejam mais complexos do que supomos e que não podemos levar em consideração aqueles que nos escapam. Não se pode esquecer, no entanto, que a mesma resposta poderia aplicar-se aos fenômenos mais estranhos da vida superior... (p. 309).

---

[246] Nota da editora: a expressão 'kerdar' é um conceito do zoroastrismo e já foi explicada na página 16.

[247] Os teólogos admitem como atributos de Deus: o poder, a inteligência e o amor. As diversas vidas teriam por objetivo desenvolver tanto um quanto outro de seus atributos que aproximam a criatura de seu criador. Não é portanto absurdo supor que certas existências ocorram em mundos onde o mal não existe. – A. R.

Capítulo VI
A religião do futuro[248]

I – Uma inteligência suprema rege os mundos. Essa inteligência, a que chamamos Deus, é o eu consciente do universo. E é no universo, para o universo e pelo universo que o pensamento divino objetiva-se.

II – Todas as criações desenvolvem-se de acordo com uma cadeia sempre ascendente, sem nenhuma solução de continuidade perceptível na série ascensional. O reino mineral passa insensivelmente ao reino vegetal, o reino vegetal ao reino animal e este ao reino hominal, sem que se possa perceber nitidamente a linha de demarcação.

Elas desenvolvem-se duplamente no material como no espiritual. Essas duas formas de evolução são paralelas, solidárias, não sendo a vida senão uma manifestação do espírito que se traduz pelo movimento.

III – A alma elabora-se no seio dos organismos rudimentares. Para tornar-se o que é na humanidade atual, foi preciso que atravessasse todos os reinos da natureza. Força cega e indistinta no mineral, individualizada na planta, polarizada na sensibilidade e no instinto dos animais, ela tende sem cessar ao mundo consciente nesta lenta elaboração e, em seguida, chega enfim ao homem.

No animal ela encontra-se ainda no estado de esboço; no homem adquire a consciência e não pode mais regredir. Porém, em todos os graus, ela prepara e amolda seu envoltório material.

[248] Este capítulo foi extraído do livro publicado pelo general Fix sob o título *Étude philosophique*, Paris, 1899, p. 207. Ele expõe a teoria à qual chegam atualmente as pesquisas experimentais dos espiritualistas independentes. – A. R.

IV – A evolução da alma é infinita e cada existência é apenas uma folha do livro eterno.

A cada grau de evolução que a alma tenha chegado, ela leva consigo a coroação da síntese das forças inferiores da natureza e possui em germe todas as faculdades superiores (poder, inteligência, amor) que está destinada a desenvolver através das vidas sucessivas.

V – A alma progride no estado corporal e no estado espiritual. O estado corporal é-lhe necessário até que ela tenha atingido um certo grau de perfeição; neste estado ela desenvolve-se pelo trabalho ao qual está sujeita pelas suas próprias necessidades e adquire conhecimentos práticos especiais. Sendo uma só existência corporal insuficiente para esses fins, ela retoma um corpo tão frequentemente quanto lhe seja necessário e, a cada vez, chega com progressos obtidos em suas existências anteriores e na vida espiritual.

VI – No intervalo das existências corporais, a alma vive na vida espiritual. Esta vida não tem duração determinada. O estado feliz ou infeliz da alma é inerente a seu grau de perfeição. A alma sofre pelo mal que praticou, de maneira que, estando sua atenção incessantemente voltada para as consequências do mal, ela melhor compreenda seus inconvenientes e seja estimulada a corrigir-se. Toma resoluções enérgicas e, chegada a época, desce de novo em outro corpo a fim de melhorar-se pelo trabalho e o estudo. Conserva sempre a intuição, o vago sentimento das resoluções tomadas antes de nascer.

VII – Logo que a alma adquire em um mundo a soma de progressos que comporta o estado desse mundo, ela o deixa para encarnar em outro mais avançado onde adquira novos conhecimentos, e assim por diante, até que, não lhe sendo mais útil a encarnação em corpo material, viva exclusivamente na vida espiritual. Aí ela ainda progride em outro sentido e por outros meios. Tendo chegado ao ponto culminante do progresso, goza da suprema felicidade, é admitida nos conselhos do Todo-poderoso, possui seu pensamento e toma lugar entre seus missionários, seus ministros diretos para o governo dos mundos, tendo sob suas ordens espíritos em diferentes graus de evolução.

VIII – A alma possui um corpo fluídico (perispírito) cuja substância é extraída do fluido universal ou cósmico, que a forma e a alimenta, como o ar forma e alimenta o corpo material.

O perispírito é mais ou menos etéreo segundo os mundos e o grau de depuração da alma. Nas almas inferiores e nos mundos inferiores, sua natureza é mais grosseira e mais se aproxima da matéria bruta.

O perispírito é o esboço sobre o qual a alma forma o corpo físico; este é apenas um segundo envoltório, mais grosseiro, mais resistente, apropriado às funções que deve preencher e do qual o perispírito se livra na morte.

O perispírito é o intermediário entre a alma e o corpo. É o órgão de transmissão de todas as sensações. Para as que vêm do exterior, pode-se dizer que o corpo experimenta a impressão, o perispírito a transmite e a alma, o ser sensível e inteligente, a recebe. Quando o ato parte da iniciativa da alma, pode-se dizer que a alma deseja, que o perispírito transmite e que o corpo executa.

O perispírito se comunica com a alma por correntes magnéticas; é pela força vital que ele está ligado ao corpo.

O perispírito não se encontra fechado nos limites do corpo como em uma caixa. Por sua natureza fluídica, ele é expansível, irradia-se por fora e forma ao redor do corpo uma espécie de atmosfera que a força da vontade pode mais ou menos apagar; daí que pessoas que não estão em contato corporalmente podem-no estar por sua alma e se transmitirem, sem saber, suas impressões, e algumas vezes até mesmo a intuição de seus pensamentos (telepatia).[249]

---

[249] Nota da editora: bem se vê que o autor leu *O livro dos espíritos*. Esses oito itens estão em perfeita consonância com a doutrina codificada por Allan Kardec.

Conclusões

Mostramos, na primeira parte deste livro, que a hipótese das vidas sucessivas havia sido adotada, em todos os tempos e em todos os países, pela maioria dos sábios que se preocupavam com nosso futuro após a morte.

Na segunda parte, relatamos certo número de experiências em que, sob a influência dos passes magnéticos, sensitivos, cuja alma encontrava-se mais ou menos desligada dos laços do corpo, pareciam reviver vidas já vividas ou viver futuras. Esses fenômenos apresentavam-se sob formas diversas segundo os indivíduos. Em uns, as diversas transformações aparentam realidade absoluta e repetem-se sempre idênticas e na mesma ordem, a vários meses de intervalo; o *sujet* as vive de maneira impressionante com os estados físicos e intelectuais que as caracterizam. Em outros, elas variam um pouco e antes assemelham-se a recordações nas quais se reconhece facilmente a intervenção de leituras anteriores; estas são também interessantes, porque nos impedem de depositar confiança cega nas primeiras e nos colocam no caminho de uma explicação de ordem puramente física. Uma constante reproduz-se, no entanto, em todas essas manifestações: é a expiação nas vidas seguintes das faltas cometidas nas vidas precedentes.

Na terceira parte, vê-se que os fenômenos que determinei por processos magnéticos foram observados separadamente em circunstâncias diversas. Foi assim que certas pessoas viram desenrolar-se rapidamente toda a sua vida atual sob a influência de um perigo de morte. Outras tiveram espontaneamente recordações de existências anteriores. Outras, enfim, puderam predizer de maneira segura alguns pontos de seu futuro, o que suscita o problema perturbador da fatalidade.

Enfim, na quarta parte, mostrei que mudanças de personalidade, apresentando a mesma aparência impressionante de realidade que as descritas na segunda parte, observavam-se em certos casos de doença e eram obtidas muito facilmente por simples sugestões verbais em condições tais que era impossível atribuí-las a outra causa além da imaginação hiperestesiada dos *sujets*.

Quais são pois as conclusões que podemos tirar dos fatos que relatei?

Elas são de duas espécies: umas indubitáveis, outras simplesmente problemáticas.

É indubitável que, por meio de processos magnéticos, pode-se, em certos *sujets* dotados de sensibilidade suficiente, provocar uma série de fases de letargia e de estados sonambúlicos, que se sucedem regularmente como os dias e as noites, e durante os quais a alma parece desligar-se cada vez mais dos laços do corpo e lançar-se em regiões do espaço e do tempo geralmente inacessíveis para ela no estado de vigília normal.

É indubitável que, por meio de certas operações magnéticas, pode-se levar progressivamente a maioria dos sensitivos a épocas anteriores à sua vida atual, com as particularidades intelectuais e fisiológicas características dessas épocas, e isto até o momento de seu nascimento. Não são recordações que despertamos; são os estados sucessivos da personalidade que evocamos. Estas evocações produzem-se sempre na mesma ordem e através de uma sucessão de letargias e de estados sonambúlicos. O fenômeno produz-se espontaneamente em alguns doentes, porém somente para certos períodos de sua existência.

Pode-se explicá-lo supondo-se que as recordações registram-se nas camadas sucessivas do cérebro, as mais antigas encontrando-se localizadas nas mais profundas, e que, em consequência de circunstâncias diversas, a atividade vital que habitualmente se dirige às camadas externas retorna a tal ou tal parte da massa cerebral, tornada inerte pelo tempo. Porém uma explicação mais provável, porque apoiada no testemunho dos videntes, é a de que o fenômeno é devido à concentração do corpo fluídico que retoma as formas que possuiu sucessivamente durante o desenvolvimento da vida do *sujet*.

É indubitável que, continuando essas operações magnéticas aquém do nascimento e sem necessidade de se recorrer a sugestões, faz-se o *sujet* passar por estados análogos, correspondendo a encarnações precedentes e aos intervalos que separam essas encarnações. O processo é o mesmo através das sucessões de letargias e de estados sonambúlicos. Essas revelações, quando podem ser controladas, geralmente não respondem à realidade, porém é difícil compreender como as mesmas práticas físicas, que determinam primeiramente regressões de personalidade reais até a época do nascimento, podem subitamente dar lugar a alucinações completamente falsas.[250]

É indubitável que, continuando os passes despertadores além da idade atual do *sujet*, determinam-se fenômenos análogos aos produzidos no passado, isto é, fases alternadas de letargia e de estados sonambúlicos em que o *sujet* representa papéis correspondendo à sua vida no futuro, seja em sua vida presente, seja em suas vidas futuras. Não se controlou ainda a realidade dessas previsões, algumas das quais são provavelmente devidas unicamente aos projetos do *sujet*. Está, no entanto, provado que, em circunstâncias bastante numerosas e ainda não-definidas, o homem pôde seguramente prever o futuro.

É indubitável que, quando se produz pela magnetização um certo estado do *sujet*, estado que é provavelmente o relaxamento dos laços que aprisionam o corpo fluídico no corpo físico, obtêm-se por simples sugestão os mesmos efeitos que pelos passes longitudinais ou transversais.

Se agora procuramos explicar esses fenômenos, encontramo-nos em presença de três hipóteses principais, fora da aceitação literal dos relatos do *sujet*.

A primeira é a de que seu espírito, levado por uma caminhada contínua, ora para o rejuvenecimento, ora para o envelhecimento, segue seu caminho no tempo por uma espécie de inércia; porém, ao invés de passar por estados fundamentados em sensações realmente experimentadas, ele cria outras baseadas em ideias, que novas faculdades lhe permitem perceber.

Mireille mostrava-me, assim, os efeitos de minhas magnetizações sobre ela:

"Quando estou desperta, minha alma encontra-se presa a meu corpo e sou como uma pessoa que, trancada no térreo de uma torre, não vê o mundo exterior senão através das cinco janelas dos sentidos que têm, cada uma, vidraças de cores diferentes. Quando você me magnetiza, livra-me pouco a pouco de minhas cadeias, e minha alma, que aspira sempre a elevar-se, embrenha-se na escada da torre, escada sem janela, e não vejo nada além de você que me guia até o momento em que desemboco na plataforma superior. Lá, minha visão estende-se em todas as direções com um sentido único bastante aguçado, que me coloca em relação com objetos que ele não podia perceber através das vidraças da torre. Dentre esses objetos estão os pensamentos dos outros homens, que circulam no espaço; infelizmente, não posso distinguir imediatamente sua natureza e fico exposta a confundi-los com substâncias mais materiais, como

[250] Nota da editora: Há regressões provocadas pela hipnose cujos relatos da suposta vida anterior foram profundamente estudados, com inúmeras coincidências, dando-nos fortíssimo testemunho da realidade do fenômeno. Dentre estes casos, destacamos o de Luciano dos Anjos, na obra *Eu sou Camille Desmoulins*, de Herminio C. Miranda (Publicações Lachâtre).

em nossos Alpes não chegamos a distinguir das neves eternas as nuvens que as coroam senão por suas mudanças de forma."

Além desses pensamentos ambientes, há toda a massa de ideias armazenadas no inconsciente do *sujet* desde seu nascimento. Com efeito, admite-se hoje que, para que nossa memória habitual registre uma percepção, é preciso que esta apresente intensidade e duração suficientes. É por isso, por exemplo, que não nos recordamos habitualmente senão do que ouvimos, vemos, cheiramos, degustamos ou tocamos; porém não é menos verdadeiro que outras vibrações tenham atingido nossos órgãos dos sentidos.[251] São estas vibrações que deixam vestígios no inconsciente e que não percebemos senão quando nossa sensibilidade é exaltada.

A segunda hipótese é baseada na intervenção dos espíritos dos mortos ou outras entidades inteligentes e invisíveis que nos rodeariam. Estas inteligências teriam por missão instruir-nos, fazer-nos revelações, e elas o fariam inventando pequenas histórias como as da moral em ação com personagens fictícias, de maneira a não despertar causas de inimizade entre os vivos.

Na terceira hipótese, o *sujet* perceberia, sobretudo por meio de seus sentidos exaltados, as ideias ambientes. Ora, a hipótese das vidas sucessivas está no ar, segundo a expressão popular, porém as ideias de inferno e de purgatório o estão ainda mais no mundo dos *sujets* que estudei; e, no entanto, nenhum deles, em nenhum momento, a ela fez alusão. Poder-se-ia supor com suficiente verossimilhança que os *sujets* tomaram as ideias de vidas sucessivas de meu próprio cérebro, porém eu não pensava absolutamente nisto quando observei pela primeira vez com Joséphine o fenômeno do qual levei bastante tempo para me aperceber. A sugestão mental, não obstante, jamais existiu entre mim e meus sensitivos, como provaram várias vezes as divergências que se produziam entre minhas recordações mais ou menos errôneas das sessões precedentes e suas afirmações bastante nítidas.

---

[251] "Há", diz Draper, "algumas experiências bastante simples que servem para fazer-nos compreender o que podem ser os vestígios das impressões ganglionárias. Se se coloca uma obreia sobre um metal frio e polido, por exemplo, sobre uma lâmina nova de barbear, e se, após haver soprado sobre o metal, retira-se a obreia, nenhuma inspeção, por mais minuciosa que seja, poder-nos-ia fazer descobrir o mínimo vestígio de uma figura qualquer sobre o aço polido. Porém, se se sopra novamente sobre o metal, a imagem espectral da obreia reaparecerá, e isto tão freqüentemente quanto se queira recomeçar, mesmo vários meses após a experiência. Uma sombra não é projetada numa parede sem deixar vestígio durável... Sobre as paredes de nosso quarto, onde cremos que ninguém tenha podido penetrar e crendo que nosso retiro esteja ao abrigo de toda profanação indireta, há vestígios de todas as nossas ações, das silhuetas de todas as nossas atitudes: todos os nossos movimentos lá se encontram escritos." *Les conflits de la science et de la religion*, p. 95.

Em todo caso, é extremamente provável que a maioria das revelações dos pitiáticos, das sibilas, dos extáticos, dos profetas e dos médiuns não tenha fundamentos mais sólidos do que as de nossos sensitivos, e que não haja razão para dar-lhes mais crédito.

Deve-se rejeitá-las completamente? Não creio e sou da opinião de Kant, que escreveu: "No que me concerne, a ignorância em que me encontro com respeito à maneira pela qual o espírito humano entra neste mundo e pela qual dele sai interdita-me negar a verdade dos diversos relatos que correm. Por uma reserva que parecerá singular, permito-me pôr em dúvida cada caso particular, mas crê-los verdadeiros em seu conjunto."

Se o mérito procede em toda parte da luta, não é um mérito intelectual lutar contra todas as causas de erro na pesquisa da verdade, e não está nos desígnios de Deus dar-nos revelações imperfeitas para permitir-nos alcançá-la?

Terminaremos pois este estudo pelo conselho de Platão:

É preciso tomar o melhor ensinamento humano, nele subir como num barco e atravessar assim, não sem perigo, o rio da vida; a menos que se possa executar a mesma travessia mais seguramente sobre um navio mais sólido, isto é, sobre algum ensinamento divino.

Felizes daqueles que sabem reconhecer seguramente o ensinamento divino e nele conformar sua conduta!

Esta edição foi impressa pela Yangrafa Gráfica e Editora Ltda., São Paulo, SP, sendo tiradas três mil cópias em formato fechado 15,5x22,5 cm, em papel Off-set 75g/m^2 para o miolo e Cartão Supremo 300g/m^2 para a capa. O texto principal foi composto em Baskerville regular 11,5/14, as citações em Baskerville regular 9,5/11,4 e os títulos em Baskerville SemiBold 24/28,8. A capa foi elaborada por Andrei Polessi

Agosto de 2015.